Claus-Dieter Müller-Hengstenberg
Friedrich Graf von Westphalen

DV-Projektrecht

Technische und rechtliche Aspekte zur Systemintegration

Mit 6 Abbildungen

Springer-Verlag

Berlin Heidelberg New York
London Paris Tokyo
Hong Kong Barcelona
Budapest

Claus-Dieter Müller-Hengstenberg
Rechtsanwalt
Ahornweg 27
71155 Altdorf / Krs. Böblingen

Dr. Friedrich Graf von Westphalen
Rechtsanwalt
Salierring 42
50677 Köln

Umschlagfoto mit freundlicher Genehmigung IBM Deutschland.

ISBN-13:978-3-642-78897-0   e-ISBN-13:978-3-642-78896-3
DOI: 10.1007/978-3-642-78896-3

Vorwort

Die Computertechnologie hat im letzten Jahrzehnt eine zunehmende Bedeutung in unserer Gesellschaft erlangt und ist technische Grundlage aller wesentlichen Informations- und Kommunikationssysteme in Wirtschaft, Wissenschaft und Verwaltung. Auch in privaten Haushalten hat in Form des "Personal Computers" die Computertechnologie ihren Einzug gehalten. Es ist nur eine Frage der Zeit, daß diese noch unabhängigen kleinen Computersysteme in privaten Haushalten mit großen Anwendersystemen über Netzwerke verbunden werden, um an internationalen technischen Kommunikations- und Informationsmöglichkeiten teilzunehmen.

Naturgemäß hat sich mit der Verbreitung der neuen Technologie der Computerwelt in zunehmendem Maße eine Vielzahl von neuen und umfassenden Rechtsfragen und rechtlichen Problemkonstellationen ergeben, wie zum Beispiel der Datenschutz, Datensicherheit und die Urheber- und Patentrechte.

Das Buch DV-Projektrecht beschäftigt sich mit den technischen und rechtlichen Fragen, die sich bei der Entwicklung, Installation und Pflege solcher Computersysteme für Kundenanwendungen ergeben, und versucht zu vielen technischen und rechtlichen Fragestellungen Empfehlungen für die Praxis zu geben.

Die Autoren dieses Buches kommen aus verschiedenen Berufsbereichen. Rechtsanwalt Dr. Graf von Westphalen ist Seniorpartner der überörtlichen Sozietät Graf von Westphalen & Modest, Köln, Hamburg, Dresden, Leipzig und Brüssel. Er ist bekannt als Autor vieler juristischer Bücher und Kommentare zu Themen wie Allgemeine Geschäftsbedingungen, Produkthaftung, Leasing und Exportfinanzierung.

Herr Müller-Hengstenberg ist ebenfalls Jurist und Manager im Vertriebsstab eines internationalen Computerherstellers. Er beschäftigt sich berufsmäßig mit DV-Projekten. Auch er ist bekannt durch eine Vielzahl von einschlägigen juristischen Büchern, die sich mit EDV-Fragen, insbesondere der BVB-EDV (Besondere Vertragsbedingungen) der öffentlichen Hand beschäftigen.

Diese verschiedenen Tätigkeitsfelder der Autoren gewährleisten einen gewissen umfassenden Überblick über die technischen und rechtlichen Themen und Bewertungen. Allerdings haben die Autoren auf Grund ihrer unterschiedlichen Berufserfahrungen bei einigen Rechtsthemen auch unterschiedliche Meinungen, die bewußt in diesem Buch beibehalten werden. Dadurch soll die Vielfalt des Meinungsspektrums verdeutlicht werden.

Das Buch soll Unternehmensberatern, Projektleitern und Einkäufern von Software-
häusern und DV-Herstellerfirmen, Juristen und Studenten einen schnellen Zugang zu
der nicht leichten technischen und rechtlichen Materie der DV-Projekte eröffnen.

Allen Mitwirkenden, insbesondere Frau Jutta Becker, Herrn Hans Jochen Wild und
Herrn Gunthard Lichtenberg danken die Autoren für ihre vielfachen Anregungen und
hilfreiche Unterstützung.

Claus D. Müller-Hengstenberg   Friedrich Graf von Westphalen
August 1994

Inhaltsverzeichnis

Claus D. Müller-Hengstenberg

Friedrich Graf von Westphalen

Literaturverzeichnis

Anderle, Der Haftungsumfang des harmonisierten Produkthaftungsrechts, Heidelberg 1990

*Baumbach /Lauterbach /*Albers/Hartmann, ZPO-Kommentar, 52. Auflage 1994

Brox , Schuldrecht Besonderer Teil, 19. Auflage 1993

Boehm , Wirtschaftliche Softwareentwicklung, 1988

Brandi-Dohrn, Gewährleistung bei Hard- und Softwaremängeln, 2. Auflage, 1994

Ellenberger/Müller, Zweckmäßige Gestaltung von Hardware-, Software- und Projektverträgen RWS-Skript 111, 1984

Engesser / Claus / Schwill , Duden Informatik, 2. Auflage, Duden 1993

Erman, Handkommentar zum Bürgerlichen Gesetzbuch, 1. Bd., 9. Auflage, 1993

Esser/Schmidt , Schuldrecht Band I, 6. Auflage 1984

Esser/Schmidt, Schuldrecht Band II, 6. Auflage 1984

Gorny/Kilian, Computer-Software und Sachmängelhaftung, German Chapter of ACM-Bulletin, 1985 (German Chapter of ACM-Bulletin) (Zitiert: Autor in *Gorny/Kilian*)

Heussen/Hoh, Controlling von EDV-Projekten, RWs-Skript 233, 1990

Hubmann/Rehbinder, Urheber- und Verlagsrecht, 7. Auflage 1991

Korbion/Hochstein, VOB-Vertrag, 6. Auflage 1994

Koch-Schnupp, Softwarerecht, 1991

Kupper, Zur Kunst der Projektsteuerung, 5. Auflage, Oldenbourg 1988

Krückeberg/Spaniol, Informatik und Kommunikationstechnik, VDI 1992

Larenz, Lehrbuch des Schuldrechts, Band I, Allgemeiner Teil, 14. Auflage 1987

Larenz, Lehrbuch des Schuldrechts, Band II, 1. Halbbd., 13. Auflage 1986

Lehmann, Rechtsschutz und Verwertung von Computerprogrammen, 2. Auflage 1993

Lichtenberg, Risiko-Management bei EDV-Projekten, Expert 1992

Löwe/Graf von Westphalen/Trinkner, Großkommentar zum AGB-G, 2. Auflage, 1985

Marly, Softwareüberlassungsverträge, 1991

Moritz/Tybusseck, Computersoftware-Rechtsschutz und Vertragsgestaltung, 2. Auflage 1992

Müller-Hengstenberg, Vertragsrecht für EDV-Projekte, 1992

Müller-Hengstenberg, BVB-Computersoftware, 3. Auflage 1992

Münchner Kommentar, Bürgerliches Gesetzbuch, Band 1, 3. Auflage 1993

Münchner-Kommentar, Bürgerliches Gesetzbuch, Band 2, 3. Auflage 1994

Münchener-Kommentar, Bürgerliches Gesetzbuch, Band 3, 2. Auflage 1988

Nicklisch, Verträge über Computertechnik in Forschung, Verwaltung, Wirtschaft und Technik, Heidelberger Kolloquium Technology und Recht, 1989, Band 13, 1990

Palandt, Bürgerliches Gesetzbuch, 53. Auflage 1994

Popp, Die Qualitätssicherungsvereinbarung, 1992

RGRK, Großkommentar zum Bürgerlichen Gesetzbuch (BGB-RGRK), 12. Auflage 1978
(Zitiert: RGRK - Bearbeiter)

Rolland, Kommentar zum Produkthaftungsrecht, 1990

Sandmann/Marschall, Arbeitnehmerüberlassungsgesetz, 1991

Schmidt-Salzer/Hollmann, Kommentar EG-Richtlinie Produkthaftung, 1990

Staudinger, Kommentar zum Bürgerlichen Gesetzbuch, 12. Auflage, 1991

Stumpf/Groß, Know-How-Vertrag, 6. Auflage 1993

Schneider Jochen, Praxis des EDV-Rechts, 1990 (Zitiert: J. Schneider)

Schneider Hans Jochen, Lexikon der Informatik und Datenverarbeitung, 3. Auflage, 1991

Taschner/Frietsch, Kommentar zum Produkthaftungsgesetz und EG-Produkthaftungsrichtlinie, 2. Auflage, 1990

Teichmann, Neukonzeption des Werkvertragsrecht, 55. Juristentag 1984

Ulmer/Brandner/Hensen, Kommentar zum AGB-Gesetz, 7. Auflage 1993

Graf v. Westphalen, Vertragsrecht und AGB-Klauselwerke, 1993

Graf v. Westphalen, Produkthaftungshandbuch Bd. 1 (Hrsg.), 1989

Graf v. Westphalen, Produkthaftungshandbuch Bd. 2 (Hrsg.), 1991

Wiebe, Der Know-How-Schutz von Computersoftware, 1993

Wolf/Horn/Lindacher, Kommentar zum AGB-Gesetz, 3. Auflage 1994

Zahrnt, DV-Rechtsprechung, Bd. 1, 1993

Zahrnt, DV-Rechtsprechung, Bd. 2, 1987

Zahrnt, DV-Rechtsprechung, Bd. 3, 1990

Zahrnt, DV-Vertrag, Rechtsfragen und Rechtsprechung, 1989

Zelewski, Einsatz von Expertensystemen in den Unternehmen, 1989

Zöller, Kommentar zur Zivilprozeßordnung, 18. Auflage, 1993

Aufsätze

Bauer, Produkthaftung für Software nach geltendem und künftigem deutschen Recht, PHI 1989, 38 ff; 98 ff

Bereczky, Re-Engineering beginnt mit dem Verstehen des Programms, Computerwoche Nr. 30 vom 26. Juli 1991, 33 ff

Brüggemeier, Produzentenhaftung nach § 823 Abs. I BGB, Bestandsaufnahme und Perspektiven weiterer judizieller Rechtsentwicklung, WM 1982, 1294 ff

Brüggemeier/Reich, Die EG-Produkthaftungsrichtlinie 1985 und ihr Verhältnis zur Produzentenhaftung nach § 823 Abs. 1 BGB, WM 1986, 149 ff

Christian Deutsch, Outsourcing: "Riskantes Abspekten, Magersüchtig" in Wirtschaftswoche 4. September 1992, 50 ff

Deutsch, Der Zurechnungsgrund der Produzentenhaftung, VersR 1988, 1197 ff

Dahmen, Mehr Engagement in frühen Phasen, ÖVD-On-Line 1982, 30 ff

Diederichsen, Wohin treibt die Produzentenhaftung, NJW 1978, 1281 ff

Engel, Produzentenhaftung für Software, CR 1986, 702 ff

Foerste, Anmerkung zum Urteil des BGH vom 7.6.1988, VersR 1988, 958 ff

Frietsch, Das Gesetz über die Haftung für fehlerhafte Produkte und seine Konsequenzen für den Hersteller, DB 1990, 29 ff

Ganzhorn, Technik und Gesellschaft, IBM-Nachrichten Nr. 4, 1982

Gocke, Software, Schlüssel zur Technologie von morgen, Online 7-8/81, 492 ff

Herrmann, Die Rückhaftung des Produzenten, BB 1985, 1801 ff

Herrmann/Fingerhut, Erstattung von Rückrufkosten, BB 1990, 725 ff

Hoeren, Der Softwareüberlassungsvertrag als Sachkauf, CR 1988, 908, 911

Hoeren, Produkthaftung für Software - Zugleich eine kritische Erwiderung auf Bauer PHI 1989, 38 ff, 98 ff; 138 ff

Hollmann, Die EG-Produkthaftungsrichtlinie, DB 1985, 2389 ff
Hollmann, Qualitätssicherungsvereinbarungen, strategische und rechtliche Bedeutung, CR 1992, 13 ff

Huber, Qualitätssicherung ist wichtiger als Termintreue, Computerwoche Nr. 14 vom 03.03.1991, 14 ff

IBM, "Modellgetriebene Anwendungsentwicklung", IBM-Nachrichten Nr. 41 vom September 1991

Klein, Saubere Aufwandskalkulation als solides Planungsfundament, Computerwoche Nr. 48 vom 29.11.1991, 46 ff

Koch, Internationale Produkthaftung und Grenzen der Rechtsangleichung durch die EG-Richtlinie, ZHR 152 (1988), 537 ff

Kort, Produkteigenschaft medizinischer Software, Einordnung im deutschen und US-amerikanischen Produkthaftungsrecht, CR 1990, 171 ff

Krasemann, Modifizierte SW-Engineering Methode, Computerwoche Nr. 6 vom 08.02.1991, 29 ff

Kreifels, Qualitätssicherungsvereinbarung - Einfluß und Auswirkung auf die Gewährleistung von Hersteller und Zulieferer, ZiP 1990, 489 ff

Kullmann, Das Risiko in der Produzentenhaftung, VersR 1988, 655 ff

Kullmann, Die Rechtsprechung des BGH zur deliktischen Haftung des Herstellers für Schaden an der von ihm hergestellten Sache, BB 1985, 409 ff

Lehmann, Produzentenhaftung bei integrierter Produktion - Computer integrated manufacturing (CIM), BB 1993, 1603 ff

Lehmann, Just in time, Handels- und AGB-rechtliche Probleme, BB 1990, 1849 ff

Lehmann, Produkt- und Produzentenhaftung für Software, NJW 1992, 1721 ff

Meier/Wehlau, Produzentenhaftung des Softwareherstellers, CR 1990, 95 ff

Migge, Qualitätssicherungsverträge, Versuch einer Zwischenbilanz aus der Sicht der betrieblichen Praxis, VersR 1992, 665 ff

Pfister, Schlechtes Projekt-Management bremst Standard SW-Einführung, Computerwoche Nr. 48 vom 29.11.1991, 33 ff

Sack, Das Verhältnis der Produkthaftungsrichtlinie der EG zum nationalen Produkthaftungsrecht, VersR 1988, 439 ff

Schlechtriem, Angleichung der Produkthaftung in der EG, VersR 1986, 1033 ff

Schmidt-Salzer, Rechtliche und tatsächliche Aspekte der Produktbeobachtungshaftung, BB 1981, 1041 ff

Schmidt-Salzer, Das Mehrwegflaschen-Urteil des Bundesgerichtshofes und die allgemeine Produkt-Verschuldenshaftung, PHI 1988, 146 ff

Schmidt-Salzer, Strefrechtliche Produkt- und Umweltverantwortung von Unternehmensmitarbeitern: Anwendungskonsequenzen, PHI 1990, 234 ff

Steffen, die Bedeutung der "Stoffgleichheit" mit dem "Mangelunwert" für die Herstellerhaftung aus Weiterfresserschäden, VersR 1986, 977 ff

Steinbuch, Technik und Gesellschaft, IBM-Nachrichten Nr. 4, 1982

Steindorff, Repräsentanten- und Gehilfenversagen und Qualitätsregelungen in der Industrie, AcP 1970, 93 ff

Stöhr, Wie kann das Vertrauen in die Software erhöht werden?, Computerwoche vom 16.03.1993, 16 ff

Taschner, Die künftige Produzentenhaftung in Deutschland, NJW 1986, 611 ff

Thamm, Die Dauer einer "angemessenen" Nachfrist für Lieferung und Mangelbeseitigung, BB 1982, 2018 ff

Tiedcke, Die Produkthaftung für Schaden an der hergestellten Sache, PHI 1990, 64 ff

Graf v. Westphalen, Rechtsprobleme des "Just-in-Time-Delivery", CR 1990, 567 ff

Graf v. Westphalen, Neue Gesichtspunkte für die Produzentenhaftung, BB 1971, 152 ff

Graf v. Westphalen, Das Kondensator-Urteil des BGH - Mangelbeseitigungsaufwendungen und Versicherungsschutz, ZiP 1992, 532 ff

Graf v. Westphalen, Das Milupa-Urteil - eine beträchtliche Verschärfung der Produkthaftung, ZiP 1992, 18ff

Wolf, Neuer Ansatz zur industriellen Software-Entwicklung, Data-Report 1984, 16ff
Zirkel, Das Verhältnis zwischen Zulieferer und Assembler - eine Vertragsart sui generis? NJW 1990, 345 ff

Amtliche Veröffentlichungen

Die Besonderen Vertragsbedingungen für die Planung, Überlassung und Erstellung von EDV-Programmen, Bundesanzeiger-Verlag

Planung und Durchführung von IT-Vorhaben, Vorgehensmodellen, hrsg. vom Bundesminister des Inneren, Koordinierungs- und Beratungsstelle der Bundesregierung für Informationstechnik in der Bundesverwaltung, August 1992

Durchführungsanweisung (DA) zum Arbeitnehmerüberlassungsgesetz (AÜG) des Präsidenten der Bundesanstalt für Arbeit, Dienstblatt-Runderlaß 72/86 vom Mai 1986, i.d.F. des Dienstblatt-Runderlasses 148/91 vom 21.10.1991, i.d.F. des Dienstblatt-Runderlasses 13/93 vom März 1993

Qualitätssicherungssysteme; Modell zur Darlegung der Qualitätssicherung in Design/ Entwicklung, Produktion, Montage und Kundendienst (DIN ISO 9001) des Ausschusses Qualitätssicherung und angewandte Statistik (AQS) im DIN Deutsches Institut für Normung e.V. Mai 1990, Beuth-Verlag

Abkürzungsverzeichnis

a.A.	anderer Ansicht
aaO	am angegebenen Ort
Abs.	Absatz
AcP	Archiv für civilistische Praxis
AGB-G	Gesetz zur Regelung des Rechts der Allgemeinen Geschäftsbedingungen
a.F.	alte Fassung
a.M.	anderer Meinung
Anm.	Anmerkung
BB	Betriebsberater
BGB	Bürgerliches Gesetzbuch
BGBL	Bundesgesetzblatt
BGH	Bundesgerichtshof
BGHZ	Amtliche Sammlung der Entscheidung des Bundesgerichtshofs in Zivilsachen
BFH	Bundesfinanzgerichtshof
BKA	Bundeskartellamt
BT-Drucks.	Bundestagsdrucksache
BVB	Besondere Vertragsbedingungen der öffentlichen Hand (Bund, Länder, Gemeinden) für Miete/Kauf/Wartung von DV-Anlagen und Geräten/Überlassung/Planung/Erstellung und Pflege von DV-Programmen
BMI	Bundesministerium des Inneren
bzw.	beziehungsweise
CR	Computer und Recht
CW	Computerwoche (Zeitschrift)
DB	Der Betrieb
d.h.	das heißt
DIN	Deutsches Institut für Normung e.V.
DV	Datenverarbeitung
EDV	Elektronische Datenverarbeitung
EG	Europäische Gemeinschaften
EuGH	Europäischer Gerichtshof
EWG	Europäische Wirtschaftsgemeinschaft
f	folgende Seite
ff	folgende Seiten
Fußn	Fußnote
GBL	Gesetzblatt
GRUR	Gewerblicher Rechtsschutz und Urheberrecht (Zeitschrift)

GWB	Gesetz gegen Wettbewerbsbeschränkungen
h.M.	herrschende Meinung
Hdb	Halbband
HGB	Handelsgesetzbuch
i.d.R.	in der Regel
int.	international
ISO	International Standard Organisation
IT	Informationstechnik (Richtlinie für den Einsatz der Informationstechnik in der Bundesverwaltung (IT-Technik) vom 18.08.1988
JuS	Juristische Schulung (Zeitschrift)
JZ	Juristenzeitung (Zeitschrift)
KBST	Bundesministerium des Inneren Koordinierungs- und Beratungsstelle der Bundesregierung für Informationstechnik in der Bundesverwaltung
Kap.	Kapitel
KG	Kammergericht
Komm.	Kommentar
krit.	kritisch
LG	Landgericht
MDR	Monatszeitschrift des Deutschen Rechts (Zeitschrift)
m.E.	meines Erachtens
MünchKomm	Münchner Kommentar
m.w.N.	mit weiteren Nachweisen
n.F.	neue Fassung
NJW	Neue Juristische Wochenschrift (Zeitschrift)
NJW-CoR	NJW-Computerreport
NJW-RR	NJW-Rechtsprechungs-Report
Nr.	Nummer
OLG	Oberlandesgericht
PatG	Patentgesetz
ProdHaftG	Produkthaftungsgesetz
RG	Reichsgericht
Respr.	Rechtsprechung
S.	Seite
u.a.	unter anderem
umstr.	umstritten
UrbG	Urhebergesetz
Urt.	Urteil
UWG	Gesetz gegen unlauteren Wettbewerb
VersR	Versicherungsrecht
vgl.	vergleiche
Vorb.	Vorbemerkung

WIR	Wirtschaftsrecht (Zeitschrift)
WM	Wertpapier-Mitteilungen (Zeitschrift)
WuW	Wirtschaft und Wettbewerb (Zeitschrift)
z.B.	zum Beispiel
Ziff.	Ziffer
z.T.	zum Teil
ZIP	Zeitschrift für Wirtschaft und Insolvenzspraxis
ZPO	Zivilprozeßordnung
ZUM	Zeitschrift für Urheber- und Medienrecht

Einleitung

In der Welt der Informationstechnologie stehen sich zwei unterschiedliche Begriffswelten gegenüber, die jeweils von technischen und rechtlichen Aspekten geprägt sind. Der Informatiker sieht naturgemäß alle Vorgänge und Phänomene im Rahmen der Informationsverarbeitung unter technologischen Gesichtspunkten, ungeachtet jeder juristischer Implikation. Der Jurist versucht, sich in das Wesen der Informationstechnologie einzufühlen und diese technische Welt in seiner juristischen (untechnischen) Denk-und Sprachweise zu analysieren und zu beschreiben.

Die Informationstechnologie wird geprägt von dem Bedarf an Informationen und dem Umfang der Kommunikation. Neben Materie und Energie hat die Information einen eigenständigen Wert (so *Steinbuch* , 'Technik und Gesellschaft' - Innovation durch Information, IBM-Nachrichten Nr 4 1982, 60). Einen Kernbereich der Informationstechnologie bildet die elektronische Datenverarbeitung im weitesten Sinne, d.h. mit den gesamten Prozessen, die zu einer zweckmäßigen Datenverarbeitung führen. Die Datenverarbeitung ist ein entscheidendes Hilfsmittel der Informationsverarbeitung. *Ganzhorn,* (Technik und Gesellschaft, IBM-Nachrichten Nr.4 71 f) formuliert das wie folgt:

> "Information und Elektronik in Informationssystemen müssen so gesehen werden als ein Zusammentreffen geistiglogischer Prinzipien mit einer unglaublich leistungsfähigen Technologie."

Der Informatiker befaßt sich folglich mit dem Ziel der bestmöglichen technischen Informationsverarbeitung. Der Jurist versucht, von dem Grundgedanken des Bürgerlichen Gesetzbuches (BGB) diese Prozesse und Abläufe zu erfassen. Das Zivilrecht, insbesondere das Schuldrecht ist geprägt von einer Konzeption von Schuldverhältnissen, also der Rechtsbeziehung, in denen sich Personen zu bestimmten Leistungen berechtigt oder verpflichtet gegenüberstehen (siehe *Larenz* Bd I § 2, *Kramer*, Münchner Komm, Einleitung § 241 Rdnr 12). Dabei stellt das BGB dem Juristen besondere typische Schuldvertrags-verhältnisse wie Kauf, Miete usw. als Regelmodelle mit den erforderlichen Rechten und Pflichten zur Verfügung, die jedoch dem Prinzip der Vertragsfreiheit unterliegen und von den Vertragsparteien im Einzelfall anders geregelt werden können.

Grundsätzlich ist offen und nicht geregelt, was die Leistung umfaßt; die Bestimmung der Leistung steht unter dem Primat der Vertragsfreiheit und ist somit Vereinbarungssache. Allerdings gibt es bestimmte Hinweise im Gesetz, falls die Leistungsbestimmung ungenau sein sollte. So ist nach § 243 BGB eine Leistung mittlerer Art und Güte zu erbringen, oder bei einseitiger Leistungsbestimmung muß sich die Leistung in einem Rahmen billigen Ermessens halten § 315 BGB).

Die Schwierigkeit für den Juristen ist, daß das Denkschema des Zivilrechts, insbesondere die im BGB enthaltenen Vertragstypen um die Jahrhundertwende formuliert wurde und auf der Grundlage des damaligen gesellschaftlichen Verständnisses von üblichen Vertragstypen und Leistungspflichten bzw. -rechten beruht.

In der juristischen Praxis ist aber der Jurist grundsätzlich gehalten, alle Sachverhalte vertraglich zu typisieren, also in eine der im BGB geregelten Schuldverhältnisstrukturen einzubetten. Dieser Gedanke kommt ganz deutlich in § 9 Abs.2 Nr. 1 und Nr. 2 AGB-Gesetz zum Ausdruck; danach sind Allgemeine Geschäftsbedingungen im Zweifel unwirksam, die von den wesentlichen Grundgedanken der gesetzlichen Regelungen abweichen (§ 9 Abs.2 Nr. 1 AGB-Gesetz) oder wesentliche Rechte und Pflichten, die sich aus der Natur des Vertrages ergeben, beschränken, so daß der Vertragszweck gefährdet ist (§ 9 Abs. 2 Nr. 2 AGB-Gesetz). Maßstab für die Wirksamkeit oder Unwirksamkeit ist demnach die Leitbildfunktion des dispositiven Gesetzesrechts bzw. der in diesem Gesetzesrecht zugrundegelegte Gerechtigkeits-und Schutzgehalt. Soweit sich für einen Vertragstyp keine wesentlichen Grundgedanken aus Gesetzesrecht entnehmen lassen, bilden die wirtschaftlichen Zusammenhänge und die übergeordneten Ordnungsvorstellungen die maßgebende Leitbildfunktion (*Ulmer / Brandner / Hensen:* AGB-Gesetz § 9 Rdnr. 140; BGH NJW 1987, 1931; BGH CR 1992, 717 (leasing); *Marly* Rdnr. 132).

Das Technologische Zeitalter hat neue Tatbestände geschaffen, die nicht in die typischen Rechtsgeschäfte des BGB einzuordnen sind. Diese neuen Leistungsstrukturen, wie z.B. bei Kooperationsverhältnissen im Anlagenbau ergeben andere Verantwortlich-keiten und Leistungskonstellationen der Vertragsparteien.

Um so erstaunlicher ist, daß bei allen Reformbestrebungen des BGB in jüngster Zeit nur sehr begrenzt diese neuen Leistungsstrukturen eine angemessene Beachtung gefunden haben; so hat beispielsweise die Abnahme im Werkvertragsrecht angesichts des Investitionsschutzes keine Aufwertung gefunden, wie eigentlich von der Praxis gefordert wird (siehe *Teichmann:* Gutachten zum 55. Juristentag. A 107 ff - später nur noch mit *Teichmann* erwähnt; *Haas:* NJW 1992, 2389 ff). Daher hat es ein Jurist schwer, Vorgänge und Wesensmerkmale neuer Technologien in das mehr oder weniger "alte Raster" der BGB-Schuldverhältnisse unter dem Gesichtspunkt angemessener Rechtsfolgen einzuordnen.

Nachfolgend wird der Versuch unternommen, von dem Verständnis der technischen Welt der Informationsverarbeitung aus eine rechtliche Einordnung der Leistungsbereiche vorzunehmen.

In den wesentlichen Grundzügen werden zunächst die technische Vorgehensweise und Anforderungen (Phasen-und Vorgehensmodell) in einem Anwendungs-entwicklungs-Projekt beschrieben, die anschließend unter rechtlichen Gesichtspunkten und Fragestellungen gewürdigt werden.

I.   Bedeutung der Vorgehensmodelle und Phasenkonzepte

Wie bereits erwähnt, ist die Informationstechnologie nur ein Hilfsmittel für eine bessere Informationsvermittlung und Kommunikation. Damit sind der Leistungsumfang und die Leistungsstruktur von Art und Umfang des Informationsbedarfs und der Kommuniktionsform abhängig.

In der Welt der Informationstechnologie werden bei Anwendungsprojekten die erforderlichen Leistungen und -strukturen zunächst über Daten-, Prozeß- und Realisierungsmodelle ermittelt. Ziel dieser Vorgehensweise ist es, den gesamten Informationsbedarf eines Unternehmens oder einer Organisation umfassend zu ermitteln und auf der Basis der Informationstechnologie zu erfüllen (siehe *Kupper* 36 ff).

Die DV-Praxis bedient sich hierbei sogenannter Vorgehens- oder Phasenmodelle. Diese haben unterschiedliche Strukturen, sind aber in ihren Kernanliegen und Grundkonzeptionen ähnlich (siehe *Lichtenberg* 5 ff). Solche Phasen- bzw. Vorgehens-modelle entsprechen den Normenvorgaben der ISO 9001 (EN 29001) vom Mai 1991, die der Qualitätssicherung dienen.

Zu ihren Zielen zählen:
*   Sicherstellung einer ausführlichen Beschreibung. Der gesamte Entwicklungsprozeß aus funktionaler und systemtechnischer Sicht soll beschrieben und damit in seinen Zusammenhängen und Abhängigkeiten transparent gemacht werden.
*   Schnelleres Erkennen von Fehlplanungen. Realisierungmöglichkeiten und- grenzen werden frühzeitig überprüfbar.
*   Einbeziehung der Beteiligten und Verantwortlichen im Entwicklungsprozeß.

(Siehe hierzu *Müller-Hengstenberg* , 39; Bundesministerium des Inneren: Planung und Durchführung von IT-Vorhaben; Vorgehensmodell, 1-1, August 1992 (IT=Informationstechnologie);*Klein* Computerwoche 48, 46f; *Krasemann* Computerwoche 08.02.1991, 29 ff).

Welche Leistungen bzw. Verpflichtungen und Rechte im Rahmen eines DV-Projektes anfallen und welche Schuldverhältnisse im einzelnen begründet werden, ist den Leistungsstrukturen der einzelnen Phasen zu entnehmen. Die nachfolgenden Aus-führungen beruhen auf dem Phasenkonzept der BVB-Planung und Erstellung (Besondere Vertragsbedingungen der Öffentlichen Hand für die Planung und Erstellung von Computerprogrammen) sowie teilweise auf dem KBSt Vorgehensmodell für IT Vorhaben des Bundesministers des Inneren vom August 1992.

Das BVB-Phasenkonzept geht von drei maßgeblichen Phasenbereichen aus:
*   Verfahrensplanung,
*   Verfahrensrealisierung,
*   Verfahrenseinführung.

Obwohl jede Phase einen gewissen abgeschlossenen Aufgabenkreis darstellt, bestehen jedoch Abhängigkeiten.

Das Phasenkonzept der BVB gliedert den gesamten Entwicklungsprozeß einer Anwendungsentwicklung in nach einzelnen Kapiteln gestufte Aktivitäten, bei denen jede Aktivität technisch logisch auf der vorgehenden Aktivität aufbaut.

Das Vorgehensmodell des Bundesministeriums des Inneren vom August 1992 unterscheidet zwischen dem Vorgehensmodell und dem Phasenkonzept wie folgt:

Vorgehensmodell: Tätigkeiten und Ergebnisse der Entwicklung werden geregelt; d. h. es werden alle Arten der Tätigkeiten (Aktivitäten) und die Ergebnisse jeder Aktivität beschrieben.

Phasenmodell :   Der logische und zeitliche Verlauf der Vorhaben (Aktivitäten) wird in einzelnen Schritten festgelegt. Jede Phase endet mit einer Entscheidungsvorlage (Bundesministerium des Inneren, KBSt, Planung und Durchführung von IT-.Vorhaben - siehe Anlage 3, 3.1, 3.2-1).

Es leuchtet ein, daß bei jedem Prozeß zunächst gefragt werden sollte, warum der Prozeß initiiert werden soll. So wird unter dem Abschnitt 'Verfahrensplanung' gefordert, daß am Anfang aller Aktivitäten eine Problembeschreibung erstellt wird, in der alle den Prozeß auslösenden Ursachen und die Schwachstellen aufgeführt werden.

Erst bei Transparenz der organisatorischen Schwachstellen können erste Zielvorstellungen entwickelt werden, die jedoch mit den geschäftlichen Rahmenbedingungen, den finanziellen Möglichkeiten abgeglichen werden sollten. Es kommt hierbei entscheidend auf die einfache Fragestellung an:

- Welchen Informationsbedarf habe ich oder werde ich in Zukunft haben ?
- Welche Form der Kommunikationsmittel wäre optimal, aber welche kann ich mir finanziell leisten ?

Dieser 'Denkprozeß', der alle Gegebenheiten eines Unternehmens zu berücksichtigen hat, führt schließlich zu einem fachlichen Ergebnis, das in die Realität umgesetzt werden soll. Ab dieser Ergebnis-Stufe geht es in die Phase der technischen Umsetzung, aber auch in die der Umgestaltung der davon abhängigen Umgebung wie Infrastruktur, Personalausbildung usw.

Es gibt in der Praxis der Informationstechnik viele Phasen- oder Vorgehensmodelle. Alle haben eine ähnliche Vorgehensstruktur (siehe *Lesshafft /Ulmer* CR 1993, 607, 610; *Dirlewanger* CR 1988, 588ff). Diese umfassen im wesentlichen:

1) Eingangsphase,
2) Analysephase,
3) Fachliche Detaillierungsphase,
4) Technische Detaillierungsphase,
5) Technische Realsierungsphase,
6) Übergabephase,
7) Einführungsphase.

(siehe *Lichtenberg* 1992, 9; *Boehm* Wirtschaftliche Softwareentwicklung, 30f; *Pfister* Computerwoche 29.11.93, 33ff; *Lesshafft/Ulmer* CR 1993, 607, 610f).

Es könnte hier eingewandt werden, daß solche Phasenkonzepte nicht bei allen Anlagenprojekten notwendig und üblich sind. Dieser Einwand ist im Prinzip richtig. Die Phasenmodelle in verschiedenen technologischen Bereichen unterschieden sich jedoch naturgemäß, da die jeweils einbezogene Technologie die Phasenanforderungen maßgeblich mitbestimmt.

1.   Die Planungsphase

So sind nach dem DV-BVB-Phasenmodell bereits bei der Planung ganz früh die DV-technischen Ziele zu analysieren.

Nach dem Vorgehensmodell der KBSt des Bundesministeriums des Inneren für IT-Vorhaben vom August 1992 werden bei der Software-Erstellung folgende Aktivitäten vorgeschlagen:

• Einarbeiten in die Auftraggeberumwelt,
• Darstellen des Ist-Zustandes,
• Aufnehmen der existierenden Datenbestände,
• Erfassen der vorhandenen DV-Ausrüstung,
• Erfassen der Zeit- und Mengengerüste,
• Erfassen nicht beeinflußbarer fachlicher und technischer Faktoren,
• Feststellen von Schwachstellen,
• Ermitteln der Ursachen von Schwachstellen.

Bei diesen Aktionen wird der gesamte organisatorische und DV-System-Status auf den Prüfstand gestellt.

Die Vorgehensmodelle bzw. Phasenkonzepte zeigen Tätigkeiten auf und geben Ergebnisse vor. Sie beschreiben allerdings nicht nur den Erstellungsprozeß, sondern auch die Qualitätssicherung, Konfigurationsmanagement und Projektmanagement als integralen Bestandteil des Erstellungsprozesses - so die Aussage in Band 1 des Vorgehensmodell der KBSt des Bundesministers des Inneren.

Anders als Hardware-Anlage- oder Bauprojekte sind die DV-Projekte mit besonderen technologisch begründeten'nichtbeherrschbaren Umständen'wie z.B. die Fehlerhaftigkeit von Computer-Software und deshalb mit beträchtlichen Risiken versehen, die intensivere und teilweise auch andersartige Maßnahmen erfordern; als Beispiele sind hier zu nennen die sorgfältige Erstellung einer Architektur mit allen Mengengerüsten und Transaktionen oder die umfangreichen Testaktivitäten.

Das Vorgehensmodell bzw. das Phasenkonzept gibt also logisch vor, welche Maßnahmen in den einzelnen Phasen zu ergreifen sind. Damit werden die jeweiligen Leistungen und ggf. die Ergebnisse beschrieben, die in einem rechtlichen bzw.vertraglichen Rahmen zu berücksichtigen sind.

Die einzelnen vorgegebenen Aktivitäten sagen zunächst nichts darüber aus, welcher Vertragspartner diese zu erbringen hat. Der Charakter der Leistungsart wird jedoch aufzeigen, wer für die Leistung verantwortlich ist.

Information und Kommunikation werden von dem Bedarfsträger bestimmt (*Lesshafft* CR 89, 146f). Es gibt keine mit der Informationstechnologie vergleichbare Technologie, die so tief und umfassend in die Organisationen eingreift und menschliches Verhalten bestimmt. Die Konzeption eines Kraftwerkes hängt eigentlich nur von dem räumlichen Strombedarf ab; eine weitergehende 'mitwirkende' Leistung schuldet der Bedarfstäger nicht; sie wird daher beim Aufbau auch nicht gebraucht. Die weitere Gestaltung ist rein bautechnischer Natur.

Anders ist es bei der Informationstechnologie. Diese ist - wie oben schon erwähnt - nur Hilfsmittel für die Informationsverarbeitung. Maßgeblich und bestimmend ist somit der Bedarfsträger. Um diesen herum wird das DV-System entwickelt (so auch *Lesshafft/Ulmer* CR 1988,813f; *Heussen* CR 1988, 894f).

Im Bereich der Informationstechnologie stehen sich also zwei wichtige Know-How-Träger gegenüber, der Bedarfsträger und der System-Lieferant (*Lichtenberg* 25 ff; *Lesshafft* CR 1989, 146, 151; 'Modellgetriebene Anwendungsentwicklung' in IBM-Nachrichten Nr. 41 vom September 1991, 46; Vorgehensmodell des KBSt des Bundesministers des Inneren vom August 1992 , Einführung 4.1.; *Lesshafft/Ulmer* CR 1993, 607 610).

Das nachfolgende Schaubild (Abb. 1) verdeutlicht das organisatorische Umfeld, das im wesentlichen den Know-How-Bereich des Anwenders darstellt, und den technischen Kenntnisbereich des Lieferanten.

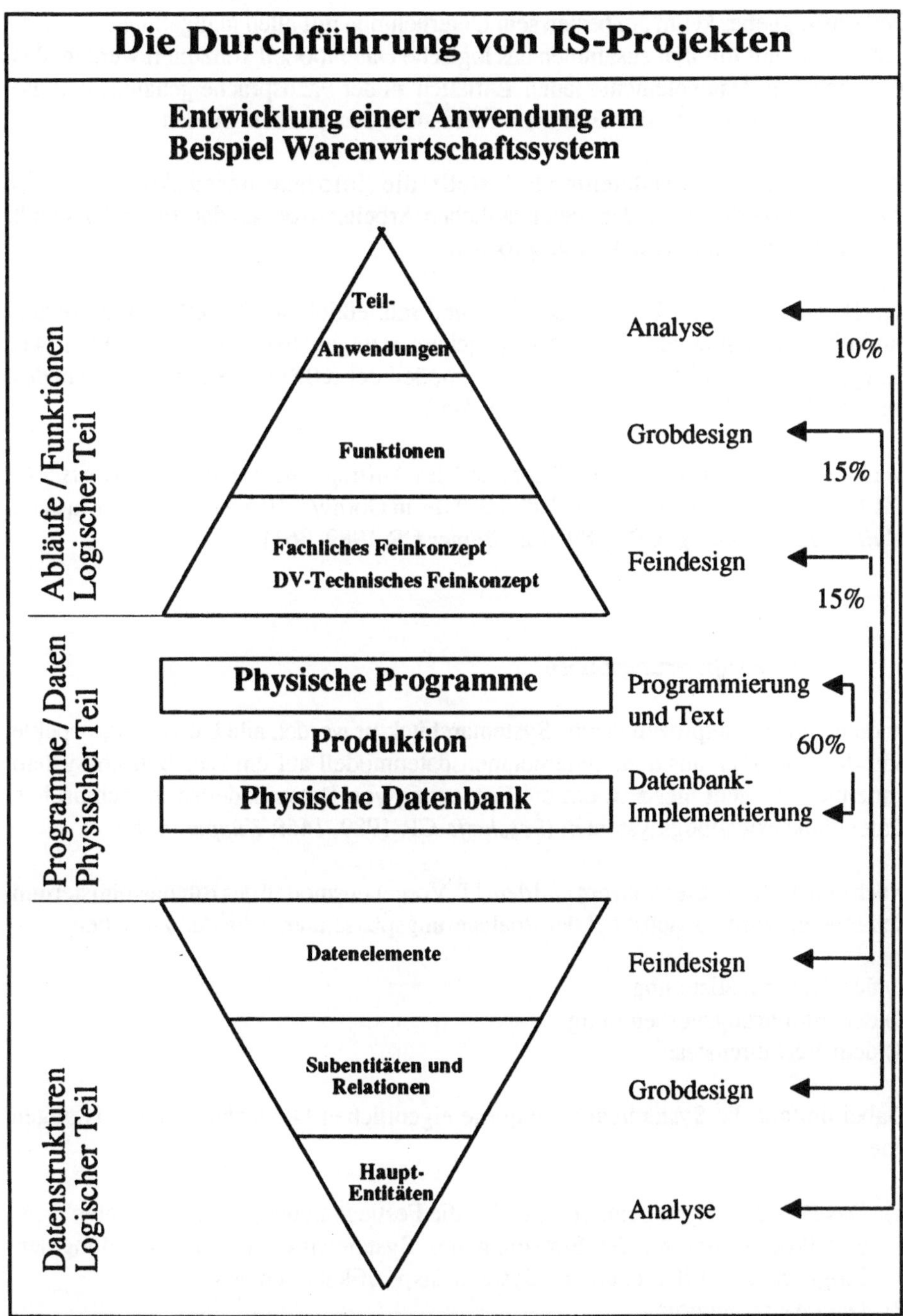

Abbildung 1 zeigt, in welchen Phasen dem Erfahrungsschatz des Auftraggebers bzw. des Auftragnehmers maßgebliche Bedeutung zukommt. In der Planungsphase steht das organisatorische Umfeld des Auftraggebers im Vordergrund.

Der Auftraggeber kennt am besten sein Unternehmen mit allen maßgeblichen Daten. Daher kann nur mit ihm zusammen das logische Datenmodell konzipiert werden, das alle wichtigen Datenelemente (auch 'Entitäten' in der Fachsprache genannt) und die logischen Beziehungen der 'Entitäten' zueinander beschrieben werden.

Dieses Unternehmensdatenmodell stellt die Informationsstruktur und das Informationsbedürfnis in den vielen täglichen Arbeitsprozessen dar. In der Fachwelt wird hier auch von Architektur gesprochen.

Die Datenanalyse, die Funktionsanalyse und schließlich die Prozeßanalyse können nur mit dem 'Know-How' des Auftraggebers erfolgen (so IBM Nachrichten, 41. Jahrgang September 1991, 48; Vorgehensmodell der KBSt des Bundesministers des Inneren, Submodell Softwareerstellung 4-5).

Man kann hier auch von der 'Risikosphäre' des Auftraggebers sprechen (so *Lesshafft* CR 1989, 146f; *Heussen* CR 1988, 894; *Kilian* in Gorny/Kilian 27; siehe hierzu auch *Müller-Hengstenberg* CR 1989, 900; *Bömer* CR 1989, 361).

2.　　　Die Realisierungsphase

In dem Umsetzungprozeß in eine Systemarchitektur werden alle Umgebungsaspekte und die Vorgaben aus dem Unternehmensdatenmodell auf ein Ziel-Betriebssystem konzipiert; es geht hier z.B. um die Festlegung von Datenmodellen in technischen Datenbankverwaltungssystemen (*Lesshafft* CR 1989, 146f; *Kupper*, 40ff).

Nach dem BVB-Phasenkonzept und dem IT-Vorgehensmodell des Bundesministerium des Inneren wird zunächst bei der Realisierungsphase unterschieden zwischen:

1) der Systemrealisierung,
2) der Einführungsvorbereitung,
3) dem Verfahrenstest.

Dabei umfaßt die Systemrealisierung die eigentlichen DV-technischen Leistungen wie:

1) Das DV-technische Feinkonzept, also die Festlegung der physischen Datenbasis, eine Produktanalyse, die Erstellung des Systementwurfes, die Erstellung der Programmspezifikationen und Systemtestspezifikationen usw.
2) Die Programmierung.
3) Die Modul-, Integration- und Systemtestphase.

Die Einführungsvorbereitungen betreffen das 'Umfeld' des DV-Systems, das entsprechend der fachlichen und auch DV-technischen Feinkonzepte auf die Nutzung der Anwendung vorbereitet werden muß:

• Infrastrukturanpassung, z.B. bauliche Maßnahmen,
• Schulungen,
• Aufbereitung der zu übernehmenden Datenbestände, z.B. aus einer abzulösenden Anwendung.

Die Verfahrenseinführung umfaßt schließlich die eigentliche Betriebsaufnahme:
• Implementierung der Anwendung für den Wirkbetrieb, also für die echte Produktionsaufnahme,
• die Verfahrensfreigabe.

Hier werden die Ergebnisse der Aktivitäten aller Phasen (nicht begrenzt auf das Anwendungssystem) abschließend geprüft, z.B. auf die richtige Infrastruktur, auf Schulungsaktivitäten, auf Organisationsumstellung usw. (Bundesminister des Inneren KBST. Planung und Durchführung von IT-Vorhaben Anlage 3, S. 3-3-3 bis 3-3-5; *Kupper* , 41 f). Die Verfahrenseinführung wird im Kapitel I, 4 noch erörtert.

Bei der Systemrealisierung liegt es nahe, daß es sich um einen Vorgang handelt, der in der Risikosphäre des Auftragnehmers liegt. *Lesshafft* (CR 1989, 146, 151) weist allerdings mit Recht darauf hin, daß eine klare Abgrenzung der Tätigkeitsbereiche schwierig ist. Zum Beispiel bedeutet die Implementierung einer 'Client-Server-Architektur' (also einer verteilten Datenverarbeitungsanwendung) einen hohen Grad an Abstimmung mit den Geschäftsprozessen des Anwenders. Der Zweck der 'Client-Server-Architektur' ist es, die Datenverarbeitung beim Nutzer weitgehend autonom zu machen und die 'Hostanwendungen', also die zentralen Anwendungen von vielen Aufgaben zu entlasten, die vor Ort vom Anwender alleine gemacht werden können. Aber dennoch gestaltet sich hier die Frage, welche Daten und Anwendungen der Anwender vor Ort haben darf bzw. welche Daten und Anwendungen im zentralen Anwendungssystem verbleiben, von Anwendung zu Anwendung sehr unterschiedlich. Hier ist ein enger Abstimmungsprozeß erforderlich.

Ein Versicherungsagent ist z.B. nur an den Daten seiner Klientel interessiert, aber auch die Zentrale muß z.B. bei Regressen oder nicht delegierten Aufgaben ebenfalls Zugriff auf diese Daten haben.

Hier ist eine klare Risikosphärenzuordnung im Sinne einer rechten Verantwortung schon schwierig. Aber dennoch gibt es Bereiche, die relativ klar dem 'Risikobereich' des Auftragnehmers zugeordnet werden können, z.B. die Frage der Systemkompatibilität oder der Antwortzeiten bei festliegendem Mengengerüst und Transaktionen sowie das Vorhandensein einer vereinbarten Funktionalität (so auch *Lesshafft* CR 1989, 146, 151; *Müller-Hengstenberg* CR 1989, 900; die Auflistung der Bereiche, die in die

Verantwortung des Auftragsnehmers fallen, bei *Kilian* in Gorny/Kilian, 27 ist zu weitgehend; 'Einsatz falscher Mittel oder lückenhafte Programmbeschreibung' fallen auch in den Risikobereich des Auftraggebers, da diese Leistungen von den vom Auftraggeber zu verantwortenden Datenmodellen abhängig sind).

Die systemtechnische Phase ist kein trivialer Vorgang, sondern eine komplexe Angelegenheit.

Bei komplexen Systemen ist es unabdingbar notwendig, daß diese in unabhängig voneinander programmierbare Teilsysteme zergliedert werden. Diese Teilsysteme müssen einzeln erstellt und ausgetestet werden. Jedes Teilsystem stellt zunächst ein Rumpfsystem dar, welches im Prinzip bereits von Anfang an alle wichtigen Systemfunktionen beinhalten sollte, die in zunehmender Perfektion und Entwicklung den anderen Teilfunktionen zur Verfügung gestellt werden. So können beispielsweise bei einer 'Client-Server-Architektur' folgende Teilgruppen gebildet werden:

• wichtige Architekturelemente, wie z.B. die Verbindung aller 'workstations' oder
  Teilnehmerrechner zum Host.
• Betriebsnahe Funktionen, wie z.B. Datenbank-Speicherung,
  Datenbankabrufmechanismen, Systemverfügbarkeitskontrolle
  Netzwerkmanagement.
• Alle Basis-Anwendungen, wie z.B. Benutzereinrichtungen, log on, log off usw.
• Alle speziellen Anwendungen, wie z.B. Session-Handling oder update-Verfahren,
  Benutzerverwaltung usw.

Wichtig ist jedoch, daß in einem globalen Entwicklungsplan festgehalten ist, wie alle Teilsysteme in einem gesamten Integrationstest und Systemtest zusammengeführt werden.

Diese systemtechnische Planungsphase unterliegt weitgehend der Projektsteuerungsverantwortung des Auftragnehmers, da es hier um die technischen Umsetzungsprozesse geht, die in seinem Erfahrungs- bzw. Know-how-Bereich liegen. (*Belli* in Gorny/ Kilian, 68, 75; *Lesshafft* CR 1989,146, 151; *Lesshafft / Ulmer* CR 1993, 607, 611).

3.   Die Test- und Abnahmephase

Die Test- und Abnahmphasen sind von einer besonderen Bedeutung im Rahmen eines EDV-Projektes. Hier werden alle Teilsysteme zusammengeführt und sozusagen erstmals festgestellt, ob das angebotene Anwendungssytem funktioniert und den Anforderungen des Auftraggebers entspricht. Nachfolgend wird das Verfahren ausführlich technisch beschrieben. Erfahrungen aus einem konkreten Groß-Projekt fließen in die Darstellung mit ein. In Kapitel IV, 1-5 werden die wesentliche Merkmale der Test- und Abnahmephasen im Hinblick auf die rechtliche Bewertung zusammengefaßt.

Das Testkonzept

a) Test-Zielsetzung:
Ziel der verschiedenen Testphasen ist es, die im voraus definierte Systemqualität, die Stabilität, die Performance, die Funktionalität und die Benutzbarkeit des Systems sicherzustellen. Die Tests beziehen sich auf den gesamten Umfang aller Komponenten, d.h. auf Hardware/Software-Peripherie und das gesamte, das System beeinflussende Umfeld. Die Tests sind teilweise vom Entwickler selbst durchzuführen, teilweise werden sie innerhalb der Projektorganisation durch eine eigenständige Funktion, nämlich den Systemtest, als neutrale Prüfer gegenüber dem Entwickler durchgeführt und schließlich durch den Abnehmer. Der Entwickler selber führt nach der Codierung einen Modultest durch, einen Integrationstest, einen funktionalen Test und schließlich einen Komponententest. Zum Abschluß des Komponententests ist sichergestellt, daß alle Systemkomponenten einwandfrei insbesondere im Zusammenspiel der einzelnen Module innerhalb der Komponenten funktionieren (*Kupper*, 41ff).

Nach Durchführung dieser Tests wird von der Systemtestgruppe durch Verwendung der mitgelieferten Dokumentationen die Installierbarkeit und Operierbarkeit getestet und schließlich der Systemtest durchgeführt. Dieser hat verschiedene Ausprägungen, wie z.B. den funktionalen Systemtest, den Limittest, den Stresstest und den Chaotentest. Unter Chaotentest wird beispielsweise auch die Reaktion des Systems auf völlig fehlerhafte Eingaben oder das Herunterfallen einer Tastatur, das gleichzeitige Drücken mehrerer Tasten u.ä. unkontrollierbare Vorgänge verstanden. Der Systemtest endet mit einem Regressionstest, in dem der Nachweis zu erbringen ist, daß alle im Verlauf der Testzyklen gefundenen Fehler einwandfrei korrigiert sind und nicht mehr auftreten. Der Systemtest muß auch sogenannte Dauertests, z.B. über mehrere Stunden oder Tage in ununterbrochener Reihenfolge und sogenannte Massentests mit einer großen Anzahl echter und/oder simulierter Testteilnehmer beinhalten. Nach Durchführung aller Tests und Einspielen aller Korrekturen für alle gefundenen Fehler wird insgesamt ein Regressionstest durchgeführt, mit dem sichergestellt werden soll, daß alle eingebrachten Korrekturen fehlerfrei funktionieren. Der Systemtest endet schließlich mit der Freigabe des Release-Shipment (*Kupper*, 121ff).

b) Simulation des Systemverhaltens:
Simulationsmodelle (entweder als statistische Simulation oder zur Simulation der Testeingabe durch Testmitarbeiter (automatisierte Testdateneingabe)) zur Beurteilung des Systemverhaltens haben den Vorteil, daß sie gesteuert verändert werden können. Solche Veränderungen können vorgenommen werden, z.B. in bezug auf die Menge der Testbeteiligten. Das ist wichtig, denn Massentests mit über 100 Benutzern können häufig aus Kostenkapazitäts- und Organisationsgründen kaum realisiert werden. Die Änderung kann sich auf die Dauer des Tests beziehen, d.h. es können relativ leicht lang

laufende Tests über mehrere Stunden oder Tage durchgeführt werden. Die Eingabegeschwindigkeit kann modifiziert werden, was bei manueller Testeingabe in der Regel kaum realisierbar ist. Ein anderer Vorteil ist, daß die Eingabepunkte der Testdaten variiert werden können. Zum Beispiel kann eine Eingabe über die Tastatur simuliert werden oder die Dateneingabe am Teilnehmerrechner oder am Datenbankrechner direkt simuliert werden. Es können mit dem Simulationsmodell beliebige interne Funktionen, die nicht einfach von außen angesprochen werden können, getestet werden. Bestimmte Limittests, die auf die Erreichung bzw. Überschreitung intern gesetzter Parameter zielen oder Streßtests, die das volle Ausreizen intern gesetzter Parameter in ihrer vollen Variationsbreite bedeuten, werden ermöglicht. Das Simulationsmodell garantiert eine leichte Wiederholbarkeit einzelner oder Massentests.

Dabei wird die mitgelieferte Dokumentation genauso getestet wie der eigentliche Code. Der Systemtest-Manager hat die Verantwortung, durch rigoroses Testen des Systems die Qualitätsvorgaben zu erreichen. Neben den speziellen Qualitätsvorgaben, die in einem späteren Abschnitt beschrieben werden, kann es generelle Qualtätsvorgaben geben, wie z.B. meßbar höhere Verfügbarkeit, Stabilität oder Fehlerfreiheit als das Vorgängersystem oder z.B. die Forderung nach einem Zero-Defect-System. Grundlage des Systemtests sind bis ins Detail ausgearbeitete Testszenarien, Testfälle und Testvariationen. Diese sind in beliebiger Reihenfolge auszuführen. Allerdings ist es auch wichtig, bestimmte systematisch ablaufende Folgen von Aktivitäten (Rundflüge) zu testen. Darunter wird z.B. verstanden, zunächst das Einrichten von neuen Benutzern im System zu testen, daraufhin das Laden der Datenbanken, dann das fehlerfreie Logon-Procedure, den Aufbau der Abrechnungssätze, das Abrufen von Informationen, die Benutzung aller möglichen anderen Systemfunktionen, dann das fehlerfreie Logoff, das Erstellen von Kostensätzen und Rechnungen, das Löschen von Teilnehmern und schließlich das Löschen bzw. Verändern der Datenbanken. Es ist wichtig, den Systemtest von einer unabhängigen eigenständigen Funktion, also nicht den Entwicklern durchführen zu lassen, um ein Höchstmaß an Neutralität in den Test einzubringen. Für den gesamten Test ist es wichtig, eine exakte Dokumentation aller Testfälle vor Beginn der Tests zu erstellen und das Verhalten des Systems während der Durchführung der Tests für die Fehleranalyse zu beschreiben. Jeder gefundene Fehler muß in seinem Verursachungsfeld exakt beschrieben werden. Der Closing-Process (Bestätigung der ordnungsgemäßen Funktionsweise nach einer Fehlerkorrektur) muß für jeden einzelnen Fehler individuell prozessiert werden. Zusätzlich zur Bestätigung der Überprüfung der Richtigkeit der durchgeführten Änderungen ist der Korrekturaufwand und die Korrekturdauer zu erfassen, um verbesserte Planungsannahmen für den weiteren Projektverlauf zu gewinnen.

Der Abnehmer schließlich führt in eigener Verantwortung einen Lifetest, einen Operationstest und schließlich die funktionale Prüfung durch. Die funktionale Prüfung dient der vertraglich vorgesehenen Systemabnahme und ist Voraussetzung für die formale Vertragserfüllung. Erst wenn der Vertrag formal abgenommen ist, kann der

Auftraggeber das System installieren und für den Betrieb freigeben. Nach der Abnahme des Systems ist die Verantwortung für das System auf den Auftraggeber übergegangen. Im folgenden soll nun zu einigen Testphasen näher Stellung genommen werden.

c) Systemtest

Der Systemtest ist eine der wesentlichen internen Steuerungsmaßnahmen in Richtung auf Qualität des Systems. Seine Aufgabe ist es, die Fehlerfreiheit des Systems zu erreichen. Im Systemtest kommt es darauf an, jeden im System verborgenen Fehler zu identifizieren und zu beseitigen. Der Aufbau der Testszenarien muß sich an den funktionalen Spezifikationen des Pflichtenhefts orientieren. Die Testszenarien werden damit bereits parallel zum Grob- und Feindesign des Systems erarbeitet. Es ist wichtig, daß die späteren Systemtest-Mitarbeiter an den Inspektionen der Entwicklungsbereiche teilnehmen, um eine möglichst große Kenntnis der internen Systemzusammenhänge zu gewinnen, um entsprechende Testszenarien aufbauen zu können. Der Test muß auch die Installierbarkeit des Systems beinhalten, er muß die Funktionalität nachweisen und die Betreibbarkeit des Systems testen (*Kupper* , 41f).

Hinzu kommt, daß das Simulationsmodell weitgehend automatisiert werden kann, indem die erwarteten Testergebnisse im Programm mit den Simulationsergebnissen verglichen werden. Dadurch kann eine automatische Fehlerschreibung erfolgen. Das Simulationsmodell dient dem Austesten bestimmter qualitativer Kriterien, wie z.B. Stabilität, Antwortzeitverhalten, Verfügbarkeit des Systems, und es gibt bei Massen- und Dauertests realistische Verkehrswerte, die für den späteren realen Betrieb zu erwarten sind.

d) Lifetest

Nach Übernahme des Release durch den Auftraggeber, wobei sich die Übergabe an dem für später vorgesehenen formalen Übergabeprozess orientieren soll, führt der Auftraggeber unter eigener Verantwortung einen Lifetest durch. Dabei kommt es darauf an, das System auf der Original-HW-Ausrüstung zu installieren, den Test mit der späteren Operatormannschaft durchzuführen und echte Benutzer des späteren Systems als Testteilnehmer heranzuziehen. Es werden im Prinzip alle Tests, die auch im Systemtest unter Verantwortung des Systemerstellers durchgeführt wurden, hier wiederholt, d.h. funktionale Tests, Limittest, Stresstest, Chaotentest, Installierbarkeit, Operierbarkeit usw. (siehe Abbildung 2).

Entwicklung
Modul-Test
Funktionaler Test
Komponenten-Test
Ziel:
• Qualität
• Stabilität
• Verfügbarkeit
• Performance
• Funktionalität
Prüfung
Integrations-Test
System-Test
Regressions-Test
Abnehmer
Umfang:
• HW
• SW
• Peripherie
Regressions-Test
Migrations-Test
Life-Test
Abnahme-Test

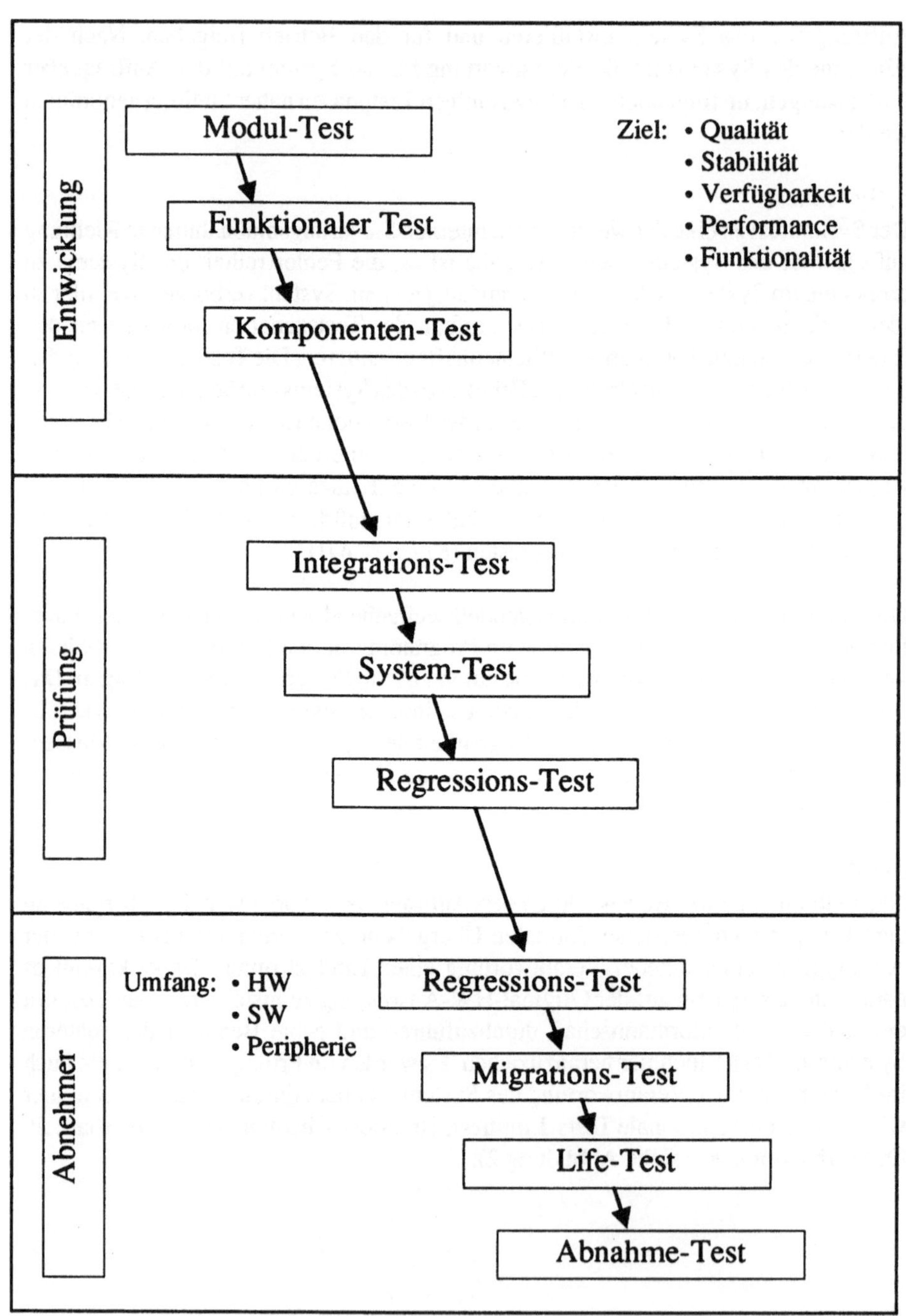

Abbildung 2

e) Abnahmetest

Der letzte Schritt der Testserien ist die Überprüfung der vertraglich zugesicherten Eigenschaften des Systems. Natürlich sind diese Kriterien während aller früheren Tests bereits für die Erstellung der Testszenarien verwendet worden. So gesehen, ist der Abnahmetest mehr ein formaler Akt, mit dem schließlich festgestellt wird, daß alle Eigenschaften und Funktionen des Systems wie vertraglich vereinbart eingehalten wurden. Treten im Abnahmetest weitere Fehler auf, so ist das ein Beweis, daß die vorher durchgeführten Tests sich entweder nicht an den vertraglich vereinbarten Spezifikationen oder am Pflichtenheft orientiert haben oder daß nachträglich vom Auftraggeber andere Spezifikationen als im Pflichtenheft festgelegt gewünscht werden oder daß die Tests nicht rigoros genug durchgeführt wurden. Je nach Art der aufgetretenen Fehler oder Probleme ist festzulegen, ob die Abnahme des Systems verweigert wird oder ob dem Auftragnehmer eine Nachbesserung zugebilligt werden soll oder ob schließlich der Auftragnehmer die Korrektur verweigern kann, weil sie nicht den Spezifikationen entspricht.

Wichtig ist, daß von allen Betroffenen verstanden wird, daß es im Abnahmetest nicht darum geht, dem Auftragnehmer schwerwiegende Fehler nachzuweisen, sondern daß es schließlich darum geht, ein weitgehend mangelfreies System in Betrieb nehmen zu können. An dieser gemeinsamen Zielsetzung werden sich alle Kooperationsbemühungen zwischen Auftraggeber und Auftragnehmer orientieren, um zum Schluß die erfolgreiche Abnahme bestätigen zu können (*Kupper*, 42).

Eine wichtige Voraussetzung für die gesamte Testplanung, Vorbereitung und Durchführung der Testaktivitäten sind die Testszenarien, Testfälle und Testdaten. Ohne diese Voraussetzung lassen sich keine Tests durchführen.

Diese drei Voraussetzungen beinhalten im Prinzip eine Auswahl simulierter Anwendungsfälle des Auftraggebers, also Datenarten und -strukturen, die den organisatorischen Gegebenheiten entsprechen, sowie weiterhin Ein- und Ausgabebeschreibungen in dem geplanten System, die nach dem Pflichtenheft vorgesehen sind (Testfälle/Testszenario). (Siehe *Lichtenberg*, 154 ff).

Mit diesen Testkriterien werden die funktionalen Vorgaben und Eigenschaften des Systems geprüft.

Hier haben besonders die fachlichen Vorgaben des Auftragsgebers eine maßgebliche Bedeutung, da auf deren Basis die Testdaten, Testfälle gebildet werden, die möglichst weitgehend den späteren Praxisfällen entsprechen sollen.

In der Judikatur sowie in der vielgestaltigen, einschlägigen Rechtsmeinung wird dieser Gesichtspunkt fast kaum beachtet (*J. Schneider*, H Rdnr. 136 ordnet diese Thematik unter die Mitwirkung des Kunden ein; *Koch/Schnupp*, 221f sieht die Lieferung von Testdaten als Obliegenheit des Auftraggebers an).

Die gesamte Testphase, die immerhin fast 20% bis 30% des Gesamtaufwandes bei einer Software-Entwicklung einnimmt (*Lichtenberg* , 98f; Bons in Gorny / Kilian, 39; *Müller-Hengstenberg/Wild* CR 1991, 327; *Gocke,* online 7-8/81, 492, 495, der von 50% für Modul-, Integration und Systemtest ausgeht; *Bereczky*, Computerwoche 26.07.1991, 33, 34; *Praetorius/Siegel* , CR 1991, 496, 499, nach denen die Testaufwände zwischen 25% und 46 % vom Gesamtaufwand liegen).

Wenn also im Durchschnitt fast ein Drittel des Projektaufwandes im Testbereich liegt, der wiederum unabdingbar von den Testdaten, Testfällen des Auftraggebers abhängig ist, so handelt es sich um eine maßgebliche Leistungsphase. Zu unterscheiden ist hiervon die Installation einer lediglich überlassenen Standardsoftware auf einem System. Der Aufwand ist weit geringer; vielfach werden hier nur Testdaten des Herstellers mitgeliefert.

Aber in der Praxis ist dies gerade bei komplexer Software nicht der Regelfall. Bei komplexen Anwendungssystemen ist die vereinbarte Funktionaliät des Anwendungssystems maßgebend, die Prüfungsgegenstand der Testmaßnahmen ist. Wie in den vorgehenden Phasen stellt sich auch hier die Frage des Verantwortungsumfanges im Testbereich. Die vorstehenden Ausführungen verdeutlichen sehr genau, daß eine Testphase nur mittels gemeinsamer Aktivitäten von Auftraggeber und Auftragnehmer durchführbar ist. Es wird hier wie auch in anderen Phasen das jeweilige Know-How beider Vertragspartner oder besser Projektbeteiligten benötigt (so *Müller-Hengstenberg/Wild* CR 1991, 327; *Lesshafft* CR 1989, 246, 248; *Koch/ Schnupp* , 219; *Lichtenberg* , 150; *Lesshafft/Ulmer* CR 1993, 607, 612; *Zahrnt* CR 1993, 676).

Im Rahmen der Testphase ist zwischen den der einzelnen Testarten und dem Abnahmetest zu unterschieden.

In der Regel werden die Testarten wie Modultest (Unit-Test) funktionaler Test, Komponenten-, Integrations-, System- und Regressiontests vorwiegend in den Verantwortungsbereich des Auftragnehmers, dagegen die Operations-, Migrations-, Life- und Abnahmetests in den Verantwortungsbereich des Auftraggebers fallen. Charakteristisch ist aber, daß in allen Testarten - gleich, wer die federführende Verantwortung der Tests hat - Auftraggeber und Auftragnehmer in der Regel mitwirken, wenn auch mit unterschiedlichen Aufgabenstellungen.

Wichtig ist jedoch festzuhalten, daß die Test- und Abnahmephasen für die Qualität und die vertragliche Verpflichtung der Erfüllung von maßgeblicher Bedeutung sind.

4.   Die Einführungsphase

Hier handelt es sich um alle Prüfmaßnahmen, die für die Produktionsaufnahme erforderlich sind; also der letzte 'Check' vor dem 'real life -Start'. Da hier das Unternehmen oder die Behörde in ihrem Gesamtbetrieb angesprochen sind, liegt in der Regel auch die Verantwortung wie im Bau-Bereich beim Auftraggeber, da er am besten seine Organisation beherrscht und auch dafür nach außen verantwortlich ist. Dazu wird noch in dem Kapitel II, 2e, 3c ausführlich Stellung genommen.

5.   Das Projektmanagement

In der technischen Fachwelt besteht Einigkeit, daß der Erfolg und die Qualität eines DV-Projektes maßgeblich von einem qualifizierten Projektmanagement abhängig sind. Ein erfolgreiches Durchlaufen der vorerwähnten Phasen ist ohne eine umfassende Planung und Steuerung nicht möglich. Diese Erfahrung wird bestätigt durch die in dem Aufsatz von *Heinrich*, CR 1988, 584,585) erwähnte Auswertung, daß 35% der Befragten den Grund für notleidende Projekte in der Projektleitung sehen und 54% der Befragten die Ursache in der mangelnden Zusammenarbeit zwischen den Beteiligten, denen schließlich dieSteuerung der Projektleitung obliegt. (So auch *Heussen/Hoh*, RWS-Skript 233, 12; *Lichtenberg* , 91, 98; *Müller-Hengstenberg* , 78, 79).

Die Bedeutung des Projektmangements kann nicht genügend hervorgehoben werden. Die Projektleitung ist sozusagen der 'Dreh-und Angelpunkt' jedes Projektes (so OLG München CR 1989, 803).

Alle Phasen eines Projektes müssen vom Projektmanagement geplant, entschieden und gesteuert werden.

In dem Vorgehensmodell der KBSt des Bundesministers des Inneren vom August 1992 wird die Projektmanagement-Aufgabe wie folgt beschrieben:

> • Das PM plant, kontrolliert und steuert die projektinternen Tätigkeiten.
> • Das PM bildet die Schnittstelle zu projektexternen Einheiten, wie z.B. zum AG (Auftraggeber) und dem Anwender.
> • Dem PM obliegt die Aufgabe eines Projektrepräsentanten gegenüber dem Auftraggeber und dem Anwender.
> • Das PM bildet das Informationszentrum des Projektes.

Zu den wesentlichen (Haupt-)Aktivitäten eines Projektmanagements gehören nach diesem Modell u.a.:

> • Die Initialisierung des Projektes: z. B. die Festlegung der Projektkriterien und Randbedingungen, die Erstellung eines Projektplanes.

- Die Begleitung des Projektes, z.B. Feinplanung, Einführung eines Risikomanagements, Bereitstellung der Einsatzmittel, Schulungen, Projektfortschrittskontrolle, Dokumentation.
- Projektabschluß: Aktualisierung des Projektplanes, der Berichtsdokumente, insbesondere der Dokumentation der Ergebnisse.

In der Fachwelt gibt es eine Reihe von ähnlichen Aufgliederungen (siehe *Lichtenberg*, 91ff).

Den wesentlichen Kern bilden dabei folgende Aktivitäten:

- Der Projektplan (Phasenplan, Organisationsplan, Testplan, Änderungsplan, Dokumentationsplan, Installationsplan, Ressourcen- und Lieferplan, Review- und Berichtsplan)
- Die Projektsteuerung und -kontrolle (Wirtschaftlichkeitsanalyse, Kostenplanung und Kontrolle, Fortschrittsberichte, Risikomanagement und Review-Boards)
- Die Steuerung des 'Change-Managements', d.h. der Änderungsanforderung während der Projektdurchführung.

6.   Die Projektorganisation

Im Verlaufe der Projektphasen ergeben sich unterschiedlich hohe Ressourcen-Anforderungen infolge der unterschiedlichen Aufgabenstellung der verschiedenen Phasen. Rein theoretisch könnte die Phasendauer terminlich so stark gestreckt werden, daß ein konstanter Personalbedarf ausreicht. Ebenso ist der Skillbedarf für die verschiedenen Projektphasen sehr unterschiedlich und würde bei einer konstanten Projektmannschaft zu permanenten Über- bzw. Unterforderungen der Mitarbeiter führen. Eine andere Vorstellung, sich der Kurve des unterschiedlichen Mitarbeiterbedarfs anzupassen, wäre das Konzept 'hire and fire'. Das ist natürlich für hochqualifizierte Spezialisten kein realistischer Ansatz. Auch aus der reinen Projektsicht ist eine solche Vorgehensweise nicht akzeptabel, da nur die lange Erfahrung und die intensive Kenntnis der Projektdetails eine erfolgreiche Arbeit sicherstellen. Eine weitere Möglichkeit besteht in der phasenweisen kurzfristigen Versetzung von Mitarbeitern in unterschiedliche Abteilungen. Damit wäre allerdings eine Kontinuität des Managements als wichtige Bezugsperson für die Mitarbeiter nicht realisierbar. Es wäre keine Gruppenbildung möglich, und es entstände kein Identifizierungsprozeß der Mitarbeiter untereinander oder mit dem Projekt. Aus diesem Grunde ist auch diese Variante nicht wünschenswert, allerdings manchmal unumgänglich.

Die aus Projektsicht günstigste Organisationsform ist die Matrixorganisation (funktionale Organisation). Hierbei ist eine feste Management-Bezugsperson durch Dauerzugehörigkeit des Mitarbeiters zu seiner Führungskraft gegeben. Andererseits wird die funktionale Zuordnung phasenweise geändert, falls dies erforderlich ist. Vorteile sind darin zu sehen, daß Mitarbeiter mehrere Bereiche des Projektes kennenlernen können und daß sie gleichzeitig eine langfristige Personalzuordnung besitzen. Aus der Sicht der Leistungsbeurteilung entsteht die Chance einer doppelten Beurteilungsmöglichkeit und damit einer größeren Neutralisierung der Beurteilung jeder Einzelperson.

Es wird die Identifizierung der Projektmitarbeiter mit dem Gesamtprojekt gefördert, wobei dennoch die Identifizierung mit dem Modul oder dem Teilsystem nicht unnötig eingeschränkt wird. Auch Mitarbeiter ohne Personalverantwortung können fachliche Führungspositionen einnehmen. Sie werden als Funktionsleiter in der untersten Ebene bzw. Teilprojektleiter in der zweiten Ebene eingesetzt und haben volle funktionale Dispositionsfreiheit gegenüber den ihnen zugeordneten Mitarbeitern. Matrixorganisation ermöglicht infolge ihrer Flexibilität eine Minimierung des Mitarbeitereinsatzes. Es ist allerdings auch festzuhalten, daß viele Mitarbeiter diese Art der Einsatzform nicht besonders bevorzugen. In dem hier zugrundegelegten Modellentwicklungsfall wurde die Organisationsform aufgrund der Einwirkung Außenstehender aber mit entscheidender Funktion im Laufe der Projektentwicklung geändert. Da hierdurch das Konzept des minimalen Mitarbeitereinsatzes durchbrochen wurde, mußte für den Rest der Projektarbeit eine Aufwandsneuschätzung erfolgen und eine Anpassung der Projektdurchführungspläne vorgenommen werden. Die dann gewählte Organisationsform ist in Abbildung 3 und 4 dargestellt. Auf die Funktion der Projektsteuerungs-Organisation wird noch näher in dem Kapitel II, 2e (Verantwortungsbereiche) eingegangen (siehe auch *Kupper*, 60 ff).

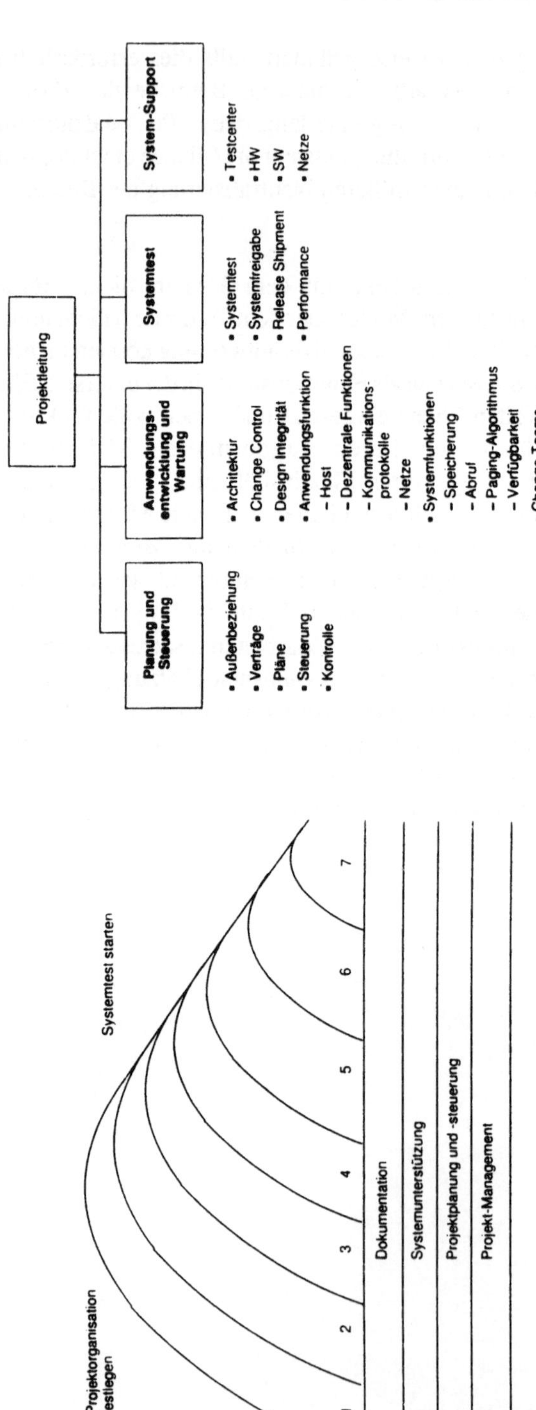

Mgmt. Meeting	Mgmt. Review Board	Experten Review Board	System Assurance	Product Assurance
		Projektsteuerungs-Organisation		

Abbildung 4

1	Funktionale Spezifikation	5	Komponententest
2	Grobdesign	6	Systemtest
3	Feindesign	7	Korrektur/Regressionstest
4	Programmierung	8	Life Test
		9	Abnahmetest

Abbildung 3

7. Die Qualitätssicherung

In jedem Vorgehensmodell ist die Qualitätssicherung eine maßgebliche, neben allen Phasen laufende, selbständige Aktionseinheit.

In dem Vorgehensmodell für die Planung und Durchführung von IT-Vorhaben des Bundesministers des Inneres vom August 1992 wird zu Sinn und Zweck der Qualitätssicherung folgendes unter Bezug auf DIN 55350 ausgeführt:

> 'Die aufgestellten Anforderungen an das zu entwickelnde System werden im Laufe des Projekts durch detaillierte Anforderungen verfeinert und in den Produkten'Systemanforderungen', 'DV-Anforderungen' und 'SW-Anforderungen' festgehalten. Die im Submodell 'Qualitätsicherung' (QS) beschriebenen Maßnahmen gewährleisten die Erfüllung dieser vorgegebenen Anforderungen.'

Das Vorgehensmodell unterscheidet hier zwischen konstruktiven und analytischen Maßnahmen.

Zielsetzung ist hierbei, 'präventiv' Qualitätsmängel entgegenzuwirken und die den analytischen Qualitätssicherungsmaßnahmen zu unterziehenden Prüfgegenständen überhaupt prüfbar zu machen.

Konstruktive Qualitätssicherungsmaßnahmen sind z.B. die Gliederung des Entwicklungsprozesses durch einen Entwicklungsstandard sowie die Unterstützung des Entwicklungsprozesses durch Methoden und Werkzeuge. Es müssen hierbei u.a. Prüfpläne und Prüfkriterien und Prüfprozedur festgelegt werden.

Dagegen haben die analytischen Qualitätsicherungsmaßnahmen die Prüfung und Bewertung der Qualität zum Ziel.

Auch das Phasenmodell der BVB-Planung und Erstellung regelt unter der Ziff 2.1.1.9 die Qualitätssicherungsmaßnahmen:

> '• Festlegung der zur Erzielung der geplanten Qualität notwendigen Maßnahmen,
> • Festlegung der zur Feststellung der Systemqualität erforderlichen Kontrollen (während und nach Abschluß des Projektes)'.

Das Vorgehensmodell des Bundesministeres des Inneren vom 1992 steht nicht in Widerspruch zu dem BVB-Phasenkonzept, sondern detaillert das BVB-Phasenkonzept. Allerdings zeigt das BVB-Phasenkonzept nicht die Bedeutung der Qualitätsicherung für jeden Entwicklungsprozeß auf. Es stehen drei wesentliche, nebeneinander gleichgewichtige Phasen:

1. Die Planungsphase.
2. Die Erfüllungsphase.
3. Die Qualitätssicherung.

Diese gleichrangige Bedeutung der drei Aktionsbereiche, die sogar nebeneinander ablaufen, werden in den BVB nicht deutlich (so *Lichtenberg*, 33.).

Auch die ISO-9000 Teil 3 vom August 1990 (ISO 9001), die ein Leitfaden für die Anwendung der ISO 9001 für die Entwicklung von Software ist, weist daraufhin, daß die Qualitätssicherung ein eigener Prozeß ist, der während des gesamten Entwicklungsprozesses läuft (siehe hierzu auch *Müller-Hengstenberg* , 104).

Für die vertragliche Regelung ist es jedoch wichtig zu beachten, daß die Qualitätssicherung ein Prozeß oder Verfahren ist, dem sich ein Hersteller freiwillig unterwirft, dessen Anforderungen der Hersteller nach gewissen 'Anregungen', z.B. der ISO 9001 selbst festsetzt. Für eine vertragliche Regelung sind nur gewisse Teile von Bedeutung, z.B. die Qualitätsprüfung (siehe hierzu *Popp*, 53ff).

Das Vorgehensmodell des Bundesinnenministeriums wie auch das BVB-Phasenkonzept sind solche Prozesse, die selbst Vertragsgegenstand sind oder eine sonstige normative Wirkung haben werden. Für vertragliche Vereinbarungen eignet sich z.B. die Vereinbarung von Qualitätssicherungsmaßnahmen im Rahmen des Projektmanagements.

II. Verantwortungsbereiche in DV-Projekten aus technischer und rechtlicher Sicht

1. Die Verantwortungsstrukturen nach den Phasenkonzepten

Die Vorgehensmodelle bzw. Phasenkonzepte sagen nichts darüber aus, wer etwas erbringen muß, sondern zeigen nur die erforderlichen Aktionen auf. Der Grund ist verständlich. Jedes Projekt beruht auf unterschiedlichen Sachverhalten und damit auch unterschiedlichen Aktionsvoraussetzungen. Es gibt sehr viele DV-erfahrene Anwender, die viele Phasenanforderungen selbst erfüllen können; es gibt aber auch Laien, die keine Ahnung von den Anforderungen des Einsatzes der Informationstechnologie haben. Es wird deshalb bewußt bei allen Phasenkonzepten angemerkt, daß diese nicht statisch angewandt werden können. Es wäre deshalb absurd, bei der Installation eines PC mit einem kleinen PC-ROM-Disk ein Phasenkonzept mit umfangreichen Qualitätssicherungsmaßnahmen aufzusetzen.

Die gleichen Gründe sprechen auch gegen den von einigen Rechtskommentatoren angeregten Haftungsgrundsatz, daß eine generelle 'Risiko-Abgrenzung' dergestalt vorzunehmen ist, daß grundsätzlich der Auftragnehmer für alle Mängel bis zur Abnahme und der Auftraggeber nach Abnahme nur für solche Fehler verantwortlich ist, die in seine Risikosphäre fallen, z.B. bei einem ungenauen Pflichtenheft (so *Kilian* CR 1986, 187, 192; *Bömer* CR 1988, 361f; *Müller-Hengstenberg* CR 1989, 900). Die Rechtsmeinung von *Kilian* (CR 1986, 187) beruht auf dem Glauben, daß der DV-Hersteller es in der Hand hat, die Entwicklungsrisiken durch Qualitätssicherungsmaßnahmen und Qualitätskontrolle zu reduzieren. Diese Rechtsmeinung (*Kilian* CR 1986, 1871 und *Bömer* CR 1988, 361) verkennt die Rolle der Qualitätssicherung und -kontrolle. Diese Instrumente sind auf alle Aktionen innerhalb eines Phasenkonzeptes, also auch auf die 'Mitwirkungsverpflichtungen' des Auftraggebers gleichermaßen anzuwenden, da Ursachen für Mängel in allen Aktionen liegen können, gleichgültig von wem diese durchzuführen sind. Gerade der Hinweis von *Kilian*, daß 64% aller späteren Mängel im Entwurfstadium liegen, läßt diese These der 'Risikoteilung' fragwürdig erscheinen, da in diesem Stadium gerade die Zusammenarbeit zwischen Auftraggeber und Auftragnehmer am intensivsten ist und nur schwerlich eine Fehlerzuordnung möglich ist (so auch *Lesshafft* CR 1989, 146, 150). Der Umfang der Anwendung eines Phasenkonzeptes sowie die Aufteilung der anfallenden 'Aktionen' oder auch Leistungen an Auftraggeber und Auftragnehmer hängt von den folgenden Fragen im wesentlichen ab:

1. Liegt bereits eine Systemumgebung vor?
2. Was will der Auftraggeber ändern?
3. Hat der Auftraggeber ein eigenes Vorgehensmodell, wie z.B. der Bereich des Bundesministeriums der Verteidigung / BWB
4. Welche DV bzw. Anwendungserfahrungen hat der Auftraggeber, oder der Auftragnehmer im Hinblick auf die geplante Anwendung?

5. Über welche 'Resourcen' (qualifizierte Mitarbeiter) verfügen Auftraggeber und Auftragnehmer ?

6. Wer soll die federführende Projektleitung haben, d.h. welcher Entscheidungsspielraum wird dem Auftragnehmer eingeräumt ?

Je nachdem, wie die Antworten auf diese Fragen sind, gestaltet sich dann die Vorgehensweise in einem Projekt, d.h. die Projektpläne, die einzelnen Leistungsgruppen, die Projektorganisation. Die rechtlichen Einordnungen haben sich nach den dann jeweiligen Planungs-und Aktionsstrukturen auszurichten und können unterschiedlich ausfallen.

2. Der Verantwortungsbereich des Herstellers und Lieferanten

a) Die Leistungsstruktur
Die Verantwortungsbereiche des Auftragnehmers ergeben sich in erster Linie aus den vertraglichen Vereinbarungen und weiterhin aus allgemeinen rechtlichen Gesichtspunkten wie Produkthaftung (soweit überhaupt anwendbar), aus den gesetzlichen Regelungen des Urheberrechtes und Gesetzes gegen Unlauteren Wettbewerb (UWG) usw.

Die BVB-Erstellung zeigt übersichtlich auf, welche Leistungen z.B. im Rahmen eines Software-Entwicklungsvertrages anfallen:

Leistungen des Auftragnehmers:
- Lieferung des DV-fachlichen Feinkonzeptes,
- Lieferung der erforderlichen Dokumentation,
- Einräumung der erforderlichen Nutzungsrechte an den Entwicklungsergebnissen einschließlich aller dabei erstellten Arbeitsunterlagen,
- Programmierung,
- alle Testaktivitäten,
- Herbeiführung der Funktionsfähigkeit,
- Einsatzunterstützung,
- Schulung,
- Projektmanagement,
- Qualitätssicherungen.

Bei der Lieferung einer Systemanwendung
- Lieferung der Hardware und Standardsoftware,
- Dokumentation,
- Einweisung,
- Implementierungsleistungen.

Leistungen des Auftraggebers:
- Lieferung des fachlichen Feinkonzeptes (Pflichtenheft).
- Lieferung aller für die Entwicklung erforderlichen Unterlagen und Informationen,
- Einräumung des entsprechenden Nutzungsrechtes an den Auftraggeber,
- Stellung der erforderlichen Systemumgebung,
- Gewährung von Rechenzeiten,
- Stellung der Nutzungsrechte an der vorhandenen Software einschl. der zugehörigen Dokumentation.
- Stellung von qualifiziertem Personal,
- Stellung von Arbeitsplätzen und Räumlichkeiten,
- Lieferung der Testdaten,
- Lieferung einer Mängeldokumentation,
- Definition der Sicherheitsbedingungen,
- Zahlung der Vergütung,
- Abnahme.

Diese Auflistung der Leistungsstruktur, die sich im übrigen sowohl in den BVB-Erstellungsbedingungen als auch in dem Phasenkonzept der BVB wiederfindet, zeigt die Verzahnung der Leistungen und Mitwirkungsleistungen der Vertragspartner auf und verdeutlicht, daß die Erfüllung des Vertrages von vielen unabdingbaren, gegenseitigen Abhängigkeiten der Leistungen bzw. Mitwirkungspflichten der Vertragspartner geprägt ist.

Mit Recht wird oft die Frage gestellt, ob es sich wirklich um einen Werkvertrag oder Kaufvertrag im ursprünglichen BGB-Sinne handele ? Kann hier wirklich von einem verantwortlichen Unternehmer im Sinne des Werkvertrages oder einem verantwortlichen Verkäufer im Sinne des Kaufvertrages ausgegangen werden?

Koch/Schnupp (209) merken hierzu an, daß eine Leistungsabgrenzung sehr schwer ist, da die Leistungsbeschreibungen vielfach lückenhaft und ungenau sind, und weisen auf die vielen Mitwirkungshandlungen hin. Sie vermeiden aber, diese Leistungsstruktur einer rechtlichen Wertung zu unterziehen. (So ähnlich auch *J. Schneider* E Rdnr. 77ff der beanstandet, daß bei einem Beratervertrag über DV-Planung der Auftraggeber nur eine 'Mitwirkungspflicht' hat und nicht die 'volle' Projektverantwortung trägt; *Heussen/Hoh*: RWS-Skript 233, 35ff gibt nur Beispiele aus der Rechtsprechung).

Nicklisch (BB 1979, 533) beschäftigt sich schon ausführlicher mit solchen umfangreichen Leistungsstrukturen, bei denen die Leistungen des Auftragnehmers von vielen Mitwirkungshandlungen des Auftraggebers abhängen, bleibt allerdings in der Vertragstypologie des Werkvertrages als Grundstruktur für einen Kooperationsvertrag (siehe hierzu *Müller-Hengstenberg* , 58, 59).

Zunächst ist vor jeder rechtlichen Wertung eine Festlegung des zu bewertenden Sachverhaltes erforderlich.

Hauptleistungspflichten des Lieferanten/Herstellers sind nach der obigen Darstellung:

> •Die Lieferung einer Anwendungsentwicklung unter Beachtung der Anforderungen des Auftraggebers
> oder
> •Die Lieferung eines Anwendungssystems gemäß den Anforderungen des Auftraggebers.

Auf den ersten Blick handelt es sich um normale werkvertragliche Leistungen oder Werkliefervertragsleistungen, gleich wie bei Leistungen anderer Werke.

Das Problem ist - und hier liegt der marginale Unterschied zu anderen komplexen Lieferverträgen, wie z.B. eine Kraftwerkanlage oder Signalanlage -, daß der Leistungsgegenstand erst während der 'Erstellungsphase' spezifiziert wird bzw. erst spezifiziert werden kann. (So *Lesshafft* , CR 1989, 146f, *Koch/Schnupp*, 211; *J. Schneider* , E Rdnrn. 55 ff; *Heussen* : GRUR 1987, 779, 780; *Müller-Hengstenberg*, 44; *Wolff*, 'data-report 1984, 16ff; *Redeker* CR 1993, 193, 196). Daher kann es nicht richtig sein, daß wie bei einem Kauf oder Werkvertrag üblich, nur die Ergebnisse als Leistungsziele vereinbart werden.

Vielmehr muß ein Prozeß mit einem Ziel vereinbart werden, bei dem allerdings die Zielvorgabe nicht die Präzision einer sonst üblichen vertraglichen Vereinbarung haben kann. Dabei besteht der Prozeß aus vielen Aktionen wie diese sich aus den Phasenkonzepten ergeben.

Anhand eines Phasenkonzeptes muß festgestellt und dann vertraglich vereinbart werden, wer die Verantwortung für die Phase oder die einzelne Aktion übernimmt. Typische Leistungen, die in der Regel in den Verantwortungsbereich der Lieferanten/ Hersteller fallen, werden in den nachfolgenden Abschnitten aufgezeigt.

b) Die Erstellung eines fachlichen DV-Konzeptes, eine Verantwortung des Auftragnehmers?
Die Vorgehensmodelle bzw. das BVB-Phasenkonzept zeigen deutlich auf, daß sehr viel Produkt- bzw. Systemwissen sowie allgemeine Projekterfahrung erforderlich ist. *Lesshafft* (CR 1989, 146, 151) macht deutlich, daß die Realisierung des Systemkonzepts, die Effizienz, z.B. bei der Performance (Antwortzeiten oder Verfügbarkeit) in den Aufgabenbereich des DV-Lieferanten fällt. (Siehe hierzu auch *Wolff*, 16, 17). *Lichtenberg* , 25 f).

Die Verzahnung der Verantwortungsbereiche wird z.B. in dem BVB-Phasenkonzept bei der Ziffer 2.1.1.1 (Festlegung der Datenbasis) sichtbar:

'• Festlegung der logischen Datenstruktur,
 • Festlegung der physischen Speicher,
 • Festlegung der physischen Speicherstruktur'.

Diese Anforderungen sind im Zusammenhang mit der Ziffer 1.5.2 des BVB-Phasenkonzeptes (Festlegung der Informationsbasis) zu betrachten, die für den Planungsbereich maßgebend sind. Danach sind dort als Aktionen festgelegt:

• Strukturierung der Informationsbasis,
• Mengengerüste,
• Zusammenhänge/Verknüpfungen zwischen Datenbasen.

Diese Anforderungen zeigen die enge Verknüpfung zwischen den Leistungsinhalten des planenden Auftragnehmers und Auftraggebers auf. Denn die logische Datenstruktur fällt im wesentlichen in den Aktions- und damit Anwendungsbereich des Auftraggebers (so auch OLG Celle, CR 1991, 610; siehe Ausführungen in Kp. II, 3, b). Das Landgericht Essen Urteil vom 16.01.1986 (CR 1987, 428) weist auf die Verpflichtung des Auftraggebers hin, daß er das Datengerüst und den Transaktionsumfang festzulegen hat.

Die weit überwiegende Rechtsprechung sieht zwar das technische DV-Feinkonzept im Verantwortungsbereich des Auftragnehmers, aber die Verknüpfung mit dem fachlichen Feinkonzept relativiert diese Verantwortung. Das Oberlandesgericht Koblenz Urteil vom 28.11.1986 (CR 1988, 463f) hat deutlich zum Ausdruck gebracht, daß der Auftragnehmer für das 'Systemdesign', d.h. für die richtige Auswahl der Hardware und Software verantwortlich ist. Im vorliegenden Fall hatte der DV-Lieferant nicht die richtige Hardware für Mehrplatzanwendungen ausgesucht. Das Landgericht Bielefeld Urteil vom 16.10.1985 (Jur 1986, 76) beanstandete, daß der Hersteller bei dem Aufbau der Dateien nicht 'geschickt' verfahren ist und es dadurch zu unzumutbar langen Ausdruckzeiten kam (ähnliches Beispiel: LG Essen, CR 1987, 428).

Auch der Bundesgerichtshof Urteil vom 24.06.1986 (CR 1986, 799) sieht im Prinzip die Auswahlverantwortung bei dem DV-Lieferanten. Bemerkenswert ist jedoch der weitere Hinweis des BGH, daß eine gewisse 'Überkapazität' wegen möglicher Änderungen oder Erweiterungen eingeplant werden müsse und somit dem Auftragnehmer ein gewisser Spielraum eingeräumt wird. Diese Entscheidung wird zu Unrecht kritisiert(siehe *Etter* CR 1986, 802, der dieVerantwortung in einem unzureichenden Pflichtenheft sieht; dies ist zwar im Prinzip richtig, verkennt aber, daß ein Pflichtenheft nie lückenlos sein kann und auch einem Erfahrungsprozeß unterliegt). In diesem Zusammenhang ist auch die Entscheidung des Oberlandesgerichts Stuttgart, Urteil vom 18.10.1988, (CR 1989, 598) beachtlich, die den Auftraggeber in der Pflicht sieht, sich über das angestrebte DV-technische Konzept kundig zu machen. Entgegen vereinzelter Meinungen (LG Bamberg, BB-Beilage 11/89, Nr. 1; KG Berlin, CR 1990, 768; neuerlich OLG-Düsseldorf (CR 1993, 361 und CR 1994, 351) sieht die Rechtsprechung vorherrschend die Veranwortung für das Pflichtenheft beim Auftraggeber. Dieses Thema wird im Kapitel 'Verantwortlichkeiten des Auftraggebers' noch eingehender erörtert.

c) Die Liefer-und Installationverpflichtung
Diese Verpflichtung des DV-Lieferanten ist unbestritten. Die Diskussion bewegt sich hierbei mehr um folgendes:

1. ob die mitgelieferte Software fehlerfrei sein muß,
2. ob neben der Lieferung noch Einweisungs - bzw. Schulungsverpflichtungen bestehen. (Siehe hierzu OLG Düsseldorf, CR 1991, 538; OLG München , CR 1991, 607)

Diese Thematik ist insbesondere im Rahmen der Abnahme von Bedeutung; dort wird auf dieses Thema näher eingegangen.

d) Die Herbeiführung der Gesamtfunktionsfähigkeit
In Anlehnung an die Begriffsdefinitionen der BVB Erstellung ist darunter zu verstehen:

> 'Die Fähigkeit von Programmen, vom Verwendungszweck beabsichtigte spezifizierte Funktionen unter gegebenen Bedingungen erfüllen zu können. Unter gegebenen Bedingungen werden die in der Leistungsbeschreibung vereinbarten Anforderungen an die Programme verstanden.'

Bei Systemverträgen bezieht sich diese Fähigkeit nicht nur auf die Programme, sondern auf das gesamte Anwendungssystem (siehe hierzu *Müller-Hengstenberg* , BVB-Computersoftware, 190).

Unter Herbeiführung der Funktionsfähigkeit wird nicht nur die reine Systeminstallation verstanden, sondern auch die Übergabe der Dokumentation und die Einweisung (so *J. Schneider*, D Rdnrn. 316, 350, 363, G Rdnrn. 113f; OLG Stuttgart,CR 1987, 172; LG Berlin , CR 1987, 295; OLG Stuttgart CR 1988, 24 mit Anmerkungen *Nauroth*; BGH, CR 1993, 681, 683).

Letztlich ist der inhaltliche Kern dieser Verpflichtung, die Gesamtintegration aller vereinbarten Teil-Leistungen zu einer einheitlichen Leistung, die allein der Leistungsbeschreibung vereinbarten Eigenschaften bzw. Leistungsmerkmale erfüllt (siehe *Müller-Hengstenberg* , BVB-Computersoftware, 190; *Koch / Schnupp* , 325).

e) Das Projektmanagement
Die Vorgehensmodelle zeigen sehr klar auf, welche zentrale Bedeutung das Projektmanagement für die Durchführung eines DV-Projektes hat. Diese Aufgabe umfaßt die gesamte Steuerung und Überwachung aller Aktionen in einem Projekt.

Beispiel
• Pläne, wie Gesamtbuild-plan,Staffing-plan, Aktivitätenplan, Testpläne,
• comprehensive Test und Quality-Pläne,
• Changemanagement,
• Projektreviews.

Da zudem in einem Projekt in unterschiedlichen Arbeitsgruppen mit unterschiedlichen Zielen gearbeitet wird, z.B. die einzelnen Designteams, die Test-Teams, die Qualitätsteams usw., ist das Management einer Projekt-Organsiation eine große Herausforderung und bedarf viel Erfahrung.

Das Oberlandesgericht München Urteil vom 22.12.1988 (CR 1989, 803 ff) hat sich mit der Bedeutung des Projektmanangement eingehend beschäftigt und stellt richtig dar:

> 'Mit dem Landgericht ist davon auszugehen, daß das Projektmanagement, die Projektleitung also, die die **unternehmerische Verantwortung** (Planung und Steuerung) für Termine, Aufwand und Ergebnis einschließt, die Klägerin inne hatte. Diese war als Auftragnehmer verantwortlich für die ordnungsgemäße Durchführung des Auftrages...'

Weiter heißt es dann:

> 'Es mangelte (im vorliegenden Fall) in besonders hohem Maße an einer Projektstrukturplanung, dem Herzstück der Planung. Eine Quantelung der Arbeit in Arbeits- und Leistungspakete, die eine Beschreibung von Terminen, Aufwand (in Mannstunden) und Ergebnis enthalten, gab es nicht....'

Die Entscheidung macht im Einklang mit der Erfahrung in Projekten deutlich, daß Projektplan bzw. der 'buildplan' die maßgeblichen Steuerungsinstrumente für den Projektleiter, aber auch für die Arbeitsteams bilden (*Heinrich*: CR 1988, 584).

Nach dem Verständnis des Werkvertragsrechtes obliegt das Projektmanagement dem Projektdurchführenden, also dem Unternehmer bzw. Hersteller / Lieferanten, weil er für das Ergebnis verantwortlich ist.

Bei komplexen Projekten, die keine genaue Zielvorgabe haben und daher in der Regel einem starken Lernprozeß bei allen Beteiligten unterliegen, was sich wiederum auf die Zielsetzung und damit auf ein ursprüngliches Pflichtenheft auswirkt, ist es unabdingbar notwendig, daß diese Aufgabe gemeinsam vom Auftragnehmer und Auftraggeber mit unterschiedlichen aber korrespondierenden Aufgabenstellungen erfolgt. (Siehe hierzu *Müller-Hengstenberg* , 58; *Koch/Schnupp*, 157; *J. Schneider*, D Rdnr. 316, der sieht die Verantwortung allerdings immer beim Auftragnehmer). Die Rechtsprechung hat das auch sehr gut erkannt. Zum Beispiel das Landgericht Verden Urteil vom 30.09.1983

(CR 1986, 26), sieht die Verantwortung für die Koordination der Überwachungs- und Schulungsaufgaben beim Auftraggeber (LG Freiburg CR 1988, 382).

Welche Verantwortung der Auftraggeber hat, ist in Kapitel 'Verantwortung des Auftraggebers' behandelt.

Ein besonderes Thema, das der verantwortlichen Steuerung des Projektmanagements unterliegt, ist hierbei das 'Changemanagement' oder die Anpassung der vertraglichen Leistungen an geänderte Anforderungen während der Vertragsdurchführung.
Dieses Thema wird noch in einem gesonderten Kapitel erörtert.

f) Die Einräumung der Nutzungsrechte
Jedes Anwendungsprojekt basiert auf Erfahrungen oder Know-How im weitesten Sinne der Vertragspartner. Dieses geistige Gut fließt unterschiedlich in eine Projektdurchführung ein.

Beispiel:
1. Durch lizenzierte Programme.
2. Durch ein mit den Programmen verbundenes Erfahrungsumfeld (Know-How).
3. Durch mitwirkende Leistungen bei der Erarbeitung von Arbeitsergebnissen.

aa) Grundsätzliche Aspekte
Diese Wissens- und Erfahrungswerte bzw. die immateriellen Güter werden nicht 'per se' vom Auftragnehmer als Lieferant in jedem Projekt eingebracht. Die Urheberschaften und Wissensträger sind von Projekt zu Projekt sehr unterschiedlich.

Die Ausführungen über die Planungs- und Realisierungsphasen verdeutlichen die Verschiedenheit der Rollen des Auftraggebers und Auftragnehmers in den einzelnen Projekten.

Wer was in ein Projekt einbringt, muß bei jedem Projekt bzw. vor jedem Vertragsabschluß genau anhand der Anforderungen eines Vorgehensmodells ermittelt und festgelegt werden. Eine 'per se'-Zuordnung ist nicht möglich.

Diese Wissenssphäre bzw. diese immateriellen Werte bilden eine maßgebliche Grundlage für die Realisierung eines Projektes bzw. für die Erfüllung eines Vertrages über die Implementierung einer Anwendung.

Entscheidend ist daher für einen Vertrag, daß
1. festgelegt werden muß, welche Immaterialgüter also z.B. Programme eingebracht werden,
2. welche Arbeitsergebnisse bzw. Programme erstellt werden müssen,
3. welches Erfahrungsumfeld zusätzlich eingebacht werden muß, z.B. die Kenntnisse des organisatorischen oder des Systemumfeldes,
4. und wer für diese Leistungen verantwortlich ist.

Gerade die Vielfalt der 'Mitspieler' in einem Projekt, z.B.
- der Hersteller bringt die Systemsoftware ein,
- der Hersteller bringt Anwendungsprogramme ein, die dieser sich von einem Softwarehaus besorgt,
- der Kunde stellt vorhandene Programme mit der Hardware-Basis zur Verfügung,
- der Hersteller passt zusammen mit einem Softwarehaus die Software an die Anforderungen des Kunden an,

erfordert eine klare Regelung über die Rechte an der Software sowie eine Absicherung, daß die Rechte auch dergestalt - wie es der Vertrag vorsieht - eingeräumt werden und nicht durch eventuelle Rechte Dritter vereitelt werden können.

Es dürfte unzweifelhaft sein, daß derjenige, der einen Vertrag alleinverantwortlich zu einem Angebot konzipiert, auch für die Klärung der Rechtsfragen verantwortlich ist. Ähnlich wie bei einer Projektmanagement-Verantwortung hat der Anbieter, also der Hersteller auch die Koordinierungsverantwortung für diese Klarstellungsaufgaben. (Siehe OLG München, CR 1989, 803; *Lesshafft* CR 1989, 146ff). Unbeschadet dieser Koordinierungs-Verantwortung des Herstellers bleiben die 'Zulieferanten' wie z.B. die Softwarehäuser oder auch der Kunde für eventuelle falsche Angaben über die Rechtsverhältnisse an den Programmen verantwortlich und haftbar z.B. aus dem Gesichtspunkt der positiven Vertragsverletzung oder Schlechterfüllung einer Mitwirkungsverpflichtung (OLG München CR 1989, 803f; OLG Köln CR 1993, 624). Besondere Schwierigkeiten ergeben sich im Hinblick auf die rechtliche Unsicherheit der Anwendung und den Schutzumfang des Urheberrechtes.

bb) Voraussetzungen für den Schutz des Urhebergesetzes bei Computersoftware
Zunächst einmal ist zu unterscheiden, ob es sich um Werke im Sinne des Urheberrechts oder um Erfindungen im Sinne des Patentrechts handelt.

Da die Computersoftware weitgehend nicht patentfähig ist, steht im Vordergrund die Anwendung des Urheberrechts.

Gerade im Hinblick auf die vielgestaltigen Nutzungsmöglichkeiten der Computersoftware sind folgende Verwertungsrechte von maßgeblicher Bedeutung, die bei dem Abschluß eines Vertrags einer Klärung bedürfen:

1. Wer ist der Urheber ?
2. Welche Rechte hat der Unterlieferant oder Hersteller?

aa) die ausschließlichen oder nicht ausschließlichen Nutzungsrechte,
bb) das Recht zur Vervielfältigung,
cc) das Recht zur Weitergabe,
dd) das Recht zur Bearbeitung.

Bei allen diesen Fragen wird unterstellt, daß das Urheberrecht anwendbar ist. Doch nach der höchstrichterlichen, nachfolgend aufgezeigten Rechtsprechung ist die allgemeine Anwendung des Urhebergesetzes in der Regel zweifelhaft.

Ursprünglich war diese Frage allein dem freien Feld der Rechtsmeinungen und der Rechtsprechung der 'Untergerichte' überlassen (siehe *Müller-Hengstenberg* , 83 f mit Hinweisen auf Literatur und Rechtsprechung).

Der Gesetzgeber hat schließlich im Jahre 1985 das Urhebergesetz (UrhG) erweitert. In § 1 UrhG heißt es :

> Die Urheber von Werken der Literatur,Wissenschaft und
> Kunst genießen für ihre Werke den Schutz nach Maßgabe
> des Gesetzes.

Weiterhin in § 2 UrhG: Geschütze Werke sind:

> Abs.1:
> Nr 1. Sprachwerke wie Schriftwerke und Reden sowie Programme der
> Datenverarbeitung.
> Abs.2
> Werke im Sinne dieses Gesetzes sind nur persönlich geistige Schöpfungen.

Das zweite Gesetz zur Änderung des Urhebergesetzes vom 9. Juni 1993 (BGBL. I, 910) fasste den § 2 Abs. 1 Nr. 1 neu:

> Sprachwerke, wie Schriftwerke, Reden und Computerprogramme ...

Damit wurde klargestellt, daß Computerprogramme als literarische Werke geschützt sind. Weiterhin wurde die international übliche Terminologie gebraucht, indem der Begriff "Programme für die Datenverarbeitung" durch Computerprogramme ersetzt wurde (so BT-Drucksache 12/4022 vom 18.12.1992). Der § 53 Abs. 4 wurde im Hinblick auf die §§ 69c bis 69e UrhG gestrichen.

Auf den ersten Blick entsteht damit der Eindruck, daß die Anwendung des Urhebergesetzes auf die Computersoftware unzweifelhaft klar ist.

Dieses trifft jedoch nur für den 'Werkcharakter' im Sinne des Urhebergesetzes zu.

Das Problem besteht bei der zweiten Voraussetzung für den Schutz nach dem Urhebergesetz nämlich hinsichtlich der 'persönlich geistigen Schöpfung' (§ 2 Abs. 2 UrhG). Das Landgericht München Urteil vom 29.08.1985 (CR 1986, 384) hatte noch dazu festgestellt, daß die Komplexität eines Betriebssystems für eine solche persönlich geistige Schöpfung spreche. Der Bundesgerichtshof hatte jedoch in einem maßgebenden

Urteil vom 9.05 1985 ("Inkassoprogramm"-GRUR 1986, 454 oder CR 1985, 22ff;
bestätigt durch BGH, Urteil vom 4.10.1990 (CR 1991, 80, 83) gefordert, daß die
Gestaltung eines Computerprogrammes das 'handwerkliche Durchschnittskönnen'
eines Programmierers 'erheblich überragen' müsse, wobei nicht als Vergleichsperson
ein ähnlich guter Programmierer, sondern ein überdurchschnittlich guter Programmierer
als Maßstab genommen wird. Mit anderen Worten, nicht das üblich durchschnittliche
Programm, das aus üblichen Routinen besteht, sondern ein Programm, das sich noch
erheblich von den Routinen des Alltags abhebt, ist schutzwürdig (so Lehmann CR
1991, 151).

Die Rechtsprechung lehnt sich heute weitgehend an diesen Maßstab des Bundes-
gerichtshofs-Urteils (siehe KGBerlin, CR 1987, 850; LG Stuttgart, CR 1989, 395;
siehe hierzu *Erdmann*, CR 1986, 249f; *Lehmann* CR 1991, 150, 151). In der Literatur
wird jedoch dieses Urteil kritisiert (*Betten* CR 1986, 311, *Haberstumpf* CR 1987,
409; *Kindermann*, CR 1990, 638f; *Lehmann* CR 1991, 150f). *Lehmann* (CR 1991, 150)
weist mit Recht auf die Ungereimtheit hin, daß bei 'wissenschaftlichen Lehren und
Theorien' der schutzfreie Raum größer ist als bei der 'kleinen Münze' im Rahmen der
Sprachwerke (siehe auch *Lehmann* CR 1993, 268 zu den Auswirkungen der umgesetzten
EG-Richtlinie).

Die BGH-Inkassoprogramm-Entscheidung hat sehr viel Irritation in der Rechtslandschaft bewirkt und zu einer beträchtlichen Rechtsunsicherheit geführt (so auch
Marly, Rdnr. 100, *Bauer* CR 1985, 5,9; *Wiebe*, 49, 50f). In der Rechtsprechung wurde
bisher die schutzfähige Gestaltungshöhe viel tiefer angesetzt, z.B. bei einem Werbeplan
(siehe BGH GRUR 1987, 182;) oder bei der musikalischen Bearbeitung eines Volks-
liedes (BGH MDR 1991, 1057) Darin heißt es :

> In rechtlicher Hinsicht ist dabei zutreffend davon ausge-
> gangen worden, daß bei Musikwerken keine zu hohen
> Anforderungen an die schöpferischen Eigentümlichkeiten
> gestellt werden dürfen. Für den Bereich des musikalischen
> Schaffens ist seit langem die sogenannte kleine Münze an-
> erkannt, die einfache, aber gerade noch geschützte geisti-
> ge Leistungen erfaßt. Es reicht daher aus, daß die formge-
> bende Tätigkeit des Komponisten ... nur verhältnismäßig
> geringen Eigentümlichkeitsgrad aufweist.

(so BGH GRUR 1988, 812f; BGH GRUR 1981, 267, 269; BGH GRUR 1988, 533,
535 - Vorentwurf-).

Es ist in der Rechtsliteratur umstritten, ob die Lehre der Freiheit wissenschaftlicher
Erkenntnisse durch den Schutz des Urhebergesetzes beschränkt wird, da nur die
geschriebenen Sprachwerke, nicht die geistigen Inhalte geschützt sind. *(Rehbinder ,*
29) merkt dazu richtig an, daß eine solche Meinung im Urhebergesetz keine Stütze

findet, weil der 'Werkbegriff' des Urhebergesetzes 'wert-und zweckneutral' ist und sich auf alle Werkkategorien bezieht.

Die Anforderungen an eine 'weit überdurchschnittliche schöpferische Leistung' für den Schutz des Urhebergesetzes führt *von Gamm* (GRUR 1986, 731) dazu aus, daß nur 5% der am Markt befindlichen Computerprogramme in den Schutzbereich des Urhebergesetzes fallen. Damit wird der gesetzgeberische Zweck de facto durch die Rechtsprechung außer Kraft gesetzt. Es ist nicht verständlich, daß der BGH sich von der bisherigen höchstrichterlichen Spruchbasis entfernt (siehe *Haberstumpf* CR 1991, 129, 131; BGHZ 9, 268f), die als Kriterium für ein geschütztes Werk verlangt, daß das Werk die Individualität des Schöpfers irgendwie zum Ausdruck bringen muß; mit anderen Worten, das Werk muß auch etwas individuell Schöpferisches beinhalten. Mit einer solchen Anforderung würde wieder eine vernünftige Relation des Schutzbereiches des Urhebergesetzes hergestellt.

Die bisherige Rechtsprechung des Bundesgerichtshofs führt demgegenüber zu einer großen Unsicherheit bei den Anbietern und auch zu unausgewogenen Wettbewerbsverhältnissen auf dem Computerprogrammmarkt, da 5% geschützte Computerprogramme de facto eine Monopolstellung erhalten können. Es war dann fraglich, ob die EG-Richtlinie die notwendige Rechtssicherheit bringen wird, die vorschreibt, daß bei der Bestimmung der eigenen geistigen Schöpfung keine unterschiedlichen Bestimmungen angewandt werden dürfen.

(Kritisch: *Kindermann* CR 1990, 638f und CR 1989, 880; so auch *Loewenheim* CR 1988, 799f; abwartend *Wiebe* , 52f).

(*Lehmann* CR 1992, 423 und NJW 1993, 1822f geht davon aus, daß die Rechtssprechung zukünftig die Gestaltungshöhe niedriger ansetzen wird; im Ergebnis positiver: *Marly*, Rdnr. 101f; *Lehmann/Schneider* NJW 1990, 3181; vorsichtiger *Wiebe*, 53; *Heymann* CR 1990, 9; *Lesshafft/Ulmer* CR 1991, 519f und *Moritz* CR 1993, 607; *Hoeren* CR 1991, 463f; *Lehmann* CR 1992, 324 und CR 1993, 260; *Moritz* CR 1993, 257; Haberstumpf NJW 1991, 2105f).

Das zweite Änderungsgesetz vom 9. Juni 1994 sieht im wesentlichen vor:

1. Computerprogramme im Sinne dieses Gesetzes sind Programme in jeder Gestalt, einschließlich des Entwurfmaterials.
2. Der gewährte Schutz gilt für alle Ausdrucksformen eines Computerprogrammes. Ideen und Grundsätze, die einem Element eines Computerprogrammes zugrundeliegen, einschließlich der den Schnittstellen zugrundeliegenden Ideen und Grundsätze, sind nicht geschützt.

3.   Computerprogramme werden geschützt, wenn sie individuelle Werke in dem Sinne darstellen, daß sie das Ergebnis der eigenen geistigen Schöpfung sind. Zur Bestimmung ihrer Schutzfähigkeit sind keine anderen Kriterien, insbesondere qualitative oder ästhetische, anzuwenden.

Die Regelung gibt einen international anerkannten urheberrechtlichen Grundsatz wieder. Danach werden Computerprogramme in jeder Gestalt bzw. Form geschützt. Nicht geschützt werden Ideen und Grundsätze; aber die Abgrenzung zwischen nicht geschützter Idee und der Form ist offen und daher ein Problem (so auch *Marly* NJW-CoR 4/1993, 22). Allerdings richtungsweisend ist die Regelung über die Schöpfungshöhe. In der amtlichen Begründung zu § 69a (BT-Drucksache 12/4022 vom 18.12.1992) heißt es dazu:

> Die Bestimmungen der EG-Richtlinie führen dazu,
> daß Urheberrechtsschutz von Computerprogrammen
> die Regel und fehlende Schöpfungshöhe die Ausnahme ist.
> Die Rechtsprechung des Bundesgerichtshofes in den
> 'Inkassoprogramm-' und 'Betriebsprogrammsystem'-
> Entscheidungen steht nicht im Einklang mit der
> Richtlinie.

Aber in der Begründung wird festgehalten, daß es nunmehr Aufgabe der Rechtsprechung sei, in 'praxisgerechter Weise' die Anforderungen an die Darlegungslast der Schöpfungshöhe neu festzulegen. Hier besteht natürlich eine gewisse Unsicherheit. In dem Zusammenhang ist der Hinweis in der Entscheidung des Bundesgerichtshofs Urteil vom 4.10.1990 (CR 1991, 80) zu beachten, daß die 'Höhe der Anforderung von der konkreten Werkart' abhängt und sich z.B. bei Kunstwerken die Schwierigkeit ergibt, ästhetisch wirkende Formen mit Mittel der Sprache auszudrücken. Der Bundesgerichtshof hat mittlerweile in einer Entscheidung vom 14.07.1993 (CR 1993, 752) erstmalig den § 69a UrhG angewandt und ausgeführt, daß

> "zukünftig bei Computerprogrammen geringere Schutzanforderungen
> zu stellen sind."

Die Entscheidung sagt nichts darüber aus, welche Schutzanforderungen gestellt werden. Diese Frage bleibt offen und somit besteht in einem gewissen Umfang immer noch eine Rechtsunsicherheit. Auch die Anwendung des § 137d Abs. 1 UrhG ist noch nicht vollkommen geklärt (so *Lehmann* CR 1993, 755; *Hoeren* CR 1993, 756f; *Raubenheimer* CR 1994, 69, 74).

cc) Vervielfältigung

Eine weitere Frage ist, ob der Hersteller vertraglich die Vervielfältigung des Programms beschränken bzw. sogar verbieten kann; es geht also hier um das bekannte Kopierverbot.

Der rechtliche Ausgangspunkt ist nicht mehr der § 53 Abs. 4 Satz 2 UrhG, der durch das zweite Änderungsgesetz vom 09.06.1993 gestrichen wurde, sondern der § 69c Nr. 1 und 69d UrhG. Auch der § 69c UrhG geht im Prinzip von einem Vervielfältigungsverbot aus, dem aber in § 69d UrhG gewisse Grenzen gezogen werden (*Wiebe*, 56; *Franzheim* CR 1993, 101, 102).

Auch § 69c UrhG definiert nicht den Begriff der Vervielfältigung und überläßt die Begriffsbestimmungen weiterhin der Rechtsprechung (*Wiebe* , 56). Damit ist das alte Streitthema, auf das noch eingegangen wird, nicht erledigt. Aber es gibt doch gewisse Klärungen. Die Dauerhaftigkeit der Festlegung und der Zweck der Vervielfältigung sind keine maßgeblichen Kriterien mehr (so auch *Marly* NJW-CoR 4/1993, 22; BGH NJW 1994, 1217).

In § 69d Abs. 2 UrhG ist die Zulässigkeit der Sicherheitskopie festgelegt, wenn diese zur Sicherung der künftigen Benutzung erforderlich ist.

Die Problematik des Verbots wird dadurch deutlich, daß demnach auch die Herstellung einer Sicherungskopie, die selbst nach der DIN ISO 9001 für eine Qualitätssicherung (Ziff.4.16) als notwendig bezeichnet wird, ohne Einwilligung des Urhebers nicht zulässig war. In einem Teil der Rechtsliteratur wird hier unterschieden zwischen der notwendigen Vervielfältigung und der nicht notwendigen, aber gebotenen Vervielfältigung (so *Marly* Rdnr. 256). Unter die notwendige Vervielfältigung fallen die Übertragungen in den Arbeitsspeicher (*Kindermann* GRUR 1983, 150,154f; *Marly* Rdnr. 256). Es handelt sich also um die Vervielfältigungen, die unabdingbar für die Nutzung der Programme erforderlich sind (*Marly* Rdnr. 256).

Unter die nicht notwendige, aber gebotene Vervielfältigung fallen alle Vervielfältigungen, die für die Nutzung der Programme nicht unabdingbar notwendig sind, sondern mittelbar der Nutzung der Programme dienen, wie z.B. die Sicherungskopie (so *Marly* Rdnr. 256; *Kindermann* GRUR 1983, 150ff).

In der Rechtsprechung und Rechtsliteratur wird das Thema der Vervielfältigung jedoch mehr von der Fragestellung her diskutiert, welcher 'Arbeitsvorgang' überhaupt eine Vervielfältigung im Sinne des § 69d Abs. 2 - früher § 53 Abs. 4 - UrhG in Verbindung mit § 16 UrhG darstellt. Diese Fragestellung hat sich durch die § 69c und 69d UrhG nicht erledigt.

Die wohl vorherrschende Rechtsmeinung und auch Rechtsprechung geht bei dieser Fragestellung davon aus, daß als Vervielfältigungshandlungen die Einspielung auf einen externen Speicher sowie die Einspeicherung auf einen internen Speicher des Computers anzusehen sind (BGH CR 1991, 80, 82; *Haberstumpf* GRUR 1982,149 ff; *Wiebe* aaO.,54 f).

Strittig ist dagegen, ob der gesamte interne Programmablauf als Vervielfältigungsvorgang anzusehen ist (so *Kindermann* GRUR 1983, 150ff, *Haberstumpf*
CR 1987, 409; *Kindermann* CR 1986, 447f; BGH NJW 1994, 1217). Dabei werden in
der Rechtsliteratur die Bewertungskriterien für die Vervielfältigung im Sinne des
UrbG unterschiedlich angesetzt:

Enestus (CR 1989, 784) fordert, daß neben einer 'körperlichen' Festlegung der gerade
laufenden Software auch der Programmstatus z.B. auf einem Bildschirm wahrnehmbar
sein muß. *Schneider* (CR 1990, 503f) ist der Meinung, daß eine 'selbständige
Nutzbarkeit der entstehenden Kopie' möglich sein muß, die z.B. bei einem internen
Programmablauf nicht gegeben ist (so auch *Brandi-Dohrn* GRUR 1985, 185; *Bartsch*
CR 1987, 8,12).

Kindermann (GRUR 1983, 150, 157) sieht als maßgeblich für den Vorgang einer
Vervielfältigung an, daß die jeweilige körperliche Festlegung geeignet ist, das Werk
den menschlichen Sinnen mit Hilfe von Ausgabeeinheiten des Computers wahrnehmbar
zu machen. Das Urheberrecht ist nach Meinung *Kindermanns* nicht an einen Zweck
gebunden; d.h es ist völlig unbedeutend, ob diese 'Kopie' dem Zweck der Verbreitung
oder der Steuerung der Programme dient (so auch *Wiebe* , 48, der meint, daß es weder
einer körperlichen noch dauerhaften Festlegung bedarf, noch komme es auf den
Zweck der Vervielfältigung an; so auch *Rehbinder*, 131f). Der Bundesgerichtshof
Urteil vom 04.10.1990 (CR 1991, 80,85) merkt zu dieser Rechtsfrage an:

> '...daß bei der Benutzung von Computersoftware
> rein technisch verschiedene tatsächliche
> Vervielfältigungsvorgänge anfallen können, die nicht
> uneingeschränkt vom Vervielfältigungsrecht des § 16 UrhG
> erfaßt werden. Im Schrifttum besteht weitgehende
> Übereinstimmung darin, daß jedenfalls in der
> Abspeicherung des Programms auf einen Datenträger... und
> im Ausdruck des Programms in einer Konfiguration mittels
> eines Druckers eine Vervielfältigung im Sinne des § 16
> UrhG zu sehen ist.'

Nach dieser BGH-Entscheidung ist die Ausgabe eines Programms auf dem Bildschirm
keine Vervielfältigung im Sinne des § 16 UrhG.

Der Bundesgerichtshof (CR 1991, 80, 86) fährt fort:

> 'Die Benutzung des Werkes als solches ist kein
> urheberrechtlicher Vorgang. Dies gilt für die
> Benutzung des Computerprogrammes ebenso...'

(BGH CR 1994, 275, 276 läßt die Frage offen, ob die Eingabe eines Programms eine Vervielfältigung i.S. des § 69e Nr. 1 UrhG ist.) So im Ergebnis *Lehmann* CR 1991, 625f; *Marly* Rdnr. 110; a.A. Kindermann GRUR 1983, 150,157 und *Wiebe* , 48f).

Diese Diskussion wird vor der maßgeblichen Rechtsfrage geführt, ob für diesen Kopiervorgang eine Einwilligung des Urhebers bzw. Rechtsinhabers erforderlich ist oder nicht. Wenn der 'Kopiervorgang' keine Vervielfältigung darstellt, erübrigt sich die Einwilligung.

Der § 69c (1) UrhG bringt hier eine gewisse Klärung, daß die Vervielfältigung, soweit sie zum Zwecke des Ladens, des Anzeigens und des Ablaufs des Computerprogrammes erforderlich ist, der Zustimmungsbedürftigkeit des Rechtsinhabers unterliegt (*Franzheim* CR 1993, 102).

Nach § 69d UrhG sind aber über die Regelung des § 69 d Nr. 2 UrhG Vervielfältigungen erlaubt, wenn diese zur bestimmungsmäßigen Benutzung notwendig sind. Der § 69d UrhG geht dabei von einem rechtmäßigen Nutzer aus, gleichgültig, ob das Programm gekauft oder nur lizensiert ist, und stellt im wesentlichen auf den Bibliothekbenutzer ab. (BT-Drucksache 12/4022 vom 18.12.1992, S. 12; *Marly* NJW-CoR 4/93, 23; *Franzheim* CR 1993, 102; *Wiebe*, 56; *Lehmann* CR 1994, 277, 278).

Die bestimmungsmäßige Benutzung ist zwar gemäß § 31 Abs. 2 UrhG dispositiv, aber bildet dennoch einen sinnvollen Nutzungsrahmen, der keiner Einwilligung mehr bedarf (*Marly* Rdnr. 654f). Es ist daher immer von dem mit dem Vertrag vorgesehenen Nutzungszweck auszugehen und ist per Auslegung zu ermitteln. (*Haberstumpf* in *Lehmann* II Rdnr. 150f). Für die bestimmungsmäßige Nutzung können also Notwendigkeiten in Betracht kommen, die sich aus der Anwendung des Nutzers oder auch aus reinen technischen Gründen ergeben (*Köhler/Fritzsche* in *Lehmann* XIII Rdnr. 50; Günther CR 1994, 321, 325ff).

In der Begründung zu dem Entwurf der Bundesregierung vom 18.12.1992 wird ausgeführt, daß die Erstellung einer Sicherungskopie zur bestimmungsmäßigen Benutzung eines Computerprogrammes gehört. Dies bedeutet bei enger Auslegung, daß die Erstellung einer Sicherungskopie zum Nachweis der Qualitätssicherung ohne Zustimmung des Urhebers nicht zulässig ist, da diese Nachweisfähigkeit nicht der direkten bestimmungsmäßigen Nutzung dient, sondern nur den Erstellungsprozeß dokumentiert. Diese Thematik ist insbesondere im Hinblick auf die Programmdokumentation und dem Quellprogramm von Bedeutung, da hieraus Schlüsse über die Qualität der Programme gezogen werden können (siehe hierzu auch *Marly* NJW-COR 4/1993, 21f).

Nach § 69a UrhG umfassen Computerprogramme auch die Entwurfsmaterialen. Daraus kann geschlossen werden, daß zur Sicherungskopie auch Entwurfsmaterialen gehören, sofern diese vom Urheber mit überlassen werden. Bekanntlich besteht keine

Pflicht zur Mitüberlassung des Quellencodes nach einhelliger Rechtsprechung (so BGH CR 1988, 377: OLG Karlsruhe NJW 1992, 1773; OLG München CR 1992, 208f; siehe hierzu auch *Dreier* CR 1991, 577, 579f). Es bedarf hier einer vertraglichen Vereinbarung.

Im Hinblick auf die ausdrückliche Vorbehaltsregelung in § 69 Abs. 1 UrhG kann auch unter dem Gesichtspunkt des § 9 AGB-Gesetz ein Vervielfältigungsverbot nicht 'per se' als rechtsmißbräuchlich angesehen werden, sofern der Vertragszweck nicht gefährdet wird, z.B. durch das Verbot einer Sicherungskopie (so wohl auch *Köhler/Fritzsche* in Lehmann XIII Rdnr. 53ff). Wie bereits ausgeführt, hat der Urheber die Möglichkeit, gemäß §§ 31,I, 32 UrhG weitgehend den Benutzungsumfang zu definieren und somit das Programm unter "Kontrolle" zu halten (so *Dreier* CR 1991, 577, 581; *Wiebe* 56; *Marly* Rdnr. 720f; *Bauer* CR 1985, 5f; a.A. *Bartsch* CR 1987, 8ff, der allerdings auf den EG-Entwurf nicht eingeht, sondern lediglich die §§ 16, 53 UrhG kommentiert).

dd) Verbreitung / Weitergabe
Ein weiteres Thema ist die Berechtigung der Weitergabe von Computerprogrammen bzw. das Weitergabeverbot. Maßgeblich ist hier § 69c Nr. 3 in Verbindung mit § 69d Nr. 1 UrhG. Das zweite Änderungsgesetz zum Urhebergesetz vom 09.06.1993 ändert die bisherige Rechtslage nach § 17 Nr. 1 und Nr. 2 UrhG nicht (*Marly* NJW-CoR 4/ 1993, 22; *Wiebe* , 57f).

Bei der Anwendung des Urheberrechtes stellt sich in der Praxis oft die Frage, ob ein Hersteller, der zusammen mit einer DV-Anlage auch die zugehörige Computersoftware mitliefert, seine ausschließlichen Verwertungsrechte gemäß § 17 Abs.2 UrhG verliert (Erschöpfung), wenn er zwar die Hardware verkauft, sich aber an den Lizenzprogrammen die Weiterverbreitung vorbehält.

Zunächst ist die Rechtslage davon abhängig, ob
1. ein Weitergabeverbot durch den Urheber erhoben wurde,
2. welche Art des Rechtsgeschäftes vorliegt (Kauf oder Miete),
3. ob eine Erstverbreitung im Sinne des § 17 Abs. 2 UrhG vorliegt.

Ausgangpunkt ist der § 15 UrhG, nachdem der Urheber das ausschließliche Recht hat, sein Werk in körperlicher Form zu verwerten, wozu neben den Vervielfältigungsrechten auch die Verbreitungs-und Bearbeitungsrechte gehören. Gleiches ist in § 69 c UrhG geregelt. Danach ist eine Weitergabe eines Programmes nur mit Zustimmung des Urhebers zulässig, es sei denn, daß das Vervielfältigungsstück mit Zustimmung des Urhebers im Wege der Veräußerung in den Rechtsverkehr gebracht worden ist (siehe hierzu *Dreier* CR 1991, 577, 580; *Marly* NJW-CoR 4/93, 21). Das Urheberrecht bezweckt zwar in erster Linie den Schutz der Verwertungsrechte des Urhebers, will aber andererseits nicht den Rechtsverkehr übermäßig belasten (so BGHZ 80,101,106; *Wiebe* ,58,59). Deshalb regelt der § 17 Abs.2 UrbG, daß eine Weiterverbreitung durch einen anderen als den Urheber zulässig ist, wenn das Werk im Orginal oder in Form eines Vervielfältigungsstücks mit Zustimmung des Urhebers in den Verkehr gebracht worden ist. Das bedeutet, daß das Urhebergesetz nur die Erstverbreitung dem Urheber vorbehält (so BGHZ 80,101,102; BGH CR 1991, 80,85; Landgericht Nürnberg-Fürth CR 1990, 118 ff). Damit ist stets bei einem Vertragsabschluß die Frage zu klären, ob eine Veräußerung des Originals oder eines Vervielfältigungsstücks vorliegt.

Wie noch später zu erörtern ist, wird von einer breiten Rechtsmeinung und der überwiegenden Rechtsprechung (*Marly* Rdnr. 132f; *Hoeren* CR 1988, 809; *König* NJW 1989, 2604; BGH CR 1986, 130, BGH CR 1990, 1103) bei der Überlassung von Standardcomputersoftware auf unbestimmte Zeit die entsprechende Anwendung des Kaufrechts bzw. bei zusätzlichen Anpassungsleistungen Werkvertragsrecht zugrundegelegt.

Sofern von einer entsprechenden Anwendung des Kauf- oder Werkvertragsrecht ausgegangen wird, steht ein dinglich wirkendes Verfügungsverbot hinsichtlich der Software auf dem veräußerten Datenträger nicht im Einklang mit dem in § 137 Abs.1 BGB manifestierten Grundsatz der Verfügungsfreiheit des Eigentümers und ist damit nicht zulässig.

Bei der schuldrechtlichen Rechtslage ist zwischen den individuellen Vereinbarungen und den Regelungen in Allgemeinen Geschäftsbedingungen zu unterscheiden.

Ein individualvertragliches Veräußerungsverbot steht im Widerspruch zu der Erschöpfungsregelung des § 17 Abs. 2 UrhG, sofern ein Kaufvertrag oder Werkvertrag vorliegt. Die Wirksamkeit solcher schuldrechtlichen Verbote müssen sich aber im Rahmen der §§ 138, 242 BGB bzw. der §§ 18, 34 GWB halten (so *Marly* Rdnr. 687f, 696f; *Koch/Schnupp*, 259).

Soweit es sich um Allgemeine Geschäftsbedingungen handelt, gelten die §§ 9 bis 11 AGB-Gesetz und nicht § 8 AGB-Gesetz, da hier eine abweichende Regelung im Hinblick auf § 17 Abs. 2 UrhG getroffen wurde (a.A. *Moritz/Tybusseck*: , Rdn. 338f und *Koch/Schnupp*, 254, der eine Prüfung nach § 9 AGB-Gesetz neben § 17 Abs.2 UrhG für nicht zulässig ansieht).

Bei einer solchen Rechtslage würde ein Veräußerungsverbot auch gegen § 9 AGB-Gesetz verstoßen, da das Veräußerungsverbot nicht im Einklang mit der Verfügungsfreiheit bei Eigentumserwerb steht (§ 9 Abs.2 Nr. 1 und 2 AGBG) und eine Beeinträchtigung einer wesentlichen Kardinalpflicht bedeuten würde. (Siehe hierzu die ausführliche Darlegung zu den Anforderungen an §§3,8,9 AGB-Gesetz bei *Marly* Rdnr. 699ff; *Marly* merkt an, daß ggf. kein Verstoß gegen § 9 Abs. 2 Nr.2 AGB-Gesetz vorliegt, wenn besonderes Sicherheitsinteresse des Lieferanten, z.B Gefahr von Softwarepiraterie vorliegt; a.A. *Moritz/Tybusseck* Rdnr. 338f; *Koch/Schnupp*, 257). In diesem Zusammenhang werden sehr unterschiedliche Rechtsbetrachtungen über das urheberrechtliche Verständnis des § 17 Abs. 2 UrhG zu dem Vorgang der

Lieferung und Eingabe der 'veräußerten' Software auf einem Datenträger angestellt. So geht ein Teil der Rechtsmeinungen (*Lehmann* CR 1990, 625; *Hoeren* GRUR 1988, 345; *Bartsch* CR 1987, 8ff) dahin, daß mit dem Verkauf und der Lieferung eines Programmes auf einem Datenträger, bei dem vertraglich die Weiterverbreitung untersagt wird, eine Erschöpfung des Weitergabeverbotes des Programms nach § 17 Abs. 2 UrhG eintritt; jeder Weitergabevorbehalt ist im Hinblick auf die technische und ökonomische Untrennbarkeit des Programms vom Datenträger rechtlich unhaltbar und verstößt nicht nur gegen den Sinngehalt des § 17 Abs. 2 UrhG, sondern auch gegen § 9 Abs. 1 Nr. 1 und Nr 2 AGB-Gesetz bzw. gegen §§ 138, 242 BGB; außerdem entsteht eine Konfliktlage im Sinne des § 26 Abs. 2 GWB, die ebenfalls zur Unwirksamkeit des vertraglich geregelten Weitergabeverbots führt (so *Lehmann* CR 1990, 700).

Eine dazu differenzierte Rechtsmeinung (*Haberstumpf* CR 1987, 409f sowie CR 1991, 129f; *Kindermann* CR 1986, 447; *Moritz/Tybusseck* Rdnr. 313ff; *Haberstumpf* CR 1987, 409, 415; *Haberstumpf* in Lehmann II Rdnr., 129, 158; *Koch / Schnupp*, 253; *Heymann* CR 1990, 112ff) unterscheidet zwischen der Rechtssituation der Lieferkopie und der in das Computersystem eingelesenen Software. Nach dieser Rechtsauffassung darf der Erwerber zwar den Datenträger mit der Software (= Lieferkopie) weiterveräußern, weil daran durch die Veräußerung das Weitergaberecht des Urhebers erschöpft ist; aber die Erschöpfungswirkungen begrenzen sich nur auf diese Lieferkopie. Das Vervielfältigungsrecht des Urhebers im Sinne des § 53 bzw. 69c Nr. 1 UrhG ist dadurch nicht betroffen, d.h. der Erwerber darf ohne Einwilligung des Urhebers keine Kopie des in seinem Computersystem gespeicherten Programms zum Zwecke der Weiterveräußerung anfertigen.

Auch mangels einer Vereinbarung kann eine stillschweigende Zustimmung des Urhebers nach der wohl herrschenden Rechtsmeinung nicht unterstellt werden (*Haberstumpft* CR 1987, 409, 415; *Kindermann* GRUR 1983, 159; a.A. *Bartsch* CR 1987, 8ff; *Hoeren* GRUR 1988, 345f; *Haberstumpf* in *Lehmann* II, Rdnr. 132f).

Anders verhält es sich bei einer miet- oder pachtweisen, also einer zeitlich begrenzten Überlassung der Computersoftware, die z.B. auch dann gegeben ist, wenn der Anwender sich verpflichtet, nach einer bestimmten Zeit das Programm zu löschen oder zurückzugeben. Hier scheidet ein Rückgriff auf § 17 Abs. 2 UrhG aus, und im Rahmen der Wertung nach § 9 AGB-Gesetz besteht kein Konflikt mit einem Verfügungsrecht des Eigentümers, da kein Eigentum übertragen wird (*Kolle* GRUR 1982, 433, 455; *Bartsch* CR 1987, 8, 12). Allerdings gibt es auch hier die Meinung, daß der § 17 Abs. 2 UrhG sich nicht nur auf die 'Veräußerung', sondern allgemein auf die Verbreitung bezieht (so *Lehmann* CR 1990, 625, 626; CR 1994, 271, 274; siehe hierzu auch *Marly* Rdnr. 721f; *Koch/Schnupp* , 257).

Die Rechtsdiskussion konzentriert sich auf zwei Kernfragen:
1. Wie weit geht das Veräußerungsrecht des § 17 Abs. 2 UrhG ?
    und das Vervielfältigungsrecht nach § 53 bzw. nunmehr nach § 69c, 69d UrhG?

2. Handelt es sich bei der Überlassung einer Software auf einem Datenträger um eine
   Veräußerung im schuldrechtlichen und sachenrechtlichen Sinne ?

Moritz (Moritz /Tybusseck Rdnr, 313,319) argumentiert, daß es nach der einhelligen
Rechtsprechung des BGH (GRUR 1985, 1056, 1057; CR 1988, 124, 127, CR 1990,
24, 25 und CR 1993, 781) stets auf den 'objektiven Erklärungswert der Willens-
erklärungen der Vertragsparteien' ankommt, ob ein Kaufgeschäft vorliegt oder nicht.
Die eventuelle enge Verknüpfung der Computersoftware mit einem Datenträger sei
nicht maßgeblich, da der 'eigentliche Endzweck' des Überlassungsvorgangs in der
Installation des Computerprogramms in dem Computersystem liege und dazu sei eine
Vervielfältigung im Computersystem noch erforderlich (also das Laden auf einer
Festplatte) (a.A. *Lehmann* CR 1990, 625, 626; *Bartsch* CR 1987, 8ff; CR 1992, 394,
395; *Haberstumpf* in *Lehmann* II Rdnr. 132ff).

Die bisher vorliegende Rechtsprechung (OLG Nürnberg CR 1990, 118, 121; OLG
Karlsruhe GRUR zu 512, 522; OLG Frankfurt in BB-Beilage 24/90 Nr. 5; OLG
Frankfurt CR 1991, 92, 93) geht von der Anwendung des Kaufrechtes bei einer zeitlich
unbegrenzten Überlassung von Computersoftware aus und sieht daher ein Verbot der
Weiterüberlassung als einen Verstoß gegen § 17 Abs.2 UrhG an.

Eigene Wertung

Bei vorsichtiger Würdigung des sogenannten Grundsatzurteils des Bundesgerichtshofs
vom 4.11.1987 (CR 1988, 124 ff; siehe auch CR 1993, 681ff; dazu wird später noch
ausführlich Stellung genommen) kann nicht davon ausgegangen werden, daß der
Bundesgerichtshof jede Art einer zeitlich unbegrenzten Überlassung als Kaufgeschäft
bezeichnet hat. Damit kann der Ansatz, daß die Überlassung von Computersoftware
auf unbegrenzte Zeit dem Kaufrecht zuzuordnen ist, nicht als gesichert angesehen
werden. Mit dem Bundesgerichtshof (so auch *Moritz* CR 1989, 1049ff) ist zunächst
von dem objektiven Willen der Vertragsparteien auszugehen, welche Art des
Rechtsgeschäfts die Vertragsparteien abschließen wollen.

Weiter ist zu prüfen, ob bei einem Rechtsgeschäft sich der Wille und die faktische
Realisierung unterscheidet bzw. widerspricht ('venire contra factum proprium').
Mit anderen Worten: Ist es möglich, einen Datenträger zu veräußern ohne den 'Inhalt'
mitzuveräußern? Hier scheiden sich die (Rechts-)'Geister'!

Ein Teil der Rechtsliteratur und die oben zitierte Rechtsprechung verneint eine
rechtliche Trennung der Software vom Datenträger und bezeichnet diese als 'unzumutbar
und im Widerspruch zu Treu und Glauben' (so OLG Nürnberg CR 1990, 118).

Andere Rechtskommentatoren (*Kindermann* GRUR 1983, 150, 159; *Kolle/Ulmer*
GRUR Int. 82, 499; *Köhler/Fritsche* in *Lehmann* XIII Rdnr. 5fff) verweisen auf die
technischen Abläufe. Danach kann die Lieferkopie nicht unmittelbar bei der Computer-

verarbeitung genutzt werden, sondern sie ist zuerst in die Programmbibliothek ein-
zuspielen (d.h. zu kopieren), in der eine Vielzahl von Programmkopien enthalten sind.
Bei der weiteren Programmausführung wird auf diese gespeicherten Programme zu-
gegriffen, indem der Arbeitsspeicher Magnetisierungszustände erzeugt, die denjenigen
in der Programmbibliothek entsprechen (so *Kindermann* GRUR 1983, 154; BGH
NJW 1994, 1217, 1218).

Rein physikalisch gesehen, stellen alle 'Arbeitsvorgänge' von der Lieferkopie über die
Einspeicherung in die Programmbibliothek bishin in den Arbeitsspeicher und wieder
in die Programmbibliothek eine Übertragung von bestimmten Magnetisierungszuständen dar (so auch *Haberstumpf* CR 1991, 129, 132; *Kolle* GRUR 1982, 443,
445).

Die Rechtsmeinungen gehen bei der Frage auseinander, ob alle diese Übertragungen
von bestimmten Magnetisierungszuständen als Vervielfältigungen anzusehen sind
(*Haberstumpf* CR 1987, 409, 411; *Lehmann* CR 1990,625, 627; a.A. *Kindermann*
GRUR 1983, 150, 157; *Kolle* GRUR 1982, 433, 455).

Die physikalischen Abläufe selbst sind nicht bestritten.

Danach wird das auf Datenträger gelieferte Programm in Form einer Übertragung der
vorhandenen Magnetisierungszustände in das Computersystem kopiert, indem der
gleiche Magnetisierungszustand auf einem Speicher im System erzeugt wird.

So gesehen kann der von einem Teil der Rechtsmeinung und der Rechtsprechung
unterstellten 'Untrennbarkeit' der Software vom Datenträger nicht gefolgt werden;
zumindest physikalisch ist das nicht zutreffend.

Damit ist auch fraglich, ob das Programm noch eine wesentliche Sache im Sinne des
§ 93 BGB ist; denn die Übertragung erfolgt, ohne den Datenträger zu zerstören oder
unbrauchbar zu machen; die Lieferkopie kann als Archivkopie weiterhin genutzt
werden (so *Kindermann* GRUR 1983, 150,154). Wenn überhaupt eine 'Veräußerung'
in Betracht gezogen werden sollte, begrenzt sich diese nur auf die Lieferkopie.

Köhler/Fritzsche in *Lehmann* XIII Rdnrn. 7 weisen mit Recht darauf hin, daß gegen
eine Sacheigenschaft spricht, daß das Computerprogramm der Verkörperung auf
verschiedenen Datenträgern zugänglich ist, ohne deshalb selbst körperlich zu sein.

Bei der ganzen Diskussion wird zuwenig die Dominanz des geistigen Gutes bzw. des
Persönlichkeitsschutzes gerade im Hinblick auf den 'körperlichen Träger' gewürdigt.
(*Rehbinder* , 43, 45, 49, 53) führt aus, daß zwar das geistige Gut durch das „Werk" bzw.
"Werkstück" seine Verkehrsfähigkeit erlangt, aber daß bei allen Verwertungsrechten
das geistige Gut und dessen Schutzfähigkeit aus dem Urheberpersönlichkeitsrecht im
Vordergrund steht und das geistige Gut nicht auf ein Werkstück begrenzt und sogar

davon jederzeit ablösbar ist. Der Unterschied zum Eigentum ergibt sich aus einer Vielzahl von urheberrechtlichen Bestimmungen, wie z. B. Verbot von Änderungen (§ 39 UrhG), das Rückrufrecht wegen gewandelter Überzeugung (§ 42 UrhG), die Einschränkungen der Zwangsvollstreckung (§ 112 ff UrhG). Diese Rechtssituation zeigt auch die Unterschiedlichkeit zum Eigentumsrecht auf.

Aus dieser Vorrangstellung des geistigen Gutes folgt, daß zwar das Geistesgut ohne einen Werkträger nicht sinnlich wahrnehmbar ist, aber dennoch eine eigene Existenzfähigkeit hat, die vom körperlichen Substrat unabhängig ist, und jederzeit auf einen anderen Träger übertragen werden kann. (So *Rehbinder*, 31ff.)

Geht man von einer solchen Trennungsmöglichkeit aus, so ist es eine reine Frage der Art der Vereinbarung, ob Datenträger und darauf befindliches Programm als eine Einheit verkauft werden oder nicht. Zwingende sachliche Gründe gibt es für eine Einheitlichkeit nicht. Von maßgebender Bedeutung ist, daß der eigentliche 'Werkgenuß' erst über das Laden des Programms in das Computersystem erfolgt, also nachdem das Programm von dem Datenträger 'getrennt' worden ist (so *Haberstumpf* CR 1991, 129, 134; *Kindermann* GRUR 1983, 150, 159; *Kolle* GRUR 1982, 443, 455; *Moritz* CR 1993, 257, 263).

Kolle (GRUR 1982, 443, 445) sieht mit einer gewissen Logik die Veräußerung des Datenträger nicht als eine Erschöpfung im Sinne des § 17. Abs. 2 UrhG bezüglich des Programmes an, da die eigentliche Nutzungsmöglichkeit durch einen Vervielfältigungsvorgang im Computersystem erst möglich ist, den der Erweber, nicht der Urheber durchführt (so auch *Kindermann* GRUR 1983, 150,159; a.A. *Bartsch* CR 1987, 8ff; *Lehmann* BB 1985, 1210f; *Moritz* CR 1993, 257, 263; *Lehmann* CR 1992, 324).

Es kommt folglich auf die Vereinbarung an, welche Rechte dem 'Erwerber' durch den Urheber eingeräumt werden.

Für die Qualifizierung der Vereinbarungsart (Veräußerung oder Verpachtung) sind neben der Dauer der Überlassung folgende Kriterien wichtig:
1. Wird die gesamte Software mit der gesamten Dokumentation (Objekt- und Quellencode) überlassen oder nur Teile (also kein Quellencode)?
2. Muß nach Beendigung des Vertragsverhältnisses die Programmkopie vernichtet oder zurückgegeben werden? (Ist dieses der Fall, spricht das für Verpachtung).
3. Erhält der Kunde einen Programmservice, also neue Release oder ist der Kunde in ein Wartungs-/Pflegekonzept des Herstellers einbezogen (siehe hierzu *Apitzsch* CR 1988, 432 ff)? (Ist dieses der Fall, spricht das für Verpachtung).
4. Ist der Kunde verpflichtet, bei jeder Weitergabe der Programmkopie den Hersteller zunächst um die Zustimmung zu bitten oder ihn über den weiteren 'Erwerber' zu informieren sowie die Lizenzbedingungen an den 'Erweber' weiterzugeben ? Ist dieses der Fall, spricht das u.U. für Verpachtung.

(Siehe hierzu *Moritz/Tybusseck* Rdnr. 328f; *Marly* Rdnrn. 706f; *Koch/Schnupp*, 252).

Wichtig ist, im Hinblick auf den § 69 c UrhG festzuhalten, daß
1. zunächst eine Verbreitung nur mit Zustimmung des Urhebers erfolgen kann;
2. falls die Zustimmung vorliegt, die Zulässigkeit der Verbreitung sich nur auf die Programmkopie bezieht;
3. die Zustimmung nicht das Vervielfältigungsrecht des Urhebers umfaßt.

Damit kann der Urheber zwar nicht mehr die weitere Verbreitung der einmal verkauften Programmkopie verbieten oder kontrollieren, wohl aber alle die Nutzungshandlungen, die eine Vervielfältigung des Programms voraussetzen (so *Dreier* CR 1991, 577, 580; *Wiebe*, 59; *Marly* NJW CoR 4/1993, 21ff).

ee) Beschränkung der inhaltlichen Nutzung
Von dem Weitergabeverbot ist die Frage der Beschränkung der Nutzung der Computerprogramme im Sinne von § 32 UrhG zu trennen. Besonders stellt sich die Frage bei der Beschränkung der Nutzung der Computerprogramme auf einer bestimmten Hardware.

Der § 32 UrhG erlaubt eine inhaltliche, räumliche und zeitliche Begrenzung, die aber nunmehr auch unter den Bestimmungen der § 69d und § 69 e UrhG zu betrachten ist (*Köhler / Fritzsche* in *Lehmann* XIII Rdnr. 51f).

Einige Rechtsmeinungen (*Bartsch* CR 1987, 8; *Hoeren*, Softwareüberlassung als Sachkauf 1989, Rdnr. 214 ff) halten eine solche Beschränkung als Verstoß gegen § 17 Abs.2 UrhG für nicht zulässig.

Ein anderer Teil der Rechtsliteratur (*Marly* Rdnr. 745ff) vertritt die Auffassung, daß eine solche Beschränkung die von § 32 UrhG geschützte wirtschaftliche Verwertung des Werkes behindere, bei der als Orientierung der § 17 Abs.2 UrhG hilfreich sei, obwohl dieser nicht direkt zur Anwendung komme.

Zulässig ist dagegen nach dieser Rechtsmeinung nur das Verbot der Mehrfachnutzung (also die Parallel-Nutzung eines Programmes auf verschiedenen DV Anlagen), da hier die Vergütungsinteressen der Hersteller betroffen werden (so *Marly* Rdnrn. 755f; *Koch/Schnupp*, 254: wenn Kauf vorliegt; dies gilt aber nicht bei Miete; *Haberstumpf* in *Lehmann* II Rdnr. 163f).

Beachtenswert ist hierbei die Rechtsprechung, insbesondere die Entscheidung des Oberlandesgerichts Frankfurt Urteil vom 17.01.1991 (CR 1991, 346, 351, 354). Das Gericht sieht in einer Regelung in den Allgemeinen Geschäftsbedingungen, daß 'die Programme nur auf den vom Verkäufer gelieferten Systemen verarbeitet werden dürfen' einen Verstoß gegen § 9 AGB-Gesetz, da der Kunde durch eine solche Beschränkung einen erheblichen Nachteil erleidet. Der Nachteil besteht nach Ansicht des Gerichts darin, daß der Kunde gehindert wird, modernere Hardwareprodukte anderer Hersteller evtl. zu günstigeren Preisen zu erwerben. Ein schutzwürdiges Interesse des Herstellers könnte aber dann Vorrang vor dem Nachteil haben, wenn z.B. 'Software nur für bestimmte Computertypen oder -klassen geschrieben wird, die auf spezielle Hardwareeigenschaften des einen oder anderen Geräts notwendigerweise angepaßt werden.' Bei dem Einsatz solcher Programme auf einer anderen Hardware könnte es zu erheblichen Mängeln kommen (Nichtverträglichkeit), die - unberechtigterweise - den Ruf des Herstellers tangieren könnten.

ff) Bearbeitung
Weiterhin ist im Rahmen von DV-Projekten das Recht zur Bearbeitung an Programmen von erheblicher Bedeutung. Ausgangpunkt ist die Regelung des § 23 UrbG bzw. der § 69 cUrhG. Nach § 23 UrhG kann der Urheber die Bearbeitung, also die Umgestaltung des Werkes in ein neues Werk nicht verhindern, aber die Vervielfältigung und Verbreitung des umgestalteten Werkes bedarf seiner Zustimmung, weil sein Werk mitverwertet werden muß (*Moritz* CR 1993, 257, 265).

§ 69 c UrhG weicht von § 23 UrhG ab und fordert auch für die Bearbeitung die Zustimmung des Urhebers (*Marly* NJW-CoR 4/93, 21 f). Die Rechtsdiskussion über den Umfang und Sinn dieser Regelung findet bei der Frage der Zulässigkeit des 'reverse engineering' statt. Wie fast bei allen urheberrechtichen Fragen gibt es hier wieder sehr unterschiedliche Rechtsbetrachtungen.
Was ist unter 'reverse engineering' zu verstehen ?

Es handelt sich hier um die Analyse eines Programms und die Verwertung der dabei gewonnenen Informationen (*Haberstumpf* CR 1991, 129; *Bauer* CR 1990, 89; *Ilzhöfer* CR 1990, 578). Hinter dieser Definition verbirgt sich ein Vorgang, der für die Software-Lieferanten sehr gefährlich ist. Bei der rückwärtigen Analyse handelt es sich um die Rückübersetzung eines im Objektcode vorliegenden Programms in den Quellencode durch Übersetzungen mittels höherer Programmiersprachen (Dekompilierung) oder durch Übersetzung in eine Assemblersprache (Disassemblierung) (so *Haberstumpf* CR 1991, 129f).

Der Vorgang selbst läuft im wesentlichen in zwei Phasen ab :
1. Die Lesbarmachung des Objektcodes auf einem Bildschirm und deren Ausdruck.
2. Die Analyse des Ausdrucks.

Der erste Vorgang wird wohl vorherrschend als eine Vervielfältigung im Sinne des § 53 UrhG alt ('heute § 69c UrhG) angesehen (so *Kindermann* GRUR 1983, 150 ff; *Haberstumpf* CR 1991, 129f; *Schneider* CR 1990, 503, 506; a.A. *Hoeren* Rndr. 249ff sieht diesen Vorgang als 'andere Umgestaltung' im Sinne von § 23 UrhG an). Die spätere Analyse ist dann nach der wohl vorherrschenden Rechtsmeinung als Bearbeitung im Sinne des § 23 Satz 1 UrhG anzusehen (*Haberstumpf* CR 1991, 129, 138; *Ilzhöfer* CR 1990, 578, 580).

Die Vorgänge bedürfen somit der Einwilligung des Urhebers. Soweit es sich um eine Vervielfältigung für Archivzwecke handelt, ist nach § 69c Nr. 1 UrhG eine Vervielfältigung zulässig (so *Itzhöfer* CR 1990, 578, 582; und *Wiebe* , 55f). In einem Teil der Rechtsliteratur wird ungeachtet des klaren Textes des § 53 Abs. 4 S. 2 UrhG dennoch eine Vervielfältigung in gewissen Grenzen als zulässig erachtet (so *Lehmann* NJW 1988, 2420, *Haberstumpf* CR 1991, 128, 137; *Lehmann* CR 1989, 1057, 1062). Die Zulässigkeit kann sich nach jetziger Gesetzeslage nur aus dem relativ engen Rahmen des § 69e UrhG ergeben, also wenn die eigene Operabilität betroffen ist.

Die Analyse und die Verwertung der Analyse wird von einem Teil der Rechtsmeinungen als eigenschöpferischer Vorgang im Sinne des § 24 UrhG betrachtet, der nicht der Zustimmung des § 23 UrhG unterliegt; hierbei wird allerdings unterstellt, daß die 'verfolgte Konzeption wenig Gemeinsamkeit mit dem ursprünglichen Quellencode hat' (so *Haberstumpf* CR 1991, 129, 137; eingeschränkter *Lehmann* CR 1989, 1057, 1061, der die Verwertung und Veröffentlichung von die Zustimmung des Urhebers abhängig macht).

Itzhöfer (CR 1990, 578, 582) weist mit Recht darauf hin, daß der mit der Regelung des früheren § 53 Abs.4 S.2 UrhG bezweckte Schutz des Urhebers von den anderen Rechtsmeinungen nicht richtig gewürdigt wird. Nach seiner Auffassung bedarf sowohl die Herstellung einer Kopie des Objektscodes - gleichgültig, ob dieser Vorgang eine Vervielfältigung oder Bearbeitung ist - sowie die spätere Analyse stets der Einwilligung des Urhebers.

Diese Rechtsauffassung steht auch im Einklang mit der Rechtsprechung, daß der Lieferant bei der Überlassung von Standardsoftware nicht zur Mitherausgabe des Quellencodes verpflichtet ist (so BGH NJW 1990, 1773; OLG München CR 1992, 208; siehe auch kritische Anmerkungen von *König* NJW 1992; 1731).

Allerdings ist der § 39 Abs. 2 UrhG zu beachten, daß Änderungen der Computersoftware zulässig sind, wenn diese z.B. wegen der Notwendigkeit der eigenen Programmpflege oder der Fehlerbeseitigung erforderlich sind. Der Urheber darf in diesen Notfällen seine Zustimmung nicht verweigern. Im Prinzip sind die gleichen Gesichtspunkte in § 69 e UrhG niedergelegt (so *Marly* , Rdnr. 812f).

gg) Empfehlungen
Es ist daher dringend zu empfehlen, die Nutzungsrechte in einer vertraglichen Vereinbarung abzusichern. Dabei sind folgende Gesichtspunkte zu beachten:

Es ist von dem umfangreichen Schutz des Änderungsgesetzes des Urhebergesetzes vom 09.06.1993 auszugehen.

• Absicherung der Nutzungsrechte so, als ob das Urheberrecht volle Anwendung findet.

  - Art und Umfang der Nutzungsberechtigung (§§ 31 ff UrhG)
  - Art der Verwertung (Vervielfältigung,Weiterverbreitung und -bearbeitung) ist
    festzulegen;
  - Vertragliche Vereinbarung, daß das Urheberrecht Anwendung findet und daß das
    Computerprogramm von beiden Vertragsparteien als 'persönlich geistige
    Schöpfung' anerkannt wird;
  - Falls ein Computerprogramm auf einem Datenträger geliefert wird, vertragliche
    Vereinbarung, daß die Einspeicherung des Computerprogramms in die DV-
    Anlage des Anwenders nicht als Verkauf eines Vervielfältigungsstücks im Sinne
    des § 17 Abs.2 UrhG (Erschöpfung) betrachtet wird.
    (Siehe hierzu *Müller-Hengstenberg* , 90).

Abschließend ist anzumerken, daß jeweils derjenige Vertragspartner für die Klärung der Rechtsfragen verantwortlich ist, der die Programme in einem Projekt einbringt.

hh) Ausblick auf das Patentrecht
Die Bestimmungen des Europäischen wie auch des Deutschen Patentrechtes sehen vor, daß dieses technische Schutzrecht nicht auf die Datenverarbeitung Anwendung findet (Art. 5 des Europäischen Patentrechtes; § 1 Abs. 2 Nr. 3 PatG). Der Hintergrund für diesen ausdrücklichen Ausschluß ist, daß das Patentrecht die Anwendung der 'technischen Lehre' schützt, das Urheberrecht aber nur die Beschreibung und Abhandlungen von schutzrechtsfreien Ideen und Konzeptionen (*Wiebe*, 69).

Die Rechtsprechung des Bundesgerichtshofs Urteil vom 11.03.1986 ('Flugkosten-minimierung' CR 1986, 325) ist dieser engen Auffassung gefolgt und hat stets als Vor-aussetzung die Patentfähigkeit gefordert, daß es sich um eine technische Problemlösung handeln muß, die sozusagen selbsttätig zu einem Ergebnis kommt.

Zwei neuere Entscheidungen des Bundesgerichtshofs ('Seitenpuffer' GRUR 1992, 33 sowie 'Tauchcomputer' GRUR 1992, 430) lassen erkennen, daß der Bundesgerichtshof nicht mehr von einer engen Auslegung der 'technischen Natur einer Lehre' ausgeht, sondern auf eine umfassendere Gesamtbetrachtung der technischen Mittel abstellt. Gerade die 'Tauchcomputer-Entscheidung' zeigt, daß auch Computerhardware und -software in eine technische Lösung einbezogen werden können, die patentfähig ist (siehe hierzu Lehmann, NJW 1988, 2421; *Ullmann* CR 1992, 641f; *Raubenheimer* CR 1994, 328, der einen umfassenden Schutzcharakter des § 69 g UrhG sieht; a.A. *Moritz* GRUR Int. 1991, 697, 702).

g) Einweisung, Schulung und Beratung
Die Rechtsprechung und Rechtsliteratur sprechen sich aufgrund des Wissensvorsprungs der Hersteller bzw. Lieferanten für eine weitgehende Einweisungsverpflichtung der

Lieferanten aus. (BGH NJW 1981, 2684, OLG Stuttgart CR 1987, 172; LG Berlin CR 1987, 295; LG Ulm CR 1988, 921; OLG Düsseldorf CR 1991, 538; OLG München CR 1991, 607; *Koch/Schnupp*, 326.)

Allerdings ist Art und Umfang der Einweisung abhängig von dem jeweiligen Kenntnisstand des Kunden (so auch *Koch/Schnupp* , 326).

Anders ist die Rechtslage bei Schulungen. Eine Pflicht, Schulungen durchzuführen, besteht grundsätzlich nicht. Allerdings gibt hier die Rechtsprechung einige wichtige Hinweise, welche Nebenverpflichtungen der Lieferant dennoch hat. Das Landgericht Verden, Urteil vom 30.09.1983 (CR 1986, 26), führt aus:

> 'Seitens der Beklagten (Kunde) betrachtet man sich wohl als Laien auf dem Feld der EDV und erwarte, daß Herr B. von der Klägerin (Lieferant) als EDV-Spezialist alle diese Koordinierungs-, Überwachungs- und Schulungsaufgaben übernehmen werde. Gerade die Erfüllung dieser Aufgabe ist jedoch nicht Vertragsbestandteil zwischen den Parteien. Es kann nicht festgestellt werden, daß der Kläger (Lieferant) seine Aufgabe hinsichtlich der Einweisung nicht ordnungsgemäß erfüllt hat.'

Das Oberlandesgericht Stuttgart, Urteil vom 23.06.1986 (CR 1987, 172), sieht demgegenüber den Lieferanten in einer sehr weitgehenden Einweisungs- und Einarbeitungsverpflichtung:

> 'Eine derartige Einweisung und Einarbeitung durch die Verkäuferin ist - jedenfalls im Regelfall - bei EDV-Anlagen in der Größenordnung im Verkehr allgemein üblich...'

Demgegenüber hat wiederum das Landgericht Freiburg, Urteil vom 29.01.1987 (CR 1988, 282f), die Rechtsmeinung vertreten:

> 'Bei der Entstehung des Schadens trägt die Klägerin gemäß § 254 Abs 1. BGB ein Mitverschulden. Denn die Klägerin hat bei der Bedienung der Anlage nicht ausreichend geschultes Personal eingesetzt.'

(So *Marly* , Rdnr.446; a.A. wohl Etter in einer Anmerkung CR 1986, 29).
Anders, der DV-Situation mehr entsprechend, hat das Landgericht München II Urteil vom 14.10.1992 (CR 1993, 367) befunden, daß bei dem Kauf von Standard-Hardware und -Software eine Einweisungspflicht ohne vertragliche Vereinbarung nicht angenommen werden kann, da mittlerweile gerade bei kleineren DV-Anlagen, z.B. PCs ausreichende DV-Kenntnisse bei den Anwendern unterstellt werden können.

Schulungen sind in der Regel produktorientiert und allgemeiner Natur, d.h. beziehen sich in der Regel nicht auf den konkreten Einsatzfall, wie z.B. Schulungen über Betriebssysteme OS/2 usw. Damit können diese Schulungen nicht als ein unabdingbar enger Leistungsbestandteil der Systeme betrachtet werden. Auch sofern die Schulung eine Art Einweisung in die spätere betriebliche Anwendung ist, ist sie kein unabdingbarer Bestandteil der Systemleistung, da das Anwendungssystem auch ohne die Schulung funktionsfähig sein kann und muß.

Allerdings hat der Lieferant eine Beratungspflicht, wenn er erkennt, daß Grundwissen bei seinem Kunden nicht vorhanden ist (so wohl LG Verden CR 1986, 26f; BGH CR 1986, 799 und LG München II CR 1993, 367).

Aus den Phasenkonzepten ergibt sich auch als Aktionsparameter die Schulungs-anforderungen. Nach dem BVB-Phasenkonzept fällt diese Aktion nicht in den unmittelbaren technischen Software-Erstellungsprozeß, sondern ist eine davon getrennte Maßnahme, die in der Regel von dem Kunden zu planen und durchzuführen ist (Ziff.2.2.2.).

Aber im Rahmen eines Gesamtprojektplans, der auch die Mitwirkungsleistungen des Auftraggebers im Gesamtprojekt umfaßt, ist das Thema Schulung ein Aktionsparameter und muß, falls es die Sachlage erfordert, zumindest vom Projektmanagement bedacht und ggf.gesteuert werden. Diese Hinweispflicht obliegt demjenigen, der das Verfahrensmodell bestimmt hat und sich darin auskennt. Im Vorgehensmodell des Bundesinnenministeriums ist in Kapitel 7.2 ebenfalls die Schulung bzw. Einweisung geregelt. Hier handelt es sich allerdings um den Fall, daß bei der Entwicklung besondere Methoden und Werkzeuge eingesetzt werden, die von den im Projekt arbeitenden Mitarbeitern beherrscht werden müssen. Mit anderen Worten geht es hier um die erforderliche Qualifikation der Projekt-Mitarbeiter, von denen eine qualifizierte Leistung erwartet wird. Diese Aufgabe unterliegt der Steuerung des Projektmanage-ments.

Davon ist beispielsweise die Schulung des Kundenpersonals zu unterscheiden, das später täglich mit dem System arbeiten soll. Die Entscheidungen des Landgerichts Verden (CR 1986, 26) und des Landgerichts München II (CR 1993, 367) betrafen den letzten Fall, nämlich die Vorbereitung des Personals auf die zukünftige DV-Nutzung im täglichen Betrieb und entsprechen der heutigen Sachlage.

h) Qualitätssicherung
Wie oben geschildert, dient dieser Prozeß der Erfüllung der vorgegebenen Anforderungen und dient letztlich dem Ziel, ein 'Endprodukt' zu entwickeln, das den vertraglichen Vereinbarungen entspricht und weitgehend mangelfrei ist.

Qualitätssicherung ist aber keine einseitige Angelegenheit, sondern ist bei der vertraglichen Erfüllung von allen Beteiligten zu beachten (so auch *Hollmann*, CR 1992, 13f).

So hat insbesondere der Auftraggeber während der Planungsphase weitgehend die federführende Verantwortung für eine Qualitätssicherung. Der Auftragnehmer trägt demgegenüber in der Regel während der Realisierungsphase die federführende Verantwortung für diese Maßnahmen. Wie bereits dargestellt, ist es wichtig, daß die Einzelheiten der Qualitätssicherungsmaßnahmen spätestens bei Projektbeginn vereinbart werden. Auch wenn die DIN 9001 ein Qualitätssicherungssystem bzw. -verfahren empfiehlt, ist diese Anforderung nicht 'per lege' Vertragsbestandteil, sondern erst aufgrund einer entsprechenden Vereinbarung (*Schmidt*, NJW 1991, 144). Lediglich die BVB-EDV sehen in § 2 c vor, daß auch ohne ausdrückliche Vereinbarung die Standards und Fachrichtlinien Vertragsbestandteil sind, die bei Abschluß des Vertrages allgemein angewandt werden (so der Erlaß des Bundesministers des Inneren vom 10.01.1973, GMBl vom 2.02.1993 S.31).

Aus Rechtssicht handelt es sich um vertragliche Pflichten bzw. Mitwirkungspflichten, die im Falle der Nichteinhaltung zu Schadensersatzansprüchen führen können, u.U.aus positiver Vertragsverletzung, wenn überhaupt keine Qualitätssicherungsmaßnahmen getroffen worden sind, der Hersteller aber die Notwendigkeit hätte wissen müssen. Qualitätssicherungsvereinbarungen erleichterten die Abnahme der Leistungen oder Teilergebnisse (*Schmidt* , NJW 1991, 144, 148).

Im wesentlichen aber haben solche Vereinbarungen über ein Qualitätssicherungssystem Bedeutung für eventuelle Schadensersatzforderungen aus der Produzentenhaftung (*Schmidt* , NJW 1991, 144, 151; *Hollmann*, CR 1991, 13, 15, 16; *Graf von Westphalen*, CR 1990, 567, 571 und CR 1993, 65; *Rothe*, CR 1993, 310, 313; *Ernsthaler* NJW 1994, 817f; *Sina* MDR 1994, 332f).

3. Der Verantwortungsbereich des Auftraggebers / Kunden

a) Pflichtenheft und Sollkonzept
Wie aus den Ausführungen über die Vorgehensmodelle hervorgeht, liegt der Verantwortungsbereich des Auftraggebers weitgehend in dem betrieblichen bzw. organisatorischen Themenkreis.

Bei der Erstellung des Datenmodells sowie der Feststellung der funktionalen Zusammenhänge ('Relationships') und Abläufe in einem Unternehmen kommt es auf die tatsächliche Gegegebenheit in dem Unternehmen an. Die Rechtsprechung und die Rechtsmeinungen gehen überwiegend davon aus, daß die inhaltliche Verantwortung beim Auftraggeber liegt.

Das Oberlandesgericht Celle, Urteil vom 20.02.1991 (CR 1991, 610), beschreibt das wie folgt:

> 'Der Senat übersieht nicht, daß die Erstellung des Lastenheftes auf der Grundlage der Problemanalyse des Beklagten (hier der Besteller) zunächst dessen Sache ist. Denn dieses Lastenheft repräsentiert die Erwartungen des Auftraggebers, seine Zielvorgaben für das zukünftige Softwaresystem. Ein solches Lastenheft ist die Grundlage für den nächsten Schritt des den Regeln des Software-engineering entsprechenden, stufenweisen Vorgehens... Da es sich inhaltlich ausschießlich um Informationen aus der Sphäre des Auftraggebers handelt, trägt er zunächst alle in die Verantwortung für die Gültigkeit der Aufgabenstellung samt dem zugehörigen Zahlenmaterial.'

(So auch LGEssen CR 1987, 428; LG Augsburg CR 1989, 22; LG Verden CR 1986, 26; Hanseatisches OLG CR 1986, 83; OLG München Computerwoche 03.06.1983, 32; OLG Stuttgart CR 1989, 598; *Koch/Schupp*, 87, 209; *Marly*, Rdnr. 514ff; *J. Schneider*, E Rdnr. 14f; *Junker*, NJW 1993, 824, 828f; *Schaub* CR 1993, 329 f).

Aber auch hier sind 'unterstützende' Nebenpflichten des Auftragnehmers/Lieferanten zu beachten. So führt das Oberlandesgericht Celle (CR 1991, 610) fort:

> 'Entsprechend der Regelung des § 645 BGB trifft aber den Werkunternehmer auch die Pflicht, die ihm erteilten Anweisungen zu überprüfen und Bedenken gegen die Eignung zu überlassender Informationen und Anweisungen geltend zu machen.'

Der Bundesgerichtshof, Urteil vom 13.07.1988 (CR 1989, 102), meinte in einem Fall, in dem der Besteller von Registrierkassen mit zugehörigem Programm nicht die vorgefertigten Programmblätter richtig ausfüllte, daß der Hersteller hier verpflichtet gewesen sei, den Besteller über die richtige und vollständige Art der Ausfüllung zu informieren. Auch das Oberlandesgericht Köln, Urteil vom 18.06.1993 (CR 1993, 624), ist der Ansicht, daß der Auftragnehmer aufgrund seines Know-Hows und Erfahrung den Auftraggeber bei der Erstellung des Pflichtenheftes helfen sollte.

Das Landgericht Augsburg, Urteil vom 5.Mai 1988 (CR 1989, 22), geht hier noch weiter, indem es fordert, daß der Anbieter auch die Erwartungen und Wünsche des DV-unkundigen Kunden zu ermitteln habe. Noch weiter geht das Oberlandesgericht Düsseldorf, Urteil vom 10.06.1992 (CR 1993, 361), das trotz mangelhafter Mitwirkung des Auftraggebers bei der Lieferung der betriebswirtschaftlichen Daten die volle Erstellungsverantwortung für das Pflichtenheft beim Auftragnehmers sah; zumindest hätte hier ein Mitwirkungsverschulden (§ 254 BGB) zugrunde gelegt werden müssen.

Die Entscheidung ist daher nicht verständlich (OLG Düsseldorf CR 1994, 351).
Anders sieht das Oberlandesgericht Oldenburg, Urteil vom 12.02.1986 (CR 1986,
552), die Informationspflicht des Kunden im Verhältnis zum Lieferanten/Hersteller:

> '...wer sich darauf einläßt, einen Computer und die zugehörige
> Software zu erwerben, darf nicht bar jeglicher Kenntnis sein.
> Wenn es sich auch bei einem Computer noch immer um ein
> relativ neues Produkt handelt und deshalb umfangreichere In-
> formationspflichten bestehen als beispielweise bei einem Au-
> tohändler, der seinem Kunden nicht erst das Fahren beizu-
> bringen braucht, so ist gleichwohl von dem Erwerber eines
> Computers zu erwarten, daß er sich über die Einsatzmöglich-
> keiten des von ihm erworbenen Geräts selber kundig macht '

Das Oberlandesgericht Stuttgart, Urteil vom 18.10.1988 (CR 1989, 598), bringt das
Problem auf den Punkt:

> '...um den vertraglich vorausgesetzten Gebrauch (Anmerkung:
> 'angestrebten Gebrauch' wäre richtiger hier zu sagen) zusam-
> menzuführen, ist in solchen Fällen ein mehrstufiger Dialog
> zwischen dem Anwender und Lieferanten notwendig. Der Lie-
> ferant muß sich mit Hilfe des Anwenders über dessen betrieb-
> liche Abläufe kundig machen; der Anwender muß erfahren,
> wie die Abläufe gelöst werden..'

In diesem Zusammenhang ist aber die Entscheidung des Bundesgerichtshof, Urteil
vom 24.09.1991 (CR 1992, 543), ganz wichtig: Der Bundesgerichtshof hält nochmals
fest, daß das Risiko eines nicht vorhandenen oder vergessenen Pflichtenheftes bei dem
Anwender liegt, auch wenn der Lieferant/Hersteller dieses nicht angemahnt hat. In
einem solchen Fall ist der Lieferant nur zur Lieferung eines Systems verpflichtet, das
nach dem Stand der Technik einem mittleren Ausführungsstandard entspricht. Das
heißt, daß Maßstab für die Erfüllung nicht die speziellen Kundenanforderungen sind,
sondern allgemein übliche Spezifikationen in der Branche des Kunden. Der
Auftraggeber kann demnach weder die Abnahme verweigern noch Mängel im
Rahmen der Gewährleistung geltend machen, wenn er das Pflichtenheft nicht stellt
bzw. die erforderlichen Daten und Informationen nicht oder lückenhaft liefert. (So
auch OLG Celle, *Zahrnt* Rechtsprechung K/M 13; so auch *Schaub* CR 1993, 329,
332).

In der gleichen Richtung liegt auch die Entscheidung des Oberlandesgerichts Hamm,
Urteil vom 23.11.1988 (CR 1989, 498), die besagt, daß der Besteller, der hier
Vollkaufmann war, 'sich selbst Gedanken über die Wirtschaftlichkeit der zu erwerben-
den Anlage machen muß und aufgezeigte Alternativen selbständig überdenken muß.'
Das Oberlandesgericht Köln, Urteil vom 7.2.1992 (CR 1992, 470), meint sogar, daß

ein fachlich qualifizierter Auftraggeber selbst dann zur Erstellung des Pflichtenheftes verpflichtet ist, wenn eine entsprechende Vereinbarung fehlt (siehe hierzu auch *Schaub*, CR 1993, 329 ff; OLG Köln CR 1994, 213f).

Einen "Ausrutscher" stellt wohl lediglich die Entscheidung des Oberlandesgerichts Düsseldorf (Urteil vom 10.06.1992, CR 1993, 361) dar, die offensichtlich in Verkennung der fachlichen Verantwortlichkeiten die Verantwortung für die Ist-Analyse beim Auftragnehmer sieht, obwohl die Ist-Analyse nach unbestrittener, allgemeiner Meinung der Fachwelt maßgebliche Grundlage für das fachliche Feinkonzept ist.

Die Rechtsprechung spiegelt eigentlich die komplizierte Sachlage wieder, die *Lesshafft* CR 1989, 146f und *Lichtenberg* (147 f) sehr prägnant schildern. Der Lieferant und der Kunde sind während der Durchführung eines Projektes aufeinander angewiesen. Das jeweilige Wissen und die jeweiligen Erfahrungen müssen zusammengefügt werden. Im wesentlichen ist es ein 'joint development'; ein Ergebnis kann nur durch die Mitwirkung beider Parteien erzielt werden.

Auch hier ist - wie fast bei allen maßgeblichen Leistungen bzw. Mitwirkungspflichten - die Verantwortung des Auftraggebers nicht vollständig unabhängig von Nebenpflichten des Herstellers/Lieferanten.

In erster Linie ist der Auftraggeber für alle betriebswirtschaftlichen und organisatorischen Daten seines Unternehmens sowie für alle damit im Zusammenhang stehenden Informationen verantwortlich, gleichgültig, ob diese Daten bzw. Informationen in einem Pflichten- bzw. Lastenheft, in einem Sollkonzept oder sogar in einem DV-technischen Feindesign stehen. Maßgeblich ist nicht die Bezeichnung der 'Dokumente', sondern die Art der Inhalte.

Der Umgang mit Vorgehensmodellen oder Phasenkonzepten bedarf darüber hinaus gesonderter Kenntnisse und Erfahrungen. Es handelt sich meistens um sehr ausführlich und komplex beschriebene Prozesse, die einem 'Laien' nur nach längerer Zeit der praktischen Erfahrung verständlich sind. Viele Hersteller/Lieferanten bieten ihre eigenen Vorgehensmodelle an, wie z.B. IBM AD/Cycle oder die Firma Texas Instruments Corporation das 'IEF' (Information Engineering Facility (siehe hierzu *Wolf*, 'data report' 1984, 16f; OLG Köln CR 1994, 212; *Lichtenberg*, S. 5 ff; *Heinrich*, CR 1988, 584ff; *Lesshafft/Ulmer* CR 1993, 607, 610).

Aber auch die Anwender haben eigene Vorgehensmodelle; wie z.B. das Vorgehensmodell für IT Vorhaben des Bundesministers des Inneren oder Vorgehensmodell des Bundesministers der Verteidigung (V-Modell). Auch kommerzielle Kunden geben Vorgehensmodelle vor, die meistens von Beratungsfirmen entwickelt worden sind. Daraus folgt:

1. Soweit ein Hersteller und Lieferant ein Vorgehensmodell bzw. ein Phasenkonzept für die Durchführung eines DV-Projektes zugrundelegt, so hat er eine sehr umfassende Einführungs-und Informationspflicht, die sich auf den Prozess sowie auf die Methoden und Werkzeuge beschränkt. Er ist nicht für die Inhalte verantwortlich. Gleiches gilt, wenn der Hersteller ein Datenmodell, z.B. für eine Versicherungsagenturanwendung vorgibt, so trifft ihn hier auch eine entsprechende Informationspflicht.

2. Anders verhält es sich, wenn der Auftraggeber auf einem eigenen oder von ihm ausgewähltem Modell besteht, so hat er dafür zu sorgen, daß der Lieferant/Hersteller alle erforderlichen Informationen erhält bzw. sich mit dem Modell vertraut machen kann.

Heinrich (CR 1988, 584) zeigt sehr überzeugend auf, daß Projekte sehr schnell außer Kontrolle geraten werden, wenn sie auf keiner Projektmethodik beruhen bzw. diese Methodik mangels Kenntnis bei den Beteiligten nicht eingehalten wird oder die Verantwortungsbereiche nicht festgelegt sind. Die Praxis zeigt, daß meistens beide Vertragspartner diese Probleme verursacht und zu vertreten haben.

b) Testdaten/Testszenarien
Für den DV-Laien hören sich beide Begriffe sehr technisch an, und dennoch gehören diese Anforderungen in den Verantwortungsbereich des Auftraggebers.

Welche Bedeutung die Testdaten haben, wurde bereits oben ausführlich dargelegt. Mittels der Testdaten und Testszenarien wird de facto eine Auswahl praktischer Abläufe im Betrieb des Auftraggebers beschrieben, anhand derer die Qualität des Anwendungssystems erprobt wird (siehe *Lichtenberg* , 152).

In der Rechtsliteratur und Rechtsprechung herrscht hier Einmütigkeit. Danach ist der Auftraggeber für Stellung der Testdaten und Testszenarien alleine verantwortlich. (So OLG München CR 1989, 803(808); OLG Celle, *Zahrnt* Rechtsprechung K/M 13, Bd. 1; LG Verden CR 1986, 26, 27; *Koch/Schnupp*, 219; *J. Schneider* H Rdnr. 230f).

Testdaten sind für die Qualität unabdingbar. Aber der Aufwand für die Erstellung kann beträchtlich hoch sein. Daher wird in der Praxis diese Verantwortung vielfach zu oberflächlich und lückenhaft wahrgenommen. In der Fachliteratur (siehe *Lichtenberg*, 99,152, 153; *Heinrichs*, CR 1988, 584, 587 (These 8)) wird auf die in der Praxis teilweise mangelhafte Durchführung aller Testaktivitäten hingewiesen, die nicht einseitig dem Verantwortungsbereich eines Vertragspartners zugeordnet werden kann.

Auch hier gilt als 'Faustregel', daß der Auftraggeber für die Testdaten und Testszenarien verantwortlich ist, aber der Lieferant/Hersteller sowohl eine allgemeine Hinweispflicht hat (also daß solche Testfälle geliefert werden müssen) als auch in einzelnen Fällen (wenn der Kunde ein totaler Laie ist) eine Informationspflicht hat, wie Testfälle erstellt werden.

c) Verantwortlichkeiten des Auftraggebers beim Projektmanagement
Bei einem Kauf-, aber insbesondere bei einem Werkvertrag, dürften eigentlich keine
Zweifel bestehen, daß die Projektmanagementverantwortung bei demjenigen liegt,
der die 'Sache' liefert oder das Werk erstellt. *Heussen* (NJW 1988, 2441) zitiert hier
die Rechtsprechung zum Baurecht (BGH NJW 1973, 518, 519; BGH NJW 1972, 447).

Danach gehört die Koordinierungspflicht zu dem Bereich der Planungspflichten, die
nach BGH (NJW 1972, 447) in den Aufgaben- und Verantwortungsbereich des
Bauherrn (Auftraggeber) fällt (*Korbion/Hochstein* Rdnr. 131ff)

Allerdings wurde in der Rechtsliteratur erkannt, daß das herkömmliche Werk-
vertragsmodell des BGB einen sehr handwerklichen Zuschnitt hat und - wie übrigens
auch das Kaufvertragsmodell des BGB - auf einen **einmaligen** 'punktuellen'
Leistungsaustausch zugeschnitten ist (so *Nicklisch* NJW 1985, 2361; *Korbion/
Hochstein* Rdnr. 14). Die Abnahme bildet hier den Dreh-und Angelpunkt für den
Leistungsaustausch 'Geld gegen Ware bzw. Werk'. Die Herstellphase liegt danach
voll im Risikobereich des Unternehmers; dem Besteller wird nach BGB bis zur
Abnahme eine schnelle Vertragslösung eingeräumt(§ 649 BGB). Das zeigt, daß das
Werkvertragsmodell des BGB auf Herstellerinteresse in dieser Herstellungsphase nur
begrenzt Rücksicht nimmt (so *Nicklisch* NJW 1985, 2361, 2362 und *Nicklisch*, S. 95).
Demgegenüber heben sich die Bau-und Anlageprojekte von diesem BGB-
Vertragsmodell zwangsläufig in vielen Askepten ab.

1. Zum Zeitpunkt des Vertragsabschlusses können nicht alle Einzelheiten der Leistung
   genau festgelegt werden.
2. Die Leistung erfolgt dynamisch über mehrere Phasen.
3. Voraussetzung dafür ist ein 'Netzwerk von Vertragsbeziehungen' und die Beteiligung aller Projektverantwortlichen, insbesondere des Auftraggebers.
4. Solche Anlagen- und Bauverträge sind Langzeitverträge (Dauerschuldverhältnisse).
5. Die Mitwirkung des Kunden/Bestellers ist ungleich höher und maßgeblicher als im
   herkömmlichen Werkvertragsmodell unterstellt wird, da die Leistung bei Vertragsabschluß noch nicht genau festgelegt werden konnte.
6. Der Koordinierungsaufwand ist einmal durch die phasenweise Herbeiführung an
   den Erfüllungserfolg und zum anderen bedingt durch die vielen 'Mitspieler'
   (Kunde, Unterlieferanten) unvergleichlich höher und bedeutender.
7. Auch das Interesse der Unternehmer ist anders als in dem BGB-Werkvertragsmodell.

Es ist nicht nur auf die Vergütung gerichtet, sondern auch an die Vertragsdurchführung.
(*Nicklisch* BB 1979, 533, 535, 538ff; *Nicklisch* NJW 1985, 2361, 2367; ähnlich wohl
Glanzmann BGB-RGRK § 642 Rdnr 14; *Korbion/Hochstein* Rdnr.115).

Diesen Aspekten weitgehend folgend werden im Baubereich folgende Verantwortungsbereiche gesehen:

Der Auftraggeber ist verantwortlich für

> - die Aufrechterhaltung der allgemeinen Ordnung auf der Baustelle,
> - die Koordinierung der Auftragnehmer und aller Baumaßnahmen; das trifft vor allem die Festlegung des Einsatzes der verschiedenen Auftragnehmer in zeitlicher Hinsicht; er muß hierzu die richtige Organisation für ein ungestörtes, zügiges Arbeiten schaffen,
> - die Überwachung der Arbeitsdurchführung,
> - die Ausführung seiner Leistungen einschließlich seiner Unterauftragnehmer,
> - er hat eine Überprüfungs- und Informationspflicht bezüglich aller Anordnungen des Auftraggebers sowie der Mangelfreiheit der Lieferungen durch seine Unterlieferanten (BGH NJW 1992, 1754.) Danach hat der Auftraggeber die umfassende Koordinierungspflicht, die in der Regel durch einen Architekten wahrgenommen wird, der allerdings als Erfüllungsgehilfe des Auftraggebers handelt (so *Korbion / Hochstein* Rdnr. 132f, 138f, 148 ff).

Im wesentlichen resultiert diese umfassende Koordinierungsverantwortung aus der Interessenslage des Auftraggebers, in die Bauausführungen einzugreifen, wenn Mißstände festgestellt werden oder Änderungen notwendig werden.

Allerdings hat er hierbei auch die Interessen des Auftragnehmers zu berücksichtigen, d.h. die Anweisungen müssen zur vertraglichen Ausführung notwendig sein, und zum anderen muß der Leistungsbereich des Auftragnehmers beachtet werden. Der Auftragnehmer ist nicht untergeordneter, sondern gleichberechtigter Vertragspartner (so *Korbion/Hochstein,* Rdnr. 141ff; *Nicklisch,* BB 1979, 533, 534).

Diese Rechtsansicht widerspricht anscheinend den Ausführungen des Oberlandesgerichts München Urteil vom 22.12.1988 (CR 1989, 803), das die Projektmanagementverantwortung bei dem Auftragnehmer alleine sah. Das Gericht unterstellt, daß das Projektmanagement eine Kernaufgabe jedes Werkunternehmers ist.

Die Entscheidung des Oberlandesgerichts Köln, Urteil vom 22.10.1987 (CR 1988, 734), zeigt demgegenüber einen Fall auf, in dem der Auftraggeber die Projektleitung hat und für die Gesamtplanung und Gesamtsteuerung verantwortlich ist; die DV-Softwarefirma war in diesem Fall lediglich zu einer beratenden Mitwirkung im Rahmen eines Dienstvertrages verpflichtet.

Wenn man die anlage- bzw. baurechtlichen Betrachtungen mit dem DV-Vorgehensmodell vergleicht, so ergeben sich trotz aller Unterschiedlichkeit zur Informationstechnologie gewisse Gleichartigkeiten in einigen grundsätzlichen Fragen.
Ausgangspunkt für eine DV-mäßige Betrachtung sind die DV-Vorgehensmodelle bzw. Phasenkonzepte, die jedoch zunächst nur aufzeigen, welche Aktionen durchgeführt werden müssen; offen bleibt hier, wer dafür verantwortlich ist.

Wie oben dargestellt (Kapitel II,1.) kommt es für die Zuordnung der Aktionen auf den angestebten Leistungsumfang, auf die Kenntnis/Know-How-Bereiche der jeweiligen Vertragsbeteiligten an. Von Projekt zu Projekt ist diese Zuordnung unterschiedlich und muß jeweils festgestellt und dann entsprechend vertraglich festgelegt werden.

Das anlage- und baurechtliche Konzept geht recht unflexibel davon aus, daß der Auftraggeber die allumfassende Verantwortung für das 'Projekt' hat und die Auftragnehmer im Rahmen des Gesamtprojektes einzelne Leistungsbereiche eigenverantwortlich übernehmen.

Die Konzeption ist auch in den Phasen- bzw. Vorgehensmodellen der DV-Projekte enthalten. Wie in Kapitel II.2 ausgeführt, ergibt sich die umfassende Projektverantwortung des Auftraggebers aus den Anforderungen der 'Planungs- und Einführungsphasen', d.h. Einführung in den Wirkbetrieb.

Der Auftraggeber ist auch nach den Phasenkonzepten im Prinzip verantwortlich für

1. die Initialisierung des Projektes, d. h für die Festlegung der Projektkriterien, den Randbedingungen,
2. für die Aufbereitung aller betriebswirtschaftlichen und organisatorischen Daten und deren Beziehungen zueinander,
3. für Infrastruktur und alle organisatorischen Umstellungen bzw. Anpassungsmaßnahmen sowie die Auswahl der Mitarbeiter-Schulungen und die Mitwirkung im Projekt,
4. Der Auftraggeber entscheidet über die Projektpläne, den Systementwurf usw. mit.
5. Der Auftraggeber entscheidet über alle Leistungsänderungen mit.
6. Der Auftraggeber führt alle Leistungen in den 'Wirkbetrieb' seines Unternehmens ein und ist für die abschließende Überprüfung vor Produktionsaufnahme verantwortlich.

Der Auftragnehmer ist verantwortlich:

1. für alle systemtechnischen Ausarbeitungen,
2. für die Information über die Methoden und Tools in dem gewählten Vorgehensmodell,
3. Für die Erstellung der Projekt- und Testpläne,
4. für die Qualitätsicherung,
5. Der Auftragnehmer entscheidet mit über jede Änderung des Leistungsumfanges. Diese dabei notwendige Zusammenarbeit in einem Projekt beschreibt *Nicklisch* (NJW 1985, 2361, 2363) sehr zutreffend wie folgt:

'Im Gegensatz zu dem Modell des BGB-Werkvertrags, bei dem der Kunde bestellt und später bezahlt, der Unternehmer dagegen das bestellte Werk herstellt, findet bei Bau-

und Anlageverträgen während der gesamten Zeit der Vertragsdurchführung eine mehr oder minder intensive Kooperation zwischen den Vertragspartnern statt. - Vor allem ergibt sich die Notwendigkeit der Kooperation im Zusammenhang mit der Konkretisierung der Rahmenplanung, mit der Bewältigung von technischen und sonstigen Problemen..'

Nicklisch (NJW 1985, 2361, 2362) folgert aus der Komplexität der Verträge, daß '..diese mit mehr Risiken verbunden sind als etwa Werkvertäge mit handwerklichem Zuschnitt. Diese erfordern ein differenziertes System der Risikoverteilung, das über die Regelung des gesetzlichen Werkvertrages weit hinausgeht...'

Teichmann (Gutachten zum 55. Juristentag, A 84) sieht dennoch keine Notwendigkeit, das Werkvertragsrecht zu ändern; ebenso sieht die Schuldrechtsreform kein Bedürfnis einer Änderung (so *Haas*, NJW 1992, 2389f).

Die Rechtsliteratur bleibt allerdings in der Vertragstypologie des Kauf-bzw. Werkvertrages und bewertet diese Mitwirkung des Bestellers in einer solchen engen Kooperation als schuldrechtliche Mitwirkungspflicht, d.h.Hauptpflicht, auch dann, wenn eine ausdrückliche Vereinbarung nicht vorliegt, nach den Regelungen des §§133,157 BGB, vorausgesetzt, daß die Mitwirkung des Bestellers für die Werkdurchführung notwendig ist (*Nicklisch*, BB 1979, 541, *Glanzmann* BGB-RGRK § 642 Rdnr. 11, 14; *Soergel*, Münchner Komm. § 642 Rdnr.11; *Koch/Schnupp*, 211; *J. Schneider* E Rdnr. 94f).

Diese Gesichtspunkte bilden den Ansatz der einschlägigen Entscheidungen im DV-Bereich. Das Oberlandesgericht München (CR 1989, 803, 805) sieht in dem Falle, daß ein Auftragnehmer einen Auftrag zu einem Festpreis übernimmt, inzidenter die Übernahme der unternehmerischen Verantwortung. Die beiderseitige Benennung von Ansprechpartnern für notwendige Informationen und Entscheidungen im Rahmen der organisatorischen Abwicklung dient nach Auffassung des Oberlandesgerichts München lediglich der Mitwirkung des Bestellers, damit das Werk so hergestellt werden kann, wie es der Besteller wünscht.

Eine andere Meinung vertritt das Oberlandesgericht Köln (CR 1988, 734): Wenn der Auftragnehmer nicht 'ein bestimmtes Werk in seiner Gesamtheit' erbringen soll, sondern nur Teile davon, so ist der Auftraggeber der verantwortliche Unternehmer und der Auftragnehmer erbringt nur eine Dienstleistung.

Zu berücksichtigen ist bei den Entscheidungen, daß hierbei unterschiedliche Sach-verhalte zugrundelagen, sodaß nur bedingt und begrenzt allgemeine Aussagen aus diesen Entscheidungen abgeleitet werden können.

Nach diesen Entscheidungen kommt es darauf an:

> 1. Wer ist für die Gesamtheit aller Leistungen im Projekt verantwortlich? Derjenige trägt die unternehmerische Verantwortung.
> 2. Welche Leistungen mit welcher Leistungsqualität erbringt der Auftragnehmer? Wirkt er an Leistungen mit, für deren Erfolg der Auftraggeber alleine verantwortlich ist oder erbringt er ein selbständiges Werk, für das er als Unternehmer verantwortlich ist.

Es ist demnach die Leistungsstruktur in einem Gesamtprojekt zu begutachten und hierbei die Verantwortungsbereiche festzustellen.

Das Oberlandesgericht München verkennt die Bedeutung der Projektorganisation. Wie aus den Vorgehens- und Phasenmodellen ersichtlich, bildet die Projektorganisation die 'maßgebende Steuerungs- und Entscheidungszentrale' und hat zwangsläufig die Verantwortlichkeiten der Vertragspartner wiederzuspiegeln. Es bleibt in der Entscheidung vollkommen unkommentiert, daß entgegen dem werkvertraglichen Verständnis des BGB im vorliegenden Rechtsfall der Besteller in dem Erstellungsprozeß mit entscheidet, also die Eigenverantwortung des Unternehmers beschneidet oder sogar aufhebt.

Das Oberlandesgericht Köln arbeitet diese Verantwortungsstrukturen schon klarer heraus, läßt aber infolge der Fallgestaltung die Frage offen, ob in sich abgeschlossene, eigenständige Leistungen als Werke im Rahmen eines Gesamtprojektes angesehen werden können; z.B. der Auftragnehmer hat nur die Anwendungsprogramme zu erstellen; die Lieferung der Hardware und des Betriebssystems sowie die Installation liegt in der Verantwortung eines anderen (siehe hierzu die Definitionen zu Teilleistungen und teilbaren Leistungen in *Palandt/Heinrichs* § 266 Rdnr 2 und 6; *Korbion/Hochstein* Rdnr. 305; BGH MDR 1968, 750).

Aus diesen Erwägungen folgt: Bei jedem Vertrag ist die Gesamtprojektverantwortung anhand des zugrundeliegenden Phasen -oder Vorgehensmodells zu ermitteln.

1. Wenn z.B. der Auftraggeber selbst, allerdings mit Unterstützung des Lieferanten/ Herstellers sowohl das fachliche Feindesign erstellt als auch das technische DV-Konzept mit entscheidet und die Einführung in den Wirkbetrieb - was dann zwangsläufig ist - übernimmt, so liegt die unternehmerische Verantwortung bei dem Auftraggeber.
   Der Auftragnehmer hat hier im wesentlichen nur Dienstleistungen zu erbringen.
2. Wenn der Auftraggeber das Pflichtenheft in einer solch detaillierten Form stellt, daß darauf der Lieferant/Hersteller alleine, eigenverantwortlich das Anwendungsprojekt realisiert, so liegt eine geteilte Verantwortung vor:
   * Der Auftraggeber ist für das Pflichtenheft und die Einführung in den Wirkbetrieb verantwortlich (also die übergreifende Projektverantwortung).

- Der Lieferant/Hersteller ist für die Erstellung des Anwendungssystems einschließlich der Systemkonzeption bis zum Systemtest alleine verantwortlich.

d) Die Mitwirkungsverpflichtungen des Auftragnehmers
Nicklisch setzt sich - wie oben erwähnt - mit dieser Frage sehr ausführlich im Hinblick auf Bau-und Anlageprojekte auseinander (BB 1979, 533, 534, 537ff).

Wie anhand der Phasenkonzepte aufgezeigt, ist eine enge Kooperation zwischen dem Auftraggeber und dem Auftragnehmer (Hersteller/Lieferanten) von Beginn eines Projektes bis zu dessen Abschluß beträchtlich intensiver und umfangreicher als in einem Bau- oder Kraftwerk-Anlageprojekt.

- Ein Pflichtenheft kann ohne den Auftraggeber nicht erstellt werden, ist aber unabdingbar für die Vertragsdurchführung.
- Der Auftraggeber braucht hierbei die Erfahrung des Herstellers/Lieferanten bei der verfahrensmäßigen Aufbereitung des Prozesses zur Erstellung eines Pflichtenheftes.
- Der Hersteller/Lieferant braucht eine genaue Beschreibung aller Randbedingungen sowie die Mengengerüste für das 'Systemdesign'.
- Der Hersteller/Lieferant braucht die Testdaten des Auftraggebers für die Testphasen; dabei ist er auf die Unterstützung des Auftragnehmers teilweise angewiesen.
- Der Auftraggeber braucht die fachtechnische Beratung des Herstellers/Lieferanten bei der Einführung in den Wirkbetrieb.

Diese Aufgabenbereiche stellen wesentliche Bereiche der notwendigen Zusammenarbeit der Vertragsparteien dar, ohne die eine erfolgreiche Projektdurchführung nicht möglich ist (so *Lesshafft* CR 1989, 146, 151; *Wolf* data-report 1984, 16ff; *Huber* Computerwoche 03.03.1991, 14ff; *Dahmen* ÖVD-Online 1982, 30ff; *Lesshafft/ Ulmer* CR 1993, 607, 610).

Im Hinblick auf diese unabdingbaren Abhängigkeiten gehen die Mitwirkungsleistungen über die gesetzlich vorgesehene Obliegenheit (§ 642 BGB) hinaus, da nur dieses interrogative Verfahren den Erfolg eines Projektes sicherstellen kann. Das Werkvertragsrecht des BGB geht davon aus, daß nach der Lieferung der Stoffe der Unternehmer alleine das Werk erstellen kann. Diese Situation ist hier eben nicht gegeben (siehe *Nicklisch* NJW 1985, 2361f).

In der Rechtsliteratur wird daher vorherrschend angenommen, daß bei solchen Fallgestaltungen die Mitwirkungshandlungen vertragliche Pflichten sind (so *Nicklisch* S. 103f; *Glanzmann* BGB-RGRK § 642, Rdnr.14; *Soergel* Münchner-Komm. § 642 Rdnr.11; *Palandt /Thomas* § 631 Rdnr.15).

Dies bedeutet, daß der Mitwirkende bei Verzögerungen nicht nur im Rahmen des § 642 BGB haftet, sondern daß gegen ihn auch die allgemeinen schuldrechtlichen Rechtsfolgen der §§ 286, 326 ff BGB geltend gemacht werden können (*Nicklisch* BB 1979, 533, 542; *Glanzmann* in BGB-RGRK § 642 Rdnr.11). Bei den oben bezeichneten Rechtsmeinungen besteht zudem Einigkeit, daß neben einer Haftung nach § 642 BGB unter dem Gesichtspunkt der positiven Vertragsverletzung wahlweise Schadensersatz wegen Nichterfüllung verlangt oder der Rücktritt erklärt werden kann, wenn der Vertragszweck durch die Unterlassung der Mitwirkung derart gefährdet wird, daß eine weitere Durchführung nach Treu und Glauben nicht mehr zumutbar ist (*Soergel* Münchner Komm. § 642 Rdnr. 13; so auch BGH BGHZ 11, 80, 84, 86).

Eine weitere, aber für die Hersteller sehr wichtige Frage ist, ob der Lieferant bzw. Hersteller im Falle der Unterlassung der Mitwirkungshandlungen berechtigt ist, die unterlassenen Leistungen durch Dritte auf Kosten des Bestellers im Rahmen der Zwangsvollstreckung nach § 887 ZPO durchführen zu lassen.

Der Hintergrund dieser Frage ist das vielfache Interesse der DV-Häuser, das in Projekten gewonnene Know-How in weiteren Projekten mit anderen Kunden zu verwerten. Ein spezieller Branchen-Skill (= Know-How/Erfahrungen) sowie auch die Kenntnisse über Systemvoraussetzungen können vielfach nur durch Projekte mit Kunden der betreffenden Branche erworben werden.

Das entsprechende Interesse der DV-Häuser ist vielfach dann Vertragsbasis; das Interesse der DV-Häuser an der Werkerstellung geht über das eigentliche werkvertragliche Interesse hinaus und ist auf den Werkserfolg gerichtet (siehe *Nicklisch* BB 1979, 533, 537). Das Reichsgericht hat eine solche Ersatzvornahme als berechtigt angesehen (RG Recht 12, 1292; siehe *Glanzmann* BGB-RGRK § 642 Rdnr.14 mit Bedenken). Bei einer solchen Fallgestaltung, bei der der Hersteller auch noch kostenmäßig das allgemeine Vermarktungsinteresse im Vertrag berücksichtigt hat, muß dem Hersteller im Interesse der Erreichung seines Vertragsziels diese rechtliche Möglichkeit eingeräumt werden.

Voraussetzung der Anwendbarkeit des § 887 Abs.1 ZPO ist jedoch, daß es sich um eine Verpflichtung des Schuldners handelt, eine Handlung vorzunehmen, die auch durch einen Dritten erfolgen kann. Also:

- Es muß eine schuldrechtliche Verpflichtung (nicht Obliegenheit) vorliegen.
- Es muß eine vertretbare Handlung sein.
- Eine vertretbare Sache im Sinne des § 887 Abs.1 ZPO liegt vor, wenn wirtschaftlich betrachtet es für den Gläubiger unerheblich ist, ob diese Handlung von dem Schuldner oder einem Dritten erbracht wird; dabei ist die Verteuerung für den Schuldner ohne Belang, da er diese verursacht hat (*Baumbach/Lauterbach/Albers/Hartmann* § 887, Rdnr. 6).

Maßgeblich ist also, ob eine vertretbare Handlung vorliegt. Das ist bei Dienstverträgen unterschiedlich. Dienste höherer Art sind in der Regel unvertretbare Handlungen. Dies gilt bei geistigen, wissenschaftlichen bzw. künstlerischen Leistungen (*Baumbach/ Lauterbach/Albers/Hartmann* § 887, Rdnr. 24, 27). In der Rechtsprechung sind allerdings auch Fälle geistiger Leistung als vertretbare Handlungen im Sinne des § 887 Abs.1 ZPO angesehen worden, z.B. die Tätigkeit eines Verlegers (OLG München MDR 1955, 682).

Eine geistige Leistung ist allerdings dann wieder vertretbar, wenn genügend sachliche oder allgemein gebildete Personen zur Erbringung der Leistung vorhanden sind (*Baumbach/Lauterbach/Albers/Hartmann* § 887 Rdnrn. 24, 27 und § 888 Rdnr. 24, siehe auch *Schneider* MDR 1975, 279).

So ist auch bei den Aktionen auf der Grundlage eines Vorgehensmodells oder Phasenkonzeptes stets zu prüfen, ob diese Aktionen nur von einem bestimmten Vertragspartner erbracht werden können oder auch von anderen.

Beispiele:
Die betriebswirtschaftlichen Daten können auch von anderen Unternehmern, allerdings nur nach einer längeren, sehr aufwändigen Einarbeitungszeit erbracht werden (vertretbare Handlung).

Die unternehmerischen, strategischen Zielvorstellungen können wohl nur von dem Unternehmer selbst vorgegeben werden (unvertretbare Handlung).

Ein Systemkonzept auf der Grundlage eines Pflichtenheftes kann wohl auch von anderen Herstellern erstellt werden (vertretbare Handlung).

Ein Systemkonzept aufgrund spezieller Hardware und Software oder spezieller Anwendungserfahrungen eines Herstellers kann wohl nur von diesem erstellt werden (unvertretbare Handlung).

Empfehlung:

1. In jedem Fall sollte eine entsprechende Vereinbarung bei Vertragsabschluß getroffen werden, welche Leistungen im Falle des Verzuges durch einen Dritten auf Kosten des Vertragspartners durchgeführt werden dürfen.
   Eine solche Regelung ist auch unter dem Gesichtspunkt des AGB-Gesetzes statthaft, da das AGB-Gesetz in § 11 Nr.10 ein anderes Schutzinteresse zum Gegenstand hat; hier wählt der Gläubiger selbst im Gegensatz zu § 11 Nr.10 AGB-Gesetz einen anderen als Leistenden aus (siehe *Ulmer/ Brandner/Hensen* AGB-Gesetz § 11 Nr.10 Rdnr.11).

2. Für den Fall der Unmöglichkeit der Leistung durch den Auftraggeber wäre es sinnvoll, daneben noch zu vereinbaren, daß gemessen an der Rechtsprechung zum Wegfall der Geschäftsgrundlage eine Kündigung in Betracht kommt (siehe hierzu *Müller-Hengstenberg* , 48ff, 82f).

e) Rechtliche Folgerung
Es bleibt nochmals festzuhalten, daß eine pauschale Zuordnung der Verantwortung bei DV-Projekten nicht möglich ist und es auf den Einzelfall ankommt.

Wesentliche Verantwortungen bei einem DV-Projekt sind:

> 1. die Verantwortung für das Pflichtenheft,
> 2. die Verantwortung für das Systemkonzept,
> 3. die Verantwortung für die Realisierung einschließlich der Durchführung der verschiedenen Tests,
> 4. die Einführungsverantwortung,
> 5. die Verantwortung für das Projektmanagement.

Mängel der Wahrnehmung dieser Verantwortungen haben Auswirkungen auf die Abnahme bzw. Annahmepflichten sowie auf die Gewährleistung (siehe hierzu BGH CR 1991, 786; BGH NJW 1993, 1063f; OLG München CR 1990, 646).

Hierzu wird noch unter den Themen Abnahme und Gewährleistung in den Kapiteln III, 5 und 5 Stellung genommen.

Weiterhin können solche Mängel je nach Ausgestaltung der Verantwortungsbereiche Anspruch auf Erfüllung bzw. Leistungen aus dem Gesichtspunkt der Mitwirkungsobligationen (§ 642 BGB) auslösen (OLG Oldenburg CR 1986, 552). Einzelheiten wurden bereits dargelegt.

Die unterschiedlichen rechtlichen Wertungsmöglichkeiten zeigen sehr deutlich auf, wie wichtig es ist, in einem Vertrag die Leistungstruktur, den Prozeß und die Verantwortungsbereiche eindeutig festzulegen.

4. Das Management der Leistungsänderungen

In der Rechtsprechung und Rechtsliteratur ist wohl unstrittig, daß bei einem typischen DV-Projekt sich die Leistungsanforderungen und das werkvertragliche Ergebnis während des Entwicklungs- bzw. Planungs-und Realisierungsprozesses ändern. Der Grund ist, daß die Vertragspartner während der Durchführung des Projektes einem gegenseitigen Lernprozess unterliegen und immer mehr Kompetenz erhalten.Der Anwender versteht zunehmend mehr von den systemtechnischen Anforderungen, und der Lieferant erkennt zunehmend die betriebswirtschaftlichen, organisatorischen

Erwartungen und Notwendigkeiten des Anwenders (so *Lesshafft* CR 1989, 147,150; *Müller-Hengstenberg* S. 48 f; *Heussen* GRUR 1987, 779, 780 und CR 1988, 894; *Wolff* data-report 1984, 16, 17, 22; *Köhler* CR 1988, 623, 629; BGH CR 1986, 799; LG Essen CR 1986, 428; OLG Oldenburg CR 1986, 552).

Aus dieser technischen Erkenntnis ergibt sich eine der Kern-Aufgaben des Projekt-managements, nämlich das 'Change-Management', d.h. die Steuerung aller Leistungs-änderungen im Rahmen eines DV-Projektes.

Nach dem Vorgehensmodell des Bundesministeriums des Inneren für IT-Vorhaben vom August 1992 Seite 6-11 umfaßt das Change-Management folgende Aufgaben:

- Erfassen und Verwalten von Fehlermeldungen, Problemmeldungen und Ver-besserungsvorschlägen in Form von Änderungsanträgen;
- Entscheidungen über Änderungsanträge einschließlich deren Bearbeitung sowie über Problemmeldungen unter Berücksichtigung der technischen und terminlichen Auswirkungen;
- Abschlußfeststellung der Änderungen und Information/Dokumentation an alle Beteiligten (siehe hierzu Lichtenberg, S. 60 ff).

Die BVB-Erstellungen haben diesen Aspekt sehr ausführlich in § 5 der Vertrags-bedingungen regelt. Diese Regelung ist im Rahmen der Verhandlungen über die neue VOL/B im deutschen Verdingungsausschuß als musterhaft erklärt worden.

Das Change-Management ist eine zentrale Projektmanagementaufgabe, da über diesen Management-Prozeß Umfang, Kosten, Termine und schließlich auch der Erfolg eines Projektes gesteuert und kontrolliert werden (*Lichtenberg* S. 66; *Müller-Hengstenberg* S. 44 ff).

In voller Anerkennung der Bedeutung des Änderungs-Management-Prozesses für den Erfolg der werkvertraglichen Leistungen im DV-Bereich wurden in der DIN-Norm ISO 9001 vom Mai 1990, die der europäischen Norm EN 2901 folgt, in den Ziffern 4.4.6, 4.5.2 dazu Empfehlungen über einen Änderungsprozeß ausgesprochen, die im übrigen von § 5 BVB-Erstellung abgedeckt werden.

Lichtenberg (S. 67) nennt folgende Ursachen für Änderungen:
- Änderung der Benutzeranforderungen,
- Änderungen des Designs,
- Technologische Änderungen,
- Änderung des sozialen Umfeldes,
- Korrekturen bedingt durch Fehler,
(Siehe hierzu auch *Müller-Hengstenberg*, S. 45. Hier werden weitere Ursachen genannt; so im Prinzip ohne detaillierte Angaben *J. Schneider* G Rdnr. 291f; *Koch/ Schnupp*, 208)

1. Es ist also unabdingbar, daß eine Änderungsregelung bei jedem Vertragsabschluß vorgesehen wird; Maßstab bildet der § 5 BVB-Erstellung.
2. Soweit sich allerdings keine Regelung über Änderungen im Vertrag befindet und ein Pauschal - oder Festpreis abgeschlossen wurde, ist die Rechtsituation schwierig.

Die Rechtsposition des Auftraggebers ist in der Regel besser, da er bei Werkverträgen gemäß § 649 BGB zu jeder Zeit kündigen kann. Er hat aber dem Auftragnehmer die vereinbarte Vergütung unter Abzug von ersparten Aufwendungen zu leisten. Darüber hinaus hat der Auftraggeber bei Leistungsstörungen oder Verzug die allgemeinen Rechte (§§ 326, 286 BGB).

Anders liegt die Rechtslage beim Auftragnehmer, der in der Regel sich nicht von seinen vertraglichen Leistungen befreien oder diese ändern kann ('pacta sunt servanda'). Beim Changemanagement, das bei jedem DV-Projekt berücksichtigt werden sollte, steht der Prozeß der Änderungen der vertraglichen Leistungen, der Projektpläne bzw. Einsatzpläne im Vordergrund. Die finanziellen Auswirkungen werden hierbei natürlich mitberücksichtigt. Der Changemanagement-Prozeß bereitet die vertraglichen Änderungs-vereinbarungen sozusagen vor, aber ersetzt diese nicht. Daher sind alleine die vertraglichen Vereinbarungen für die Frage der Änderungsmöglichkeiten maß-gebend.

In der Praxis nehmen ungeachtet des prozeduralen Verständnisses die finanziellen Auswirkungen eine maßgebende Rolle ein; denn bei jeder Änderung der Leistungen stellt sich die Frage, wer diese bezahlt, wenn es sich um einen Mehraufwand oder um eine Zusatzleistung handelt.

Diese Fragestellung ist in vielen Projekten mit erheblichen Streitigkeiten über Ursache und Verantwortung für diese Änderungen verbunden. Jeder Vertragspartner will sein Finanzrisiko gering halten.

Zunächst ist die Frage zu stellen, wer trägt die Leistungsgefahr, d.h. die Verantwortung für die werkvertragliche Erfüllung bzw. für die Lieferung und Übereignung einer Kaufsache. Weiterhin ist zu erörtern, wer die Vergütungsgefahr trägt, wenn eine Änderung der Leistung erforderlich ist.

Es dürfte nach der Rechtsprechung und Rechtsliteratur wohl kaum einen Zweifel geben, daß der Werkunternehmer bzw. der Verkäufer bis zur Abnahme verpflichtet ist, die Leistung so zu erbringen, wie diese vertraglich vereinbart ist (siehe Brox Rdnr. 260, 267). Mängel der Leistung gehen zu Lasten des Unternehmers und Verkäufers. Bei DV-Projekten wirkt aber im Gegensatz zu dem Werkvertragsmodell (soweit das bei DV-Projekten überhaupt zur Anwendung kommt) der Besteller weitgehend an der Leistungserfüllung mit. Deshalb drängt sich der Gedanke auf, daß dann der Besteller auch das Leistungsrisiko mittragen sollte.

Nicklisch (BB 1979, 533,542) erörtert diese rechtliche Problematik auf der Grundlage der §§ 324, 643, 645 I BGB und merkt an, daß diese gesetzlichen Bestimmungen die Interessen des Unternehmers nicht ausreichend berücksichtigen.

Die gesetzlichen Bestimmungen der §§ 644, 645 BGB regeln die Leistungs- und Vergütungsgefahr im Rahmen von werkvertraglichen Leistungen.

Zunächst einmal ist festzuhalten, daß nach dem § 644 Abs.1 BGB der Unternehmer die Vergütungsgefahr trägt. Geht ein ganz oder teilweise fertiggestelltes Werk vor der Abnahme zufällig unter, so kann nach dieser Bestimmung der Unternehmer für die bis zum Untergang erbrachten Werkleistungen keine Vergütung verlangen; allerdings ist der Unternehmer nicht verantwortlich für den zufälligen Untergang bzw. die zufällige Verschlechterung des vom Besteller gelieferten Stoffes. Soweit die Leistung unmöglich geworden sein sollte, sind die Regelungen der § § 323 und 324 BGB heranzuziehen. Anders ist die Rechtslage aber, wenn das Werk vor Abnahme infolge eines Mangels des vom Besteller gelieferten Stoffes oder infolge einer vom Besteller für die Ausführung erteilten Anweisung untergegangen, verschlechtert oder unausführbar geworden ist, ohne daß ein Umstand mitgewirkt hat, den der Unternehmer zu vertreten hat. In diesen Fällen kann der Unternehmer einen der bis zum Untergang seines Werkes geleisteten Arbeit entsprechenden Teil der vereinbarten Vergütung verlangen (BGHZ 78, 353; *Soergel,* Münchner Komm. § 644 Rdnr. 4, 5, § 645 Rdnr. 8 -11). Die §§ 644, 645 BGB sind Ausnahmen der §§ 323, 324 BGB. Der § 645 BGB ist dabei eine Sondervorschrift, die den allgemeinen Vorschriften der §§ 323 ff BGB vorgeht, da die §§ 323 ff BGB den Gegebenheiten des Werkvertragsrechts nicht gerecht werden (*Glanzmann* BGB - RGRK § 644, 13 Rdnr.2; *Teichmann* in Gutachten zum 55. Deutschen Juristentag, S. A 88f; BGHZ 60, 14, 18).

Der § 645 BGB ist im Grunde eine 'Billigkeitsvorschrift', die der besonderen Situation des Werkvertragsrechts Rechnung trägt (BGHZ 60, S. 15, 20). Der Bundesgerichtshof (BGHZ 40, 70, 74) begründet diese Billigkeitsvorschrift wie folgt:

> Gleichwohl ist in der Rechtslehre schon früh die Re-
> gelung, daß der Unternehmer auch in Fällen, wo das
> Werk aus einem im Bereich des Bestellers liegenden
> Grunde untergeht, jedes Anspruchs beraubt wird, als
> unbillige Härte und als nicht im Willen des Gesetzes
> liegend angesehen worden.

Die Rechtsprechung hat den Billigkeitsgedanken in einigen Entscheidungen weiterentwickelt, indem der Begriff des 'Stoffes' sowie der 'Anweisung' sehr weit ausgelegt wird und schließlich zu einer 'Sphärentheorie' entwickelt (BGH NJW 1973, 368 und BGHZ 78, 353, 355; *Soergel,* Münchner Komm. § 645 Rdnr. 4ff).

Danach kommt es für die Anwendung des § 645 BGB darauf an, ob das Werk "infolge eines Umstandes untergeht, der der 'Sphäre' bzw. dem Risikobereich des Bestellers zuzurechnen ist" (BGHZ 40, 71, 74; BGHZ 78, 353, 367; *Soergel* Münchner Komm. § 645 Rdnr. 11ff; BGHZ 83, 197, 295 läßt offen, ob in allen Fällen, in denen der Grund für den Untergang im Bereich des Besteller liegt, der Unternehmer einen Anspruch auf Vergütung hat.).

Zumindest ist eine Tendenz in der Rechtsprechung vorhanden, dem Unternehmer einen Vergütungsanspruch zu zugestehen, wenn das Werk durch einen Umstand im Bereich des Bestellers nicht realisiert werden kann (so auch *Kohler* NJW 1993, 417, 418 f).

Die Rechtsprechung und Rechtsmeinungen gehen jedoch nicht soweit, daß der Unternehmer vom Besteller die Zustimmung zu Leistungsänderungen verlangen kann, wenn diese zur Realisierung einer Anwendungslösung erforderlich ist oder daß er ggf. die Leistung einstellen kann. Die §§ 644, 645 BGB betreffen im wesentlichen die Vergütungsgefahr (*Kohler* NJW 1993, 417, 418 f; BGHZ 78, 353, 354).

Im Baurecht hat sich eine wohl herrschende Meinung und auch Rechtsprechung entwickelt, die eng an den Gedanken des § 645 Abs. 1 BGB (ohne diesen analog heranzuziehen) unter Hinweis auf Treu und Glauben in besonderen Fällen die Leistungsgefahr dem Besteller zuweist, wenn Risiken infolge fehlerhafter Vorgaben des Bauherrn entstanden sind und der Unternehmer seine Überprüfungs- und Hinweispflicht erfüllt hat (BGH BauR 1977, 420, 422; so auch *Soergel* Münchener Komm. § 633 Rdnr. 62; a.A. *Kohler* NJW 1993, 416, 418, 419). Die Rechtsprechung geht jedoch lediglich dahin, daß der Unternehmer nicht für die Mängel haftet, die durch falsche Vorgaben des Bestellers verursacht wurden; der Unternehmer wird jedoch auch hier nicht aus seiner Erfüllungsverpflichtung befreit (BGH BauR 1977, 42o, 422; *Soergel* Münchner Komm. § 633 Rdnr. 66, 67; *Glanzmann* BGB-RGRK § 645 Rdnr. 11). *Köhler* (CR 1988, 623, 629) orientiert sich bei der Frage der Leistungsänderungen bei DV-Projekten einmal an der Geschäftsgrundlage und zum anderen an § 645 BGB.

Eigene Wertung

Lesshafft (CR 1989, 146, 151) zeigt deutlich auf, daß die Realisierung eines DV-Projektes von der Mitwirkung des Kunden und des DV-Herstellers abhängig ist, das heißt, beide Partner müssen ihre spezifischen Kenntnisse und Leistungen einbringen. Dabei unterliegt die Realisierung einem Erfahrungsprozeß beider Vertragspartner, der ein gewisses Maß an Leistungsflexibiltät erfordert (so auch der BGH CR 1986, 799). Es würde dem Sachverhalt nicht gerecht, wenn in einer Situation mit einer solchen relativ offenen bzw. noch zu konkretisierenden Leistungsbeschreibung die engen Grundsätze des Wegfalls der Geschäftsgrundlage immer dann angewandt werden müßten, wenn die mehr oder weniger vorläufige Beschreibung in einem Vertrag - auch wenn bereits ein Festpreis vorgesehen ist - geändert werden müßte, weil neue Erkenntnisse vorliegen.

Die Rechtsprechung zum Wegfall der Geschäftsgrundlage (BGH NJW 1969, 233; BGHZ 54, 145 ff; GRUR 1978, 166) basiert auf dem Verständnis, daß die Vertragsparteien bei Vertragsabschluß von dem Vorhandensein bzw. Nichtvorhandensein bestimmter Umstände ausgegangen sind, auf denen der Geschäftswille basiert. Wenn eine solche prinzipielle Basis später entfällt und dadurch eine Äquivalenzstörung des Rechtsverhältnisses in gröbster Art entsteht, dann ist die Geschäftsgrundlage tangiert; diese muß dann neu gestaltet werden oder, falls eine Vertragsanpassung unzumutbar ist, aufgelöst werden.

Es gibt hier eine umfangreiche Rechtsprechung. Für die nachstehende Erwägung wird von der Rechtsprechung zu Verträgen mit einem pauschalen Festpreis ausgegangen, da diese Vertragsarten in der Praxis bei Projektverträgen überwiegend vorliegen.

Im Baubereich hat sich hier eine einheitliche Rechtsprechungspraxis gebildet. Danach hat der Bauunternehmer in der Regel das Risiko der Mehraufwendungen zu tragen. *(Palandt/Heinrichs* § 242 Rdnr. 140; OLG München BauR 1985, 330; *Jagenburg* NJW 1992, 3203). Allerdings hat die Rechtsprechung auch Preisanpassungen zugestanden, wenn das Äquivalenzverhältnis sich erheblich zum Nachteil einer Partei verändert hat. Hier hat die Rechtsprechung unter Anwendung von Treu und Glauben (§ 242 BGB) unter bestimmten Gesichtspunkten der Risikoverteilung eine Lösung gesucht (BGH JZ 1966, 409; WM 1967, 561). In diesen Fällen ('Fertighaus' und 'Automaten') handelt es sich um die Frage, inwieweit der Verkäufer das Geschäft mit dem Verwendungszweck des Käufers verbunden hat; also es geht um die Frage der Beteiligung am 'Einsatzrisiko'. In einem anderen Fall hatte ein Bauunternehmer Kanalisationsarbeiten auf der Grundlage der Angaben des Bestellers durchgeführt; die Angaben des Bestellers waren aber falsch bzw. unkorrekt (BGH WM 1969, 65). Hier hatte der BGH den Besteller für seine falschen Angaben in die Pflicht genommen.

Diese Rechtsprechung zeigt, daß bei der Frage des Wegfalls der Geschäftsgrundlage der Gesichtspunkt der Risikoverteilung in Betracht zu ziehen ist. (*Korbion/Hochstein* Rdnr. 587; *Roth*, Münchner Komm.§ 242, Rdnr. 600 ff; BGH NJW 1974, 1865; WM 1979, 226 - allerdings in einer Familiensache-; *Palandt/Heinrichs* § 242 Rdnr. 127f; *Köhler/Fritzsche* in *Lehmann* XIII, Rdnr. 183ff) Bei der Risikoverteilung orientiert sich der BGH an den Risikosphären, die sich aus dem Vertrag bzw. auch aus den stillschweigenden Absprachen ergeben (BGH NJW 1979, 1818; BGH NJW 1992, 2691).

In der Regel kann bei komplexeren DV-Projekten davon ausgegangen werden, daß eine gewisse Form einer vereinbarten bzw. konkludent vereinbarten Risikoverteilung vorliegt. Diese wird sich bei der Festlegung der Aktionen im Rahmen der Phasenkonzepte ergeben. (*Lesshafft* CR 1989, 146, 151; *Wiebe* S. 192; *Lesshafft/Ulmer* CR

1993, 607, 614). Beiden Vertragspartnern ist in der Regel bewußt, daß sich der einem Vertrag zugrunde gelegte systemtechnische Lösungsweg im Rahmen des üblichen Erkenntnisprozesses noch ändern kann. Vielfach stellt sich in der Realisierungsphase heraus, daß die betriebswirtschaftliche Aufgabenlösung auf unzutreffenden Annahmen oder ungenauen Daten beruhren, die zu einer Korrektur der Systemlösung zwingen (BGH CR 1986, 799).

Es kann folglich nur um die Frage gehen, in welchen Grenzen hier eine Flexibilität der Leistungsanpassung besteht. Der Bundesgerichtshof (CR 1986, 799) sagt dazu aus:

> Die Frage, in welchem Umfang mögliche Programm-
> erweiterungen von vornherein zu berücksichtigen
> sind, kann nicht abstrakt beantwortet werden.
>
> Vernüftige Parteien werden.... sich dabei nach dem
> dem zum Zeitpunkt und der Wahrscheinlichkeit von
> Programmerweiterungen sowie nach den Möglich-
> keiten und Schwierigkeiten einer späteren, bis zum
> tatsächlichen Bedarfsfall zurückgestellten Erweite-
> rung richten, ohne jeweils allen Gesichtspunkten
> gleiches Gewicht beizumessen.

Demnach gibt es auch unter dem Gesichtspunkt des Wegfalls der Geschäftsgrundlage gemäß § 242 BGB eine vertragliche Verpflichtung, Leistungsänderungen in einem gewissen Rahmen zuzulassen (*Köhler* CR 1988, 623, 629; *Köhler/Fritzsche* in *Lehmann* XIII Rdnr. 183ff). Der Rahmen wird durch die jeweiligen schutzwürdigen Interessen der Vertragspartner d.h durch den vorgesehen Vertragszweck und dem Leistungsvermögen des Lieferanten begrenzt (BGH NJW 1992, 2690).

Die Vergütungsfrage kann dann sehr wohl entsprechend der Grundkonzeption des § 645 Abs.1 BGB entschieden werden, soweit die entsprechenden Voraussetzungen dafür vorliegen.Wichtig ist hierbei, daß der § 645 BGB Umstände im Bereich der Vertragspartner voraussetzt, die lediglich verursacht, nicht jedoch verschuldet sind (*Glanzmann* BGB-RGRK § 645 Rdnr. 7).

Die von der Rechtsprechung entwickelte 'Sphärentheorie' (BGHZ 60, 15, 20; 40, 7174; 78, 353, 354; vorsichtiger BGHZ 83, 197, 205) eignet sich für den von *Lesshafft* (CR 1989, 151,157) beschriebenen Vorschlag; die Aufwendungen und Kosten sollen nach ihrer jeweiligen Ursache für eine Leistungsänderungen verteilt werden. Dabei sieht *Lesshafft* die Verantwortung des Auftraggebers weitgehend im funktionalen, betriebs-wirtschaftich, organisatorischen Bereich und die Verantwortung des DV-Lieferanten in wesentlichen im systemtechnischen Bereich, soweit sich im Einzelfall nicht andere Konstellationen ergeben (so wohl auch *Köhler/Fritzsche* CR 1988, 629; *Kilian* CR

1986, 632f (sehr pauschal); dagegen *Müller-Hengstenberg* CR 1986, 441; *J. Schneider* E Rdnr. 169, F Rdnr. 107ff; *Köhler/Fritzsche* in *Lehmann* XIII Rdnr. 183ff).

Bei dieser relativ pauschalen Betrachtung hätte bei Änderungen der Benutzer-anforderungen, des Designs, des sozialen Umfeldes sowie bei unvollständigen und unrichtigem Pflichtenheft der Kunde und bei Änderungen der Systemvoraussetzungen infolge falscher Einschätzungen der Pflichtenhefte, der Benutzeranforderungen sowie bei technologischen Änderungen der Systembasis der Lieferant im Prinzip die Kosten zu tragen.

Wie der Bundesgerichtshof (CR 1986, 799) ausführte, ist eine abstrakte Zuordnung der Verantwortung für Änderungen nicht möglich. Es ist in jedem Einzelfall unter Berücksichtigung der vertraglichen Leistungsstruktur zu ermitteln, wer den Mehraufwand und die Kosten zu tragen hat. Die Leistungs- und Mitwirkungspflichten sind von Vertrag zu Vertrag bzw. von Projekt zu Projekt so unterschiedlich, daß eine pauschale Zuordnung zu Ungerechtigkeiten führen könnte. Allerdings sollten die Grundgedanken des § 645 Abs.1 BGB zur Wertung herangezogen werden; wichtig ist hierbei festzuhalten, daß die Rechtsprechung und Rechtsliteratur (*Roth* Münchner Komm. § 242 Rdnr. 653f; BGH NJW 1992, 2690) die Risiko-Zuordnung nicht abstrakt, sondern gemäß den im Vertrag vereinbarten Handlungen vorgenommen hat, z.B. daß die zur Mitwirkung seitens des Bestellers zugesagte Person auch für die Mitwirkung geeignet ist. Die Unterschiedlichkeiten wurden bereits in den vorhergehenden Kapiteln ausführlich behandelt.

Schwieriger ist die Rechtslage, wenn der Besteller und der Unternehmer den Untergang oder die Verschlechterung verursacht haben; hier kann der Mitverursachung durch Auf-oder Abschläge im Rahmen des § 645 Abs.1 BGB Rechnung getragen werden (so *Kohler* NJW 1993, 417, 421). Sofern aber der Untergang oder die Verschlechterung schuldhaft verursacht wurden, findet § 645 Abs.1 keine Anwendung. Diese Fälle werden über die Haftung aus positiver Vertragsverletzung abgewickelt, wobei ein eventuelles Mitverschulden des anderen Vertragspartners über § 254 BGB berücksichtigt werden kann (siehe *Kohler* NJW 1993, 417, 421; *Soergel* Münchner Komm. § 633 Rdnr. 73)

Einschlägig ist hier die Entscheidung des Oberlandesgerichts München Urteil vom 22.12.1988 (CR 1989, 803). Hier weist das Gericht darauf hin, daß Mehraufwände, die durch die mangelnde Mitwirkung des Kunden bei der Erstellung des Projektplanes entstanden sind, nur über § 642 BGB oder über einen Schadensersatzanspruch aus positiver Vertragsverletzung geltend gemacht werden können. Wie schon an anderer Stelle dargelegt, kann dieser Rechtsauffassung nicht gefolgt werden, da die Rolle der Mitwirkung des Kunden im Rahmen des Projektmanagements nicht hinreichend gewürdigt ist.

Weiterhin ist die Entscheidung des Oberlandesgerichts Celle beachtenswert Urteil vom 20.02.1991 (CR 1991, 610), nach der die Erstellung des Lastenheftes in die 'Sphäre des Auftraggebers' fällt, da er "allein die Verantwortung für die Gültigkeit der Aufgabenbeschreibung samt des zugehörigen Zahlenmaterials trägt". Das Oberlandesgericht Celle wendet den § 645 BGB entsprechend an, aber berücksichtigt bei der Bemessung der Höhe des Schadensersatzes das Mitverschulden des Unternehmers nach § 254 BGB, weil dieser den Besteller nicht auf den Mangel aufmerksam gemacht hat (siehe hierzu OLG Köln CR 1994, 212 und 213).

Abschließend ist also festzustellen, daß

1. Leistungsänderungen im Rahmen des Zumutbaren gemäß § 242 BGB von jeder Vertragspartei sowie eine Vergütungsanpassung entsprechend § 645 Abs.1 BGB verlangt werden können, wenn eine Werkleistung zu einem pauschalen Festpreis vereinbart wurde,

2. der Auftragnehmer im Rahmen seines Herstellerrisikos den Mehrauftrag zu tragen hat, sofern Mehraufwand schuldhaft verursacht worden ist,

3. der Besteller im Rahmen der Haftung wegen positiver Vertragsverletzung den Mehraufwand geltend machen kann, sofern dieser von ihm schuldhaft verursacht worden ist.

Bei Vereinbarung über Änderung des Leistungsumfanges in Allgemeinen Geschäftsbedingungen ist der § 10 Nr. 4 AGB-Gesetz nicht im kaufmännischen Bereich zu beachten. Gemäß § 24 AGB-Gesetz bedingt dies, daß einseitige Leistungsänderungsvorbehalte an § 9 Abs. 1 AGB-Gesetz zu messen sind. Nach der Rechtsprechung des BGH steht fest, daß im kaufmännischen Bereich einseitige Änderungsvorbehalte nur unter sehr strengen Voraussetzungen wirksam sind, und zwar:

1. Für das einseitige Leistungsänderungsrecht muß ein schwerwiegender Änderungsgrund vorliegen, der auch in der Klausel benannt sein muß (BGH NJW 1994, 1060, 1063).

2. Der Änderungsklausel muß sowohl in ihren Voraussetzungen als auch in ihren Folgen erkennbar die Interessen des Auftragnehmers angemessen bereücksichtigen (BGH aaO).

Konkret bedeutet dies, daß die Änderung des Leistungsumfangs nur dann mit § 9 Abs. 2 Nr. 1 AGB-Gesetz im Einklang steht, wenn hierfür zum einen schwerwiegende Gründe des Auftraggebers sprechen und wenn zum anderen in der Klausel bereits berücksichtigt ist, zu welchem Preis der Auftragnehmer verpflichtet ist, etwaige Änderungen durchzuführen - vorausgesetzt, daß die Preisgestaltung auch seine Interessen angemessen berücksichtigt.

Unter im wesentlichen gleichen Voraussetzungen ist es auch möglich, die rechtlichen Anforderungen für den Wegfall der Geschäftsgrundlage in Allgemeinen Geschäftsbedingungen zu formulieren. Grundsätzlich ist hierbei ebenfalls an § 10 Nr. 4 AGB-Gesetz anzuknüpfen (*Wolf/Horn/Lindacher*, AGB-Gesetz, 3. Aufl., § 10 Nr. 4 Rdnr. 17), weil auch bei Wegfall der Geschäftsgrundlage gemäß § 242 BGB primär eine Anpassung der Leistungen an die geänderten Umstände zu vollziehen ist (*Palandt/Heinrichs*, BGB, 53. Aufl., § 242 Rdnr. 130). Das maßgebliche Kriterium für die Anpassung ist die Zumutbarkeit, wobei eine umfassende Interessenabwägung erforderlich ist (*Palandt/Heinrichs*, BGB, 53. Aufl., § 242 Rdnr. 131). Sofern im kaufmännischen Verkehr eine solche Klausel vorgesehen ist, gelten die vorstehenden Grundsätze.

Etwas anderes gilt nur dann, wenn - ausnahmsweise - ein Rücktritts- oder Kündigungsrecht deswegen in Betracht kommt, weil die Geschäftsgrundlage in Fortfall geraten ist. Unter dieser Voraussetzung gilt im nicht-kaufmännischen Verkehr § 10 Nr. 3 AGB-Gesetz; im kaufmännischen Bereich ist sie an § 9 Abs. 2 Nr. 1 AGB-Gesetz anzuknüpfen, weil sich dies aus § 24 AGB-Gesetz ergibt. Voraussetzung hierfür ist:

1. Es muß ein sachlich gerechtfertigter Grund vorliegen, der die Durchführung der Leistung unmöglich macht,

2. der Grund darf nicht in der Risikosphäre des Auftragnehmers liegen,

3. das Vorliegen dieses Grundes muß anhand von konkreten Kriterien im Vertrag ohne weiteres feststellbar sein (*Ulmer/Brandner/Hensen*, AGB-Gesetz, 7. Aufl., § 10 Nr. 3 Rdnr. 12).

Soweit in den Allgemeinen Geschäftsbedingungen eine Preisanpassungsklausel vorgesehen ist, ergibt sich die Frage der rechtlichen Wirksamkeit nach § 9 AGB-Gesetz.

Der Bundesgerichtshof hat in einer Entscheidung vom 12.07.1989 (CR 1990, 32ff) dazu ausgesagt, daß solche Vereinbarungen nicht in den unkontrollierten Bereich des § 8 AGB-Gesetz (Freiheit der inhaltlichen Leistungsgestaltung) fallen, sondern an § 9 AGB-Gesetz zu messen sind (so auch BGH NJW 1985, 2270). Der Bundesgerichtshof gesteht zwar zu, daß bei längerfristigen Vertragsverhältnissen ein berechtigtes Interesse an einer Preisanpassung besteht, da ansonsten das Gleichgewicht von Leistung und Gegenleistung tangiert ist. Allerdings setzt der Bundesgerichtshof dort eine Grenze, wo konkrete Kostenelemente wie Lohn- und Gehaltskosten nicht als Anpassungskriterien aufgeführt sind, sondern wo der Anwender sich vorbehält, unbegrenzt Preise anpassen zu können.

Folgerung

In einer Preisgleitklausel müssen die konkreten Kostenelemente aufgeführt werden, die einer Preisanpassung unterliegen. Die Preisregelung der BVB-EDV (§ 5 Nr. 5a und b BVB-Überlassung) könnte hier als Orientierungsmaßstab dienen.

5. Die Arbeitnehmerüberlassung

Ein heute weit verbreitetes Problem bei DV-Projekten ist der Konflikt mit dem Arbeitnehmerüberlassungsgesetz (AÜG) vom 14. Juni 1985 in der Änderungsfassung vom 23.09.1990.

Nach diesem Gesetz liegt eine Arbeitsüberlassung vor, wenn ein Arbeitgeber (Entleiher) gewerbsmäßig Arbeitnehmer und Leiharbeitnehmer Dritten (Entleiher) zur (fremd-bestimmten) Arbeitsleistung überläßt (so Durchführungserlaß zum AÜG des Präsidenten der Bundesanstalt für Arbeit i.d. F des Dienstblatt-Runderlasses 148/91 vom 21.10.1991 - nachfolgend genannt DA 148/91 -). Ohne eine entsprechende Genehmigung ist eine solche Arbeitnehmerüberlassung nach § 1 AÜG nicht zulässig.

Im EG-rechtlichen Bereich ist bisher keine entsprechende rechtliche Regelung erfolgt. Es gibt nur Einzelregelungen, z.B. für die Verbesserung der Sicherheit und des Gesundheitsschutzes (EG-Richtlinie vom 25.06.1991 abgedruckt im Amtsblatt Nr. L 206/19 vom 29.07.1991) oder die EG-Richtlinie über die Pflicht des Arbeitgebers zur Unterrichtung des Arbeitnehmers über die für seinen Arbeitsvertrag oder sein Arbeits-verhältnis geltenden Bedingungen vom 14.10.1991 (abgedruckt im Amtsblatt L 288/ 32 vom 18.10.1991). (Siehe Ausführungen und den Vergleich der Rechtslage in anderen EG-Ländern: *Rose/Langer-Stein* CR 1992, 97, 101).

Der Konflikt bei DV-Projekten liegt im Prinzip in der Notwendigkeit der aufeinander abgestimmten Zusammenarbeit aller Projektbeteiligten, insbesondere zwischen dem Auftraggeber und Auftragnehmer sowie den einbezogenen Softwarehäusern und der Aufgabe des Projektmanagements, die die Steuerung des Projektes und damit auch des mitwirkenden Personals umfaßt.

Der Konflikt wird vielfach dadurch verschärft, daß infolge unerwarteten Mehr-aufwandes zusätzliche "Leute" ggf. mit besonderen Qualifikationen von außen "ein-gekauft" werden (sogenanntes "Bodyshopping"), die voll in das Projekt integriert werden (*Koch/Schnupp*, 154).

Dieser Konflikt ist brisant, da bei Verstößen gegen das AÜG immerhin Geldbußen bis zu DM 50.000 gegen das "verleihende Haus" und den Entleiher nach § 16 AÜG verhängt werden können.

Die DV-Branche hat große Probleme mit dem AÜG, weil in der Regel heute in allen größeren DV-Projekten Fremdleistungen einbezogen sind und eine klare Steuerung durch das Projektmanagement unabdingbar notwendig ist (*Rose/Langer-Stein* CR 1992, 97; *Koch/Schnupp*, 154).

Was ist also zu beachten, um einen solchen Verstoß zu vermeiden?

1. Die Anwendung des AÜG erfordert immer **drei** Beteiligte: einen Verleiher, einen Entleiher und einen Arbeitnehmer.
   Ist der "Überlassene" kein Arbeitnehmer, d.h. wird er nicht auf Grund eines Arbeitsvertrages mit einem Arbeitnehmer tätig, so fehlt es an einer Arbeitnehmerüberlassung (*Sandmann/Marschall* AÜG Einleitung Nr. 2 bis 4). Die Eingliederung von freien Unternehmensberatern oder Software-Ingenieuren, die selbständig sind, fällt nicht unter das AÜG. Freie Mitarbeiter, die aber zu einem Unternehmen (Verleiher) in einem wirtschaftlichen Abhängigkeitsverhältnis stehen und von diesem an einen Dritten (Entleiher) überlassen werden, unterliegen wieder dem AÜG (Sandmann/Marschall § 1 AÜG Nr. 10).

2. Der Arbeitnehmer muß in einer anderen Organisation als des Entleihers eingegliedert werden. Dieses Kriterium liegt nach der ständigen Rechtsprechung des Bundesarbeitsgerichts (BAG CR 1992, 284, 288 und MDR 1994, 284) vor, wenn der überlassene Arbeitnehmer voll nach den Vorstellungen und Zielen des Entleihers eingesetzt wird.

Abzugrenzen ist davon der eigenverantwortliche Einsatz der Arbeitnehmer auf Grund eines Dienst- und Werkvertrages sowie das Anweisungsrecht des Bestellers nach § 645 BGB im Rahmen eines Werkvertrags (BAG CR 1992, 284, 288).

Eine Anweisung im Sinne des § 645 BGB liegt nach Auffassung des BAG (CR 1992, 284, 288, 290) dann vor, wenn diese sich auf den werkvertraglichen Gegenstand begrenzt und nicht die zu erbringende Leistung des Arbeitnehmers bestimmt (*Sandmann/Marschall* , § 1 Rdnr. 13).

Die Frage der Kriterien der Eingliederung in einer Organisation wurde unter den unterschiedlichsten rechtlichen Aspekten vom Bundesarbeitsgericht (§§ 99 Betr.VG, § 1 AÜG) und auch vom Bundesfinanzgericht (§§ 19, 42 EStG ('Haftung für Lohnsteuer') behandelt. Dabei haben sich einheitliche Kriterien für die rechtlichen Bewertungen entwickelt.

Maßgeblich ist danach nicht nur die vertragliche Vereinbarung, sondern auch die praktische Durchführung der Vereinbarung (BFH CR 1992, 204, 205; BAG CR 1992, 284, 289). Es ist immer eine Gesamtwertung aller Umstände durchzuführen.

Eine Arbeitnehmerüberlassung liegt im Prinzip nicht vor, wenn

1. der Arbeitnehmer im Rahmen eines Dienst- oder Werkvertrages eine eigenständige Leistung erbringt, die in sich abgeschlossen und umfassend ist. Dabei ist gleichgültig, ob er diese in einem Team erbringt oder auch nicht (BFH CR 1992, 204, 205),

2. der Auftraggeber (also nicht 'Verleiher') für den unternehmerischen Erfolg der Leistung verantwortlich ist; er haftet für das Arbeitsergebnis, gleichgültig, ob es sich um eine Teilaufgabe in einem Gesamtwerk handelt (in einem Verleihverhältnis haftet der Entleiher nur für die richtige Auswahl des Leistungserbringers - BAG CR 1992, 284, 288).

3. es sich bei der Leistung des Arbeitnehmers um eine Tätigkeit handelt, die im Betrieb des Entleihers bisher nicht erbracht wurde (BAG CR 1992, 345, 349).

4. sich die Weisungsgebundenheit nur auf den vereinbarten Leistungsgegenstand bezieht; die arbeitsrechtliche Verantwortung muß bei dem Arbeitgeber geblieben sein (BAG CR 1992, 204, 205). Allerdings kann der "Entleiher" auch gewisse organisatorische Umstände wie die Einsatzzeiten, den Ort bestimmen, ohne daß damit eine Arbeitnehmerüberlassung begründet wird (BAG CR 1992, 170, 172 und CR 1992, 345, 349).

5. ein Unternehmen Dritten Maschinen und Anlagen mit Bedienungspersonal zur Verfügung stellt, z.B. bei einer Gebrauchsüberlassung von Flugzeugen mit Piloten und Bordpersonal, so liegt keine Arbeitnehmerüberlassung im Sinne des § 1 AÜG vor. Sinn und Zweck eines solchen gemischten Miet- und Dienstverschaffungsvertrages ist nicht primär die Überlassung von Personal, sondern über die Zurverfügungstellung des Personals den Einsatz der Anlage zu ermöglichen (BAG MDR 1994, 284; *Sandmann/Marschall* § 1 Rdnr. 23).

Im Hinblick auf die besonderen Probleme bei DV-Projekten wurde in der Durchführungsanweisung zum AÜG des Präsidenten der Bundesanstalt für Arbeit 134/91 vom 21.10.1991 in der Änderungsfassung vom März 1993 (DA 13/93) unter 1.91 definiert:

> Entsendet ein Unternehmen, das Software-Programme herstellt, eigenes Stammpersonal
>
> - zu einem Anwender, um ein derartiges Programm auf dessen Anlage abläufig zu machen oder zu entwickeln

oder

- zu einem anderen Hersteller (sog. Entwickler), um aus vom entsendenden Unternehmen erstellte Teilprogramme ein Gesamtprogramm auf dessen Anlage zu entwickeln oder zu erproben,

so ist das in der Regel nicht eine Arbeitnehmerüberlassung, wenn das entsendende Unternehmen das Unternehmerrisiko trägt und seine unternehmerische Dispositionsfreiheit gewährleistet ist. Die kontinuierliche Anwendung eines Programms durch Fremdkräfte ist in der Regel Arbeitnehmerüberassung.

Diese Durchführungsverordnung liegt im Rahmen der oben aufgeführten Rechtsprechung und dargestellten Kriterien und besagt:

Personal eines Herstellers kann im Unternehmen eines Anwenders ein Anwendungssystem entwickeln und installieren, ohne mit dem AÜG in Konflikt zu geraten, vorausgesetzt:

• der Unternehmer des entsandten Personals trägt das unternehmerische Risiko,
• die Personaldisposition ist bei dem entsendenen Unternehmen geblieben.

Was ist in der Praxis zu beachten?

1. Maßgebliches Steuerungsinstrument ist der Projektplan.

2. In den Projektplänen (Gesamtbuild-, Aktivitäten-, Test- und Organisation/ Staffingplan) ist die Organisation der Durchführungen des Projektes mit allen Aktionen, Terminen aufzuführen und mit den Namen der Durchführenden bzw. Verantwortlichen zu versehen (*Lichtenberg* , 93f).

3. Diese Projektpläne sind von den verantwortlichen Projektleitern beider Vertragspartner in wöchentlichen Status-Meetings fortzuschreiben bzw. neu zu vereinbaren.

4. Die Aufzeichnung der Mitarbeiter über die erbrachten Leistungen sind dem Projektleiter der jeweils verantwortlichen Unternehmen zuzuleiten.

5. Die Projektleiter beider Vertragspartner haben auf die Einhaltung der Pläne zu achten.

Welche Folgerungen ergeben sich daraus für die Haftung?

1. Das AÜG sieht Strafsanktion danach vor, wer die Verantwortung hat: der Verleiher und Entleiher (§§ 1, 1a, 16 AÜG).

2. Auch zivilrechtlich kann sich keine andere Haftung ergeben, da das AÜG davon ausgeht, daß jeder beteiligte Unternehmer in der Verantwortung ist, die Einhaltung des Gesetzes zu gewährleisten. Hier ergibt sich also keine Frage des Wissensvorsprungs eines EDV-Experten (auch im Baurecht hat der Auftraggeber für die Einhaltung der gesetzlichen Anforderungen einzustehen; siehe *Korbion/Hochstein* Rdnr. 134ff).

Die Projektmanagementaufgabe begrenzt sich auf die fachliche Steuerung eines Projektes und umfaßt nicht die Verantwortung dafür, daß Mitarbeiter nicht gegen Gesetze verstoßen; das ist eine ureigenste Aufgabe des verantwortlichen Personalmanagements (siehe *Kupper* S. 36f; *Lichtenberg*, 131f; OLG Köln CR 1988, 734f; OLG München CR 1989, 803).

Eine allgemeine Hinweispflicht durch den Auftragnehmer kann nicht ohne weiteres angenommen werden; diese begrenzt sich auf fachliche Anforderungen (siehe hierzu die allgemeinen Gesichtspunkte: BGH NJW 1993, 1192, 1193).

III. Vertragsarten bei DV-Projekten

1. Überblick über Vertragsarten

Die Vertragspraxis wird in der Regel zwischen den Hardwar-e und Software-bezogenen Verträgen sowie den Dienstleistungsverträgen im weitesten Sinne im Prinzip unterschieden. Dieses Grundverständnis resultiert noch aus der früheren DV-Welt der 60-iger oder 70-iger Jahre, in denen bei der DV-Beschaffung die Hardware im Vordergrund stand, die Software und die Dienstleistungen nur als selbstverständliches, anfänglich sogar unentgeldliches 'Beiwerk' betrachtet wurden. Erst das 'Unbundling' in den frühen 70-iger Jahren brachte eine Trendwende mit sich. Die Eigenwertigkeit der einzelnen Leistungen wie Hardware, Lizenzsoftware oder Services wurde mit der Zeit den DV-Herstellern bewußt. Damit kam sozusagen ein ungeahnter Auftrieb in den Dienstleistungssektor. Softwarehäuser und DV- Dienstleistungsanbieter schossen wie Pilze aus dem Boden. Das Jahrhundert der Dienstleistungsanbieter hatte damit begonnen.

Der Markt hat sich weg von dem sogenannten 'Boxen'-Käufermarkt zu einem Anwendermarkt entwickelt. Eine VDMA-Studie zeigt deutlich den Trend:

1991 wurden in der Bundesrepublik DM 53,6 Milliarden für Hardware (das sind 60% des gesamten IT-Umsatzes) und DM 32,4 Milliarden (36,5 % des gesamten IT-Umsatzes) für Software und Services ausgegeben, d.h. 50 % pro Kopf mehr als in 1984. Die Markterwartungen gehen dahin, daß sich in den nächsten Jahren der Hardwareanteil auf 52 % reduziert, der Software- und Serviceanteil dagegen auf 45 % des Gesamtumsatzes ansteigt.

Die Hinwendung zu Anwendungslösungen läßt die Unterscheidung in Hardware-verträge unter Aufgliederung nach 'Mainframe' Workstation, Abteilungsrechner, nach Lizenzverträgen unter Aufgliederung nach Betriebssystemen, Organisations-programmen, Anwendungsprogrammen oder sogar nach individuell erstellten Programmen unerheblich werden.

Die Besonderen Vertragsbedingungen für DV der Öffentlichen Hand (BVB genannt) gehen im Prinzip von einem Systemkonzept aus :

a) Die BVB-Miete/Kauf: Lieferung der Hardware und Betriebssysteme ist zwingender Lieferumfang; sonstige Leistungen wie sonstige Software sind Vereinbarungssache.
b) Die BVB-Überlasssung: Die Überlassung bzw. die Einführung von Lizenzpro-grammen auf bestimmter Hardwarebasis.
c) Die BVB-Erstellung: die individuelle Softwarerstellung.
d) Die BVB-Planung: Die vorbereitenden Arbeiten zur Erarbeitung eines fachlichen Feinkonzeptes.
e) Die BVB-Wartung: Wartung der Hardware.

f) Die BVB-Pflege: Wartung/Pflege aller Arten derSoftware.
   (Siehe hierzu *Müller-Hengstenberg* BVB-Computersoftware, 30ff, 172f). *Weyer*
   CR 1986, 626; siehe hierzu *Zahrnt* in VOC Band 11 GZ Rdnr. 3 ff; *J. Schneider*
   A Rdnr. 86ff).

Unter Beachtung dieser Aspekte sind folgende Vertragstypen für den Markt prinzipiell
von Bedeutung:

1. Der **Kauf- bzw. Mietvertrag** für die Hardware; aber hier stellt sich schon die
   Frage, ob nicht zumindest die Betriebssoftware einbezogen werden muß.
2. Der **Lizenzvertrag** für die Überlassung von Standardprogrammen der Anbieter.
3. Der **Systemvertrag**, der funktionsfähige Hardware und Betriebssoftware zum
   Leistungsgegenstand hat.
4. Der **Erstellungsvertrag**, der die Erstellung individueller Software zum Leistungsgegenstand hat.
5. Der **Anwendungslösungsvertrag**, der eine einsatzfähige DV-Lösung unter
   Einbeziehung von Hardware, Lizenzsoftware, Erstellungs- und sonstigen
   Dienstleistungen zum Vertragsgegenstand hat.
6. Der **Beratervertrag** oder die Planung von DV-Lösungen.
7. Der **EDV-Unterstützungsvertrag**
8. Der **'outsourcing'-Vertrag**
9. Der **Pflegevertrag**

Unter Berücksichtigung der Marktsituation, die weniger auf die Beschaffung von
Einzelleistungen wie Hardware oder Software, sondern in der Regel auf die 'Lieferung'
einer Anwendungslösung gerichtet ist, stehen funktionale Anforderungen bei den
Vertragsabschlüssen im Vordergrund. Dieser Trend wird durch die zunehmende
Diskussion über Expertensysteme belegt, die die 'wissensbasierte Problemlösung' als
Ziel verfolgen (*Zelewski*, 16ff; *Koch/Schnupp* CR 1989, 776, 781).
Dieser Trend zur DV-unterstützten Anwendungslösung erfordert eine Vorgehensweise,
die in Form von Verfahrenskonzepten oder Vorgehensmodellen streng nach
betrieblichen und technischen Aspekten gegliedert werden muß. Hierbei gibt es zwei
maßgebliche Vertragsbereiche:

1. Der **Beratungs- und Planungsvertrag** als erste Vertragsphase.
2. Der **Realisierungsvertrag**, der von einem einfachen Kauf- oder Lizenzvertrag
   bis hin zum Werkvertrag oder Vertrag 'sui generis' reichen kann.

Die nachfolgenden Darlegungen (Abbildung 5 und 6) beschränken sich auf die
wichtigsten Vertragstypen, die sich aus den technisch notwendigen Verfahrensprozessen
bei der Realisierung von DV-Anwendungen ergeben. Die nachfolgenden Abbildungen
zeigen einmal die bei DV-Projekten in Betracht kommenden Leistungsbereiche und
zum anderen die Problemkreise der rechtlichen Einordnung auf, die anschließend
ausführlich noch behandelt werden.

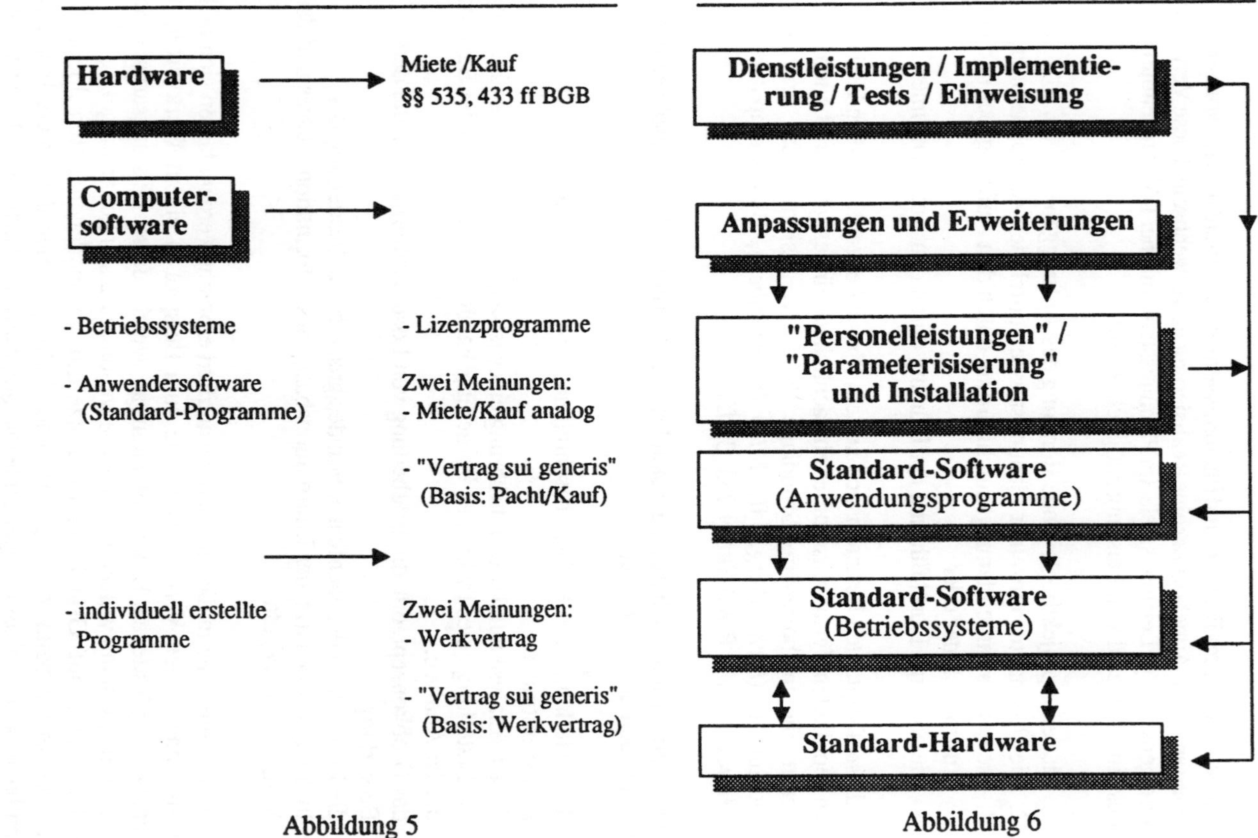

Arten der Verträge
Hardware
Miete /Kauf
§§ 535, 433 ff BGB
Computer-software
- Betriebssysteme
- Lizenzprogramme
- Anwendersoftware (Standard-Programme)
Zwei Meinungen:
- Miete/Kauf analog
- "Vertrag sui generis" (Basis: Pacht/Kauf)
- individuell erstellte Programme
Zwei Meinungen:
- Werkvertrag
- "Vertrag sui generis" (Basis: Werkvertrag)
Abbildung 5

Vertragsart
Dienstleistungen / Implementierung / Tests / Einweisung
Anpassungen und Erweiterungen
"Personelleistungen" / "Parameterisierung" und Installation
Standard-Software (Anwendungsprogramme)
Standard-Software (Betriebssysteme)
Standard-Hardware
Abbildung 6

2. Der Berater- und Planungsvertrag

Das Leistungsziel des Berater- und Planungsvertrages ist nicht mit den vorbereitenden Arbeiten an einem Angebot über eine Realisierung zu verwechseln. Diese Vertragsarten haben eigenständige Leistungsziele. Im Planungsstadium einer DV-Anwendungslösung gibt es eine Vielzahl von Leistungsmöglichkeiten:

1. die reine projektbegleitende Beratung des Auftraggebers,
2. die Übernahme einzelner Planungsphasen durch den Auftragnehmer,
3. die gemeinsame Planungsdurchführung durch den Auftraggeber und den Auftragnehmer oder
4. die alleinige Durchführung der Planung durch den Auftragnehmer.

Alle diese Tätigkeiten beziehen sich auf ein Phasenkonzept, das dem Ziel dient, in einem geordneten Verfahrensrahmen ein fachliches Feindesign zu erarbeiten, welches wiederum die unabdingbare Grundlage für die Realisierung der Anwendungsentwicklung ist (*Lichtenberg*, 5 ff; *Müller-Hengstenberg*, BVB-Computersoftware, 316; *Heussen/Hoh* RWS-Skript 233, 39 ff).

Die wesentlichsten Leistungsgegenstände bilden hierbei die Planungsphasen wie zum Beispiel nach der BVB-Planung:

* die Erstellung einer Problembeschreibung sowie die Festlegung von Zieldefinitionen,
* die Ist-Analyse mit der Durchführung einer Ist-Aufnahme und deren Bewertung,
* die Erstellung eines fachlichen Forderungskatalogs als Ergebnis der Bewertung der Ist-Analyse,
* das Grobkonzept, d.h. die Erarbeitung von Lösungsalternativen und deren Bewertung,
* die Erarbeitung des fachlichen Feindesigns, d.h. die Festlegung des Informationsbedarfs, der Informationsbasis, des Informationsflusses und der Verarbeitungsregeln.

Die Leistungen, die in diesem Planungsumfeld erbracht werden, lassen sich nicht in einem einheitlichen Vertragstypus wie zum Beispiel in einem Werkvertrag oder Dienstvertrag festlegen. Es kommt darauf an, welche dieser Leistungsarten erbracht werden und zwar mit welchem Ziel sowie wer diese Leistungen erbringen soll. Es gibt in der Praxis auf Grund der im Einzelfall vorhandenen unterschiedlichsten Fachkenntnisse beim Auftraggeber und Auftragnehmer die unterschiedlichsten Kombinationen, so daß der sogenannte Planungsvertrag manchmal mehr den Charakter eines Dienstvertrages oder ein anderes mal mehr die Leistungsmerkmale eines Werkvertrages hat (so auch *Koch/Schnupp* CR 1989, 776, 778, 782).

Die BVB-Planung war zum Beispiel ursprünglich als Dienstvertrag konzipiert worden. In den ersten Vertragsentwürfen wurde demzufolge auch die BVB-Planung als Dienstvertrag ausgewiesen. In der Endfassung fehlte dann dieser Hinweis auf die vertragliche Einordnung, weil die Vielzahl der möglichen Leistungen unter diesem Planungswerk eine einheitliche rechtliche Einordnung unter das Dienstvertragsrecht doch nicht zulassen.

Die BVB-Planung ist im DV-Bereich das beispielhaft beste Mustervertragswerk für den Planungsbereich und hat sich in der Praxis der Anwender in der öffentlichen Verwaltung sehr bewährt (siehe hierzu *Müller-Hengstenberg* , BVB-Computersoftware, 316 ff; *J. Schneider* E Rdnr. 14ff).

Der DV-Planungsvertrag wird oft mit dem Architektenvertrag verglichen, weil der Architekt neben organisatorischen Aufgaben, wie zum Beispiel der Bauüberwachung- und Baukoordination, auch Planungsleistungen zu erbringen hat (siehe hierzu die Rechtsprechung zum Architektenrecht: BGHZ 31, 224; 32, 206; 37, 341; 42, 16; 43; 227; 45; 223; siehe im übrigen *J. Schneider* E Rdnr. 14f, 27f, 41f). Der Bundesgerichtshof geht in seiner Rechtsprechung davon aus, daß ein Architekt, der sowohl für die Planung als auch für die Erstellung des Bauwerks verantwortlich ist, einen 'Erfolg' schuldet. Nicht das einzelne Arbeitsergebnis der Einzelleistungen, das sehr wohl auch ein Dienst im Sinne des Dienstvertragsrechts sein kann, sondern das fertige Bauwerk schuldet der Architekt (so BGHZ 82, 101).

Anders verhält es sich bei einem DV-Planungsvertrag. Dieser Vertrag umfaßt, anders als der Architektenvertrag, nicht bereits die Realisierung der geplanten Anwendung, sondern soll zunächst einmal den gesamten Anwendungsbereich de facto nach betrieblichen und wirtschaftlichen Aspekten untersuchen und Verbesserungs-alternativen, soweit notwendig oder gewünscht, aufzeigen. Die Realisierung ist ein später nachfolgender Vorgang, der sehr wohl auch von anderen als den Planungsbeteiligten übernommen werden kann. Bei einem Planungsvertrag wird nicht 'per se' ein Erfolg geschuldet; es kommt hier sehr auf die vereinbarte Leistungsart an, die der Auftragnehmer 'schuldet' (so wohl im Prinzip auch *Koch/Schnupp* CR 1989, 776, 778, 779).

Möglich und vielfach üblich ist, daß der Berater dem Auftraggeber nur sein 'Know-How' zur Verfügung stellt; also ihm die Erfahrung, zum Beispiel bei der Ermittlung von Problemen, der Durchführung oder Auswertung einer Ist-Analyse oder bei der Erstellung eines Grobkonzeptes, übermittelt, und zwar im Rahmen der vom Auftraggeber durchgeführten Gesamtplanung. Die Möglichkeiten der Einbeziehung von Beraterleistungen ist vielgestaltig (*Wiebe*, 192, 194, 196).

In diesem Zusammenhang ist sehr wichtig zu vermerken, daß die bereits ausführlich behandelten Verfahrenskonzepte für die DV-Anwendungslösungen von unabdingbarer Bedeutung sind, und zwar auch im Bereich der Planung.

Diese Verfahrenskonzepte bedingen in vielen Phasen eine enge Zusammenarbeit zwischen den Auftraggebern und Auftragnehmern, d.h. der Erfolg einer Phase hängt davon ab, daß jeder Vertragspartner seine spezifischen Kenntnisse einbringt, z.B. der DV-Berater das spezielle DV-Wissen, der Aufttraggeber seine betriebswirtschaftlichen und organisatorischen Aspekte. Die gegenseitige Abhängigkeit bei DV-Projekten besteht in dieser Dimension bei weitem nicht bei einem Architektenvertrag (so in der Tendenz *Koch/Schnupp* CR 1989, 776, 778ff; *Lesshafft/Ulmer* CR 1993, 607, 608). Die Rechtsprechung zum Architektenvertrag kann demnach wohl kaum als exemplarisch für den DV-Planungsvertrag betrachtet werden.

Bei der rechtlichen Bewertung der Berater- bzw. Planungsleistung kann nicht stets von einem Werkvertrag ausgegangen werden, wenn in gewissem Umfang eine Erfolgsausrichtung für die Beraterleistung erforderlich ist.

Das Landgericht München, Urteil vom 11.03.1988 (CR 1988, 556), bemerkte zu der Tätigkeit eines 'freien Programmierers', daß die Abgrenzung des Werkvertrags und Dienstvertrags offen sind. Beide Leistungsarten sind entgeltliche Arbeitsleistungen. Auch die Leistung von 'Diensten' ist zielgerichtet. Das Landgericht München machte deutlich, daß es eine Auslegungssache sei, ob Werk- oder Dienstvertragsrecht zur Anwendung kommt. Maßgebliche Auslegungsbereiche sind danach:

- die vertragliche Risikoverteilung,
- wirtschaftliche Abhängigkeit,
- Weisungsgebundenheit,
- Vergütungsart.

Unternehmer im werkvertraglichen Sinne ist nach Auffassung des Landgerichts:

- derjenige, der wirtschaftlich selbständig bei der Herstellung ist,
- die Herstellung in eigener Verantwortung wahrnimmt,
- sowie das volle unternehmerische Risiko trägt.

Die Entscheidung des Landgerichts München ist zwar zu der Frage der Anwendbarkeit des Arbeitnehmerüberlassungsgesetzes bei einem freien Programmierer ergangen, zeigt aber deutlich die Abgrenzungskriterien des Dienst- und Werkvertrags auf, weil diese beim Arbeitnehmerüberlassungsgesetz von Bedeutung sind.

Auch das Oberlandesgericht Köln, Urteil vom 22.10.1987 (CR 1988, 734 ff), beschäftigt sich mit dem Rechtscharakter der Organisationsberatung. Auch wird festgestellt, daß es auf die Auslegung des Vertrags ankomme, ob Dienst- oder Werkvertragsrecht vorliegt.

Maßgeblich war für die Annahme des Dienstvertragsrechtes, daß der Berater nicht "ein bestimmtes Werk in seiner Gesamtheit geschuldet hat, sondern gemeinsame

Überlegungen, Planungen und Beratungen". Einem Dienstvertrag steht auch nach Ansicht des OLG Köln nicht entgegen, daß bei den „durchzuführenden Maßnahmen bestimmte Leistungen geschuldet waren, die einen „Erfolg" hervorbringen" (so auch OLG Frankfurt MDR 1992, 347).

Wichtig ist also danach, wer für die 'Gesamtleistungen' verantwortlich ist. Dieser ist der werkvertragliche Unternehmer.

So hat auch das Oberlandesgericht Düsseldorf, Urteil vom 12.07.1991 (CR 1991, 668), die Programmiertätigkeit eines 'freien Programmierers' gegen Umsatzbeteiligung als dienstvertragliche Leistung eingeordnet.

Interessant ist in diesem Zusammenhang die Entscheidung des Bundesfinanzhofs, Urteil vom 18.01.1991 (CR 1992, 204), die allerdings auch zu dem Thema Arbeitnehmerüberlassung ergangen ist. Hier wird maßgeblich darauf abgestellt, ob die Mitarbeiter einer Industrieberatungsgesellschaft als unselbständige Mitarbeiter ihrer Gesellschaft, also als deren Erfüllungsgehilfen, tätig wurden oder selbständig tätig waren, also wer für den 'Erfolg' der Leistung verantwortlich war.

Demgegenüber hat das Oberlandesgericht Frankfurt in einer Entscheidung, Urteil vom 12.07.1989 (CR 1990, 585 f), die Beratung über den Einsatz einer DV-Anlage als Werkvertrag angesehen. Der Berater war in diesem Fall beauftragt, zunächst einmal die Gegebenheiten, Arbeitsabläufe und Rationalisierungsbedürfnisse des Auftraggebers zu ermitteln, ein Grobkonzept für den Betrieb zu entwickeln und schließlich entsprechend dem entwickelten Anforderungsprofil Angebote einzuholen und eine Empfehlung für eine geeignete Systemauswahl auszusprechen. Diese Tätigkeit bewertet das Landgericht als gutachterliche Tätigkeit und wendete das Werkvertragsrecht an (so auch *Kemper* CR 1991, 641; LG Köln CR 1987, 508). Im Unterschied zu der oben zitierten Entscheidung des Oberlandesgerichts Köln (CR 1988, 734f) hat der Berater hier alle Leistungen in eigener Verantwortung geschuldet und zwar aufgrund einer konkreten Erfolgs-vereinbarung', in der es hieß: "... Auswahl einer geeigneten DV-Anlage, die für die Zwecke des Auftraggebers geeignet ist".

Ein Blick in die Rechtsliteratur zeigt ebenfalls, daß es sich bei der Abgrenzung von Dienst- und Werkverträgen um ein schwieriges Thema handelt. Diese Vertragstypen sind aus einer gewissen traditionellen Betrachtung der damaligen Berufe um die Jahrhundertwende entstanden; bei dem Werkvertrag war stets der handwerklich Tätige sowie beim Dienstvertrag die geistig höhere Leistung, die nicht multiplizierbar wie eine Handelsware ist, das Vorbild (so *Teichmann* Gutachten zum 55. Juristentag A20; *Brox* Rdnr. 233).

Die Nähe des unternehmerischen Planers in einem DV-Projekt zu dem geistig schöpferisch Tätigen, der naturgemäß gewisse geistige Spielräume benötigt, zeigt eigentlich, daß das Dienstvertragsrecht wesensmäßig näher diesem Leistungsbereich und auch angemesser in seinen Rechtsfolgen ist als das Werkvertragsrecht, da dieses Recht der Originalität und dem Umfang geistig schöpferischer Tätigkeit mehr Freiraum gewährt als der Werkvertrag durch seine strenge Erfolgshaftung (so *Teichmann* A 20; anderer Ansicht wohl *Mehrings* CR 1990, 587). Letztlich ist jedoch für die vertragliche Einordnung von Dienst- oder Werkverträgen von maßgeblicher Bedeutung, wer die Gesamtverantwortung des Planungsprozesses hat.

Das Oberlandesgericht München hat in einer Entscheidung Urteil vom 22.12.1988 (CR 1989, 803) sehr eindrucksvoll und sachgerecht festgestellt, daß verantwortlicher Unternehmer derjenige bei einem DV-Projekt ist, der die Verantwortung für die Planung und Steuerung des Projektes, also aller Tätigkeiten, Pläne, Termine usw. trägt.

Die Bedeutung und Anforderungen an ein Projektmanagement werden wegen ihrer zentralen Wichtigkeit noch gesondert dargestellt. Aber bereits in einem Planungsstadium ist das Projektmanagement von zentraler Bedeutung und daher maßgebliches Kriterium dafür, wer die unternehmerische bzw. werkvertragliche Verantwortung trägt (dieses Thema wird in dem Kapitel **Verantwortungsbereiche** noch ausführlich erörtert).

FOLGEN:

Dienstvertrag
1. Der Dienstvertrag ist nicht erfolgsabhängig.
2. Der Dienstvertrag sieht keine Abnahme vor.
3. Der Dienstvertrag sieht keine Gewährleistung vor.
4. Der Dienstleistende haftet nach den Grundsätzen der positiven Vertragsverletzung für 'schlecht geleistete Arbeit' (so OLG Frankfurt MDR 1992, 347; BAG MDR 1972, 982; *Staudinger/ Richardi* § 611, Rdnr. 462).
5. Verjährung: 30 Jahre (§ 195 BGB).

Werkvertrag
1. Der Werkvertrag ist erfolgsabhängig.
2. Der Unternehmer haftet für die Erfüllung der versprochenen Leistung.
3. Der Werkvertrag verlangt eine Abnahme.
4. Der Werkvertrag sieht eine Gewährleistung vor.
5. Der Unternehmernehmer haftet für Mängel im Rahmen der Gewährleistung.
6. Verjährung nach 6 Monaten (§ 638 BGB).

Anforderungen
1. Der Werkvertrag räumt dem Besteller eine bessere Rechtsposition ein als der Dienstvertrag;
   aber:
   Der Besteller ist verpflichtet, dem Unternehmer auch ein klares, detailliert beschriebenes Ziel vorzugeben; ansonsten wäre die werkvertragliche Haftung unzumutbar.

2. Der Dienstvertrag verlangt keine klare Zielvorgabe; sein Schwergewicht bildet die
gute Dienstleistung. Dieser Vertragstypus ist angemessen, wenn das Ziel noch
offen bzw. die Erreichung eines Ergebnisses fraglich bzw. nicht im Bereich des
Beherrschbaren des Dienstleistenden ist und nur über eine qualizifiertere Dienstleistung erst eine Grundlage für eine Ziel-Bestimmung geschaffen werden kann.
Die geistig schöpferische Tätigkeit braucht Spielraum und darf im Interesse der
Freiheit den geistig Schöpferischen nicht durch eine möglicherweise falsche Zielvorgabe einschränken (so *Teichmann* Gutachten zum 55. Juristentag A 20f).

Unter diesen Gesichtspunkten sind folgende beispielhafte Tätigkeiten Dienst- oder
Werkleistungen:

Dienstvertrag
1. Beratung eines Auftraggebers bei der IST- ANALYSE oder dem Grob-Konzept,
d.h. der Berater zeigt dem Auftraggeber modellhaft wie eine Ist-Analyse durchzuführen ist und übernimmt Teile davon.
2. Der Berater führt eine IST-ANALYSE durch oder erarbeitet ein Grobkonzept; der
Auftraggeber stellt die Daten dazu.

Werkvertrag
3. Der Berater erarbeitet alleine ein fachliches Feindesign aufgrund der Daten des
Auftraggebers.
4. Der Berater unterstützt den Auftraggeber bei der Erarbeitung eines fachlichen
Feindesigns.

Dienstvertrag
5. Auftraggeber und Berater erarbeiten gemeinsam ein fachliches Feindesign; beide
legen vor jeder Phase die „entry- und exit-Kriterien" fest, steuern den Prozeß und
begutachten nach Ablauf der Phase den Erfolgsstatus.

Werkvertrag in Form eines 'joint Developments' (Arbeitsgemeinschaft i.S. der
§§ 705ff BGB; dazu in Kapitel II 3d).

Wie bereits zu Beginn des Kapitels erwähnt, ist der Berater- und Planungsvertrag nicht
zu verwechseln mit den vorvertraglichen Leistungen in einem DV-Projekt, die zum
Beispiel bei Arbeitsaufwänden für ein Angebot, einen Kostenvoranschlag, oder zur
Darlegung einer Finanzierungs-, z.B. Leasingskalkulation vorliegen. Nach der wohl
einhelligen Rechtsprechung sind derartige vorbereitende Arbeiten nicht zu vergüten,
soweit im Einzelfall keine anderen Vereinbarungen getroffen wurden (*Palandt /
Thomas* § 632 Rdnr. 5).

Das Oberlandesgericht Nürnberg, Urteil vom 18.02.1993 (CR 1993, 553, 555), setzte
sich mit der Abgrenzung der Leistungsarten, insbesondere im Hinblick auf die
Vergütung in einem DV-Projekt auseinander. Demnach kommt es für die Unter-

scheidung darauf an, ob es sich um eine 'werbende Akquisitionstätigkeit', die in der Regel keinen großen Aufwand verursacht, oder um eine kostenintensive, eigenständige Leistung handelt, die im Regelfall nicht unentgeltlich erbracht wird. Letzteres liegt in der Regel bei einem Berater- und Planungsvertrag vor.

3. Verjährung der Gewährleistungsansprüche aus Beraterverträgen

Ein besonderes rechtliches Problem besteht in dem Fall, daß eine vom Auftragnehmer erstellte Studie oder Planung mangelhaft ist, der Mangel aber erst bei der Realisierung sichtbar wird. Können dann noch Schadensersatzansprüche gemäß § 635 BGB gegen den Ersteller der Studie geltend gemacht werden?

Das Oberlandesgericht Frankfurt, Urteil vom 12.07.1989 (CR 1990, 585), hatte einen Fall zu entscheiden, in dem ein DV-Beratungshaus eine Systemempfehlung einem Kunden gegeben hat, die sich nach mehr einem Jahr später als falsch herausgestellt hat. Das Gericht hat die Klage auf Schadensersatz gemäß § 635 BGB wegen Ablaufs der Verjährung abgewiesen. Das Oberlandesgericht Frankfurt hatte sich hierbei auf die höchstrichterliche Rechtsprechung (BGHZ 58, 85ff, BGHZ 67,1ff) berufen. Danach wird bei einem Schadensersatzanspruch nach § 635 BGB unterschieden, ob die 'Planungsleistungen' so eng und unmittelbar mit der Realisierung zusammenhängen, so daß es sich um 'nächste Folgeschäden' (somit noch unmittelbare Schäden) im Sinne des § 635 BGB handelt; in diesem Falle beträgt die Gewährleistungsfrist gemäß § 638 BGB sechs Monate. Falls nicht um ein so enger unmittelb arer Folgeschaden, sondern ein echter Folgeschaden vorliegt, so kann dieser nur nach den Grundsätzen der positiven Vertragsverletzung geltend gemacht werden; dieser Schadensersatzanspruch verjährt gemäß § 195 BGB in 30 Jahren. Der Bundesgerichtshof hat in ständiger Rechtsprechung (BGHZ 67, 1 , 6) sehr fallweise entschieden (siehe hierzu *Hehemann* NJW 1988, 801; *Michalski*" NJW 1988, 793ff; *Kemper* CR 1991, 641ff).

Nach der Rechtsprechung des Bundesgerichtshofs werden Planungsfehler eines Architekten, Bauingenieurs, Statikers und Vermessungsingenieurs als Mangelfolge-schaden im Sinne des Werkvertragsrechtes nach § 635 BGB angesehen, weil der Fehler sich zwangsläufig auf ein anderes Werk überträgt (Bauwerk); anders ein tierärztliches Gutachten oder Gutachten über einen Grundstückswert, die nach Auffassung des Bundesgerichtshofs eine selbständige wirtschaftliche Bedeutung haben (so BGHZ 87, 242,243; BGH NJW 1993, 723).

Das Oberlandesgericht Frankfurt (CR 1990, 587) hat insofern folgerichtig entschieden, daß hier zwischen der beratenden Empfehlung und dem späteren Mangel ein enger und unmittelbarer Zusammenhang bestand; die Systemempfehlung hatte keinen eigenständigen wirtschaftlichen Selbstzweck. Daher kommt der § 635 BGB mit der kurzen Gewährleistungsfrist von 6 Monaten (§ 638 BGB) zur Anwendung. (Kritisch hierzu *Kemper* CR 1991, 641 ff; siehe hierzu auch *Rolland* NJW 1992, 2377, 2382.

Die Reform des BGB-Schuldrechts sieht eine allgemeine Regelung der Leistungsstörung und Verjährung (in 3 Jahren) vor.)

4. Beratung als vertragliche Nebenpflicht

Die vorangehenden rechtlichen Ausführungen basieren auf der Voraussetzung, daß ein Planungsvertrag als Grundlage für eine später noch zu treffende Realisierungsvereinbarung abgeschlossen wurde.

Die Frage der rechtlichen Einordnung der formlosen Organisationsberatung, die im wesentlichen Inhalt der Planungsverträge ist, ist zu trennen von den rechtlichen Themen der Mitwirkungspflichten, die in dem Kapitel 'Verantwortungsbereiche' erörtert werden.

Wenn kein Vertrag über diese Planungsleistungen abgeschlossen wird, sondern diese im vertraglichen Vorfeld oder im Zusammenhang mit einem Realisierungsvertrag anfallen, so ändert sich zwar an der eigentlich rechtlichen Qualität der Leistungen nichts, jedoch ihre vertragliche Einordnung sowie die Haftungsfragen werden anders gelöst. Maßgeblich ist, ob diese Planungsleistungen Teil der Realisierungsvereinbarung sind oder nicht.

In der Praxis liegen die Sachverhalte nicht immer so eindeutig vor, daß eine klare rechtliche Einordnung möglich ist. Vielfach finden vor den formalen Vertragsabschlüssen sehr umfangreiche Beratungsgespräche zwischen den späteren Vertragspartners statt, ohne daß diese in eine Vereinbarung 'gekleidet' werden. Die Ziele dieser Beratung sind identisch mit den Leistungsinhalten der Planungsverträge.

Die hierzu ergangene Rechtsprechung kommt somit auch zu sehr unterschiedlichen Rechtsauffassungen.

Das Landgericht Mainz, Urteil vom 17.12.1982 (Computerwoche vom 24.02.1984, 52f), kommt zu der Auffassung:

> Vertragliche Beziehungen zwischen den Parteien
> bestanden jedoch in Form eines Auskunftsbezieh-
> ungsweise Beratungsvertrags als ein Vertrag "sui
> generis" gemäß §§ 305,241 BGB

(so im Ergebnis auch Landgericht München VersRecht 1981, 1040).

Eine mangelhafte Beratung führt nach Ansicht des Landgerichts Mainz zu einer Haftung aus dem Gesichtspunkt der positiven Vertragsverletzung.

Im Ergebnis ist die rechtliche Situation nicht anders, wenn ein Dienstvertrag zugrunde gelegt wird. Fraglich ist das Ergebnis jedoch. Hat die Beratungsfirma eine Systemempfehlung geschuldet, liegt ein Werkvertrag vor.

Der Bundesgerichtshof, Urteil vom 06.06.1984 (CR 1986, 79), hat zu diesem rechtlichen Themenkreis sehr ausführlich Stellung genommen. Entgegen der Ansicht des Vorgerichtes (Oberlandesgericht) geht der Bundesgerichtshof nicht von einem selbständigen Beratungs- oder Garantievertrag aus.
Der Bundesgerichtshof führt hierzu aus:

> Die Aufklärung und Beratung bei der Auswahl des
> Leasingobjektes ist bei lebensnaher Betrachtung
> stets Teil der Bemühungen des Herstellers / Liefe-
> ranten, die Ware an den Mann zu bringen.

Der Bundesgerichtshof geht im vorliegenden Fall von einer Haftung unter dem Gesichtspunkt des Verschuldens bei Vertragsabschluß aus und führt zur Haftung aus:

> Der erkennende Senat hat andererseits ausgesprochen, daß
> in Fällen, in denen der Verkäufer im Rahmen eingehender
> Vertragsverhandlungen und auf Befragung des Käufers je-
> jeweils einen ausdrücklichen Rat erteilt, bei fahrlässig fal-
> scher Auskunfts- oder Ratserteilung einen Schadensersatz
> wegen Verletzung einer im Rahmen des Kaufvertrages
> übernommen Nebenverpflichtung NEBEN Gewährlei-
> stungsansprüchen bestehen kann, und zwar dann, wenn
> sich das Verschulden des Verkäufers auf Angaben über
> die Eigenschaft der Sache bezieht.

Daraus folgt auch, daß § 676 BGB nicht zur Anwendung kommt.

Allerdings besteht für den Hersteller keine Beratungspflicht mehr, wenn sich der Kunde bereits an anderer Stelle kundig gemacht hat (OLG Köln CR 1993, 563f). Mit anderen Worten, der Berater/Lieferant haftet wegen Verletzung einer Sorgfaltspflicht neben den Gewährleistungsansprüchen; allerdings unterliegt diese Haftung der Gewährleistungsfrist nach §§ 477, 638 BGB (so der BGH aaO).

(Siehe hierzu *Ellenberger/Müller* RWS-Skript 111, 11 ff; *Marly* Rdnr. 375ff, die allerdings nicht unterscheiden zwischen der Organisationsberatung und den sonstigen Mitwirkungsverpflichtungen; *J. Schneider*, E Rdnr. 22f, 27f).

5. Realisierungsverträge

Die Realisierung sollte auch gemäß eines Vorgehens- oder Phasenmodella erfolgen, da dadurch am besten die Anwendungsbezogenheit, d.h. der vorgesehene Erfolg gewährleistet werden kann. Dabei kann sehr wohl die werkvertragliche Leistung auf unterschiedliche Zieldefinitionen entsprechend den Einzelphasen bezogen werden, was auch zu unterschiedlichen Erfüllungsrisiken führen kann.

Wesenselement ist, daß Software und Hardware in ihren funktionalen Komponenten so strukturiert werden, daß diese die gestellte Aufgabe lösen können (so *Zelewski* , 1989, 124).

Die Realisierung einer Aufgabenlösung (beschrieben in einem fachlichen Feinkonzept bzw. einem Pflichtenheft) erfolgt durch einen Anwendungs- oder Software-entwicklungsvertrag oder in Form eines Systemintegrationsvertrages. Wesentliches Leistungselement ist hierbei die Software, entweder in Form eines Standard-Lizenzprogramms bzw. eines 'customized license propramme product', eines angepaßten Standard-Lizenzprogramms oder auch in Form speziell erstellter Software (BGH CR 1993, 352, 353).

Ein weiteres wesentliches Leistungskriterium ist die Systemplattform, also die Hardware und Systemsoftware.

Nachfolgend werden die einzelnen Vertragsarten erörtert, die für die Realisierung einer Anwendungslösung auf der Grundlage eines Vorgehensmodells oder Phasenkonzeptes in Betracht kommen können.

a) Die Überlassung von Standardsoftware

(aa) Bisherige Rechtsprechung und Rechtsmeinungen
Die vertragliche Einordnung der sogenannten Standard-Software ist immer noch ein nicht gelöstes rechtliches Thema, das mit den unterschiedlichsten Argumenten streitig diskutiert wird.

Zunächst hatte die Rechtsprechung und Rechtsliteratur die Tendenz, Computersoftware, die als Lizenzprogramme angeboten wurde, zumindest nach dem Leitbild des Pachtvertrages rechtlich einzuordnen (BGH ZIP 1981, 688; *Lutz* GRUR 1976, 331ff; *Engels* BB 1985, 1159ff; *Ellenberger/Müller* RWS-Skript 111, 37f). Maßgeblich war die Entscheidung des Bundesgerichtshofes vom 30.06.1981 (BGH ZIP 1981, 868), in der es dazu heißt:

> Computerprogramme, die Produktionsvorgänge steuern
> oder wie hier innerbetriebliche Organisationsaufgaben
> ausführen... stellen eine geistige Leistung dar, die, wie

> eine Erfindung einem Dritten zur Ausnutzung überlassen
> werden. Die Vertragsbedingungen ... weisen im Leitbild
> eines Pachtvertrages so stark angenäherte Merkmale auf, ...

Die Rechtsprechung änderte sich jedoch etwa ab 1986 und wandte zunehmend Kaufrecht direkt oder entsprechend an (so LG München CR 1987, 364; OLG Stuttgart CR 1987, 172). Allerdings gab es auch Gerichtsentscheidungen, die sich für die Anwendung von Miete- oder Pachtrecht aussprachen (so OLG Frankfurt CR 1986, 270; OLG Stuttgart CR 1986, 639). Die Untersicherheit der Rechtslage nahm damit zu.

Erst mit einer grundsätzlichen Entscheidung des Bundesgerichtshofs vom 04.11.1987 (CR 1988, 124 ff) kam eine gewisse grundsätzliche Orientierung in die Rechtslandschaft. In einer späteren Entscheidung hat der Bundesgerichtshof seine Auffassung bestätigt (NJW 1993, 2436).

Unter Abwägung der vielen Rechtsmeinungen kommt der Bundesgerichtshof in der Entscheidung vom 04.11.1988 zu der Auffassung, daß ein Standard-Programm, das durch den Verkauf von Programmkopien, die auf einem Datenträger verkörpert sind, vermarktet wird, als körperliche Sache anzusehen ist. Der Bundesgerichtshof verneint in diesem Falle eine Vergleichbarkeit mit einer Erfindung oder einem Fertigungsverfahren.

Aber auch diese Entscheidung hat letztlich noch die Kernfrage offengelassen, ob Standard-Computersoftware eine Sache im Sinne des § 90 BGB ist oder ob es sich um ein immaterielles Gut handelt. Die Entscheidung ist sehr vorsichtig formuliert:

> ... Dies rechtfertigt eine zumindest entsprechende
> Anwendung der §§ 459 ff BGB auf die Fälle der
> verkaufsweisen Überlassung von Programmko-
> pien mit inhaltlich fehlerhaftem Programm... Ob
> dem Softwareveräußerer darüber hinaus entspre-
> chend § 633 Abs.2 BGB ein Nachbesserungsrecht
> zu gewährleisten ist,.. bedarf hier keiner Entschei-
> dung...

Nicht zu übersehen ist aber, daß der Bundesgerichtshof sehr fallbezogen seine Entscheidung traf. So heißt es z.B. in der Entscheidung, daß er bei der rechtlichen Einordnung der Gewährleistung in dem speziellen Fall eine "entsprechende Anwendung des Kaufrechts für sinnvoll hält"; im übrigen hat der Bundesgerichtshof die vertragliche Einordnung offengehalten. Für den Juristen bedeutet aber 'entsprechende Anwendung' immer, daß die gesetzlichen Bestimmungen eines Rechtsinstituts nur soweit Anwendung finden, als sie nach der Sachlage gerechtfertigt sind.

Die nachfolgende Rechtsprechung (BGH MDR 1990, 236, BGH CR 1990, 707; BGH MDR 1990, 1103; siehe *J. Schneider* G Rdnr. 3ff; *Junker* NJW 1990, 1575ff) hat sich überwiegend der 'entsprechenden' Anwendung des Kaufrechts angeschlossen (OLG Köln CR 1991, 348, OLG Koblenz CR 1992, 154, LG Konstanz CR 1991, 93; BGH NJW 1993, 2436).

Demgegenüber steht jedoch die wohl einheitliche und ständige Rechtsprechung der Finanzgerichte, insbesondere des Bundesfinanzgerichtshofes (BFH) (CR 1987, 760; CR 1989, 199f und des FG Hamburg CR 1989, 704) und die Meinung des Bundesfinanzministeriums, die im Gegensatz zum BGH den immateriellen Charakter der Standardsoftware hervorheben (siehe Erklärung des BMF NJW 1992, 2541).

Für den materiellen Charakter: *Hoeren* CR 1988, 809; *König* NJW 1989, 2604; für den immateriellen Charakter (h.M.) BGH CR 1986, 130; *Lesshafft/Ulmer* CR 1988, 813ff).

Die besondere Schwierigkeit der rechtlichen Einordnung ergibt sich daraus, daß Softwareleistungen zunächst in ihrer 'schöpferischen Leistungsart' einen immateriellen Charakter haben. Dieses Phänomen ist, soweit ersichtlich, in der einschlägigen Rechtsliteratur unbestritten, soweit der Entwicklungscharakter von Software allgemein diskutiert wird (so BGH CR 1988, 124f; *Bartsch* CR 1992, 395). Computersoftware läuft jedoch nur im Zusammenhang mit einem DV-System. Daraus folgert ein Teil der Rechtsmeinungen, daß Computersoftware der 'Steuerung einer technischen Anlage in Form eines Computers' dient; diese Steuerungsaufgabe kann nur in einer verkörperten Form erfolgen. Gleich wie bei einem Buch besteht eine Notwendigkeit der Verkörperung, so daß bei einer rechtlichen Bewertung von einer Sacheigenschaft im Sinne des § 90 BGB ausgegangen werden muß (so *Marly* Rdnr. 78ff; *König* NJW 1989, 2604, 2605). *Marly* (Rdnr 56ff) zeigt ausführlich und umfassend die Meinungsdifferenz in der Rechtsliteratur auf, indem er den Meinungsunterschied so darstellt, daß eine Meinungsgruppe auf die 'Sachqualität' und die andere auf das 'geistige Gut' abstellt. Der Charakter der Standardsoftware als 'geistiges Gut' wird im wesentlichen damit begründet, daß der Einsatz von Standardsoftware mehr Kenntnisse über die inhaltliche Struktur der Software von dem Anwender erfordert als eine gewöhnliche Sache, z.B. technisches Wissen über Zugangsprotokolle oder Schnittstellen (so *Moritz* CR 1989, 1049, 1054; CR 1994, 257f; *Heussen* GUR 1987, 779 ; *Wiebe*, 242 f; *Lauer* BB 1982, 1758f, 175; *Moritz/Tybusseck* Rdnr. 745ff).

Demgegenüber wird von einer anderen Meinungsgruppe bestritten, daß ein Anwender ein 'Wissen' über die Standardsoftware bzw. über die technische Funktionsweise haben muß, da das Wissen nur über den Quellencode erreichbar sei, dieser aber in der Regel bei Standardsoftware nicht mitgeliefert werde (so *Marly* Rdnr. 63f, der sehr ausführlich den allgemeinen Meinungsstand aufzeigt; *Hoeren* GRUR 1988, 349; U.S. Cout of Appeals CR 1993, 80f sieht Computersoftware als 'Ware' an; *König* NJW 1988, 2604 und NJW 1993, 3121).

Zunächst ist bei einem Blick in die technischen DV-Fachbücher festzustellen, daß dort nicht pauschal zwischen Standard- und individuell erstellter Computersoftware unterschieden wird (*Krückeberg/Spaniol* Lexikon Informatik und Kommunikationstechnik, 23, 71; *Schneider*, Lexikon der Informatik und Datenverarbeitung, 735). Vorwiegend wird nach der technischen Aufgabenstellung der Computerprogramme unterschieden, also nach Systemsoftware, Datenbank-Software, Anwendungssoftware (*Schneider*, Lexikon der Informatik und Datenverarbeitung, 735). Der Begriff Standardsoftware wird vielfach bei den Themen Programmpakete oder Baukastenprinzip verwandt. Interessant ist die Definition bei *Krückeberg/Spaniol* (Seite 23), daß Standard-Anwendungsprogramme im allgemeinen nur dann von Software-Häusern oder Herstellern entwickelt werden, wenn sie Aufgaben lösen, die bei vielen Anwendern in gleicher oder ähnlicher Weise auftreten. Bemerkenswert ist hierbei, daß die Qualifizierung als Standard-Software von der Möglichkeit des Einsatzes der Anwendungslösung bei mehreren Anwendern abhängig gemacht wird. Aus der Praxis der Anwendungen ergeben sich weitere Aspekte, die eine pauschale Abgrenzung zwischen Standardprogrammen und individuell erstellten Programmen erschweren.

So ist es in der Software-Branche aus ökonomischen Gründen üblich, bei jedem DV-Projekt, soweit wie möglich, Software-Codes zu erzeugen, die auch in anderen DV-Projekten verwertbar sind und den speziellen Anteil des erstellten Codes so gering wie möglich halten. Dieses Konzept ist Grundlage der sogenannten 'objektorientierten Programmierung', die auf einen hohen Grad an Autonomie der einzelnen Module basiert (*Lesshafft/Ulmer* CR 1993, 607, 613, 614).

Daraus ist zu erkennen, daß die Entwicklungsprozesse bei der vorgefertigten Standard-Software wie auch bei der speziell erstellten Software gleichartig sind. Dies ist auch aus den Empfehlungen der DIN 9001 zur Qualitätssicherung zu entnehmen, die für alle Arten von Software gelten.

Wichtig ist also die Erkenntnis, daß der Einsatz von Computersoftware immer lösungsorientiert ist. Computersoftware und Computerhardware sind technische Mittel zur Lösung einer betrieblichen oder organisatorischen Aufgabe.

Es gibt auch einfache Programme auf Disketten, die in einen 'PC eingeschoben werden'. Danach läuft das Programm, z.B. das Reiseprogramm der Lufthansa. Aber in gewisser Hinsicht dient dieses Programm auch einer Aufgabe, auch wenn das nur die Nutzung eines Computerspiels sein sollte. Bei solchen einfachen Programmen ist das Programm bereits mit den Daten auf der Diskette gespeichert, d.h. Programm und Aufgabe werden auf einer Diskette geliefert.

Wie ausführlich in Kapitel I beschrieben, ist aber bei der verkehrsüblichen Informationsverarbeitung, wie sie in Handel, Gewerbe, Unternehmen oder sonstigen Organisationen genutzt wird, eine strukturierte Vorgehensweise erforderlich, die die ökonomische Zielrichtung oder Aufgabenstellung in eine systemtechnische Lösung umsetzt (*Lesshafft/Ulmer* CR 1993, 607, 614; *Koch/Schnupp* CR 1989, 776; *Müller-Hengstenberg* CR 1993, 689).

Der für die Softwarehäuser und DV-Hersteller normale Fall ist nicht die Überlassung eines Programms, das einfach in ein DV-System wie eine Diskette 'eingeschoben' werden kann, sondern die Integration von Computerprogrammen mit bestimmter Funktionalität und Leistungsmerkmalen in eine Anwendungs- und Systemumgebung; ein sinnvoller Einsatz von Computerprogrammen, gleichgültig, ob diese vorgefertigt oder speziell erstellt werden, in einer solchen 'Projektwelt' setzt viele weitere Kenntnisse voraus (*Kupper* , 50ff; *Zelewski*, 117ff).

Die Vorgehensmodelle bzw Phasenkonzepte hätten ihre Berechtigung verloren, wenn der Einsatz von Standardprogrammen so einfach verlaufen würde.

Vielmehr verdeutlichen diese Vorgehensweisen, daß es zuerst einer sehr genauen Festlegung der betrieblichen bzw. organisatorischen Aufgabe bedarf. Anhand dieses Pflichtenheftes ist eine genaue Überprüfung der Systemanforderungen erforderlich. Im Rahmen dieser Analyse (Systemdesign) ist u.a. festzustellen, wie und in welchem Umfang, ggf. mit welchen Änderungen, ein Standard-Computerprogramm einsetzbar ist bzw. eingesetzt werden kann. Eine technische Systemanalyse ist ohne Kenntnis der Programmstrukturen nicht möglich. Hierzu ist nicht der Quellencode, sondern sind genaue Kenntnisse über die exakte Funktionsweise bzw. die Spezifikationen, die Einsatz-voraussetzungen und -umgebung der Software erforderlich.

Erst bei der Notwendigkeit, daß ein Standardprogramm geändert werden muß, ist ein Rückgriff auf den Quellencode notwendig.

Die Lösung eines Anwendungsproblems steht bei jedem Einsatz von DV-Leistungen im Vordergrund. Deshalb ist es richtig, daß die 'Ideenhaftigkeit' eines Programms (so *Heussen* GRUR 1987, 779, 780), also der mittels der Programmspezifikationen vermittelte Lösungsanspruch eines Programms den eigentlichen Kern bzw. Wert eines Standardprogramms darstellt (so auch *Moritz* CR 1989, 1049, 1054; *Taeger* CR 1991, 449, 453). Ein solcher Anspruch hat eine andere Qualität als eine in sich 'funktionierende Sache'; er ist im eigentlichen Charakter ein immaterielles Gut. Nicht das Standardprogramm alleine, sondern die 'Geschicklichkeit' des strukurierten Einsatzes eines Standardprogramms in eine Systemumgebung ist die besondere 'geistige Leistung' beim Einsatz von Standardprogrammen, die somit auch den Kern des Leistung darstellt. Nur in dieser Systemumgebung unter Berücksichtigung der vielen Betriebsdaten des Anwenders läßt sich z.B. ein wesentliches Leistungsmerkmal eines Systems nämlich die 'Performance' (Antwort/Zeitverhalten) ermitteln. Aus dem Programm-Code oder dem Quellencode alleine ist dieses sehr wichtige Leistungsmerkmal nicht ermittelbar. Diese Eigenschaften verdeutlichen, daß der in einem Computerprogramm enthaltene geistige Gehalt über das 'einzelne Werkstück' hinausgeht bzw. nicht auf das einzelne 'Werkstück' begrenzt ist, sondern erst in Verbindung mit anderen Faktoren evident und nutzbar wird.

Dieser Aspekt wird leider von einem Teil der Rechtsprechung und Rechtsliteratur übersehen. Einige Rechtsmeinungen (*Wiebe*, 188; *Taeger* CR 1991, 453ff) weisen richtig daraufhin, daß die Software nicht isoliert betrachtet werden kann, sondern immer der Lösung einer bestimmten Aufgabe dient. Dieses Erfahrungs-Know, das die Software 'umrangt', ist immer mitzubewerten.

Der Einsatz solcher Arten von Programmen erfordert ein gewisses 'Know-How'. Was unter 'Know-How' zu verstehen ist, ist eine offene Frage (so *Marly* ,Rdnr. 63; *Heussen* GRUR 1987, 782; BGH GRUR 1970, 388; *Wiebe* , 204). Folgt man der Rechtsmeinung (*Stumpf/Groß* Rdnr. 18ff; Habel CR 1991, 257, 258), daß es sich um betriebliche, technische oder auch kaufmännische Kenntnisse und Erfahrungen handelt, die nicht allgemein zugänglich sind, wie z.B. Geschäfts- und Betriebsgeheimnisse, also schutzwürdig sind, so ist zunächst bei Standardprogrammen zwischen der inneren Programmstruktur und den Einsatzvoraussetzungen zu unterscheiden.

Es ist wohl strittig, daß die innere Programmlogik und somit der Quellencode ein Betriebsgeheimnis darstellen (so auch *Marly* , Rdnr. 63ff; *Habel* CR 1991, 257; *Buchner* in *Lehmann* XI Rdnr. 96ff; *Taeger* CR 1991, 454).

Demgegenüber wird die Meinung vertreten, daß mit einem Programm dem Anwender auch ein 'Teilstück' einer informatorischen Struktur' überlassen wird (*Moritz/Tybusseck* Rdnr. 538ff; *Habel* CR 1991, 257, 259).

Maßgebend für die Schutzwürdigkeit des mit dem Computerprogramm verbundenen Know-Hows ist wohl, daß mit der Installation des Computerprogramms eine Verbindung zu Betriebs- und Geschäftsgeheimnissen des Anwenders hergestellt wird oder es sich bei der software-technischen Lösung um ein Exklusiv-Wissen handelt, das bei der Vermarktung der Computersoftware einen Wettbewerbsvorteil darstellt (so *Taeger* CR 1991,449, 453; *Gaul* CR 1988, 847; *Wiebe* , 188, 191, *Moritz* CR 1989, 1049; a.A. *Habel* CR 1991, 257).

Der Einsatz eines trivialen Programmes bzw. der Einsatz einer Diskette, z.B. einer CD-ROM, auf der Entscheidungen gespeichert sind, erfordert kein 'Know-How', das irgendwie schutzfähig sein kann.

Anders ist es bei dem Einsatz von komplexen Anwendungsprogrammen in einer Systemumgebung zur Lösung eines Anwendungsproblems. Hier besteht ein starkes schutzwürdiges Interesse des Herstellers, daß sein Lösungspaket mit allen Lösungskomponeten vertraulich bleibt.

Denkbar ist, daß ein Konzept für eine verteilte Datenverarbeitung, z.B. ein 'client-server-Konzept' für Versicherungen, die mit Agenturen arbeiten, für den Hersteller eine schutzwürdige Lösung darstellt, die für ihn im Wettbewerb zu den Konkurrenten einen technischen Wissenvorsprung bedeutet. Dann liegt es sehr nahe, daß es sich um ein schutzwürdiges 'Know-How' und Geschäftsgeheimnis handelt.

Der Vergleich mit einem Buch (so *Marly* Rdnr. 80), das auch einen intellektuellen Inhalt verkörpert, verkennt den Charakter der Computersoftware. Es ist richtig, daß in einem Buch eine Idee beschrieben und verkörpert ist. Aber die Idee ist in dem Buch in sich abgeschlossen aufgeführt; der intellektuelle Zugang des Lesers zum Inhalt des Buches ist nicht von anderen äußeren Faktoren abhängig. Der 'Genuß' am geistigen Gut erfolgt direkt.

Anders bei der Computersoftware. Hier erfolgt der 'Genuß' erst in Form der Realisierung der Aufgabenlösung, also dadurch, daß das Computerprogramm als technisches Mittel für eine Aufgabenlösung in Form einer Systeminstallation mit der betrieblichen Aufgabe verbunden wird und somit zur Aufgabenlösung gebracht wird. Ein Computerprogramm ist zudem im Gegensatz zu einem Buch bereits ein Teil einer wissenschaftlichen, technischen Lösung, die anwendbar ist und die sogar in einem gewissen Rahmen dem Nutzer gewisse Anpassungsmöglichkeiten gibt ('parametrisiert'). (*Heussen* GRUR 1987, 779, 781 lehnt einen Vergleich mit einem Buch ab; siehe auch *Moritz* CR 1989, 1049, 1054; *Habel* CR 1991, 260; *König* NJW 1989, 2604, 2605, der den Unterschied zum Buch darin sieht, daß ein Programm nach der Vernichtung nicht mehr nutzbar ist; der Inhalt eines Buches bleibt auch nach der Vernichtung erhalten). Aber anders als beim Buch ist für eine Nutzung des Computerprogrammes nicht die inhaltliche Kenntnis, also die Kenntnis des Quellencodes, sondern die Kenntnis der Programmspezifika, der Einsatzbedingungen, also die genaue Kenntnis der Systemvoraussetzungen erforderlich.

Die immanente technische Lösung wird erst mit der Einbettung des Computerprogramms in die Systemumwelt für den Anwender nutzbar.

Dieses gesamte Systempaket bildet dann die 'Lösungsidee' des Anwenders. *Lesshafft* (CR 1989, 246, 247) beschreibt dieses Phänomen wie folgt:

> 'Programme können nicht aus sich selbst allein,
> sondern nur aus der Struktur, den Zielen und den
> Interaktionen eines größeren Systems verstanden
> werden, dessen Bestandteil sie sind und in dem
> sie eine wohl definierte Funktion wahrnehmen.'

Eine weitere wichtige Frage ist, welche Bedeutung die Tatsache hat, daß ein Computerprogramm ohne eine Datenverarbeitungsanlage nicht genutzt werden kann. In der oben erwähnten Entscheidung des BGH vom 04.11.1988 wird gerade die

Sacheigenschaft damit begründet, daß die Programmkopie auf einem Datenträger verkörpert ist und in dieser Form dem Anwender übergeben wurde.

Es ist sicher richtig, daß ohne ein DV-System Computersoftware nicht genutzt werden kann. Die Hardware besorgt das Speichern und die Verknüpfung digitalisierter Informationseinheiten in Form von Magnetisierung von Schaltungen auf einem Siliciumchip. Die Übertragung erfolgt hierbei über Stromimpulse (*Kindermann* GRUR 1983, 150, 154). Unbestritten spielen die Datenträger, wie das Magnetband bzw. Plattenspeicher, eine wichtige Rolle, indem sie das maschinenlesbare Programm speichern. Aber in der heutigen technischen Welt der Kommunikationssysteme, die über teilweise länderübergreifende Netzwerke laufen, sind die Datentransport-Medien von entscheidender Bedeutung (*Engesser/Claus/Schwill*, 173). So erfolgt die 'Nutzbarmachung' von Programmen, z.B. mittels Datenfernübertragungs-Medien, die keine physische Basis, wie z.B. Satelliten oder Funk haben. Bei diesen modernen Netzwerk-Anwendungen erfolgt die Verteilung und Pflege der Computersoftware in dezentralen Systemen (z.B. Workstations) von einem Host-System oder Server in einem LAN-Netz und zwar entsprechend den Anwendungsnotwendigkeiten, die zur Aufrechterhaltung der technischen Betriebsfähigkeit erforderlich sind.

Der Nutzer erhält also nicht mehr eine Diskette mit einer Programmkopie, sondern die Computerprogramme werden anwendungsgesteuert über Netze zugespielt, gepflegt und auch vernichtet (*Ackermann* in *Bartz/Scheibl/Wippler*, Moderne Kommunikations-technologie und neue Medien, 98f).

Das Computerprogramm ist vielfach keinem physischen Datenträger fest zugeordnet, sondern wird je nach Bedarf von einem zentralen Host zugespielt. Dabei kann das Programm auch zur gleichen Zeit an mehrere Nutzer an unterschiedlichen Orten transferiert werden.

Diese Beispiele zeigen, daß das Computerprogramm von einem fest zugeordneten Datenträger unabhängig und jederzeit durch einen anderen Datenträger ablösbar ist (*Habel* CR 1991, 257, 259f).

Der Transfer-Vorgang, wie überhaupt der gesamte Nutzungsvorgang, hat nichts mehr gemeinsam mit dem sachenrechtlichen Übereignungsvorgang. Computerprogramme sind keine Sache im Sinne des § 90 BGB, da sie keine technischen Werkzeuge im üblichen Sinne, sondern geistige Mittel zur Aufgabenlösung sind, die erst durch die Verbindungen mit weiteren technischen und betrieblichen Voraussetzungen transparent werden und wesensmäßig eine Flexibilität und Dynamik haben, die mit den üblichen festen technischen und justierbaren Werkzeugen nicht vergleichbar sind (*Habel* CR 1991, 259f; *Moritz /Tybusseck* Rdnr. 538f; *Wiebe*, 244; *Köhler/Fritzsche* in *Lehmann* XIII Rdnr. 6ff verneinen die Sacheigenschaft).

Auch der Bundesgerichtshof hat es in seiner Entscheidung vom 18.10.1989 (CR 1990, 26) als fraglich angesehen, ob bei einer Überspielung eines Programms über eine Kabelverbindung (BTX) die Übergabe einer beweglichen Sache vorliegt (so auch *Mehrings* NJW 1988, 2439f und NJW 1993, 3102). Aber letztlich ist die Art der Nutzbarmachung von untergeordneter Bedeutung. Es kommt alleine auf die Frage an, ob die mit einem Standardprogramm immanent verbundene Lösungsidee und das dazu erforderliche Gesamt'Know-How' oder die auf einem Datenträger wie einem Buch 'verkörperte' Idee maßgeblich ist (so auch *Wiebe*, 204, 205). Nur im letzten Fall stellen sich die rechtlichen Probleme der 'Eigentumsübertragung', die nach dem System des Bürgerlichen Gesetzbuches auch eine dingliche Komponente hat.

Die entgegengesetzten Rechtsmeinungen (*Marly* Rdnr. 77ff, *Bartsch* CR 1992, 393; *Hoeren* CR 1992, 533; *Lehmann* NJW 1992, 1721) stellen zu sehr auf die technischen Internas von Programmen und deren innere Abläufe ab, was in der Regel den DV-Anwender und Hersteller kaum noch in einem praktischen DV-Projekt interessiert. Bei dieser Sicht wird die mit dem Programm verbundene Lösungs-Idee, die nur in der Vielgestaltigkeit der Systemzusammenhänge und Einsatzmöglichkeiten erkannt werden kann, vollkommen außer acht gelassen.

Wer einmal mit einem Kommunikationsystem gearbeitet hat, also von einer 'Workstation' aus mit vielen Nutzern in der Welt auf der Grundlage von internationalen Netzwerken kommuniziert hat, versteht, daß die Nutzung von Programmen nichts Gemeinsames hat mit der Nutzung einer physischen Sache im Sinne des § 90 BGB. Eine derartig vielgestaltige Nutzung über Kontinente hinweg, zugleich mit mehreren Nutzern zusammen, hat nichts gemein mit den im Vergleich dazu bestehenden engen räumlichen Nutzungsmöglichkeiten einer physischen Sache. Das Anwendungs-Know How steht hierbei ohne Zweifel im Vordergrund (so auch *Lesshafft* CR 1989, 247).

Alleine maßgeblich ist demnach, daß

> 1. der Anwender „'Kow-How' erhält. In welcher Form auch immer das Mittel, wie das Know-How, zugänglich gemacht wird, kann nur zweitrangig sein.

Dabei beschränkt sich das Know-How nicht auf die 'Innereien' eines Programms (dargestellt im Quellencode, sondern das Know How umfaßt auch die Gesamtleistungsfähigkeiten des Programms im Rahmen einer Anwendungskonzeption.

> 2. der Anwender das Know-How nutzen kann.

Es kommt nicht darauf an, daß das 'Wissen unmittelbar lesbar' ist (*Wiebe*, 242; *Moritz/ Tybusseck* Rdnr. 537; *Brandi-Dohrn* CR 1986, 63f; *Sucker* CR 1989, 355f; *Taeger* CR 1991, 455f; a.A. *Marly*, der darauf abstellt, daß das Know-How unmittelbar wahrgenommen werden kann).

Durch das zweite Änderungsgesetz zum Urhebergesetz vom 09.06.1993 wird besonders die Schutzfähigkeit von Computerprogrammen hervorgehoben. Demzufolge sollten auch die Grundsätze des Urheberrechts, also die Dominanz des geistigen Gutes über die körperliche Ausgestaltung und die Unterschiede zum Eigentumsrecht beachtet werden (siehe *Rehbinder* , 48, 53f).

Maßgeblich ist für die Frage des schutzwürdigen 'Know-Hows' die Anwendungsbreite eines Standardprogramms und die durch das Programm eröffneten geistig schöpferischen Spielräume für Anwendungslösungen in Einzelfällen.

Je nachdem, welcher Meinung man folgt, ergeben sich unterschiedliche rechtliche Einordnungen:

> (a) Folgt man der Meinung des Bundesgerichtshofs und der entsprechenden Rechtsliteratur, so findet bei der Überlassung von Computerprogrammen Kaufrecht im Sinne der §§ 433, 459 BGB zumindest entsprechend Anwendung (*Marly* Rdnr. 52; *König* NJW 1993, 3121). Der Bundesgerichtshof hat sich demgegenüber bisher nicht auf eine umfassende rechtliche Einordnung festgelegt, sondern lediglich zu der Anwendung der Gewährleistungsvorschriften Stellung genommen. Dabei hat er es in einer jüngsten Entscheidung (CR 1993, 682f) offen gelassen, ob die Gewährleistungsvorschriften des Kauf- oder Werkvertrages sinngemäß zur Anwendung kommen.

Ein Teil der Rechtliteratur (*Köhler/Fritzsche* in *Lehmann* XIII Rdnr. 29f) sieht zwar Computersoftware nicht als Sache im Sinne des § 90 BGB an, bewertet aber die Überlassung von Computersoftware als kaufähnliches Rechtsgeschäft, wobei hier sehr auf das Erscheinungsbild des Verkaufs abgestellt wird. Dabei wird angemerkt, daß Gegenstand des Kaufrechts des BGB nicht nur Sachen im Sinne des § 90 BGB, sondern alle 'verkehrsfähigen Güter' sein können (*Westermann* Münchner Komm. § 433 Rdnr. 2; *Köhler/Fritzsche* in *Lehmann* XIII Rdnr. 29).

Im wesentlichen unterscheiden sich die Rechtsmeinungen in der Frage, ob tatsächlich bei der Überlassung der Computersoftware ein 'Tauschgeschäft' im Sinne des Kaufvertragsrechtes vorliegt oder ob es sich bei der Überlassung nur um die Einräumung von abgeleiteten Rechten handelt (*Westermann* Münchner Komm. § 433 Rdnr. 20).

> (b) Folgt man der hier geäußerten Rechtsauffassung, so sind die rechtlichen Grundzüge des Know-How-Vertrags zu beachten. Der Know-How-Vertrag wurde durch die Praxis entwickelt; es gibt also keinen gesetzlichen Vertragstyp. Er wird daher vielfach als Vertrag eigener Art ('sui generis') bezeichnet, auf den die gesetzlichen Bestimmungen des Schuldrechts wie auch alle Vertragstypen des BGB sinngemäß anzuwenden sind. Vielfach werden die Grundzüge des Pachtrechts zu-

grundegelegt (Pfaff BB 1974, 564; Habel CR 1991, 257, 259; Wiebe, 243f). Auch in der Praxis wird bei der Überlassung von Computersoftware eine starke dem Miet- / Pachtrecht entsprechende Ausgestaltung der Verträge bevorzugt. Auch der Bundesgerichtshof hat in seiner Ent-Entscheidung vom 03.06.1981 (ZIP 1981, 868) das Pachtrecht ent-entsprechend (§ 581 BGB) angewandt.

Wichtig ist die Frage, ob bei einem Computerprogramm die geistige Leistung oder die Sache im Vordergrund steht, bei folgenden rechtlichen Themen:

1. Die vertragstypologische Einordnung der 'Überlassung' von Computer-programmen, inbesondere unter dem Gesichtspunkt des § 9 Abs. 2 Nr. 1 oder Nr. 2 AGB-Gesetz. (Abnahme; Gewährleistung usw.; weitere Ausführungen erfolgen in Kapitel VII.)
2. Der Schutz nach §§ 17, 18 des UWG (*Habel* CR 1991, 259).
3. Die Anwendung des §§ 20, 21 GWB und Art. 85 EWG (*Vinje* CR 93, 401; *Moritz* CR 1993, 341 und 414).
4. Der Schutz nach dem Urhebergesetz (insbesondere bei der Anwendung des § 17 Abs. 2 UrhG.).
5. Die Anwendung des Produkthaftungsgesetzes bzw. der Produzenten-haftung.
6. Die Anwendung des Verbraucherkreditgeschäftes.
7. Die Anwendung des UN-Kaufrechtes (*Endler/Daub* CR 1993, 601; *Piltz* NJW 1994, 1101).

Die rechtliche Charakterisierung hat nicht unbeträchtliche Auswirkungen auf die Vertriebsarten von Software und deren unternehmerische Kalkulation.

Die Vermarktung von Software gestaltet sich sicher anders, wenn die Software wie ein Buch nur verkaufbar wäre und jeder Weiterverkauf nicht ausgeschlossen werden kann. Der Markt der potentiellen 'Käufer' ist anders als in dem Fall, daß die Nutzung der Software an die Einräumung der Nutzung durch den Hersteller gebunden ist.

Auch das Haftungsrisiko der Vermarktung ist anders bei einer Sache, also bei einem immateriellen Gut (so BGH GRUR 1961, 27,29 'Holzbauträger'; GRUR 1979, 768, 769 'Mineralwolle'; GRUR 1960, 642, 644 'Drogistenlexikon'). Gerade im Bereich der Haftung wird im Rahmen der Gewährleistung eine gewisse Risikobeteiligung des Anwenders vorgesehen (siehe auch *Wiebe* , 256 mit weiteren Beispielen; *Soergel* Münchner Komm. § 633 Rdnr. 66ff).

Für die Frage der vertraglichen Einordnung gibt es einige weitere wichtige Merkmale, die mitbewertet werden müssen.

Zunächst ist einmal festzustellen, daß bei den bekannten Definitionen von Software, wie DIN 44300 oder der BVB-Erstellung und -Planung, keine Unterscheidung nach Standard oder Individueller Software getroffen wird und daß Bezug auf einen Datenträger oder die Notwendigkeit einer materiellen Basis fehlt. (Siehe *J. Schneider* J Rdnr. 64; *Krückenberg/Spaniol* 23; Schneider, Informatik und Datenverarbeitung, 739).

Die starke Verwandschaft der Standard-Computersoftware mit einem Fertigungsverfahren ergibt sich nicht nur aus dem gleichartigen Entwicklungsprozeß, sondern auch aus der Tatsache, daß solche Software sich in einem ständigen Weiterentwicklungsprozeß befindet, der neben der Beseitigung von Fehlern auch die Überarbeitung bzw. Erweiterung der Funktionalität beinhaltet, obwohl die Standardsoftware schon auf dem Markt ist. Diese Tatsache findet eben in der technologischen Erfahrung ihre Ursache, daß erst der Einsatz der Software maßgebliche Erkenntnisse über die Anwendbarkeit und Fehlerhaftigkeit der Software ergeben.

Dieses Phänomen bildet die Ursache dafür, daß 70% der Kosten einer Entwicklung in der späteren Pflege liegen (*Stöhr* Computerwoche 16.03.1983, 16). Dieser permanente Entwicklungsprozeß bzw. der Änderungsdienst bei der gelieferten Standardsoftware ist nicht vergleichbar mit den Lebenstatbeständen einer 'verkauften Ware', bei der sich der Verkäufer fast vollständig aus der Verantwortung der Sache verabschiedet. Aus rein technischer Sicht ist die Softwareentwicklung nicht mit der Installation bei einem Kunden beendet. Vielmehr folgt anschließend ein Prozeß der Stabilisierung und ständigen Verbesserung der Software, der in Form von allgemeinen neuen Releases (also neue Programmversionen) oder der Mängelbeseitigung allgemeiner Art (auch PTF = Programm Tempory Fixes genannt) abläuft.

Dieser Prozeß erstreckt sich über den Zeitraum der Gewährleistungsfristen des Kauf- und Werkvertrages hinaus. In der Regel sind die Kunden sehr an Lizenzprogrammen der Hersteller interessiert, die von den Herstellern allgemein weiterentwickelt und gepflegt werden. Auf diese Weise ist gesichert, daß allgemeine Probleme der Software vom Hersteller beseitigt werden, bzw. die vielfachen Erfahrungen und Erkenntnisse mit dem Einsatz der Lizenzsoftware in einer Vielzahl von vergleichbaren Kunden-Installationen einer Branche in die neuen Programm-Versionen einfließen (*Apitzsch* CR 1989, 432ff; *Heussen/Hoh* , 73ff; *Lichtenberg* ,13ff).

Auf diese Weise ersparen sich die Kunden einen sehr kostspieligen eigenen Änderungs- und Pflegeaufwand. Die BVB-EDV der öffentlichen Hand haben diese Gesichtspunkte in den § 17 BVB-Überlassung und § 19 BVB-Kauf berücksichtigt. (*Müller-Hengstenberg* BVB-Computersoftware, 118f). Dieser über die einfache Überlassung hinausgehende 'Service' macht deutlich, daß die Hersteller ihre Verantwortung für eine allgemeine Einsatzverantwortung jedes einzelnen Programms unabhängig von einer Gewährleistungspflicht beibehalten, was für eine kaufähnliche Transaktion unüblich ist. Diese Verantwortung ist nicht mit der speziellen Verantwortung eines jeden Nutzers für den Einsatz der Standard-Software zu verwechseln.

Sowohl der Bundesgerichtshof als auch eine Mindermeinung in der Rechtsliteratur (*Hoeren* CR 1988, 903; *König* CR 1989, 372; *Marly* Rdnr. 75f) berücksichtigen diesen Prozeß in ihrer rechtlichen Wertung nicht.

Die Vergütungsart und die Zeitdauer können nicht als maßgeblich für die vertragsrechtliche Einordnung sein. Auch bei den urheberrechtlichen Fragen, z.B. der Erschöpfung nach § 69 c Nr. 3 UrhG, spielt die Frage der Vergütung und Zeitdauer keine Rolle. Es dürfte doch recht fraglich sein, ob die urheberrechtliche Situation sich von dem schuldrechtlichen Verpflichtungsgeschäft so unabhängig sein kann, wie vielfach unterstellt (*Marly* Rdnr. 686; *Rehbinder*, 206).

Entscheidend kann demnach nur die urheberrechtliche Frage des Umfanges des Nutzungsrechtes sein, welcher dem Anwender eingeräumt wird und damit im Zusammenhang der Wille der Vertragsparteien. Nach dem Urhebergesetz, das nunmehr nach der Novellierung in 1993 in der Regel auf Computerprogramme Anwendung findet, ist für die Frage der 'Sachherrschaft' alleine der Umfang der Einräumung der Nutzungsrechte von Bedeutung. Das Verpflichtungsgeschäft bestimmt zwar den Umfang der dinglichen Nutzungseinräumung, aber dabei dürfen die Voraussetzungen und Kriterien der Art der Nutzungsrechtseinräumung nach dem Urhebergesetz nicht voll unbeachtet bleiben (*Rehbinder*, 49, 53, 192; ähnlich aber differenzierter *Köhler/Fritzsche* in *Lehmann* XIII Rdnr. 13ff; a.A. *Heymann* CR 1990, 112 ff). Auch *Heussen* (GRUR 1987, 779, 787) weist mit Recht darauf hin, daß die Art der Vergütung nicht ausreichend für eine rechtliche Qualifizierung des Vertragsverhältnisses ist. Nach Heussen kommt es für eine vertragliche Einordnung vielmehr auf die Nutzungstiefe und andere Aspekte an, wie z.B. die weitere Pflege. Die 'Nutzungstiefe' gibt Aufschluß über das Maß der Einräumung von 'Herr-schaftsrechten', bzw. über das Vorliegen der Verfügungsmacht, die Wesenselemente eines Kaufgeschäftes sind. (*Westermann* Münchner Komm. § 433 Rdnr. 20).

Die Nutzungsart (volle Nutzungsrechte oder beschränkte Nutzungsrechte für den Anwender) ist demnach ein denkbares Abgrenzungskriterium für die Frage, ob die Anwendung des Kaufrechtes oder des Miet-/Pachtrechtes sinnvoll bzw. zweckmäßig ist (so wohl im Grundsatz auch *J. Schneider* G Rdnr. 26; *Moritz/Tybusseck* Rdnr. 750ff; *Müller-Hengstenberg* CR 1986, 441; a.A. *Brandi-Dohrn* CR 1986, 63ff; *Bartsch* CR 1992, 393, 397; *Wiebe*, 247).

Mit Recht stellt die Rechtsprechung der Finanzgerichtshöfe den immateriellen Charakter der Computersoftware in den Vordergrund; nur aus dieser Sicht kann die rechtliche Einordnung vorgenommen werden. Der Bundesgerichtshof überwertet in Verkennung der technologischen Gegebenheiten die Tatsache, daß eine Kopie des Computerprogrammes auf einem Datenträger geliefert wird und verknüpft das Rechtsschicksal der Computersoftware mit den Datenträger (so BFH CR 1987, 576, 579; *Junker* NJW 1993, 824). Daraus folgt, daß die entsprechende Anwendung des Kaufrechts nicht immer die angemessene Lösung sein kann. Auch neuere Rechtsmeinungen (siehe *Mehrings* NJW 1993, 3102) bezweifeln, ob die rechtliche Einordnung als Sache gerechtfertigt ist. Gerade bei 'Onlineverträgen' ist eine An-wendung des Kaufrechts nicht gerechtfertigt (*Mehrings* NJW 1993, 3102; *Sieber* CR 1992, 518, 519).

(bb) Neue Tendenzen in der Rechtsprechung
Ein Teil der Rechtsprechung hat jedoch in der letzten Zeit einen neuen Ansatz gefunden, indem sie sich nicht mehr nur auf die rechtliche Einordnung der Computersoftware beschränkt, sondern eine Einordnung vom gesamten Systemkonzept bzw. vom damit bezweckten Ziel her vornimmt. Damit kommt man zu anderen rechtlichen Ergebnissen, die meines Erachtens der Aufgabenstellung der Datenverarbeitung gerechter werden (so auch *Junker* NJW 1993, 824, 828 und NJW 1994, 902ff; *Brandi-Dohrn*, 8ff).

So sind zunächst die Entscheidungen des Oberlandesgerichts Hamm (CR 1989, 486 und vom 12.12.1988 CR 1989, 385) sowie des Landgerichts Augsburg (CR 1989, 22) zu nennen.

Die beiden Entscheidungen des Oberlandesgerichts Hamm besagen, daß das Werkvertragsrecht Anwendung findet, wenn die Standardsoftware auf die Bedürfnisse des Anwenders 'umgestrickt' wird, bzw. die Gesamtkonfiguration von Hardware und Standardsoftware an die Bedürfnisse des Anwenders angepaßt wird.

Das Landgericht Augsburg sieht einen Werkvertrag dann als vorliegend an, wenn 27% der Gesamtkosten für die Software die Anpassungsleistungen betreffen.

Solche Fragen stellen sich in der Regel bei jedem Einsatz von Standardsoftware. Auch diese Tatsache zeigt, mit welcher Vorsicht der BGH-Entscheidung vom 8.11.1987 begegnet werden muß.

So hat auch das Oberlandesgericht Koblenz, Urteil vom 4.10.1991 (CR 1992, 154), sich für die Anwendung des Werkvertragsrechtes ausgesprochen, weil

> "die Erstellung und Installation der Standardsoftware
> nach Anforderungen des Kunden zu erfolgen hatte".

Das Oberlandesgericht Köln hat sich in mehreren Entscheidungen, Urteil vom 28.02.1992 (CR 1992, 399) vom 26.06.1992 (CR 1992, 545), unterschiedlich geäußert:

1. Werkvertragsrecht findet Anwendung, wenn Standard-Software auf die Bedürfnisse des Kunden umgearbeitet wird.

2. Der kaufrechtliche Charakter eines Vertrages über die Überlassung von Standardsoftware bleibt unberührt, wenn nach Übergabe Änderungen an demProgramm vom Kunden gewünscht werden.

3. Das Oberlandesgericht Köln hat in einer etwas früheren Entscheidung (CR 1991, 154) bei der Lieferung von Standard-Hardware und Software das Nachbesserungsrecht analog § 633 BGB zugrundegelegt, aber statt den § 640 BGB den § 477 BGB bei der Ablieferung der Hardware und Software angewandt. Diese Entscheidung zeigt die große Unsicherheit der rechtlichen Einordnung, aber die Tendenz zum Werkvertragsrecht auf (siehe auch OLG Düsseldorf NJW 1989, 2627).

4. Neuerdings hat das Oberlandesgericht Köln (CR 1993, 426,427) einen einen Werkvertrag verneint, obwohl für eine betriebliche Lösung Standard-Hardware und Software- Konfiguration angeboten worden sind, ohne daß eine spezifische Änderung vorgenommen wurde. Diese Entscheidung sollte nicht überbewertet werden, da die Rechtsprechung,teilweise durch technische Sachverständige verwirrt, bei der Entwicklung von allgemeinen Bewertungs- bzw. Einordnungskriterien Verständnisprobleme hat. Die Tendenz der Rechtsprechung bei Systemverträgen bzw. Integrationsverträgen zum Werkvertragsrecht ist dennoch unverkennbar und sachlich angemessenen.

Sehr ausführlich hat sich das Landgericht Nürnberg-Fürth, Urteil vom 16.12.1991 (CR 1992, 336f), mit der Rechtsfrage der Anwendung des Kauf- oder Werkvertragsrechts bei der Lieferung von Standard-Software auseinandergesetzt. Das Landgericht verweist zunächst auf die Rechtsprechung des Bundesgerichtshofs (NJW 1988, 406), daß bei der Überlassung von Standardsoftware auf die Dauer gegen ein einmaliges Entgelt das Kaufrecht zumindest entsprechend anwendbar ist. Wenn einzelne Parameter des Programms den individuellen Bedürfnissen angepaßt werden, liegt der Schwerpunkt noch in der Überlassung der Software, damit steht das Kaufrecht noch im Vordergrund. Ein 'Grenzfall' liegt nach der Meinung des Landgerichts vor, wenn diese Standard-Software mit Änderungen oder Ergänzungen ausgestatttet wird (OLG München CR 1987, 364). Allerdings steht der Werkvertrag im Vordergrund,wenn die Standardsoftware mit individuellen Änderungen versehen wird (OLG Hamm CR 1992, 206, folgt dem OLG Nürnberg-Fürth CR 1992, 336f).

Demgegenüber ist das Landgericht Konstanz (CR 1991, 93) der Auffassung, daß bei Lieferung von Standard-Hardware und Standard-Software mit einem Netzwerk Kaufrecht und kein Werkvertragsrecht in Betracht kommt, wenn die Leistung nicht individuell maßgeschneidert ist.

Das Oberlandesgericht Köln hat in zwei neueren Entscheidungen, Urteil vom 19.08.1992 (CR 1993, 282) und Urteil vom 11.12.1992 (CR 1993, 278), sich sehr deutlich für die Anwendung des Werkvertragsrechtes ausgesprochen:

> "auch wenn die gelieferten Komponenten
> Hard- und Software aus Standards bestanden".

Voraussetzung ist allerdings, daß es sich hierbei um eine 'abgestimmte Lösung' handelt (anders OLG-Köln CR 1993, 426, siehe obige Erläuterung).
Das Landgericht Aachen (CR 1993, 703) kommt wohl auch zu der Meinung, däß wenn Hardware und Software 'individuell auf die Erfordernisse des Betriebs abgestellt aus- gerichtet' sind, Werkvertragsrecht Anwendung findet.

Der BGH enthielt sich in seinen bisherigen Entscheidungen einer Stellungnahme und ließ es offen, ob eine sinngemäße Anwendung des Kauf- oder Werkvertrages, insbesondere bei der Gewährleistung, in Betracht kommt (BGH CR 1993, 681); in der Entscheidung waren die Rechtsfolgen gleichartig.

b) Bewertung
Der Ansatz der Rechtsprechung ist meines Erachtens richtig. Es wird hier im wesentlichen zwischen zwei Tatbeständen unterschieden:

1.   Die reine Lieferung bzw. Überlassung von Standard-Hardware und Standard-
        Software als 'handelsübliche Ware'.

2.   Die Implementierung eines Systems bestehend aus Standard Hardware und
        Standardsoftware verbunden mit weiteren individuellen Leistungen mit der
        Ziel, die Anforderungen eines Kunden zu erfüllen.

Mit anderen Worten, es kommt darauf an, ob der Lieferant der DV-Hardware und Software einen über die Lieferung hinausgehenden Erfolg zugesagt hat, z.B. die Erfüllung von Anwendungserfordernissen (a.A. *J. Schneider*, J Rdnr. 5ff; a.A. OLG Düsseldorf CR 1994, 351).

Es muß eine Leistungsart vorliegen, die über die Minimalleistung nämlich die reine Standard-Software-Überlassung, hinausgeht und eine neue oder andersartige Leistung darstellt bzw. einen anderen Risikocharakter hat. (Siehe hierzu *Marly* Rdnr. 47; *Wiebe*, 257. Der werkvertraglichen Einordnung steht nicht entgegen, daß der Werkvertrag im Gegensatz zum Kaufvertrag Personalleistungen voraussetzt (*Rolland* NJW 1992, 2377, 2381).

Hinter den Begriffen 'Implementierung' oder 'Installation' von Standard-Hardware oder -Software steht ein Vielzahl von personenbezogenen Leistungen, ohne diese eine zweckmäßige, den Wünschen des Auftraggebers entsprechende Installation nicht möglich ist und die daher im Gesamtleistungsumfang von maßgeblicher Bedeutung für die Leistungserfüllung sind;

z.B. | - Festlegung der Datenbasis,
| - Durchführung einer Produktanalyse,
| - Erstellung eines Systementwurfs.

(siehe *Lichtenberg*, 29 ff; zu enge Definition bei *Koch/Schnupp*, 325).

Bei dieser Betrachtung, der offensichtlich das Landgericht Nürnberg-Fürth folgt, ist nicht ganz verständlich, warum die Auswahl von Programm-Parameters, die nur unter Berücksichtigung des speziellen Anwendungs- bzw. Systemumfeldes eines Kunden vor-genommen werden kann, nicht in den Rahmen werkvertraglicher Leistungen fallen soll. Die Parametrisierung ist Teil der Installation einer Standard-Software; das Oberlandesgericht Düsseldorf, Urteil vom 13.04.1988 (CR 1989, 696), hat hier richtigerweise das Werkvertragsrecht zugrundegelegt. Das Oberlandesgericht Hamm hat in seiner Entscheidung vom 22.08.1991 (CR 1992, 206) folgendes ausgesagt:

> Der vom BGH mit Urteil vom 4.11.1987 (CR 1990, 707f) entschiedene Fall zeichnet sich dadurch aus, daß der Abnehmer ein Zwischenhändler war. In diesem Fall erscheint die entsprechende Anwendung des Kaufrechts überzeugend. Wenn Abnehmer ein nicht sachkundiger Endabnehmer ist, der eine Gesamtanlage zur Bewältigung bestimmter Aufgaben erwerben will, entspricht es nach den Erfahrungen des Senats eher den Vorstellungen von Lieferanten und Abnehmer, daß eine werkvertragliche Leistung jedenfalls dann geschuldet wird, wenn der Lieferant die Verpflichtung übernimmt, den Abnehmer in den Gebrauch der Anlage einzuweisen und entsprechend zu schulen.

Das Oberlandesgericht Hamm kritisiert im übrigen die Entscheidung des Oberlandesgerichts Nürnbergs (BB Beilage 7/1991 Nr. 7) daß ein Werkvertrag nur vorliegt, wenn bei Lieferung von Standard-Hardware und -Software ein Viertel des Gesamtpreises in Änderungsaufwänden besteht.

Das Landgericht Nürnberg sieht so z.B. als Merkmale für die Anwendung des Werkvertragsrechtes an:

1. Sonderwünsche des Kunden (Software-Anpassungen oder Ergänzungen).
2. Es wird eine Lösung als Hardware oder Software geschuldet.
3. Installations-, Schulungs- und Einweisungspflichten des Lieferanten.

4.   Die hohen Investitionskosten, die mit der Installation einer DV-Anlage
     in der Regel für Lieferanten und Kunden verbunden sind, müssen bei
     der Gewährleistung angemessen berücksichtigt werden; die werkver-
     traglichen Regelungen, insbesondere das vorrangige Nachbesserungs-
     recht (vor dem Recht zum Rücktritt), sind hier angemessener als die
     kaufrechtlichen Gewährleistungsvorschriften, bei denen dem Rück-
     trittsrecht kein Nachbesserungsanspruch vorgeschaltet ist.

(Siehe hierzu die Anmerkung *Brandi-Dohrn* CR 1992, 341, der auf die Möglichkeit
des § 480 BGB in Verbindung mit § 242 BGB hinweist; *Zahrnt* , Rechtsfragen und
Rechtsprechung Kapitel 8 (1) lehnt die Anwendung des § 480 BGB mit Recht ab, weil
es keine Programme mittlerer Art und Güte gibt; *Eickmeier/Eickmeier* , CR 1993, 73f).
Soweit neben der Nutzungsrechteinräumung weitere Leistungen vereinbart werden,
liegt nach meiner Auffassung ein Vertrag 'sui generis' (Vertrag besonderer Art)
sicherlich mit einem starken werkvertraglichen Leistungselement vor; allerdings
erhalten z.B. mitvereinbarte Schulungsleistungen keine andere rechtliche Qualifikation
und bleiben auch in einem solchen Leistungspaket dienstvertragliche Leistungen (a.A
wohl OLG München Urteil vom 15.02.1989 CR 1990, 647; aber so *Palandt* /Heinrichs
Einf. 305 Rdn. 24 "für jede Leistung sind die Vorschriften des entsprechenden
Vertragstyps heranzuziehen", Anmerkung: das OLG zitiert den Kommentar *Palandt*
offensichtlich nicht richtig; siehe auch *Marly*, Rdnr. 54ff).

Wie bereits oben aufgeführt, ist aber bei den Hauptleistungspflichten der starke
werkvertragliche Einschlag in Form analoger Anwendung der werkvertraglichen
Bestimmungen (§§ 633ff BGB) zu berücksichtigen.

Die oben aufgeführten Entscheidungen differenzieren rechtlich zu wenig, ausgenommen
das Landgericht Nürnberg-Fürth, zwischen den unterschiedlichen Leistungsarten,
sondern untergliedern alle Leistungen dem Werkvertragsrecht.

Eine solche Betrachtungsweise kann zu unangemessenen Ergebnissen führen, z.B.
eine Schulung ist ein Dienstvertrag: Es wäre unbillig, den Hersteller für einen
Schulungserfolg haften zu lassen.

Es muß also hier sehr streng zwischen den unabdingbar abhängigen Leistungen, wie
z.B. die Installation der Hardware, und den mittelbar bezogenen Leistungen, wie
Schulung oder Beratung, unterschieden werden.

So gehören zu den unmittelbar abhängigen Leistungen nach der Rechtsprechung:

1.   die Betriebsanleitung oder Einweisung bei Hardware und Software;
2.   die Software-Dokumentation (ohne Quellencode).

(Siehe hierzu OLG Karlsruhe NJW 1992, 1771; OLG Hamm in *Zahrnt*, Rechtsprechung Bd. 1 KM-6 (Bedienerhandbuch); siehe hierzu auch BGH MDR 1992, 850; OLG München CR 1990, 646 - fehlende Benutzerdokumentation; siehe hierzu auch Junker NJW 1993, 824, 827f). Zu den mittelbaren Leistungen gehören Schulungsleistungen und Infrastruktur-leistungen.

Bei Anwendung des Werkvertragsrechts ist jedoch zu klären, ob es sich um einen Werklieferungsvertrag im Sinne des § 651 BGB oder um einen reinen Werkvertrag im Sinne der §§ 631 ff BGB handelt. Da bei einem Systemvertrag in der Regel Standard-Hardware und Standard-Software mitgeliefert werden, könnte die Meinung vertreten werden, es handele sich um vertretbare Leistungen, so daß die Bestimmungen des Kaufrechts alleine zur Anwendung kommen (so BGH NJW 1993, 1095).

Eine solche Betrachtung würde bedeuten, daß die Abnahme nicht die gewichtige Bedeutung hat wie bei einem reinen Werkvertrag; weiterhin würde das auch noch bedeuten, daß nicht die Nachbesserung Priorität vor dem Rücktritt hat, wie dieses bei § 633ff BGB der Fall ist. Damit würde der vom Landgericht Nürnberg-Fürth (aaO) hervorgehobene Investitionsschutz bei der Installation von Systemen entfallen, bzw. zumindest gefährdet sein.

Unzweifelhaft bleibt das Werkvertragsrecht anwendbar, wenn Standard-Leistungen insbesondere Standard-Software entsprechend den Anforderungen des Kunden verändert werden. Lediglich hinsichtlich der Computerhardware und der nur 'parametrisierten Betriebsssyteme' kann die Meinung vertreten werden, daß es sich bei diesen Leistungen um vertretbare Leistungen handelt (siehe hierzu *Eickmeier/Eickmeier* CR 1993, 73, 75f).

In der Praxis ist diese Rechtsfrage von Bedeutung, wenn z.B. die Software den Anforderungen des Kunden entsprechend richtig erstellt bzw. angepasst oder erweitert worden ist, aber die mitgelieferte Hardwar,e die Gegenstand eines anderen Vertrages ist, zu klein ist oder keine ausreichende Kapazität besitzt. Kann in diesem Fall eine kostenlose Lieferung einer größeren Hardware verlangt werden? Kann die Abnahme verweigert werden? Kann Nachbesserung verlangt werden?

Die Rechtsprechungen (BGH CR 1987, 358; BGH CR 1993, 717; LG Aachen CR 1993, 767f; OLG Köln CR 1992, 544; OLG Hamm CR 1992, 206 f) qualifizieren die angepaßte Standard-Software als werkvertragliche Leistung und wenden auf die mitgelieferte zugehörige Standard-Hardware das Kaufrecht an. Wenn z.B. wegen eines Mangels in dem angepaßten Standardprogramm ein Fehler auftritt, so hat der Besteller zunächst die werkvertraglichen Gewährleistungsrechte nach §§ 633 BGB für die mangelhafte Software.

Falls die Nachbesserung fehlschlägt und der Besteller den Rücktritt erklärt, dann umfaßt der Rücktritt nach § 634 Abs. 1 BGB in Verbindung mit § 469 BGB den 'gesamten Vertrag' also auch die anderen zugehörigen Leistungen, d.h. die mitgelieferte Standard-Hardware (so insbesondere OLG Köln CR 1992, 544 und CR 1993, 283). Voraussetzung für eine solche rechtliche Verbindung ist, daß es sich um eine 'einheitliche' Lieferung von Hardware und Software handelt, bzw. daß die Hardware- und Softwarekomponenten auf die spezifischen Bedürfnisse des Anwenders (Bestellers) zugeschnitten sind (siehe hierzu BGH CR 1987, 358f; OLG Köln CR 1993, 283).

Diese rechtliche Lösung wird jedoch der Gesamtsituation insbesondere der wirtschaftlichen Interessenlage nicht gerecht, da ein solch umfassender Rechtsanspruch nur bei der Wandlung besteht (siehe *Mehrings* NJW 1988, 2438, 2440). Wenn der vom Landgericht Nürnberg-Fürth (CR 1992, 336 f) anerkannte Schutz der Investitionskosten gewahrt bleiben soll, so ist eine unterschiedliche Qualifikation der Standard-Hardware, der Standard-Software, bzw. der angepaßten oder erstellten Software nicht im Einklang mit dem Vertragsziel bzw. dem gesamtvertraglichen Grundverständnis. Besser und dem bezweckten Lösungsinteresse angemessener ist es, bei allen Leistungen (Hardware, Software und Anpassungen usw.) die §§ 631, 633 ff BGB entsprechend anzuwenden und nur dann auf andere gesetzliche Regelungen, z.B. des Kaufrechts, zurückzugehen, wenn das Werkvertragsrechts keine angemessene Lösung bietet (*Köhler/Fritzsche* in *Lehmann* XIII Rdnr. 19, *Eickmeier/Eickmeier* CR 1993, 73, 75ff).

Zu erwägen ist, ob die Lieferung der Standard-Hardware und -Software eine Nebensache oder die gesamte Leistung eine nicht vertretbare 'Sache' ist (siehe hierzu *Soergel* Münchner Komm. § 651 Rdnr. 2 bis 5; *Glanzmann* BGB-RGRK § 651 Rdnr. 5). Bei beiden Kriterien kommt es auf die Gesamtgewichtung und Wertung der Leistungen mit dem Leistungsziel an.

Die Rechtsprechung hat zum Beispiel die Lieferung und Erstellung eines Fertighauses als Werkvertrag qualifiziert, obwohl das Fertighaus aus vielen vom Lieferanten vorgefertigten Standardteilen erstellt wird (so BGH NJW 1983, 1483; *Soergel* Münchner Komm. § 651 Rdnr.6; *Palandt /Thomas* Einl. zu § 631 Rdnr.13; so insbesondere BGHZ 59, 179, 182; *Teichmann,* A40), *Staudinger/Peters* BGB-Komm. § 651, Rdnr.4; BGH WM 1992, 916; *Jagenburg* NJW 1993, 108). *Esser/Schmidt* (Schuldrecht I, § 12 II) weist daraufhin, daß bei gekoppelten Verträgen die Interessenslage bestimmt, welche Leistung die Hauptleistung ist, die für die Wahl des gesetzlichen Typus 'allein bestimmend' ist (so auch OLG Stuttgart CR 1987, 857: Lieferung von Standard-Hardware und -Software mit individueller Anpassung sowie mit Einweisung und Schulung ist Werklieferungsvertrag über nicht vertretbare Sachen).

Bei einem Vertrag, der nur die Lieferung von Standard-Hardware und -Software ggf. mit einer Installationspflicht beinhaltet, steht offenkundig die Lieferung der beiden Standard-Leistungen im Vordergrund, auch wenn die Einweisung in die Bedienung noch in den Vertrag einbezogen ist (so wohl LG Stuttgart CR 1992, 277; *Eickmeier/Eickmeier* CR 1993, 73,74). Diese Rechtsansicht ist nicht ganz unbedenklich, da der

Besteller keinen 'Stoff' (bewegliche Sache) beigestellt hat, sondern ggfs. nur sein organisatorisches Know-How (so *Köhler/Fritzsche* in *Lehmann* XIII Rdnr. 16f).

Anders ist es, wenn ein funktionsfähiges System im engeren Sinne (siehe Definitionen unten) oder eine funktionsfähige Anwendungslösung entsprechend einem Pflichtenheft Vertragsgegenstand ist.

Hier sind das Systemkonzept bzw. die 'funktionalen Spezifikationen' wesentlichen die Leistungsziele.

Das Phasenkonzept der BVB wie auch andere Phasenkonzepte (z.B. das Vorgehensmodell der KBST des Bundesminister des Inneren vom August 1992) zeigen eindeutig auf, daß es bei einem funktionsfähigen System auf die Realisierung der im Systementwurf beschriebenen technischen Systemumgebung und Implementierungsdetails wie z.B. Festlegung der systemtechnischen Komponenten zur Wahrung von Funktionen, Daten- und Ablaufsicherheit, der Datenbankdefinitionen oder bei der Implementierung der gesamten Anwendungslösung auf die Realisierung des Pflichtenheftes ankommt (Lichtenberg, 29f, 43f).

Der Weg, wie diese Leistungsziele erreicht werden, mit welcher Standard-Hardware oder -Software und was alles noch individuell zu erstellen ist, ist hierbei zweitrangig (so wohl das Grundverständnis des LG Nürnberg-Fürth CR 1992, 339), wenn das Landgericht der Installationsverpflichtung - gemeint ist eine 'funktionsfähige Implementierung' der Anwendung - ein Übergewicht zuerkennt; ähnlich auch *Zahrnt* BB 1984, 1007(8); LG Siegen in *Zahrnt* Rechtsprechung Bd. 1, K/M1).

Sowohl bei der Implementierung eines in sich funktionsfähigen Systems bestehend aus Standard-Hardware und Software, als auch die Implementierung eines Anwendungssystems gemäß einem Pflichtenheft hat die Auswahl der Standard-Hardware und Software eine untergeordnete Rolle. In dem ersten Fall ist das Systemkonzept und im zweiten Fall das Pflichtenheft maßgebend für den Vertragserfolg.

Bei einer solchen vertraglichen Verpflichtungslage hat das Kaufrecht keinen sinnvollen Platz mehr. Dem Besteller muß ein Recht zur Abnahme und damit zur vorherigen Prüfung der Gesamtfunktionsfähigkeit gemäß § 640 eingeräumt werden (so OLG Stuttgart CR 1987, 857 *Lauer* BB 1982, 19758, 1759, *Wiebe* , 253; BGH CR 1993, 682; LG Aachen CR 1993, 767). Der Besteller muß vor der Abnahme den vollen Erfüllungsanspruch und nach der Abnahme im Rahmen der Gewährleistung das Nachbesserungsrecht als vorrangiges Recht, das letztlich auch den Lieferanten schützt, aus dem Gesichtspunkt des Investitionsschutzes erhalten. In einer solchen Vertragslage findet das Werkvertragsrecht Anwendung.

Keinen rechten Sinn ergibt allerdings die Auffassung des BGH (CR 1993, 681, 682f), daß neben dem § 640 BGH noch der § 377 HGB (Rügepflicht) zur Anwendung kommt.

Zumindest erledigt sich die Rügepflicht bei Funktionsprüfungsvereinbarungen, z.B. nach § 8 BVB-Kauf (so LG Aachen CR 1993, 767, 769; Brandi-Dohrn, 3ff).

c) Erstellung von individueller Computersoftware
Der Erstellungsprozeß erfolgt im wesentlichen nach denselben 'Spielregeln' wie die Entwicklung von Standard-Software; wie im Kapitel 'Leistungsbeschreibung' noch näher erläutert wird, gelten hier eine Reihe von Verfahrensmodellen, nach denen der Entwicklungsprozeß sich gestaltet. Im Unterschied zur Standard-Software wird diese individuelle Software erst nach dem Auftrag eines Kunden entsprechend der von diesem beschriebenen individuellen Anforderungen entwickelt. Die Standard-Software wird demgegenüber vom Hersteller nach allgemeinen Anwendungskriterien für eine Vielzahl von gleichartigen Anwendungsfällen entwickelt, z.B. Datenbank- oder Netzwerksoftware oder auch Anwendungsprogramme wie Gehaltsprogramme.

In der Rechtsprechung und Literatur wird die Entwicklung von individueller Software einhellig dem Werkvertragsrecht zugeordnet (siehe BGB BB 1984, 563; BGH CR 1986, 377; *J.Schneider*   G Rdnr. 197; *Koch/Schnupp*, 98; *Moritz/Tybusseck* Rdnr. 514; *Zahrnt* DV-Verträge Rechtsfragen und Rechtsprechung Kp. 6.1; *Marly* , Rdnr. 44ff; *Wiebe* , 253; BGH CR 1993, 681; *Köhler/Fritzsche* in *Lehmann*, XIII Rdnr. 18ff). Dieser rechtlichen Einordnung ist im Prinzip zuzustimmen, aber in den Kapiteln 'Leistungsbeschreibung' und 'Mitwirkung' ist die werkvertragliche Struktur näher zu betrachten, da es sich wohl mehr um einen Kooperationsvertrag handelt, der einen werkvertraglichen Erfolg beinhaltet, allerdings mit einer für das Werkvertragsrecht nicht üblichen Struktur der unternehmerischen Verantwortung.

Die Definition des Programms, sei es nach DIN 44300 (1972) oder nach den WIPO-Mustervorschriften (GRUR int.1978, 290) ist bei individuell entwickelten oder bei Standard-Programmen identisch:

> "Eine zur Lösung einer Aufgabe vollständige
> Anweisung zusammen mit allen erforderlichen
> Vereinbarungen (so DIN 44300)"

In den Begriffstimmungen der BVB-Erstellung und -Planung wird die Definition noch erweitert:

> "In den BVB auch benutzt für Systeme solcher Programme
> einschließlich der für die Funktionsfähigkeit notwendigen
> Hilfsmittel (z.B. Prozeduren zur Steuerung bestimmter
> Programmfolgen oder des Wiederanlaufs nach Programm-
> abbrüchen".

Die Identität der Begriffsbestimmungen, die Übereinstimmung der prinzipiellen Entwicklungsprozesse sowie die Abhängigkeit der Entwicklung von den geistig schöpferischen Einfällen der Entwickler zeigt, daß die technische Beschreibung sehr komplex ist und eine klare Zuordnung sowohl der Standard - als auch der individuellen Software in Kauf-, Pacht/Miet- oder Werkvertragsrecht nicht möglich ist. Das Landgericht Nürnberg-Fürth (CR 1992, 336f) merkt richtig an, daß je nach Leistungsart und Fallgestaltung die jeweils wesensmäßig zutreffendere Rechtsnorm anzuwenden ist.

d) Der Systemvertrag

Was unter einem 'System' verstanden wird, wird in der Rechtsliteratur unterschiedlich kommentiert. *J. Schneider* D Rdnr. 67f, J Rdnr. 5f) weist mit Recht darauf hin, daß es hier eine Bandbreite von Kauf bzw. der Beschaffung eines DV-Systems bestehend aus Hardware und Software bis hin zum schlüsselfertigen System gibt.

Zahrnt (CR 1992, 83 in Anlehnung an *Erdmann* in *Nicklisch*, 29ff) versteht unter einem Systemvertrag die Integration aller DV-Leistungen unter einem Vertrag, bei dem der Lieferumfang genau definiert ist. Bei einem 'offenen Leistungsumfang' liegt nach *Zahrnt* ein 'Projektvertrag' vor, bei dem maßgeblich der Planungsteil vorausgeht. *Schneider* nutzt den Begriff des Systemvertrags als Oberbegriff und unterscheidet dann nach den Leistungszielen, also reine Lieferung von Standard-Hard- und -Software unterliegt dem Kaufvertragsrecht, bei zusätzlichen Anpassungen dem Werkvertragsrecht. Nach *Schneider* kann ein Systemvertrag neben der Lieferung der Standard-Hardware, -Software, Installation und Anpassung von Software auch die Neuherstellung von Software beinhalten (*J. Schneider* J Rdnr. 14f).

Demgegenüber faßt die UFAB (Unterlagen für die Ausschreibung und Bewertung von DV-Leistungen; herausgegeben vom Bundesminister des Inneren - O I -195 257-179 Fassung 1988) den Begriff System enger. Komponenten eines Systems sind danach:

> •Hardware,
> •Systemsoftware und zwar Betriebssysteme oder Dienstprogramme, DB, DC-Software, Anwendungssoftware, Benutzer- und Kommunikationsregeln.

In den Erläuterungem der UFAB (Seite 40) ist dazu ausgesagt, daß bei der Anwendungssoftware standardisierte Anwendungssoftware gemeint ist.

Auch in dem Phasenkonzept der BVB-Erstellung und -Planung ist der Systementwurf ein Unterkapitel der Verfahrensrealisierung und bezieht sich weitgehend nur auf den Systementwurf bestehend aus Standard-Hardware-und Softwarekomponenten.

Nach DIN 40150 wird unter einem 'System' die Gesamtheit der zur Erfüllung eines Aufgabenkomplexes erforderlichen technischen und/oder organisatorischen und/oder anderer Mittel der obersten Betrachtungsebene verstanden. Diese DIN-Vorschrift bedarf jedoch aus rechtlicher Sicht einer näheren Kommentierung.

Wie schon der Begriff 'System' besagt, muß es sich um Leistungen handeln, die typischerweise der Datenverarbeitung unmittelbar zugeordnet werden können. Also die Lieferung von Hardware und Software jeder Art, die den oben aufgeführten Begriffdefinitionen (siehe DIN 44300 oder BVB) entsprechen. Auch die Einbeziehung von Geräten, die typischerweise heute in dem Begriff 'Informationstechnik' enthalten sind, fallen unter einen Systemvertrag. Nach dem Runderlaß des Bundesministers des Inneren vom 18.08.1988 (abgedruckt in GMBL Nr. 26 vom 4.10.1988) umfaßt die IT-Technik:

> • die Datenverarbeitung,
> • die Kommunikationstechnik,
> • die Bürotechnik,
> soweit diese auf der Grundlage der Mikroelektronik zur automatisierten Erfassung, Darstellung, Speicherung, Verarbeitung und Übermittlung von Informationen in Form von Texten, Daten, Bildern oder Sprache dienen.

Nicht einbezogen sind alle diesen Leistungskern umlagernden Leistungen wie Planung, Beratung, allgemeine DV-Schulung sowie Bauleistungen. So fällt auch die Erstellung eines Pflichtenheftes oder Sollkonzeptes nicht unter einen Systemvertrag, da diese Leistungen auf das betriebswirtschaftliche, organisatorisches Umfeld des Auftraggebers bezogen sind (so *Lesshafft* CR 1989, 147f; *J. Schneider D Rdnr. 67ff*, der auf die vielen Möglichkeiten einer Begriffsdefinition hinweist).

Ein weiteres Merkmal eines Sytemvertrages ist, daß es sich um die Lieferung der elementaren Leistungen wie Hardware und Systemsoftware (also Betriebssysteme) als Leistungsminimum handelt; die Lieferung von nur Hardware oder nur Software reicht nicht aus.

In der Rechtsprechung wird der Systemvertrag unter der Frage der Unteilbarkeit der Leistung im Sinne der §§ 139,469 BGB erörtert und entschieden, insbesondere im Hinblick auf die Frage des einheitlichen Rechtsschicksals einer mangelhaften 'Gesamtleistung'.

Vorwiegend wird in der Rechtsprechung darauf abgestellt, ob die Hardware und Computersoftware für einen einheitlichen Zweck beschafft worden ist und dieser Zweck auch die Absicht der Vertragsparteien war (so OLG Stuttgart CR 1988, 296; OLG Köln CR 1991, 155 und CR 1993, 283; OLG Hamm CR 1988, 297; OLG München CR 1991, 1, 19).

Auch der Bundesgerichtshof hat in mehreren Entscheidungen zu dieser Rechtsfrage Stellung genommen (BGH NJW 1987, 2004; CR 1988, 124; BGH MDR 1990, 1103; CR 1993, 620). Für eine Unteilbarkeit der Leistungen sprechen nach dem Bundesgerichtshof folgende Gesichtspunkte:

- Die Leistungen 'stehen oder fallen' miteinander nach dem Willen der Vertragsparteien.
- Dem Erwerber kam es erkennbar auf eine einheitliche Lieferung bzw. Erstellung der Software an; er wollte unter Berücksichtigung von wirtschaftlichen und praktikablen Gesichtspunkten eine Gesamtlösung für seine Probleme haben.
- Es liegt eine einheitliche Vertragsurkunde vor.
- Die Erstellung der Spezialsoftware war unter Berücksichtigung der mitgelieferten Standard-Hardware und -Software besonders preisgünstig. (Siehe hierzu BGH CR 1990, 707 ff; *Köhler* CR 1987, 827ff; *Zahrnt* CR 1989, 965f; *Müller-Hengstenberg* , 8 ff; *Marly* Rdnr. 207ff).

Wichtig ist in diesem Zusammenhang auch die Feststellung des Bundesgerichtshof (CR 1988, 124), daß Software, insbesondere die Betriebssoftware, nicht 'per se' Bestandteil der Hardware ist; es kommt hier darauf an, ob auch andere vergleichbare Software auf der Hardware einsetzbar ist.

Schließlich hat der Bundesgerichtshof in der Entscheidung vom 04.11.1991 (CR 1992, 203) unter dem Gesichtspunkt des § 469 BGB die Hauptleistungspflichten in einem 'Systemvertrag' definiert. Danach gehören zu den Hauptleistungspflichten:

- die Hardware und Computersoftware
- und die Bedienerhandbücher, ohne die das DV-System nicht gebrauchsfähig eingesetzt werden kann (so auch OLG Karlsruhe CR 1991, 410).

Die Rechtsprechung bezeichnet als grundsätzlich zugehörige Dokumentation die Benutzerdokumentation und die technische Dokumentation; nicht jedoch den Quellencode (so BGH NJW 1987, 1259; LG München CR 1989, 990; OLG Karlsruhe NJW 1992, 1771, 1773).

Bei der Anwendung des Werkvertragsrechtes ist, wie oben ausführlich dargelegt, maßgeblich, daß eine 'Gesamtlösung' angeboten wird. Diese Rechtsfragen sind unter den Gesichtspunkten der § 633 Abs. 2, § 640 BGB und den § 634 Abs.1 BGB i.V. mit § 469 BGB erörtert worden (so LG Nürnberg-Fürth CR 1992, 336, 339; OLG Köln CR 1992, 544; OLG Köln CR 1993, 283). Je nach Art der Leistungen kommt Kauf-, Miete-, Pacht- oder auch Werkvertragsrecht zumindest entsprechend zur Anwendung.

1. Bei reiner Lieferung von marktüblicher Standard-Hardware und Standard-Software ohne Hinweis auf eine spezielle Anwendung = Kauf bzw. Pachtrecht entsprechend (Kauf bei zeitlich unbegrenzter Überlassung/Pacht bei zeitlich begrenzter Überlassung).

2.   Bei der Lieferung von marktüblicher Standard-Hardware und Standard-Software mit der Verpflichtung, diese funktionsfähig zu installieren oder anzupassen = Werkvertragsrecht bestritten.

3.   Bei der Lieferung von Standard-Hardware und Standard-Software sowie der Erstellung von individueller Software mit der Verpflichtung, diese so zu implementieren, daß die in einem Pflichtenheft vereinbarten Nutzeranforderungen erfüllt werden: Werkvertragsrecht.

e) Der Anwendungsentwicklungsvertrag
Unter einem solchen Vertrag könnte ein Ergebnis vereinbart werden, das über die Verpflichtung der Lieferung eines funktionsfähigen Systems hinausgeht und weitere Verpflichtungen beinhaltet.

Wie schon der Begriff aussagt, ist das Ziel des Vertrages die Entwicklung einer Anwendung; es fehlt die Begrenzung auf ein 'System'. Demnach können alle Leistungen unter einem solchen Vertrag vereinbart werden, die für die Anwendungsentwicklung erforderlich sind; also auch die gesamten Planungsleistungen, die vorwiegend außerhalb der 'Systemsphäre' einzuordnen sind.

Die BVB-Planung und -Erstellung haben von solch einer Zusammenfassung der verschiedenen Leistungsbereiche mit guten Gründen Abstand genommen, weil es sehr schwierig ist, für solch einen breiten Leistungsumfang eine genaue Leistungsbeschreibung bei Vertragsabschluß zu vereinbaren, insbesondere wenn das Pflichtenheft noch zu erarbeiten ist.

Die Erfolgsrisiken eines solchen Vertrages sind mangels einer spezifizierten Leistungsbeschreibung hoch. Ein solcher Vertrag beinhaltet für beide Vertragspartner unabwägbare Risiken, die kalkulatorisch kaum aufzufangen sind (*Schaub* CR 1993, 329ff; *Müller-Hengstenberg* CR 1993, 689 Anmerkung zum Urteil des OLG Düsseldorf CR 1993, 361).

Ein solcher Vertrag ist in seiner Grundkonzeption auf ein werkvertragliches Ergebnis ausgerichtet, so daß das Werkvertragsrecht in maßgeblichen Leistungsbereichen zumindest entsprechend zur Anwendung kommt, z.B. Erstellung des fachlichen Feinkonzeptes, Erstellung des Systementwurfs, Codierung usw. Es wird auf die vorstehenden Ausführungen verwiesen.

Ein Vertrag mit solch vielfältigen Verpflichtungen und Risiken wird sich sinnvollerweise entsprechend einem Vorgehensmodell in einzelne zusammenhängende Werkleistungsmodule aufgliedern, die sequentiell erarbeitet werden und schließlich in einem zusammenfassenden Werkvertrag ihre abschließende Erfüllung finden.

An dieses in der Praxis verwandte Konzept schließen sich eine Reihe von rechtlichen Fragen an, auf die im Rahmen der Mitwirkung, Abnahme und Gewährleistung noch näher eingegangen wird.

f) Der Projektvertrag

Hier sind die Definitionen in der juristischen Literatur wie auch der Begriff sehr unterschiedlich (*J. Schneider* J Rdnr. 1f; *Koch/Schnupp*, 217 ff; *Zahrnt* CR 1992, 84f). Meines Erachtens ist neben einem Planungsvertrag sowie einem Systemvertrag und einem Anwendungsentwicklungsvertrag kein Bedarf für die Definition eines Projektvertrages, da alle Leistungen definitorisch bereits voll durch diese Vertragsarten abgedeckt sind.

Eine ganz andere Frage ist, ob aus technischer und kommerzieller Sicht die Bezeichnung 'Projekt' als Abgrenzung gegenüber anderen Leistungen eines Unternehmens sinnvoll ist.

So ist im Rahmen der Durchführung eines 'Projektes' zum Beispiel erforderlich, einen Projektleiter zu benennen, eine Projektkostenstelle einzurichten und Projektpläne zu erstellen, die unabhängig von der rechtlichen Einordnung der einzelnen Verträge eine gesamtprojektübergreifende Bedeutung haben. Die Beispiele lassen sich fortsetzen und haben in der Regel nur eine mittelbare juristische Bedeutung.

g) Der 'Outsourcing'-Vertrag

In den letzten Jahren hat sich eine neue Leistungsart auf dem Computer-Markt 'eingebürgert': der 'Outsourcing'-Vertrag. Der Zweck dieses Vertrages ist, daß der Anwender sein DV-Rechenzentrum in ein anderes Unternehmen 'auslagert', d.h. dieses Unternehmen erbringt nunmehr für den Anwender alle erforderlichen DV-Leistungen gegen Rechnung.

Der Hintergrund dieser Marktentwicklung ist sehr verständlich. Die DV-Anwendungen sind in den letzten Jahren in fast allen organisatorischen Einrichtungen in der Wirtschaft und Verwaltung immer komplexer und aufwändiger geworden. Die zunehmende Komplexität erfordert eine ständige 'Skill'-Anpassung, d.h. Mitarbeiter mit den neuesten technologischen Kenntnissen, Fähigkeiten sowie praktischen Erfahrungen; zudem ist ein ständiger Ausbau der DV-Systeme und der DV-Netze erforderlich. Viele Unternehmen und auch Verwaltungen sind nicht in der Lage, diesen technischen Anforderungen zu entsprechen. (*Deutsch*, Wirtschaftswoche Nr. 37 vom 4. September 1992, 50ff; *Klebe/Roth* CR 1990, 677; *Hirte* CR 1992, 193f; *Ingenfeld* CR 1993, 288f).

Diese Unternehmen wollen vielmehr:

> 1. die DV-Kapazität in dem Unternehmen begrenzen,
> 2. nur eine begrenzte Anzahl von qualifizierten Mitarbeitern halten,
> 3. die Kosten für DV-Leistungen so gering wie möglich halten,
> 4. die DV-Leistungen aus Gründen der Absicherung einer qualitätiv guten Leistung durch erfahrene und bewährte DV-Firmen besorgen lassen.

'Outsourcing'-Verträge umfassen daher im Kernbereich folgende Leistungen, die nach diesem Vertragstyp von Dritten übernommen werden:

> 1. Die Systembedienung / Operating, z.B.
>   - Administration,
>   - Datensicherung.
>
> 2. Die Systemunterstützung, z.B.
>   - Installation/Pflege der Betriebssysteme sowie weiterer Software,
>   - Kapazitätsmanagement,
>   - RACF-Verwaltung, Installation usw.
>   - Konfigurationsmanagement,
>   - Performance-Management.
>
> 3. Das Netzwerkmanagement:
>   - Installation und Anpassung der TP-Produkte unter Beachtung der DB-Anforderungen
>   - Pflege und Überwachung der Netze usw.
>
> 4. Die Benutzerunterstützung:
>   - User-Help-Desk (z.B. Verwaltung der User-IDs)
>   - Beratung und Planung bei Terminaleinrichtungen usw.

Weitere Leistungen werden unterschiedlich in der Praxis zugefügt; im wesentlichen handelt es ich um:

> 1. Lieferung und Installation von Standard-Hardware und Standard-Software auf Miete/Leasing oder Kauf-Basis,
> 2. Implementierung einer Anwendung entsprechend den Anforderungen eines Kunden mit allen zugehörigen Leistungen, wie z.B. Hard- und Software, Erstellung von spezieller Software, Herbeiführung der Gesamtfunktionsfähigkeit und Integration in dem Betrieb,
> 3. Verpflichtung einer ständigen Weiterentwicklung entsprechend den jeweiligen Anforderungen eines Kunden.

Der wesentliche Unterschied zu den System- oder Anwendungsentwicklungsverträgen ist, daß der Auftragnehmer nicht das System oder die Anwendung in dem Betriebsbereich des Kunden, sondern in seinem eigenen Betriebs- und Verantwortunsbereich nach den Anforderungen des Kunden implementiert; der Kunde nutzt sozusagen nur als Externer das System und trägt keine Verantwortung für die Funktionsfähigkeit des Systems.

Die Zielrichtung der 'Outscourcing'-Verträge erfordert eine enge Zusammenarbeit zwischen dem Kunden und Auftraggnehmer über den Vertragszeitraum. Der Auftragnehmer 'agiert' weitgehend nach den Anforderungen des Kunden, die sich entsprechend geschäftlicher Notwendigkeiten im Verlauf des Vertragsverhältnisses ändern können. Hier besteht eine erschöpfende Informations- und Mitwirkungspflicht des Kunden, indem er die jeweils erforderlichen Ämderungsnotwendigkeiten detailliert beschreibt.

Auch hat der Kunde den Auftragnehmer über Mängel des Systems zu informieren und zwar so ausführlich, daß eine schnelle Behebung der Mängel möglich ist. Über Veränderungen der mit dem System korrespondierenden DV-Geräte oder -Anlagen bzw. DV- Systeme im eigenen Hause hat der Kunde den Auftragnehmer umfassend in Kenntnis zu setzen. Hinsichtlich eventueller Datenschutzmaßnahmen ist ein enges Absprachesystem erforderlich.

Die Kritik von *Klebe* und *Roth* (CR 1990, 677, 679) sollte bei dem Abschluß eines 'Outsourcing'-Vertrages beachtet werden. Jede Auslagerung von DV-Technologie in die Hände Dritter bedeutet:

a) Know-How-Verlust im eigenen Unternehmen.
b) Technologische Abhängigkeit infolge Fremdsteuerung.
c) Die Frage, ob die Kostenabwälzung tatsächlich stattfindet oder später infolge der Fremdabhängigkeit sich nicht doch noch umkehrt, bedarf noch eines Erfahrungs- zeitraums im DV-Markt. (So in der Tendenz auch *Hirte* CR 1992, 193).

Die rechtliche Qualifikation der einzelnen Leistungsarten ergibt sich im wesentlichen aus den Ausführungen über die einzelnen Vertragsarten.

Das allumfassende Ziel des 'Outsourcing' ist , daß der Betreiber des Rechenzentrums die Verantwortung für den gesamten Betrieb übernimmt. Damit dürfte wohl kein Zweifel bestehen, daß eine Erfolgsverpflichtung im werkvertraglichen Sinne bezweckt ist.

Werkvertragliche Leistungen sind:
*   die Systembedienung, das 'Operating',
*   die Systemunterstützung und Pflege,
*   das Netzwerkmanagement,

- die Benutzerunterstützung teilweise (z.B. Beratung bei Einsatz von Terminals unterliegt aber dem Dienstvertragsrecht),
- Installationsmanagement,
- Datensicherung,
- Management-Berichte.

Keine werkvertraglichen, sondern dienstvertragliche Leistungen sind:
- Schulung,
- Beratung,
- Informationen.

Es besteht hierbei die Schwierigkeit, daß nicht alle Leistungen miteinander eine 'rechtliche Einheit' bilden, sondern vielfach unabhängig voneinander sind; z.B. ein Fehler in einem Management-Bericht bedingt keinen Systemausfall. Auch die Systemunterstützungsleistungen können unabhängig vom 'operating' erfolgen.

Eine weitere Frage ist, ob der 'Outsourcing'-Vertrag nicht eine Geschäftsbesorgung im Sinne des § 675 BGB ist.

Einer Geschäftsbesorgung steht nicht entgegen, daß die zu erbringenden Leistungen Werk- oder Dienstleistungen sind (*Seiler* Münchner Komm. § 675, Rdnr. 3). Für eine Geschäftsbesorgung könnte sprechen, daß die Auslagerung der DV-Operation in eine selbständige Gesellschaft nichts an dem wirtschaftlichen Interesse des Auftraggebers ändert, daß Aufgaben des Auftraggebers kostengünstiger erfüllt werden. Das Gesetz definiert nicht, was unter 'Geschäftsbesorgung' zu verstehen ist. Die Rechtsprechung und wohl eine herrschende Rechtsmeinung (BGHZ 45, 223, 229), *Erman/Hauß* § 675 Rdnr.1) sieht eine 'Geschäftsbesorgung' dann als vorliegend an, wenn der Verpflichtete mit einer gewissen Selbständigkeit Vermögensinteressen des Geschäftsherrn wahrnimmt. Im Unterschied zum Werk- und Dienstvertrag, die keine Geschäftsbesorgung sind, fordert die Rechtsprechung und Rechtsmeinung eine gewisse besondere Interessenslage bzw. eine Art 'Treueverhältnis', die über die 'normale' Vertragstreue im Sinne des § 242 BGB hinausgeht (siehe *Erman/Hauß* § 675 Rdnr. 1).

Der Bundesgerichtshof kommentiert in seiner Entscheidung vom 25.04.1966 (BGHZ 45, 222f) anhand der im Streit befindlichen Architektenleistung, z.B. Entwürfe oder Bauvorlagen usw., daß diese Leistungen zwar auch für einen Auftraggeber erbracht werden, aber nicht die engen Voraussetzungen einer 'Geschäftsbesorgung' erfüllen. Nach Ansicht des Bundesgerichtshofes ist unter einer Geschäftsbesorgung eine selbständige Tätigkeit wirtschaftlicher Art zu verstehen, für die ursprünglich der Geschäftsherr selbst zu sorgen hatte, die aber von einem 'Geschäftsführer' abgenommen wird. Der 'Geschäftsführer' muß also eine bereits bestehende Obliegenheit des Geschäftsherrn wahrnehmen, wie z.B. die Prozeßführung durch einen Rechtsanwalt oder die Vermögensverwaltung durch einen Treuhänder. Eine Geschäftsbesorgung liegt nicht vor, wenn der Aufgabenkreis des Geschäftsherrn mit Hilfe des Vertragspartners überhaupt erst geschaffen werden soll. Die planerischen Aufgaben eines Architekten sind daher keine Geschäftsbesorgung.

Diese Rechtsauffassung auf den 'Outsourcing'-Vertrag angewandt, bedeutet dann folgendes:

Abzustellen ist, ob der Auftragnehmer eine bereits bestehende Obliegenheit des Kunden übernimmt. Das ist sicherlich nicht der Fall, wenn ein Software- oder Systemhaus erst das gesamte Rechenzentrum mit dem dazu gehörenden Service schaffen muß. Dieser Auffassung steht nicht entgegen, daß das Rechenzentrum Leistungen für den Auftraggeber erbringt. Der Auftraggeber bleibt hier in der vollen Anwenderverantwortung, d.h. er trägt das Risiko der betriebswirtschaftlichen Lösung, auf der die Systemanwendung basiert, auch wenn das 'operating' über ein 'ausgelagertes' Rechenzentrum erfolgt.

Die eingangs beschriebenen unterschiedlichen Verantwortungsbereiche des Anwenders einerseits und des Systemlieferanten oder Anwendungserstellers andererseits bleiben hier voll erhalten.

Eine Übernahme einer 'fremden bestehenden Obliegenheit' findet hier nicht statt. Anders könnte es sich nur dann gestalten, wenn das Rechenzentrum auch den betriebswirtschaftlichen Verantwortungsbereich übernimmt; das ist aber wohl in der Regel nicht der Fall bzw. ist in den bisher bekannten Typen der 'Outsourcing'-Verträge nicht vorgesehen; Zweck des 'Outsourcing' ist in der Regel, sich von der teuren DV mit den damit verbundenen Services zu trennen und anderen zu überlassen. Die betriebswirtschaftliche Verantwortung für die Nutzung der 'ausgelagerten' DV bleibt bei dem Auftraggeber; das Rechenzentrum ist im wesentlichen für die davon zu trennende DV-Technik verantwortlich. Im übrigen dürften auch die Bestimmungen der Geschäftsbesorgung bzw. des Auftrages kaum von einer bedeutenden Relevanz sein, soweit ein Werkvertrag vorliegt, ausgenommen vielleicht der § 674 BGB (so *Seiler* Münchner Komm. § 675 Rdnr. 4).

Wichtig ist demnach bei einem 'Outsourcing'-Vertrag, daß auch hier die Verantwortlichkeiten klar im Vertrag vereinbart werden. Auch hier sollten anhand eines Phasenmodells die Verantwortlichkeiten festgelegt werden. Als 'Faustregel' sollte auch hier gelten:

> Der Auftraggeber ist für den fachlichen, betriebs-
> wirtschaftlichen Bereich verantwortlich; der Auf-
> tragnehmer bzw. das 'ausgelagerte' Rechenzen-
> trum ist für den gesamten systemtechnischen Be-
> reich verantwortlich.

Nicht unerwähnt sollte in diesem Zusammenhang ein weiteres Rechtsproblem sein, das bei der Auslagerung' eines gesamten Rechenzentrums entsteht. Falls hierbei eine bestehende Rechenzentrumsorganisation mit allen Sachmitteln und dem gesamten Personal in eine neue Gesellschaft überführt wird, ist an die arbeitsrechtliche Problematik zu denken, insbesondere an die Rechtsfolgen aus dem § 613a BGB, d.h der Fortwirkung aller arbeits- und tarifvertraglichen Vereinbarungen.

Das Bundesarbeitsgericht (NJW 1986, 450f; BAG NJW 1986, 451, BAG NJW 1986, 453; *Ingenfeld* CR 1993, 288, 289) hat hierbei folgende Grundkriterien für den Tatbestand eines Betriebsübergangs aufgestellt:

- Maßgeblich ist, daß die Fortführung von markanten Teilen der alten Firma, das 'Know-How' mittels der Fachkenntnisse der alten Mitarbeiter im Vordergrund steht und die neue Firma in bestehende Geschäftsbeziehungen eintritt.

- Die Trennung eines Teils vom Gesamtbetrieb darf aber den Charakter des alten Betriebs nicht in der Weise ändern, daß es sich nur um Einzelgegenstände handelt. Ein Betriebsteil im Sinne des § 613 a BGB liegt dann vor, wenn "es sich um eine Teileinheit, eine Teilorganisation" handelt.

- Bei der Übernahme im Sinne des § 613a BGB ist unbedeutend, zu welchen Zwecken der Betrieb übernommen worden ist.

- Es muß zudem eine echte Übertragung auf ein anderes Unternehmen erfolgt sein. Das ist nicht der Fall, wenn nur ein Betriebsinhaberwechsel vorliegt; fraglich ist die Annahme einer Übertragung auch dann, wenn die tatsächliche Beherrschungsmacht, also die Personalführung oder der Arbeitseinsatz und andere wesentliche Fragen der Betriebsführung bei dem ursprünglichen Ursprungsunternehmen verbleiben.

(Siehe auch *Wedde/Klöver* CR 1993, 93f; *Ingenfeld* CR 1993, 368 hier 369. Bemerkenswert sind hier die Ausführungen zum Kündigungsschutzrecht innerhalb eines Konzerns, insbesondere wenn Betriebsteile ausgelagert werden, aber im Konzern verbleiben; siehe auch *Moll* NJW 1993, 2016).

Demnach ist also scharf zu trennen, ob einzelne Anlagen oder sonstige Sachmittel bzw. einige Mitarbeiter von einer neuen RZ- Organisation 'übernommen' werden, ob eine bestehende Funktionseinheit mit übernommen wird.

Diese mehr arbeitsrechtliche Frage ist nicht zu verwechseln mit dem oben erörterten Thema der Geschäftsbesorgung im Sinne des § 675 BGB, bei der es darauf ankam, ob sozusagen in einer Art 'Treuhandverhältnis' Aufgaben eines Geschäftsherrn durch das Rechenzentrum übernommen werden.

Die Übertragung eines Betriebs könnte aber ein Indiz dafür sein, daß sich der Geschäftsherr seiner Verantwortung entziehen will.

h) Der Wartungs- und Pflegevertrag

Die eingangs beschriebenen Vorgehens- bzw. Phasenkonzepte beinhalten kein Verfahren für die Wartung bzw. Pflege von Hardware und Software oder eines DV-Systems. Die Modelle sind im wesentlichen auf die Realisierung von Anwendungen gerichtet und nicht auf deren Pflege. So schließt das Phasenkonzept der BVB auch unter Ziffer 3.1.2 mit Freigabe des Verfahrens ab. Auch die Betrachtungen von BONS (in *Gorny/Kilian*, 36, 39) enden mit der Test- und Abnahmephase.

Es gibt aber einige Phasenkonzepte, die die Pflege einbeziehen (siehe *Lichtenberg*, 14ff). Aus ökonomischer Sicht ist die Wartungs- bzw. Pflegephase von beträchtlicher Bedeutung, da immerhin nach einer Statistik bei *Österle* und *Foidl* (siehe *Praetorius/ Siegel* CR 1991, 499) die Aufwände für Wartung und Pflege bei 70% bzw. 67% im Vergleich zu dem Realisierungsaufwand mit 30% bzw. 33% liegen und somit von beträchtlicher Höhe im Gesamtvergleich zu den Entwicklungs- und Pflegeaufwänden sind (siehe *Lichtenberg*, 28, 29, der von etwas geringeren Aufwänden ausgeht).

Dennoch ist die Wartung- und Pflege eine gesonderte Phase, die der Realisierung folgt und im gewissen Sinne die Realisierung im Rahmen der Wartungs- und Pflegephase fortsetzt (siehe *Lichtenberg*, 13). Der Grund für die Bedeutung der Wartungs- und Pflegephase liegt in der dynamischen Weiterentwicklung einer installierten Anwendung. Lediglich im Rahmen eines 'Outsourcing'-Vertrags verbleibt nach der Realisierung einer Anwendungslösung eine umfassende Anwendungs- und Systemverantwortung beim Lieferanten/Hersteller.

In der "techno-juristischen" Kommentierung (siehe *Löwe* CR 1987, 219; *Kühnel* BB 1985, 1227ff; *J. Schneider* G Rdnr. 382; *Koch/Schnupp*, 91, 336) werden die technischen und auch in bestimmtem Umfang rechtlichen Zusammenhänge zwischen der Realisierungs- und anschließenden Wartungs- bzw. Pflegephase nicht oder nur andeutungsweise aufgezeigt.

Die Rechtsliteratur und Rechtsprechung konzentriert sich im wesentlichen auf die Bestimmung der Leistungsinhalte bei der Wartung und Pflege.
So fallen die Meinungen auch sehr unterschiedlich aus, was alles unter Wartung und Pflege zu verstehen ist.

Es werden folgende Bereiche aufgezeigt:

> • Fehlerbeseitigung,
> • Störungsbeseitigung,
> • Aktualisierung,
> • Weiterentwicklung,
> • spezifische Anpassungen,
> • Telefonservice,
> • Hotline-Service.

Es wird weiterhin diskutiert, ob es sich bei diesen Leistungen um werkvertragliche oder dienstvertragliche Leistungen oder um 'Mischleistungen' handelt (*Löwe* CR 1987, 219, 220; *J. Schneider G Rdnr. 385f*).

Die Rechtsprechung zeigt sich hier auch sehr unentschieden. Das OLG Karlsruhe (CR 1987, 232) sieht in der Wartung der Hardware einen Werkvertrag; so auch OLG Düsseldorf (CR 1988, 31); ebenso das LG Hagen (CR 1989, 814) sowie LG Köln (CR 1986, 773); anders das Berliner KG (CR 1986, 772):

> "Computerwartungsverträge sind Werkverträge mit Dauerwirkung
> und nach Dienstvertragsrecht kündbar".

Löwe (CR 1987, 219) neigt zu einer mietrechtlichen Risiko-Situation mit der Folge, daß dem 'Vermieter für die Dauer der Mietzeit die Pflicht auferlegt wird, die Mietsache in einem für den vertragsgemäßen Gebrauch geeigneten Zustand zu erhalten'. Danach würde der Unternehmer wie ein Vermieter für die Sachgefahr permanent während der Vertragsdauer haften.

Die vorstehenden Ausführungen zeigen, daß die Rechtsmeinungen und Rechtsprechung noch sehr unterschiedlich; allerdings wird in der Regel das Werkvertragsrecht zur Beurteilung herangezogen.

Die BVB-Pflege und BVB-Wartungskonzeptionen zeigen dagegen klare Zielrichtungen auf, die weitgehend auf den Wartungs- und Pflegekonzepten der Herstellerindustrie basieren:

> 1. Wartung d.h. Instandsetzung (Beseitigung von Fehlern)
>   und Instandhaltung (vorbeugende Wartung) kommt nur
>   bei der Hardware in Betracht.
>
> 2. Pflege bezieht sich nur auf Software und beinhaltet
>   neben der Beseitigung von 'Mängeln' (Abweichung von
>   den vereinbarten Leistungen), "Release-Management",
>   und gewisse Anpassungsleistungen sowie Information über

> Softwareankündigungen (siehe hierzu *Müller-Hengstenberg*, 248, 250, 252).

Mit Recht wird zwischen Wartung und Pflege unterschieden, da der Leistungsbereich bei der Software gerade im Hinblick auf die Anwendungsumgebung anders geartet ist als bei der reinen Hardware. Apitzsch (CR 1988, 432 ff) zeigt sehr deutlich den breiten und komplexen Serviceleistungsumfang der heutigen Wartungssysteme auf, die sich nur schwer mit der Wartung eines Autos, Motors oder einer Heizungsanlage vergleichen lassen. Heutige Pflegesysteme sind ganz auf den dynamischen Lebenslauf der Systeme in einer Anwendungsumgebung eingestellt und erfordern ebenfalls eine weitgehende Mitwirkung der Nutzer bei der Ausübung der Pflege (so auch *J. Schneider* G Rdnr. 432ff)

Das Thema 'Management der Leistungsänderungen' spielt hier ebenfalls eine bedeutende Rolle und ist daher nicht anders rechtlich zu werten als im Rahmen der oben beschriebenen Realisierung (siehe hierzu *Apitzsch* CR 1988, 422, 433 unter Ziff.3). Vereinfacht könnte unter Pflege verstanden werden, daß nach der Implementierung und Inbetriebnahme des Anwendungssystems, also der Realisierung des Projektes, das gleichzeitig Erfolgsziel der werkvertraglichen Leistungen war, noch verbleibende Mängelbeseitigungsmaßnahmen und weitere Anpassungsleistungen zwecks besserer Anwendungs- und Benutzerfreundlichkeit durchgeführt werden, so daß das Anwendungssystem laufend weiterverbessert wird.

Zweck der Vorgehensmodelle ist, klare Aktionsphasen mit Zielvorgaben aufzuzeigen. Die Wartungs- und Pflegephasen bilden so eine neue Phase mit einer anderen Zielrichtung, die im wesentlichen darin besteht, die Nutzung der installierten Anwendungsysteme weiter zu verbessern.

Bei der oben geschilderten juristischen Betrachtung wird nicht berücksichtigt, daß nach der Abnahme des Anwendungssystems gemäß § 640 BGB nicht nur die Vergütungs- und Sachgefahr (so § 644 ff BGB), sondern im wesentlichen die gesamte Verantwortung für den Einsatz und die Nutzung der DV-unterstützten Anwendung auf den Anwender übergehen (*Erman/Seiler* Bd. 1 § 644 Rdnr. 2, 5ff). Der Werksunternehmer bzw. -lieferant haftet nur noch im Rahmen der Gewährleistung für Mängel des Systems.

Nach Ablauf der Gewährleistungsfrist besteht abgesehen von einer eventuellen Haftung aus dem Gesichtspunkt der Produkt- bzw. Produzentenhaftung keine Mängelbeseitigungs-Verpflichtung des Unternehmers mehr.

Der Pflege- bzw. der Wartungsvertrag begründet ein neues Schuldverhältnis. Dieses Verständnis wird z.B. klar in den BVB-Kauf in § 18, sowie in § 21 BVB-Überlassung und § 18 BVB-Erstellung definiert und entspricht allgemeiner Rechtsauffassung (*J. Schneider* G Rdnr. 432ff; *Müller-Hengstenberg*, BVB-Computersoftware 238 f).

Es ist rechtsdogmatisch nicht nachvollziehbar, daß einige Rechtsmeinungen von einer mietrechtsähnlichen Situation bei der Erhaltungsverantwortung des Werkunternehmers nach § 542 BGB ausgehen (so *Löwe* CR 1988, 219). Diese Rechtsmeinung verkennt die rechtliche Bedeutung der Abnahme nach dem vorangegangenen Realisierungs- bzw. Werkvertrag, bei der der Besteller die Leistung als vertragliche Erfüllung billigt und in seine Verantwortung übernimmt. Eine solche Rechtsituation liegt konzeptionell dem Mietvertragsrecht des BGBs nicht zugrunde. (*Soergel* Münchner Komm. ,§ 640 Rdnr.2).

Ein Wartungs- und Pflegevertrag läßt sich auch nicht so auslegen, daß der Wartungsverpflichtete die gleiche unternehmerische Verantwortung übernimmt, die er in einem früheren Werkvertrag bei der Herstellung des nunmehr zu wartenden bzw. zu pflegenden Objektes hat.

Die Wartungs- bzw. Pflegeverantwortung ist naturgemäß geringer als die Verantwortung des Herstellers.

In diesem Zusammenhang ist die Rechtsprechung zu der Frage interessant, inwieweit eine Verpflichtung des Herstellers zur Wartung und Pflege der gelieferten Hardware oder Software besteht.

Der Bundesgerichtshof (MDR 1975, 36) hat hierzu unter dem kartellrechtlichen Gesichtspunkt der Diskriminierung im Sinne des § 26 Abs.2 GWB ausgesagt, daß bei einem technisch wertvollen und hochgebildeten Gerät, das der laufenden Wartung bedarf, ein überwiegendes Interesse des Käufers an einer Wartung bestehen kann; allerdings ist ein solches Interesse nicht gerechtfertigt, wenn der Käufer dieses Gerät umgestaltet hat bzw. wenn die Übernahme des Wartungsdienstes eine nicht zu verantwortende Leistung bedeuten würde (so auch LG Köln CR 1986, 773; siehe auch *Ebel* CR 1987, 273, 277).

Hieraus folgt, daß

> 1. die Rechtsprechung davon ausgeht, daß der Abschluß eines Wartungsvertrages nicht eine unabdingbare Folge aus einem vorangegangenen Werk-bzw. Liefervertrag ist;

> 2. der Abschluß eines Wartungsvertrages nur ausnahmsweise 'erzwungen' werden kann, wenn keine andere Alternativeder Wartung besteht (siehe *Ebel* CR 1987, 273, 277 mit weiteren Hinweisen auf die einschlägige Rechtsprechung).

Beispiele für diese Ausnahme:

- Eine Wartung und Pflege ist aufgrund sich ändernder Bedingungen beim Anwender unabdingbar.

- Eine Wartung bzw. Pflege ist nur durch den Hersteller möglich (z.B. der Hersteller verweigert die Herausgabe des Quellencodes).

- Der Anwender ist selbst mangels eigenem qualitativen Personal nicht in der Lage, die Wartung und Pflege zu übernehmen, z.B. durch Schulungen und Einarbeitung in die Anforderungen der Wartung und Pflege.

- Es stehen keine anderen technischen Alternativen z.B. Wartung und Pflege durch andere Unternehmen zur Verfügung.

- Der Einsatz einer anderen Hardware oder Software ist nicht möglich bzw. würde einen unzumutbaren Umstellungsaufwand erfordern.

Dagegen kann eine Wartung bzw. Pflege nicht verlangt werden, wenn zum Beispiel

- der Anwender die Hardware oder Software bzw. die gesamte Anwendungsumgebung verändert hat, sodaß der Hersteller sich in die Situation mit beträchtlichem Aufwand neu einarbeiten muß;

- der Anwender sich den technischen Änderungen der Hardware und Software z.B. über neue EC-Level und neue Releases nicht angeschlossen hat und auf einem veralteten technischen Status der Hardware und Software verblieben ist.

- der Anwender die installierte Hardware und Software mit Systemen anderer Hersteller verbunden hat, so daß eine Wartung und Pflege ohne die anderen Hersteller nicht möglich ist;

- die Leistungen des Lieferanten auf dem Know-How von Unterlieferanten oder auch eigenem Personal beruht, die nicht mehr existent sind.

Die BVB-Wartung und die BVB-Pflege bilden eine gute Orientierung, welche Leistungen und welche Verantwortung in einem Wartungsvertrag über Hardware und in einem Pflegevertrag über Software übernommen werden.

Solche Wartungs- und Pflegeverträge können nicht als Fortsetzung von Kauf-, Überlassungs- oder Erstellungsverträgen gesehen werden, die nur einen anderen Vertragsrahmen bzw. -namen erhalten, es aber bei demselben Leistungsumfang und derselben Verantwortung belassen.

Die BVB-Pflege sagt in § 4 sehr richtig aus, daß Leistungsgegenstand des Vertrags im wesentlichen die Beseitigung von vorhandenen Mängeln gegen Vergütung ist. Erst die mangelhafte Ausführung der Mängelbeseitigungsarbeiten führt zu einer Gewährleistungshaftung nach § 8 BVB-Pflege. Schwierig ist zwar, den Mangel der Pflegeleistungen zu erkennen, weil die Software nicht fehlerfrei ist; aber die Regelung des § 8 BVB-Pflege zeigt eine Möglichkeit auf, indem auf dieselbe Ursache der Störung, also auf das Erscheinungsbild der Störung abgestellt wird (siehe *Müller-Hengstenberg* , 282). Natürlich spielt hier die Reproduzierbarkeit der Störung (nicht des Fehlers) durch den Anwender eine maßgebliche Rolle; entgegen *J. Schneider* (G Rdnr. 436) ist diese Anforderung von der Mitwirkung des Auftraggebers abhängig, da der Anwender das Anwendungssystem unter eigener Verantwortung betreibt und somit am besten in der Lage ist, die Mängelumstände zu beschreiben.

Wartungs- und Pflegeverträge haben eine gewisse Erfolgsorientierung bei einigen Leistungsarten. Daher ist das Werkvertragsrecht sicherlich ein orientierbares Rechtsinstitut für eine ausgewogene Regelung; allerdings beinhaltet der Systempflegeprozeß eine Reihe weiterer Leistungen wie die der Information, Analyse und Einspielung von anderen technischen Levels sowie die Einsatzberatung und Unterstützung, die mehr dienstvertraglichen Charakter haben (siehe *Apitzsch* CR 1988, 432), so daß nicht einfach von einem Werkvertrag ausgegangen werden kann; es kommt sehr auf die im Einzelvertrag vereinbarten Leistungen an (so auch *Koch/Schnupp*, 276, 278).

In der juristischen Fachliteratur wird daher auch ein 'gemischten Vertrag' angenommen (*Hering* CR 1991, 398; und *Heymann* CR 1991, 525, 527; ähnlich allerdings mit anderen rechtlichen Konsequenzen *J. Schneider*, G Rdnr. 430ff).

Es ist also nach der jeweiligen Leistungsart zu unterscheiden. So ist es zum Beispiel sinnvoll, bei Fehlerbeseitigungsarbeiten und Anpassungsleistungen das Werk- oder Dienstvertragsrecht anzuwenden, auch wenn die Verpflichtung sich über einen längeren Zeitraum erstreckt. Weder das Werk- noch Dienstvertragsrecht geben einen Zeitraum für die Leistungserbringung vor. Ein Rückgriff auf andere Rechtsinstitute des BGB ist wegen des Zeitfaktors nicht erforderlich.

Wenn unter einem Wartungs- bzw. Pflegevertrag Mangelbeseitigungsarbeiten oder Anpassungsleistungen zu erbringen sind, so ist es wegen der Ähnlichkeit der

Anforderungen sinnvoll, die Kriterien der Vorgehensmodelle bzw. Phasenkonzepte zu beachten. Bei einer Änderung einer fachlichen Anforderung, z.B. infolge einer Gesetzesänderung ist sowohl das gesamte fachliche wie auch das technische Systemkonzept zu überprüfen.

Aber im Rahmen eines Pflegevertrages ist der Hersteller/Lieferant nicht mehr für das gesamte Systemkonzept verantwortlich, weil diese Verantwortung der Auftraggeber in Form der Abnahme im Rahmen des Realisierungsvertrages übernommen hat.

Für die vertragliche Einordnung der Pflegeleistungen im Einzelfall kommt es hier ebenfalls darauf an, ob bei den Anpassungsleistungen der Hersteller/Lieferant eine unternehmerische Leistung erbringt oder nur Teilleistungen im Rahmen der Gesamtverantwortung des Auftraggebers übernommen hat. Dieses würde bedeuten, daß der 'pflegende Lieferant' nur eine Dienstleistung erbringt (siehe OLG Köln CR 1988, 734ff).

Weiterhin ist es bei Anpassungsleistungen sinnvoll zu erwägen, ob hier ein neuer Realisierungsvertrag die bessere, geeignetere Vertragsart im Vergleich zum Pflegevertrag ist. Diese Fragestelle wurde anläßlich der Beratung der BVB-Pflege ausführlich erörtert und führt zu der vertraglichen Regelung in § 4 Nr.1 BVB-Pflege, daß der Auftragnehmer 'im Rahmen der betrieblichen Möglichkeiten und soweit zumutbar die Anpassungen ..' durchführen kann (siehe hierzu *Müller-Hengstenberg* , BVB-Computersoftware, 253; so wohl auch *J. Schneider* G Rdnr. 404).

Ein Pflegevertrag eignet sich nicht für eine komplexe Erstellung, da im Vergleich zu einem Pflegevertrag in einem Realisierungsvertrag umfassendere vertragliche Verpflichtungen vereinbart werden müssen.

Folgende Anforderungen sollten in einem Wartungs- bzw. Pflegevertrag berücksichtigt werden:

1. Das Wartungs- bzw. Pflegeunternehmen sollte ausreichende Zeit haben, sich in die Anwendungs- und Systemumgebung einzuarbeiten; dabei obliegt dem Auftraggeber eine sehr umfangreichen Mitwirkungspflicht; d.h. er muß dem Unternehmer:

   alle erforderlichen Unterlagen und Informationen über seine Anwendung geben:

   - eine komplette Anwendungsbeschreibung mit allen Daten, wie Mengengerüst und Umfang der Transaktionen sowie die Hardware- und Programmdokumentation, einschließlich der Darstellung des technischen Status der Hardware und Software (EC-Level und Release-Status),

- eine Beschreibung der Systemumgebung,

- den Zutritt zur Anlage und - falls erforderlich - die Einräumung von Testzeiten mit Testdaten,

- die Sicherung der Nutzungsberechtigung an den Computer-Programmen Dritter,

- eine genaue Darstellung des Fehlerkorrekturverfahrens und Fehlerstatus,

- Bericht über Qualitätssicherungsmaßnahmen.

(Siehe hierzu *Apitzsch* CR 1988, 432; *Müller-Hengstenberg*, BVB-Computersoftware, 250).

2. Die Fehlerbeseitungsarbeiten, d.h. die Fehlerbeschreibung durch den Auftraggeber, die Fehlerdetermination und ggf. Fehlerbehebung durch den Hersteller, die vielfach keine Programmkorrektur erfordert, sondern weitgehend eine Einsatz- bzw. 'handling'-Beratung bezüglich des Anwendungssystems beinhaltet.

3. Festlegung einer Wartungs- und Pflegebereitschaft; hier kommt es in erster Linie auf die Einsatzberatung und Unterstützung innerhalb eines Zeitrahmens, z.B. als 'Hotservices' an. Es steht hier der Service nicht der Erfolg im Vordergrund.

4. Die Festlegung von Nutzungsverbesserungsmaßnahmen wie z.B. 'tuning'-Maßnahmen.

5. Information über Hardware- und Softwarekorrekturen und Ankündigungen.

6. Anpassungsleistungen: Der Auftraggeber hat hier genau wie in einem fachlichen Pflichtenheft die Anforderungen aufzuzeigen. Es gelten ähnliche Gesichtspunkte und Verantwortlichkeiten wie bei der Realisierung einer Anwendung. Der Wartungsunternehmer ist verpflichtet, die Auswirkung auf das installierte System aufzuzeigen und einen Systemvorschlag zu machen, der für die Realisierung der Anpassung erforderlich ist.

7. Auch im Rahmen eines Wartungs-und Pflegevertrages sollte die Frage der Nutzungsrechtsregelung geprüft werden, insbesondere bei Anpassungsleistungen.

8. In der Rechtsliteratur wird die Notwendigkeit einer Abnahmeregelung bei Wartungs- und Pflegeleistungen als nicht erforderlich angesehen (*J. Schneider*, G Rdnr. 457); dabei wird auf die BVB-Pflege verwiesen, die im Gegensatz zu allen anderen BVB-Werken keine selbstständige Abnahmeregelung enthält.

Eine Abnahme von Wartungs- und Pflegeleistungen ist in der Praxis auch in vielen Fällen sehr schwierig. *Apitzsch* (CR 1988, 434) zeigt ein Pflegekonzept auf, das im wesentlichen in einen automatischen Pflege- bzw. Serviceprozeß des Herstellers eingebunden ist, der wiederum eine Vielzahl von unterschiedlichen Leistungsarten umfaßt, die vielfach nicht einen konkreten 'Erfolg' zum Leistungsgegenstand haben, sondern nur einen Service bzw. eine Unterstützungsleistung beinhalten. Zum anderen können einzelne Leistungen nicht entgegengenommen, geprüft und damit abgenommen werden. Diese von *Apitzsch* aufgezeigten Pflegekonzepte werden im wesentlichen bei Hardware- und Softwareprodukten des Herstellers einsetzbar sein.

Soweit individuell erstellte Software in Betracht kommt, der Anwender seine Anwendung autonom betreibt und nur Unterstützungsleistungen, z.B. bei Anpassungsleistungen, die auch die vom Hersteller gelieferten Systeme betreffen, verlangt, ist die Frage, ob es sich hierbei überhaupt um werkvertragliche Leistungen handelt. Denn der Nutzer behält die Gesamtverantwortung für die Anwendung und gibt nur einen Teilaspekt der Anpassung an den Hersteller/Lieferanten zur Überarbeitung. In diesem Fall liegt wohl ein Dienstvertrag vor, der allerdings keine Abnahme vorsieht.

Prinzipiell hat zudem die Abnahme bei Wartungs- und Pflegeverträgen nicht die maßgebliche Bedeutung wie bei einem Realisierungsvertrag, da das wirtschaftliche 'Ergebnis / Werk' bereits erstellt, abgenommen und in Betrieb gegangen ist, also die nach § 640 BGB vorgesehene Billigung gefunden hat. Die Pflege- und Wartungsleistungen sollen nur noch untergeordnete Teilaspekte abdecken und das wirtschaftliche Objekt bzw. Werk nicht mehr in Frage stellen (so im Ergebnis *Koch/Schnupp*, 278).

Folglich kommt es sehr auf den Einzelfall an, ob eine Abnahmeregelung sinnvoll bzw. überhaupt praktikabel ist.

Zusammenfassend ist festzuhalten:

1. Eine pauschale feste Zuordnung von Wartungs- und Pflegeverträgen zum Werk- oder Dienstvertragsrecht ist nicht möglich; es ist hier nach der Leistungsart zu unterscheiden.

2. Der Pflegevertrag ist kein Ersatz für einen Erstellungs- oder Realisierungsvertrag, aber er ist aus dem Gesichtspunkt der Dynamik eines Anwendungssystems und des Risikos von vorhandenen Fehlern im System äußerst wichtig.

IV. Abnahme von DV-Leistungen

Einleitung

Wie in Kapitel II.3 (Phasenmodelle) erörtert, steht bei DV-Projekten weniger die einzelne Leistung, also die Hardware oder nur die Software im Vordergrund; maßgeblich ist die Eignung der Computersoftware für die Anwendung und der reibungslose Einsatz der DV (*Müller-Hengstenberg*, 16,17). Hierbei spielt gerade die Abnahme bzw. die Funktionsprüfung eine entscheidende Rolle, da dieses Abnahmeverfahren die Eignung und Sicherheit feststellen soll. (Siehe *Müller-Hengstenberg*, BVB-Computersoftware, 168; *Zahrnt* CR 1993, 676f). Diese hervorgehobene Bedeutung der Abnahmeregelungen beruht auf folgender technischen Erkenntnis. Die heutigen Informationssysteme sind derart komplex, daß sie von ihren Entwicklern und Benutzern in der Regel nicht mehr beherrscht werden können (*Belli* in *Gorny/Kilian*, 85 ff). Die herkömmlichen Qualitätssicherungsmethoden, d.h. jeder Funktionstest, können in Anbetracht der Komplexität der Software rein ökonomisch nicht mehr angewandt werden. Vielmehr sind Qualitätssicherungsmaßnahmen nur noch mit Wahrschein-lichkeitsmethoden durchzuführen (*Belli* in *Gorny/Kilian*, 85ff). Die Wahr-scheinlichkeiten müssen allerdings systematisch ermittelt werden. Nach Belli besteht die Qualitätssicherung in stichprobenartigen Tests, die nach Wahrscheinlichkeiten ermittelt werden müssen, daß

1. alle möglichen Ausführungen des Programms in der
   Testphase bereits aktiviert werden,
2. alle möglichen Elemente des Eingabebereichs
   mit 'disjunktem' Systemverhalten berücksichtigt
   werden.

Diese technische Erkenntnis über die Sicherung der Qualität im Kontex zu der tief eingreifenden Integration der Informationssysteme in fast alle Bereiche der Administration und Kommunikation gibt der Abnahme eine neue Qualität für fast alle Rechtsformen der Übernahme von Computersystemen und den darauf beruhenden Anwendungen.

1. Abnahme-Alternativen

Die vielfältigen Phasenkonzepte, die bei der Entwicklung von Anwendungssystemen angewandt werden, sind jedoch in den wesentlichen Elementen des Prozesses übereinstimmend. Sie bestehen alle aus einer

> Analyse-Phase,
> Sollkonzept-Phase,
> Systemplanungs-Phase,
> Realiserungs-Phase und
> Einführungs-Phase.

Einig sind auch die Forderungen, daß jede Phase eine definiertes Ziel haben muß, das 'abgenommen' werden muß, bevor eine weitere Detailphase angegangen wird.

Die Abnahmealternativen unterscheiden sich zunächst danach, ob dem Auftragnehmer lediglich die Entwicklung einzelner Bausteine (=Programme), einer Teilanwendung oder einer Gesamtanwendung übertragen wird. Weiterhin können in der Regel Entwicklungsphasen einzeln an Auftragnehmer vergeben werden.

Grundsätzlich sind viele Alternativen der Auftragsvergabe und damit der Abnahme möglich:

> (a) Denkbar wäre, daß der Auftraggeber dem Auftragnehmer lediglich eine Phase für einen Baustein überträgt; (z.B. nur die Erstellung der Spezifikationen).
> (b) Maximal kann eine Auftragsverteilung für die Gesamtanwendung bis inklusive Systemtest erfolgen.

Die Logik, nach der sich eine Gesamtanwendung aus Teilanwendungen und diese aus Bausteinen zusammensetzt, hat jedoch Konsequenzen auf die 'Aufteilung', in der Teilaufgaben einzeln vergeben werden können: z.B. könnten die Phasen Spezifikation, Codierung und Test für einen einzelnen Baustein der Teilanwendung an einzelne Auftragnehmer vergeben werden. Den Integrationstest dieser Teilanwendung wird der Auftraggeber dann aber in eigener Verantwortung durchführen müssen.

In der Praxis kommt immer wieder der Fall vor, daß verschiedene Softwarehäuser mit der Erstellung einzelner Programme einer Teilanwendung betraut werden und dabei vereinbart wird, daß die Programme 'integrationsgetestet' abzuliefern seien. Spätestens nach Fertigstellung des Bausteintests stellt sich dann aber heraus, daß die Auftragnehmer zu einem eigenverantwortlichen Integrationstest gar nicht in der Lage sind, weil sie hierzu die ausgetesteten Bausteine der anderen Auftragnehmer benötigen.

Die begrenzte Verpflichtung zur Erstellung eines einzelnen Teilprogrammes durch verschiedene Softwarehäuser und die Integrationsverantwortung des Auftraggebers oder eines Dritten, z.B. im Rahmen eines Generalunternehmervertrages, führt vielfach in der Praxis zu dem falschen Verständnis, daß die Erfüllung dieser Teilverpflichtungen nicht der gleichen Sorgfalt, d.h. der Beachtung der gleichen Anforderungen an Testaktivitäten bedarf wie bei einer Gesamterstellung eines Programmes.

Alle erforderlichen Testaktivitäten wie 'code- und unit'-Tests anhand der vereinbarten Testfälle, müssen mit der gleichen Sorgfalt durchlaufen werden wie bei der Gesamterstellung. Zudem muß der Teilersteller auch bei dem Integrations- und Systemtest aller Programme mitwirken, da erst in dieser Phase die Qualität und die Anzahl der Mängel in den Teilprogrammen letztlich relativ umfassend erkannt werden kann.

In solchen Fällen bedarf es deshalb klarer Vereinbarungen über die Verantwortungsbereiche und einer präzisen Abgrenzung, welche Voraussetzungen technischer Art
vorliegen müssen, um einen 'Teiltest' durchführen zu können.

2. Abnahme von Programmspezifikationen

Die Spezifikationen liegen üblicherweise als 'Design'-Dokument vor. Die Abnahme
der Spezifikationen erfolgt auf der Basis eines Pflichtenhefts, das als Voraussetzung
der Phase 'Erstellen der Programmspezifikationen' und als Ergebnis der vorangegangenen Projektphase vorgelegen haben muß.

Zur Abnahme werden üblicherweise die Details der Anwendung (Funktionen,
Bildschirm-'Layouts', Listenbilder) mit den Benutzern des Auftraggebers durchge-
sprochen (sog. 'Design walk throughs'). Die Benutzer erklären danach schriftlich die
Abnahme.

Diese Abnahme durch den Benutzer zu einem so frühen Zeitpunkt vor der eigentlichen
Erstellungsphase ist erforderlich, damit spätere Änderungen am Design so weit wie
möglich ausgeschlossen werden. *Bons* (in *Gorny/Kilian*, 38,39) weist mit Recht
darauf hin, daß die logischen Fehler mit 26% der Gesamtfehlerursachen zu 88% in der
Designphase entstehen und der Aufwand für die Behebung von Designfehlern um so
größer wird, je später die Behebung, d.h. eine Designänderung erfolgt (so auch
Lichtenberg, 37ff). Hier besteht eine sowohl technische wie auch rechtliche Problematik:
Wenn die Benutzer über geringe DV-Erfahrung verfügen (und durch die DV-
Fachleute des eigenen Hauses nicht ausreichend unterstützt werden), ist den Benutzern
häufig gar nicht klar, was sie abnehmen sollen. Simulationsprogramme, mit deren
Hilfe der Ablauf einer Anwendung den Benutzern zumindest teilweise vorgeführt
werden kann, stellen hier eine gewisse technische Hilfe dar.

Von rechtlicher Bedeutung ist, daß der Auftragnehmer gegenüber dem Besteller eine
Beratungsverpflichtung hat. Daraus folgt: Zwischen den Beteiligten sind ausführliche
Erörterungen und entsprechende Absprachen erforderlich, um sicherzustellen, daß der
Auftraggeber (insbesondere seine Benutzerfunktion), in der Lage ist, die Abnahme
auch durchzuführen.

3. Abnahme von getesteten Bausteinen

Die Abnahme erfolgt durch die Ausführung von Testfällen, mit deren Hilfe die
korrekte Funktion der Bausteine überprüft wird. Nach Durchführung der Tests
bestätigt der Auftraggeber dem Auftragnehmer die Abnahme. Basis für die Erstellung
der Testdaten sind die Vereinbarungen in dem zugrundeliegenden Vertrag.

Verschiedene Regelungsalternativen sind denkbar:

(a) Der Auftraggeber erstellt die Testdaten.
(b) Der Auftragnehmer erstellt die Testdaten
als Teil des Vertrags und legt zunächst
diese dem Auftraggeber zur Prüfung und
Abnahme vor.

4. Abnahme von integrationsgetesteten Anwendungen und Teil-Anwendungen

Der Integrationstest hat das Ziel festzustellen, ob die verschiedenen zu einer (Teil-)
Anwendung gehörenden Bausteine (Programme) miteinander lauffähig sind. Hierbei
wird getestet, ob die Bausteine über die definierten Schnittstellen untereinander
korrekt Daten austauschen. Der Integrationstest wird sich daher darauf beschränken,
wenige Haupttransaktionen als Testfälle auszuführen. Daher entfällt auf diese
Entwicklungsphase nur ein geringer Anteil des gesamten Entwicklungsaufwands.
Häufig wird der Intergrationstest nicht als eigenständige 'Phase' des Entwicklungsprozesses gesehen, sondern nur als erster Schritt des Systemtests.

Die Abnahme von Anwendungen, die nur durch einen Integrationstest gegangen sind,
ist für den Auftraggeber außerordentlich problematisch. Der Besteller erhält nämlich
ein nur unvollständig ausgetestetes Werk, das deshalb noch mit einer relativ hohen
Fehlerrate behaftet ist. Die noch ausstehenden Testaktivitäten im Rahmen des
Systemtests sind recht umfangreich - sie können sich nach praktischen Erfahrungen
auf etwa 20% bis 40% des gesamten Entwicklungsaufwands belaufen.

Wichtig ist, daß frühzeitig vor den Testaktivitäten auf der Basis der ermittelten 'lines
of codes' der Programme die zu erwartende Anzahl von Fehlern errechnet wird, welche
bei den Testaktivitäten gefunden und natürlich behoben werden müssen. Während der
Tests kann dann die Qualität und der Testfortschritt anhand dieses Fehler-
Erwartungswerts beurteilt werden.

Diese Aspekte verdeutlichen, welchen Umfang die Testarbeiten einnehmen, von
denen der größte Teil erst nach dem Integrationstest durchgeführt werden. Wichtig ist
daher, daß bei den Projektplanungen ausreichend Zeit für die Testaktivitäten vorgesehen
wird. Falls der Auftraggeber hier auf Zeit drängt und nicht bereit ist, ausreichend Zeit
einzuplanen, muß er auch akzeptieren, daß die Programme noch mit einer höheren
Mängelrate versehen sind, die dann erst im Rahmen der Gewährleistung behoben
werden.

In der Praxis gibt es Fälle, bei denen der Auftraggeber entweder nach Abnahme nicht
sofort mit dem Systemtest beginnen kann oder der Systemtest so aufwendig ist und
daher so lange dauert, daß der Gewährleistungszeitraum nicht ausreicht, um alle

während des Systemtests gefundenen Fehler zu beheben. In diesen Fällen ist der Besteller darauf angewiesen, daß der Auftragnehmer bereit ist, die letzten im Systemtest gefundenen Fehler ausserhalb der Gewährleistung im Rahmen eines zusätzlich abzuschliessenden Programmpflege-Vertrags zu beseitigen.

Im Hinblick auf diese Problematik ist eine Abnahme nach Integrationstest im allgemeinen nicht ratsam. In der DV-Praxis sind Vereinbarungen getroffen worden, daß nach Integrationstest übergeben wird und der Systemtest Aufgabe des Auftraggebers sei. Der Systemtest erwies sich in fast allen Fällen als derart aufwendig (es handelte sich um eine sehr umfangreiche, komplexe Anwendung), daß der Auftraggeber zur Durchführung außerstande war und die Anwendung nicht einführen konnte.

5. Abnahme von systemgetesteten Anwendungen

Die Abnahme nach Systemtest wird sich auf folgende Gesichtspunkte konzentrieren:

(a) Überprüfung und Vollständigkeitskontrolle der vom Auftragnehmer zu liefernden Dokumentation und Programme (siehe hierzu BGH CR 1986, 337). Es ist dringend zu empfehlen, Art und Standards der zu liefernden Ergebnisse vertraglich zu regeln!

(b) Installation und anschließende Tests der übergebenen Programme in einer Testumgebung des Auftraggebers.

(c) Performancetests auf Basis vereinbarter Mengenprofile, wenn z.B. das Antwortzeitverhalten von 'online' Programmen oder Laufzeiten von Stapelprogrammen vertraglich zugesagt waren.

(d) Tests des störungsfreien Wiederanlaufs der Programme nach einem Abbruch (oder nach einem Stromausfall im Rechenzentrum).

Selbstverständlich wird der Auftraggeber versuchen, möglichst viele Testaktivitäten, die bereits den Charakter eines 'Verfahrenstests' (im Sinne der BVB-Terminologie) haben, noch während des ihm zur Verfügung stehenden Abnahmezeitraums durchzuführen. Dazu gehören insbesondere Tests der Anwendung in der geplanten organisatorischen Umgebung sowie Tests der Lauffähigkeit der Anwendung zusammen mit anderen Anwendungsverfahren des Auftraggebers. Probleme, die bei diesen Tests noch entdeckt werden, sind nur dann abnahmerelevant, wenn nachgewiesen werden kann, daß sich der Auftragnehmer nicht an die Programmvorgaben gehalten hat.

6. Verfahrenseinführung

Die Freigabe der erstellten Anwendung für den 'Wirkbetrieb' und ihre Produktionseinführung kann nur durch den Besteller erfolgen. Eine Verantwortung für die Übernahme der Anwendung in den Betriebsablauf kann der Auftragnehmer nicht übernehmen.

(Siehe zu dem Gesamtkomplex *Müller-Hengstenberg / Wild* CR 1991, 327ff).

7. Rechtliche Aspekte

a) Grundsätzliche Anmerkungen
Wie oben bereits ausführlich dargestellt, bildet die Abnahme den letzten Schritt der Testserien, der ebenfalls der Überprüfung der vertraglich vereinbarten Leistungen dient.

Die Abnahme ist ein Prozeß über mehrere Phasen hinweg. Damit ist sie anders als die im BGB-Werkvertragsmodell zugrundegelegte Abnahme (§ 640 BGB).

Auch nach dem BGB-Werkvertragsmodell (§ 640 BGB) ist die Abnahme ein besonderes Ergebnis im Rahmen der Vertragsdurchführung. Denn mit der Abnahme entfällt:

    (a) Die Vorleistungspflicht des Unternehmers bzw. Käufers.

    (b) Der Erfüllungsanspruch des Bestellers begrenzt sich
        auf das konkret abgenommene Werk, so daß der
        Unternehmer nur noch Mängel zu beseitigen hat .

    (c) Zudem findet eine Umkehr der Beweislast statt:
       - vor der Abnahme hat der Unternehmer die Mängel-
        freiheit und Vertragsmäßigkeit der Leistung zu be-
        weisen.

       - Nach der Abnahme hat der Auftraggeber das Vor-
        handensein von Mängeln zu beweisen.
        (*Brox* Rdnr. 263; *Korbion/Hochstein*, Rdnr. 290 ff)

Die Abnahme bedeutet nach allgemeiner Rechtsansicht und Rechtsprechung nicht nur die körperliche Hinnahme des Werkes, sondern auch die Billigung der Hauptsache als vertragsgemäße Erfüllung (*Brox* Rdnr. 263; *Korbion/Hochstein* Rdnr.290; BGH MDR 1970, 317 und MDR 1974, 220).

Die Abnahme im Kaufrecht (§ 433 Abs. 2 BGB) bedeutet demgegenüber etwas grundlegend anderes als die werkvertragliche Abnahme; sie besagt nur, daß der Käufer den vom Käufer bereitgestellten Gegenstand an sich zu nehmen hat; eine Billigung erfolgt nicht (*Junker* NJW 1994, 897, 903).

Nicklisch (BB 1979, 533, 538) sieht die Rechtssituation bei Projektverträgen anders. Der vom BGB-Werkvertragsmodell statisch vorgesehene Leistungsaustausch zu einem bestimmten, festgelegten Zeitpunkt - hergestellte Ware gegen Geld - findet in solchen 'Dauerschuldverhältnissen' anders statt. Der Werkunternehmer schuldet nicht nur im Zeitpunkt der Abnahme ein Leistungsergebnis, sondern auch bei den vorausgehenden Leistungen werden Ergebnisse geschuldet, da ohne diese das Endergebnis nicht erreichbar ist.

b) Abnahme von DV-Projekten

Wie sieht die Rechtsituation bei DV-Projekten aus? Es verwundert nicht, daß die Rechtsprechung und Rechtsliteratur sich lediglich mit der Endabnahme von Computersystemen oder Computerprogrammen beschäftigt (siehe *Köhler* CR 1988, 623f *Brandi-Dohrn*, 60ff; *Junker* NJW 1990, 1575, 1578 und NJW 1993, 830 und NJW 1994, 902f).

Dabei wurde zunächst die grundsätzliche Frage erörtert, ob bei Computersoftware als geistig schöpferische Werke überhaupt eine Abnahme nach § 640 BGB in Betracht kommt oder nicht vielmehr die Voraussetzungen des § 646 BGB vorliegen. Wenn aufgrund der besonderen Beschaffenheit einer Sache z.B. ein nichtkörperliches Werk eines Architekten vorliegt, so tritt an die Stelle der Abnahme die Vollendung des 'Werkes'. Die Rechtsliteratur und Rechtsprechung sind hier in ihrer Auffassung einmütig, daß § 646 BGB bei Computersoftware nicht zur Anwendung kommt (OLG Hamburg CR 1986, 83; OLG Celle CR 1989, 385; *Marly* Rdnr. 538f; *Koch/Schnupp*, 102).

Eine Abnahme nach § 640 BGB kommt in Betracht, gleichgültig ob die Abnahmefähigkeit von der Verkörperung der Computersoftware in einem Datenträger oder von der Verkehrsanschauung abhängig gemacht wird. Eine Prüfung und Billigung im Sinne des § 640 BGB ist zweckmäßig und entspricht auch der Verkehrsauffassung in der DV-Fachbranche, wie aus dem in Kapitel I, 3 aufgezeigten Phasenkonzept zu entnehmen ist (*Köhler/Fritzsche* in *Lehmann* XIII Rdnr. 162f).

Weiterhin hat die Rechtsprechung in einigen Entscheidungen zu den Problemen der Abnahme von Computersystemen bzw. von Computerprogrammen Stellungen bezogen:

1. Die Abnahme erfolgt nur auf der Grundlage des
   Pflichtenheftes (LG Freiburg CR 1988, 382,
   OLG Celle CR 1989, 219).

2. Bei der Abnahme reichen Stichproben aus (LG München CR 1087, 20; LG Aachen CR 1993, 703, 704).

3. Die Abnahme und Billigung braucht Zeit; technische Kompliziertheit haben Einfluß auf Umfang und Dauer der Untersuchung im Rahmen der Abnahmeprüfung (OLG Hamm CR 1989, 385; OLG Düsseldorf CR 1990, 689).

4. Abnahme bedeutet nicht Mangelfreiheit (LG München I CR 1987, 20).

5. Eine Übergabe mit Testdaten stellt bei DV-Anlagen keine Abnahme dar (OLG Hamm CR 1992, 206).

6. Nach geführten Verhandlungen stellt eine Vertragsbestätigung ein kaufmännisches Bestätigungsschreiben dar, wenn ihm nicht unverzüglich widersprochen wird (OLG Hamm CR 1992, 268).

7. In einem Individualvertrag kann eine Testphase statt Gewährleistung vereinbart werden   (OLG Karlsruhe CR 1989, 195).

8. In der Entgegennahme der Hardware und ihrer Nutzung zur Eigenherstellung von Anwenderprogrammen liegt eine Abnahme (OLG Hamm CR 1989, 486).

9. Eine Abnahme von Software liegt vor, wenn der Käufer trotz vorhandener Mängel die Software produktiv einsetzt (OLG München NJW 1991, 2158; LG Aachen CR 1993, 703f).

10. Keine Abnahme von DV-Systemlösungen, wenn neben Hardware und Software die Systemdokumentation nicht vollständig geliefert wird, da ohne diese das System nicht gebrauchsfähig ist (BGH CR 1993, 352).

Diese Entscheidungen zeigen eine Vielzahl von unterschiedlichen rechtlichen Ansätzen, die die speziellen technischen Probleme der Abnahme von Computersystemen oder Computersoftware allerdings nicht berücksichtigen. Aber die Entscheidungen beschäftigen sich alle ausnahmslos mit der Endabnahme, also der Abnahme nach der betriebsfertigen Übergabe der Computersysteme bzw. Computersoftware.

Die gesamten Leistungen in den einzelnen Phasen bis zur Endabnahme sind bisher unerwähnt und unberücksichtigt geblieben.

Die Begrenzung der Bewertung der Abnahme der Computersysteme, bzw. der Computersoftware, auf den Zeitpunkt der betriebsfertigen Übergabe wird dem gesamten Erstellungsprozess bzw. dem Phasenkonzept nicht gerecht, da eine Reihe von wichtigen Ereignissen außer Betracht bleiben. *Nicklisch* (BB 1979, 533 ff; *Nicklisch*, 104f) hat diesen rechtlichen Gesichtspunkt und die Folgen daraus sehr eindruckvoll herausgearbeitet.

Die Abnahme vollzieht sich in einer Reihe von nacheinander durchzuführenden 'Abnahmen', die eine enge Kooperation von Auftraggeber und Auftragnehmer vom Zeitpunkt der IST-Analyse an voraussetzen und somit auch eine Reihe von Mitwirkungspflichten erfordern.

Dazu ist es erforderlich, daß vor jedem Eintritt in eine Phase die Aktions- und Ziel-(=Erfolgs-)kriterien einer Phase genau festgelegt werden müssen.

Der ganze Prozeß ist - wie oben ausführlich aufgezeigt - ein Kooperationsprozeß, den die Fachwelt in Phasenkonzepte aufgliedert. Es ist für die erfolgreiche Durchführung einer jeden Phase erforderlich, daß die Eingangs- und Ausgangskriterien vor jedem Arbeitsbeginn eindeutig beschrieben sind (*Stöhr* Computerwoche vom 16.09.1983, 16ff). Wichtig ist weiterhin, daß keine Folgephase begonnen wird, bevor die Ziele der vorherigen Phase erreicht bzw. abgenommen sind (so wohl auch *Lesshafft* CR 1989, 146, 147). Dieser Prozeß, in dem das Projektziel von Phasenergebnis zu Phasenergebnis erreicht wird, ist in der Rechtsprechung so gut wie nicht erörtert. Allerdings gib es Hinweise auf die Anforderungen während der Projektdurchführung.

So merkt das Landgericht Landau, Urteil vom 18.11.1983 (jur-PC 1986,456), an, daß der Anwender die vom Hersteller erstellte 'Analyse auf ihre Verwendbarkeit und Tauglichkeit für den Betrieb und auf die Übereinstimmung mit seinen Vorstellungen zu überprüfen hat. Eine Überprüfung konnte auch allein nur von der Beklagten (Anwender) vorgenommen werden, da es alleine ihre Sache war, ihre Wünsche und Vorstellungen zu definieren'. Eine solche Überprüfungs- und Mitwirkungspflicht wird auch von weiteren Gerichten bejaht (so OLG Celle jur 1986, 311; LG Essen CR 1987, 428f; OLG Oldenburg CR 1986, 552f). Weiterhin sagen diese Urteile aus, daß der Besteller bei der Erarbeitung des Pflichtenheftes genau definieren müsse, was er erwarte.

Sehr deutlich sagt hierzu das Oberlandesgericht Köln, Urteil vom 07.02.1992 (CR 1992, 470), daß ein qualifizierter Auftraggeber auch dann die für eine Anwendung erforderlichen Spezifikationen zu liefern hat, wenn das nicht ausdrücklich vereinbart worden ist (so auch der BGH CR 1992, 543 f).

Falls der Besteller später feststellt, daß er weitergehende Vorstellungen als im Pflichtenheft definiert hat, geht das zu seinen Lasten. Wichtig ist daher, daß am Ende der Phase des Pflichtenheftes der Anwender das Dokument als richtig und lückenlos 'genehmigt'; das ist dann das Zieldokument der Phase 'Erstellung eines fachlichen Feindesigns'.

Demgegenübner hat der Hersteller/Lieferant das system-technische Design zu erarbeiten; das Zieldokument dieser Phase ist das Systemdesign. Auch dieses Dokument, das das abschließende Systemdesign enthält, sollte dem Auftraggeber zumindest zur Kenntnis gegeben bzw. zur Freigabe vorgelegt werden; denn auf dieser Basis werden die Anwendungsprogramme entwickelt (siehe hierzu *Lesshafft* CR 1989, 146, 151; *Schaub* CR 1993, 329; *Müller-Hengstenberg* CR 1993, 689).

Aus den Entscheidungen ist also zu entnehmen, daß der Auftraggeber verpflichtet ist, seine organisatorischen bzw. betrieblichen Kenntnisse und Vorstellungen voll und für den Auftragnehmer verständlich einzubringen. Der Auftragnehmer darf sich zwar nicht zurücklehnen, sondern hat hier auch mitzuwirken, die Vorstellungen in einen geordneten, d.h. technisch umsetzbaren Rahmen zu bringen (so *Lesshafft* CR 1989,146ff). Gleiches gilt in umgekehrter Verantwortung für den Systementwurf. Die maßgebliche Verantwortung liegt hierfür beim Lieferanten/Hersteller, aber der Auftraggeber soll hier zumindest beratend mitwirken. Beispielhaft ist hier die BVB-Erstellung, die in § 3 Nr. 3 Abs. 2 BVB-Erstellung die 'Überprüfungspflicht des Auftraggebers' regelt (siehe *Müller-Hengstenberg* , BVB-Computersoftware, 180).

Die oben erwähnten Phasenkonzepte gehen alle von diesen Erkenntnissssen aus und legen die 'Arbeitsphasen' in einzelnen Prozessabschnitten fest, die aber alle jeweils der Überprüfung und Abnahme bedürfen. Wie oben gezeigt, bedeuten spätere Änderungswünsche oder die Erkenntnisse von Designfehlern zu einem späten Zeitpunkt der Entwicklungsphase erhebliche Aufwände für Änderungen und Anpassungen. Daraus folgt, daß die ersten Abnahmen in diesen Phasenabschnitten viel bedeutsamer sein können, bzw. auch in der Regel sind, als die letzte Abnahme. Diese einzelnen Mitwirkungspflichten müssen als Aktionsparameter in den einzelnen Phasen festgelegt und jeweils abgenommen bzw. genehmigt werden (*Lesshafft/Ulmer* CR 1993, 607, 610). Für die rechtliche Bewertung kann hier die Rechtsprechung im Baurecht zumindest in den Grundgedanken angewandt werden, die im Rahmen eines Bauprojektes getrennte Abnahmen von Einzelleistungen nach § 640 BGB zuläßt, z.B.Abnahme der Architektenleistung, Statikerleistung, der geologischen Gutachten, Baudurchführung und zwar ungeachtet des Umstandes, daß ein Mangel dieser Leistungen erst später bei der Endabnahme des Bauwerkes sichtbar wird (BGH DB 1974, 40; *Korbion/Hochstein* Rdnr. 305ff).

Es würde der Bedeutung der einzelnen Phasen, insbesondere der fundamentalen Grob- und Fein-Phasen wie Grob- und Feindesign sowie der Systemkonzeptphase (die im übrigen in sich abgeschlossene Vorgänge darstellen) nicht gerecht werden, wenn die Mitwirkung und Überprüfung des gefertigten Werkes seitens des Auftraggebers in jeder dieser einzelnen Phasen nur als Obliegenheit im Sinne des § 642 BGB gewertet würde. Eine Obliegenheit ist eben keine Rechtspflicht (so *Brox* Rdr. 264), d.h. es besteht kein Anspruch auf Mitwirkung. Die technischen Darlegungen über das Phasenkonzept zeigen aber deutlich, daß demgegenüber die Überprüfung und die Erklärung der Akzeptanz durch den Auftraggeber für eine sorgfältige, technisch wirtschaftliche Durchführung der Erstellungen des Anwendungssystems von unabdingbarer Notwendigkeit, also eine Pflicht ist. Demnach ist die Anwendung des § 642 BGB zu schwach für die Abnahmenotwendigkeit ausgestaltet.

Die Bedeutung dieser 'Mitwirkung' erfordert die 'starke Regelung' des § 640 BGB mit der Rechtsfolge, daß bei berechtigter Nichtabnahme der § 326 BGB, bzw. bei unberechtigter Abnahmeverweigerung der § 286 BGB Anwendung findet, sofern die gesetzlichen Voraussetzungen (Verschulden und Mahnung) vorliegen (so wohl im Ergebnis *Nicklisch* BB 1979, 533; *Köhler/Fritzsche* in *Lehmann* XIII Rdnr. 170; a.A. *Soergel* Münchner Komm. § 640, Rdnr. 8 der von einem Gläubigerverzug ausgeht). Zumindest ist von einer vertraglichen Mitwirkungspflicht des Bestellers auszugehen, die bei mangelhafter Leistung oder bei Unterlassung der Leistung die Verzugsfolgen nach §§ 284, 286 BGB auslöst (so *Nicklisch* BB 1979, 533 und *Nicklisch*, 104ff).

Soweit einer der Vertragspartner nicht den erforderlichen Mitwirkungspflichten, gleichgültig in welchem Phasenabschnitt, nachkommt oder auf eine Verkürzung der Phase drängt, bzw. gewisse Tests nicht durchführen läßt und dadurch Mängel entstehen, so kann z.B. der Auftraggeber sich bei der Abnahmeprüfung nicht auf diese Mängel berufen und die Abnahme verweigern (so auch OLG Celle *Zahrnt* Rechtspr Bd. 1 .K/M-13, LG Verden CR 1986, 26; OLG Hamm CR 1989, 498; *Müller-Hengstenberg* CR 1986, 441; a.A. *Kilian* CR 1986, 187f) oder muß sich im Falle von Schadensersatzansprüchen die Verletzung seiner Mitwirkungspflichten nach § 254 BGB anrechnen lassen (so LGFreiburg CR 1988, 382).

c) Anforderung an die Ablieferung von DV-Leistungen
Ein weit verbreitetes Diskussionsthema ist in der Rechtsprechung, welche Anforderungen an die Ablieferung von DV-Systemleistungen rechtlich gestellt werden müssen. Diese Thematik wird insbesondere im Hinblick auf den Beginn der Gewährleistungsfrist nach § 477 BGB bzw. nach § 638 BGB in Verbindung mit § 640 BGB bei der Überlassung von Standard-Hardware und Standard-Software erörtert.

Hier ergibt sich eine sehr unterschiedliche Rechtsprechung:
Das Oberlandesgericht Düsseldorf, Urteil vom 07.12.1988 (CR 1989, 689), hat die Auffassung vertreten, daß eine DV-Anlage in der Regel erst dann im Sinne des § 477 BGB abgenommen bzw. im Sinne des § 640 BGB abgeliefert ist, wenn die Anlage nach Einweisung des Kundenpersonals und nach Überwindung von Anfangs-schwierigkeiten mangelfrei läuft.

In einer weiteren Entscheidung des Oberlandesgerichts Düsseldorf, Urteil vom 12.06.1990 (CR 1991, 538), wurde ausgeführt, daß der Zeitpunkt der Ablieferung (§ 477 BGB) nur nach mehreren Probeläufen und einem störungsfreien Lauf vorliegen kann; erst dann braucht der Auftraggeber abzunehmen, und ab diesem Zeitpunkt beginnt erst die Gewährleistungsfrist.

Das Oberlandesgericht München, Urteil vom 5.07.1991 (CR 1991, 607), ist in seiner Rechtsmeinung zu der Frage der Ablieferung (§ 477 BGB) moderater. Das Gericht vertritt zwar auch die Auffassung, daß eine Ablieferung erst nach der Einweisung des Bedienungspersonals und nach einer gewissen Anzahl von Probeläufen bei zufriedendstellendem und beanstandungsfreiem Lauf erfolgen kann, aber es widerspricht dem Oberlandesgericht Düsseldorf, daß ein störungsfreier Lauf vorliegen muß (Kritik : *Feuerbronn* CR 1991, 541).

Eine differenzierte Meinung nimmt schließlich das Oberlandesgericht Hamm ein, Urteil vom 08.07.91 (CR 1992, 335), nach dem zur Ablieferung die vollständige Hard- und Software, die Einweisung des Anwenders sowie ein im wesentlichen störungsfreier Lauf gehört (siehe hierzu *Junker* NJW 1993, 830; so auch OLG Köln CR 1993, 426, 428 unter Verweis auf OLG Köln CR 1991, 154, 156).

Das Oberlandesgericht Köln befand sogar (siehe *Junker* NJW 1993, 824, 830), daß eine vertragsgemäße Übergabe vorliege, wenn der Verkäufer dem Käufer mitteile, daß die Anlage prospektgemäß funktioniere.

Dem steht eine Entscheidung des Oberlandesgericht Hamm, Urteil vom 22.08.1992 (CR 1992, 206), entgegen, daß eine Übergabe mit ausgewählten Tests keine Abnahme sei, auch wenn das Abnahmeformblatt unterschrieben sei, weil die Brauchbarkeit erst nach einiger Zeit der Erprobung festgestellt werden kann.

In diesem Zusammenhang ist auch die bereits oben erwähnte Entscheidung des Bundesgerichtshofs, Urteil vom 03.11.1992 (CR 1993, 352 f), zu beachten, die mit Recht darauf hinweist, daß bei einer geschuldeten DV-Lösung bzw. eines DV-Systems auch die zugehörige Dokumentation vollständig mitgeliefert sein muß, da ohne diese das System nicht benutzbar bzw. gebrauchsfähig ist. In dieser Entscheidung läßt der Bundesgerichtshof im übrigen die Frage ausdrücklich unentschieden, ob die Computersoftware zudem noch eine "gewisse Zeit im wesentlichen fehlerfrei" gelaufen sein muß.

Wichtig ist eine weitere Entscheidung des Bundesgerichtshofs vom 14.07.1993 (NJW 1993, 2436 f), die zu der Frage der Überprüfungspflicht nach §§ 377, 381 Abs. 2 HGB ergangen ist. Nach der Meinung des Bundesgerichtshofs kann eine Überprüfung erst stattfinden, wenn die 'Ware' vollständig abgeliefert worden ist; bei einer Gesamtanlage von Hardware und Software als einheitlichem System gehört auch die Mitlieferung der Bedienungsanleitung dazu. Der Bundesgerichtshof hatte es hier dahingestellt gelassen, ob sich das Wandlungsrecht aus einer entsprechenden Anwendung der Gewährleistungsbestimmungen des Kauf- oder Werkvertragsrechts ergibt.

Bemerkenswert ist eine Entscheidung des Landgerichts Aachen vom 18.12.1992 (CR 1993, 703f). Das Landgericht bemängelt oben ausgeführte Rechtsprechung des OLG Düsseldorf und ist der Meinung, daß

> " ein Werk keineswegs absolut mangelfrei sein müsse,
>   um abnahmefähig zu sein."

Nach Meinung des Landgerichts kommt es darauf an, daß der Besteller das Werk 'als im wesentlichen vertragsgemäße Erfüllung abnehme'. Die Forderungen, daß die Software eine gewisse Zeit mangelfrei funktioniere, widerspricht nach Meinung des Landgerichts der 'Wertung des Gesetzes', weil die Gewährleistungsrechte des Werkvertrags ihren Sinn verlieren würden.

In einer anderen Entscheidung des Landgerichts Aachen vom 29.09.1992 (CR 1993, 767) stellt das Gericht die Anwendung der Rügepflicht nach § 377 HGB in Frage, wenn eine Abnahme vertraglich vereinbart worden ist (a.M. BGH CR 1993, 681, 683).

d) Eigene Wertung

Zunächst ist auffallend, daß die Rechtsprechung bei den Voraussetzungen an den Beginn der Gewährleistung nach § 477 BGB teilweise sehr weit geht und Elemente der Abnahme nach § 640 BGB unter Zurhilfenahme des § 377 HGB übernimmt (ebenso kritisch *Köhler/Fritzsche* in *Lehmann* XIII Rdnr. 112; OLG München CR 1991, 19,21). Das Erfordernis eines fehlerfreien Probelaufs übersteigt die Anforderungen, die an die Übergabe einer Kaufsache zu stellen sind. Die Folge ist, daß zwischen den Anforderungen an den Beginn der Gewährleistung nach § 477 BGB und den Anforderungen für die Abnahme nach § 640 BGB in der Rechtsprechung nicht unterschieden wird (Brandi-Dohrn, 61).

Die Rechtsprechung (siehe Überblick bei *Junker* NJW 1994,897, 902f) erscheint auf den ersten Blick überzeugend, wird aber nicht allen technischen Aspekten gerecht. Es ist sicherlich richtig, daß die Brauchbarkeit einer Computersoftware erst nach einiger Zeit des Gebrauchs festgestellt werden kann.

Aber die Rechtsprechung hält sich sehr eng an das BVB-Werkvertragsmodell, das die Abnahme als eine zeitlich begrenzte 'Aktion' ansieht, die an den Zeitpunkt der Ablieferung anknüpft. Der Zeitraum vor der Abnahme bleibt hier völlig außer Betracht.

Aber wie im Rahmen der Erörterung der Phasenkonzepte aufgezeigt, dienen dazu im Rahmen von Projekten die vielen Arten der Testläufe vor der Übergabe. Die Lieferung der Dokumentation hilft manches Mal wenig, da diese umfangreich ist und eine lange Zeit des Studiums durch den Anwender benötigt.

Es liegt am Auftraggeber, ob er bereits in der Testphase zumindest als Beobachter daran teilnimmt. Auf diese Weise lernt er bereits die Software kennen, kann die Brauchbarkeit abschätzen und versteht sehr schnell, die Systemdokumentation zu gebrauchen. In der Praxis wird in der Regel so verfahren. Wenn der Auftraggeber bereits in einem solch frühen Stadium teilnimmt, gelten die Aspekte der oben aufgeführten Rechtsprechung nur noch begrenzt; eine Einweisung ist sicherlich erfolgt; die Brauchbarkeit konnte der Auftraggeber bereits weitgehend erkennen. Die Abnahme dient dann schließlich nur nochmals einer weiteren Verifizierung der

Erfüllung der vertraglichen Vereinbarungen. Die Bedeutung der 'Bedienungsanleitung' relativiert sich somit. Eine Untersuchung im Sinne des § 377 HGB kann ohne weiteres durch die Mitwirkung des Bestellers in den Testphasen erfolgen. Denkbar wäre hier, je nach der Fallgestaltung, z.B. bei einer engen Zeitvorgabe durch den Besteller oder bei einem unzureichenden Pflichtenheft des Bestellers eine solche Mitwirkung des Bestellers als vertragliche Nebenpflicht anzusehen, die bei Schadensersatzansprüchen im Rahmen des § 254 BGB berücksichtigt werden müßte. Aus gleichen Gründen ist der Meinung des Landgerichts Aachen (CR 1993, 767) zuzustimmen, daß die Anwendung des § 377 HGB bei einer solchen Abnahmeregelung keinen Sinn mehr macht.

Nur wenn eine Software schlicht einem Auftraggeber übergeben wird, also keine Projekt konforme Vorgehensweise vorliegt, sind die Aspekte der Rechtsprechung sinnvoll, allerdings mit der Einschränkung, daß eine mangelfreie Software nicht vorliegen kann (*Mehrings* NJW 1986, 1904; *Müller-Hengstenberg* CR 1989, 900). Interessant ist in diesem Zusammenhang auch die Rechtsprechung, die im wesentlichen zum Gewährleistungsrecht ergangen ist, aber auch für die Abnahmepflicht des Auftraggebers von Bedeutung ist. Diese Rechtsprechung (LG Verden CR 1986, 26; OLG Nürnberg CR 1986, 549) sieht 15 Mängel im Rahmen der Gewährleistungsfrist oder 10% Ausfall pro Jahr als hinnehmbar an. Gleiches gilt bei 2 bis 3 Reparaturen pro Monat (OLG Karlsruhe *Zahrnt* Rechtsprechung Bd. 1, L-5). Das OLG Düsseldorf (CR 1992, 724f) faßt die Schwelle des Hinnehmbaren wie folgt zusammen:

> "Die Zumutbarkeitsgrenze ist desto höher anzusetzen, je komplizierter
> und technisch aufwendiger der Leistungsgegenstand ist".

Aus demselben Grund hat der Auftraggeber zumindest die Pflicht, dem DV-System-lieferanten mehrere Nachbesserungschancen je nach Kompliziertheit des DV-Systems bis zu 8 Wochen einzuräumen, bevor die Abnahme ablehnt, weil die Fehler sich doch außerhalb der Zumutbarkeitgrenze bewegen (so auch für den Fall der Abnahme: LG München CR 1987, 20 und CR 1988, 218). Die neuere Rechtsprechung (LG Heilbronn CR 1994, 290) räumt im Rahmen des § 377 HGB eine Untersuchungsfrist von maximal vier Wochen ein, soweit ein Softwarekundiger die Überprüfung durchführt.

Abschließend ist festzustellen, daß im Gegensatz zu dem BGB-Werkvertrags- oder auch Kaufvertragsmodell die Abnahme kein Einzelereignis zu einem bestimmten Zeitpunkt, sondern ein Prozeß ist, der die Mitwirkung aller Beteiligten erfordert und schon frühzeitig mit der Erstellung der Testdaten beginnt. Die Abnahmemodalitäten müssen daher frühzeitig bei Beginn der Durchführung eines Vertrags festgelegt werden. Wenn der Auftraggeber sich nicht frühzeitig an den Testvoraussetzungen und Testläufen beteiligt, obwohl vom DV-Hersteller ermöglicht, so kann diese mangelhafte Mitwirkung nicht zu Lasten des Herstellers letztlich gehen, indem unzumutbare Anforderungen an die Funktionalität der Software, an den Erprobungszeitraum und Einweisungsumfang gestellt werden.

Maßgebend für die Abnahme ist nicht die Mangelfreiheit der DV-Leistungen, sondern die Fehlerfreiheit in dem Sinne, daß die Einsatzfähigkeit oder der vertragsmäßig vereinbarte Gebrauch möglich ist.

V. Gewährleistung bei DV-Verträgen

1. Die Bedeutung der Gewährleistung bei DV-Projekten

Die Anwendung der Gewährleistungsbestimmungen des BGB sind von dem jeweils vorliegenden Vertragstyp abhängig. Wie in Kapitel III, 5 dargestellt, kommen mehrere Möglichkeiten in Betracht.

Was die Hardware angeht, so dürften in der Regel bei der vertraglichen Einordnung kaum Schwierigkeiten bestehen; hier kommt je nach Vertragslage Kauf oder Miete in Betracht. Komplizierter ist die Rechtslage bei der Überlassung von Computersoftware, insbesondere bei der werkvertraglichen Erstellung einer Anwendungslösung bestehend aus Hardware, Standard-Computersoftware, speziell erstellter Software und sonstigen Dienstleistungen.

Bei der Überlassung von Computersoftware kommt es darauf an, ob man der Rechts-auffassung des Bundesgerichtshofs oder des Bundesfinanzgerichts folgt. Je nachdem werden die Gewährleistungs-ansprüche des Kauf- oder Werkvertragsrechts entsprechend oder Miete-/Pachtrecht sinngemäß angewandt.

Nach dem BGB-Kauf- und Werkvertragsmodell hat die Gewährleistung eine maßgebliche Bedeutung. Beim Werkvertrag hat der Besteller - anders als der Käufer- grundsätzlich einen Erfüllungsanspruch auf eine mangelfreie Herstellung des Werks; allerdings darf sich der Unternehmer nach Abnahme des Werkes, d.h. mit der Anerkennung der vertragsmäßigen Erfüllung, darauf einstellen, daß nicht mehr eine Neuherstellung, sondern nur noch die Beseitigung etwaiger Fehler verlangt wird (*Brox* Rdnr. 267, 268). Anders verhält es sich beim Kaufvertrag. Hier ist strittig, ob die Mangelfreiheit zum Erfüllungsanspruch - wie beim Werkvertrag - gehört, oder nur Inhalt der Gewährleistung ist (siehe über den Streitstand *Esser/Weyers* § 32 II, 3; *Brox*, Rdnr. 58f).

Das Mietrecht setzt demgegenüber schon strengere Maßstäbe. Zunächst ist davon auszugehen, daß nach § 536 BGB der Vermieter dem Mieter die Mietsache während der gesamten Mietzeit in einem gebrauchsfähigen Zustand zu gewähren hat. Dieser Anspruch ist demzufolge seiner Rechtsnatur nach ein Erfüllungs- und kein Gewähr- leistungsanspruch. Falls Mängel vorhanden sind, die den gebrauchsfähigen Zustand erheblich mindern, hat der Mieter zunächst aus dem Gesichtspunkt des Erfüllungs- anspruchs einen Anspruch auf Herstellung des 'vertragsgemäßen gebrauchsfähigen Zustands' nach § 536 BGB, der erst mit dem Ende des Mietverhältnisses erlischt. Daneben hat der Mieter die Gewährleistungsrechte aus §§ 537ff BGB, d.h. Minderung und Wandlung bzw. Schadensersatz wegen Nichterfüllung. Im übrigen umfaßt der Schadensersatzanspruch wegen Nichterfüllung nach § 538 BGB im Gegensatz zu dem Schadensersatzanspruch des Kauf- oder Werkvertragsrechts nach §§ 463, 635 BGB auch mittelbare Schäden. Nur unter besonderen Voraussetzungen können bei Kauf und Werkverträgen mittelbare Schäden geltend gemacht werden und zwar nach den Grundsätzen der positiven Vertragsverletzung.

Beim Pachtrecht finden nach § 581 Abs. 2 BGB die Bestimmungen des Mietrechtes weitgehend Anwendung und unterscheiden sich dadurch, daß das Mietrecht nur auf Sachen bezogen ist; das Pachtrecht ist zudem auch auf andere Rechte anwendbar (*Palandt/Putzo* § 581 Rdnr. 1).

Die nachfolgenden Überlegungen begrenzen sich im wesentlichen auf den Projekt- bzw. Systemvertrag.

Bei Softwareverträgen, insbesondere bei DV-System- oder Projektverträgen, hat die Gewährleistung eine andere Bedeutung als beim BGB-Werkvertragsmodell, da eine andere Risikoverteilung als in dem BGB-Werkvertragsmodell vorliegt, die durch die maßgebliche Mitwirkung des Auftraggebers bedingt ist (so *Nicklisch* NJW 1985, 2362, 2363). In der Fachliteratur wird mit Recht darauf hingewiesen, daß Software wie ganze Anwendungssysteme einem dynamischen Prozess während der gesamten Nutzungszeit unterliegen, der nicht mit dem Ablauf der Gewährleistung beendet wird (*Apitzsch* CR 1988, 432; *Lichtenberg*, Seite 13, 28f). Bei ökonomischer Betrachtung des Entwicklungsprozesses wird auch die Pflege/Wartungsphase mit einbezogen, die etwa bei 20% des Gesamtaufwands liegen kann (*Praetorius/Siegel* CR 1991, 496, 499).

Die Gewährleistung fällt aus technischer Sicht in den Phasen- bzw. Aktionsbereich nach der Realisierung eines Projektes bzw. nach der Installation oder Abnahme eines Anwendungs-systems, nämlich in die sog. Pflege-/Wartungsphase: Diese Phasen haben nur eine 'begrenzte' Bedeutung, da das 'Werk' durch die Abnahme gebilligt wurde.

Aus technologischer Sicht wird bei der Implementierung von Standardsoftware oder speziell erstellter Software in einer Kundenumgebung der Abnahmeregelung von der Fachwelt eine größere Bedeutung als der Gewährleistung beigemessen, da die Gewährleistung letztlich nur der abschließenden Stabilisierung des Einsatzes dient. Die Einsatzfähigkeit und Qualität ist jedoch vorrangig ein Thema der Abnahme.

Interessant ist in diesem Zusammenhang die Entscheidung des Oberlandesgerichts Karlsruhe, Urteil vom 08.07.1988 (CR 1989, 195), in der die Parteien individuell die Gewährleistung ausgeschlossen haben. Das Gericht sah den Ausschluß nicht als einen Verstoß gegen § 637 BGB an, da der Tatbestand eines arglistigen Verschweigens nicht vorlag und der Besteller im Hinblick auf die geringere Vergütung den Ausschluß der Gewährleistung akzeptiert hat. Außerdem hatte der Besteller die Möglichkeit, das Programm zu testen und die Abnahme zu verweigern. (Kritisch zu der Entscheidung

Brandi-Dohrn (CR 1989, 197), der hier ein 'Werk auf Probe' sieht und die Regeln des § 494 BGB entsprechend zugrundelegt.)

Die Entscheidung ist interessant, da diese die Besonderheiten eines DV-Projektes aufzeigt. Wegen der besonderen Bedeutung der Abnahme, insbesondere der vorausgehenden Integrations- und Systemstests bzw. Lifetests, an denen der Besteller in der Regel - zumindest bei größeren Projekten - mitwirkt, werden in der Praxis vielfach relativ lange Zeiträume bis zu 30 Tagen und länger eingeräumt.

Die Besonderen Vertragsbedingungen der Öffentlichen Hand für die Planung und Beschaffung von DV-Anlagen, Überlassung, Erstellung und Pflege von Software (BVB) sehen teilweise einen Abnahmezeitrahmen von 30 Kalendertagen mit einer Erweiterung auf 90 Tage vor; solche Abnahmezeiträume können natürlich nur bei komplexen Anwendungssystemen in Betracht kommen; nicht bei der Installation von ROM-Disks.

Die Abnahme übernimmt hier weitgehend die Aufgabe der Gewährleistung, Mängel zu beseitigen und ein für den Besteller vertragsgemäß gebrauchsfähiges System zu erreichen. Der Unterschied zu dem BGB-Werkvertragsmodell besteht darin, daß der Nachbesserungsanspruch des Bestellers bereits in die Abnahme bzw. in den Zeitraum der Testphasen verlegt wird, weil hier dem Nachbesserungsanspruch technisch und ökonomisch am besten entsprochen werden kann (*Belli*, in *Gorny/Kilian*, 74,77; *Bons*, in *Gorny/Kilian* 35,42 ff). Soweit solche Ausschlüsse individuell vereinbart werden, sind nach der oben zitierten Entscheidung des Oberlandesgericht Karlsruhe diese Vereinbarungen wirksam.

Bedenklich könnte im Hinblick auf einschlägige Rechtsprechung (BGH ZIP 1991, 1362; BGH NJW 1993, 335; *Heinrichs* NJW 1994, 1380, 1384f) sein, ob solche Ausschlüsse in den Allgemeinen Ge-schäftsbedingungen unter den gleichen Voraussetzungen zulässig sind. Dazu wird im Kapitel VII noch ausführlich Stellung genommen.

2. Der Fehler/Mangel-Begriff

Weiterhin ist in Frage zu stellen, ob der Fehlerbegriff des BGB-Kauf- bzw. Werkvertragsmodells bzw. des Miet-/Pachtrechtes übernommen werden kann.

Nach dem Kaufrecht (§ 459 Abs. 1 BGB) haftet der Käufer dafür, daß die gelieferte Kaufsache im Zeitpunkt des Gefahrenübergangs nicht mit einem Fehler behaftet ist, den Wert oder die Tauglichkeit zu dem gewöhnlichen oder nach dem Vertrag vorausgesetzten Gebrauch aufhebt oder mindert, oder eine zugesicherte Eigenschaft (§ 459 Abs. 2 BGB) nicht fehlt.

Nach dem Werkvertragsrecht (§ 633 BGB) hat der Unternehmer das Werk so herzustellen, daß es die zugesicherten Eigenschaften hat und nicht mit Fehlern behaftet ist, die den Wert oder die Tauglichkeit zum gewöhnlichen oder nach Vertrag vorausgesetzten Gebrauch aufheben oder mindern.

Nach §§ 536, 581 BGB hat der Vermieter/Verpächter die Sache in einem zum vertragsmäßigen Gebrauch geeigneten Zustand während der Mietzeit zu überlassen; gleiches gilt für das Pachtverhältnis. Trotz der etwas anderen Definition im Mietrecht ist der Fehlerbegriff im Miet-, Kauf- und Werkvertragsrecht weitgehend identisch (*Palandt/Putzo* § 536 Rdnr. 13).

Nach der heute wohl vorherrschenden Meinung ist der subjektive Fehlerbegriff maßgebend, d.h. eine Sache ist dann fehlerhaft, wenn die Sache von der vereinbarten Beschaffenheit abweicht und dadurch ihr Wert oder ihre Tauglichkeit zum vertraglich vorausgesetzten Gebrauch aufgehoben oder gemindert ist (so *Brox* Rdnr. 61).

Ein Unterschied besteht dennoch zwischen Miete/Kauf- und dem Werkvertragsrecht: Beim Miet- und Kaufvertrag ist für die Frage der Gewährleistungsrechte maßgebend, ob durch den Mangel der Gebrauch bzw. der Wert der Sache erheblich gemindert ist. Beim Werkvertrag ist das Kriterium der 'erheblichen Minderung der Tauglichkeit' nur für das Recht der Wandlung maßgebend (§ 634 BGB).

Aus den obigen Darstellungen zu der rechtlichen Einordnung der Computersoftware ist zu entnehmen, daß eine unmittelbare rechtliche Einordnung unter das Miet-/ Pacht-, Kauf- oder Werkvertragsrecht aufgrund des besonderen Charakters der Computersoftware nicht möglich ist. Es ist demnach zu prüfen, welche Gewährleistungs-bestimmungen oder auch Erfüllungsansprüche der BGB-Vertragstypen dem Charakter der Computersoftware am besten bei einer sinngemäßen Anwendung gerecht werden (*Stumpf/Groß* Rdnr. 763f).

Folgende Gesichtspunkte sind bei dieser Fragestelllung zu berücksichtigen:

a) Die Computersoftware wird in der Regel in Form einer Lizenz überlassen.
Der Grund für die lizenzweise Überlassung liegt, wie bereits ausführlich erörtert, in der Auffassung, daß bei der Überlassung von Computersoftware die Nutzungsein-räumung eines Immaterialgutes im Vordergrund steht.

Nach der wohl einschlägigen Rechtsprechung zum Lizenzrecht (BGH "Mineralwolle" MDR 1979, 933; *Stumpf/Groß* Rdnr. 295ff) hat der Lizenzgeber nur für die technische Brauchbarkeit zu dem vertraglich vorgesehenen Zweck nach allgemeinen gesetzlichen Bestimmungen und nicht nach den Gewährleistungsbestimmungen des Kaufrechts zu haften (siehe hierzu *Brandi-Dohrn* CR 1986, 63, 67 ff; Brandi-Dohrn, 9ff).

Löwe/Graf von Westphalen /Trinkner (Rdnr. 25 ff) setzt sich mit der Thematik des Fehlers unter Berücksichtigung der einschlägigen Rechtsprechung zum Lizenzrecht sehr ausführlich auseinander und stellt ebenfalls auf die Risikoverteilung bei Lizenzverträgen bzw. Know-How-Verträgen ab. Bei Know-How- bzw. Lizenzverträgen besteht nach der einschlägigen Rechtsprechung und Rechtsliteratur eine Tendenz, die Grundsätze des Pachtrechts sinngemäß anzuwenden (BGH GRUR 1979, 768, 769; MDR 1979, 933 - "Mineralwolle"; *Stumpf/Groß* Rdnr. 19, 290ff). Der Grund dafür ist, daß bei jeder Erfindung ein nicht ausschließbares gewisses 'Wagnis' bei der Umsetzung in die Produktreife besteht (*Stumpf/Groß* Rdnr. 290ff). Allerdings hat der Lizenzgeber dafür zu haften, daß der Lizenzgegenstand technisch ausführbar und brauchbar ist (BGH GRUR 1979, 968f).

Da das Lizenz- bzw. Know-How-Recht im Bürgerlichen Gesetzbuch nicht geregelt ist, können die Bestimmungen des BGB nur insoweit herangezogen werden, wie dieses sinnvoll ist (*Stumpf/Groß* Rdn 19ff). So werden in der Literatur unterschiedlich entweder die allgemeinen Bestimmungen der §§ 323ff BGB oder die §§ 433, 535ff BGB entsprechend angewandt (*Brandi-Dohrn* CR 1986, 63f; *Habel* CR 1991, 257). Maßgeblich ist danach, ob der Lizenzgegenstand für die technische Ausfsührbarkeit brauchbar ist (BGB GRUR 1960, 642, 644 - "Drogistenlexikon"). Nach *Löwe/Graf- von Westphalen/Trinkner* gibt es keine pauschale Beurteilung unter dem Gesichtspunkt von § 9 Abs. 2 Nr. 1 und 2 AGB-Gesetz, sondern es kommt auf den Einzelfall an (a.A. *Koch/Schnupp*, 227, der eine Risikoteilung im Endergebnis nicht anerkennt).

Der Bundesgerichtshof hatte in einer früheren Entscheidung, Urteil vom 03.06.1981 (NJW 1981, 2684), die Grundsätze eines Know-How-Vertrages auf Computersoftware angenommen und hat das Pachtrecht entsprechend zugrundegelegt. Allerdings ist der Bundesgerichtshof in seinem Urteil vom 04.11.1987 (CR 1988, 124) von seiner ursprünglichen Meinung abgerückt und verneint nunmehr einen Vergleich der Standardsoftware mit einer Erfindung bzw. einem Fertigungsverfahren (bestätigend BGH NJW 1993, 2436, 2437).

Wie oben dargelegt, kann der Auffassung des Bundesgerichtshofs nicht ohne weiteres gefolgt werden, da bei der Überlassung von Standardsoftware das mit der Software verbundene Einsatzwissen von überwiegender Bedeutung ist, welches nicht wie ein Handbuch übergeben werden kann, sondern im Einzelfall analytisch eingebracht bzw. entwickelt werden muß. Nur unter diesem Gesichtspunkt kann im übrigen auch eine 'überwiegende Beratungspflicht' der Lieferanten gerechtfertigt werden (siehe *Wiebe*, 196 ff).

Ein Teil der Rechtsmeinungen (*Moritz/Tybusseck* Rdnr. 845ff) geht davon aus, daß der vertragsgemäße Gebrauch in der Regel vereinbart ist und die §§ 535, 433 BGB analog gelten. Nach dieser Rechtsauffassung wird in der Weise dem Unterstand am besten Rechnung getragen, daß Computersoftware nicht fehlerfrei sein kann. Es wird im Regelfall immer eine im Sinne des § 536 BGB nutzbare Software überlassen, die für den Vertragszweck geeignet ist. Im übrigen verweist diese Rechtsmeinung darauf hin, daß eine Haftung nach § 538 Abs. 2 BGB nicht in Betracht kommt, da vor Vertragsabschluß keine Möglichkeit besteht, die Computersoftware auf ihre Brauchbarkeit zu überprüfen.

Die vorstehenden Aspekte der Besonderheit der Computersoftware, insbesondere der Aspekt der Risikoverteilung lassen, sich bei DV-Projekten bzw. Systemintegrationsverträgen sehr wohl auch unter werkvertraglichen Aspekten berücksichtigen.

b) Weiterhin ist zu bedenken, daß es eine allgemein anerkannte Tatsache ist, daß Software nicht fehlerfrei entwickelt werden kann (*Bons*, in *Gorny/Kilian* 36 ff; *Mehrings* NJW 1986, 1904, 1906; *Engel* BB 1159; *Müller-Hengstenberg* CR 1986, 441; *Heussen* CR 1988, 986; *Marly* Rdnr. 559; LG Freiburg CR 1988, 382; BGH NJW 1988, 406; LG Heidelberg CR 1989, 197; OLG Düsseldorf CR 1992, 724 (bei komplexen Systemen), siehe auch die Ausführungen zur Abnahme Kapitel III, 5, f,cc).

Damit kann dem kauf- und werkvertraglichen Anspruch auf Lieferung einer mangelfreien Software technisch nicht entsprochen werden. *Moritz/Tybusseck* (Rdnr. 875) meinen, daß eine dem Lizenzrecht entsprechende Risikoverteilung erfolgen müsse. Als Kriterium bietet sich die Abwägung an, ob die Computersoftware trotz Fehler für den vertraglich vorausgesetzten Gebrauch grundsätzlich noch brauchbar ist (*Köhler/Fritzsche* in *Lehmann* VIII, Rdnr. 75ff).

Ein Teil der Rechtsliteratur (*Koch/Schnupp*, 227; *Bömer* CR 1989, 361, 366; *Marly* Rdnr. 559, der anmerkt, daß das Sachgewährleistungsrecht verschuldens-unabhängig ist) ist jedoch der Meinung, daß dieses Risiko der Hersteller zu tragen hat und zu keiner Freistellung von der Gewährleistung führen kann.

Eine so pauschale Betrachtung führt zu unbilligen Ergebnissen und kann daher nicht in Erwägung gezogen werden (kritisch *Müller-Hengstenberg* CR 1989, 900ff; ebenso *Moritz/Tybusseck* Rdnr. 866ff).

Wenn zum Beispiel ein Auftraggeber Standard-Software einfach einsetzt, ohne vorher die Eignung zu prüfen oder sich beraten zu lassen, und das Programm nicht die vorgesehenen Arbeiten des Auftraggebers erfüllt, so wäre es nicht rechtens, wenn dieser unter Bezug auf die verschuldensunabhängige Gewährleistung alle Rechte geltend machen kann. Der Auftraggeber hat in einem solchen Fall für seinen Leichtsinn entsprechend §§ 469, 537, 640 Abs. 2 BGB einzustehen.

So hat mit Recht das Oberlandesgericht Oldenburg, Urteil vom 12.02.1986 (CR 1986, 552) darauf hingewiesen, daß der Käufer einer DV-Anlage sich vorher kundig machen muß; geschieht das nicht, so kann er keine Gewährleistungsansprüche geltend machen (so auch in der Tendenz: LG Freiburg CR 1988, 382; BGH CR 1989, 102, nach dem der Auftraggeber zumindest dem Lieferanten mitteilen muß, für welchen Zweck er die Software einsetzen will; Palandt/Putzo § 460 Rdnr.11)

Das Landgericht Verden, Urteil vom 30.09.1983 (CR 1986, 27, 28), sagt hierzu klar aus:

> "so hat sich keiner der Herren (hier:Auftraggeber)
> bemüht, die einzelnen vom Kläger (hier: Lieferant)
> vorgeschlagenen Maßnahmen im Detail zu verste-
> hen und ihre Durchführung zu kontrollieren..."

Allerdings ist in diesem Zusammenhang auch zu beachten, daß der Hersteller zumindest den Auftraggeber auf die Notwendigkeit der Prüfung hingewiesen haben sollte (OLG Frankfurt CR 1990, 127,130; LG Köln CR 1987, 508; LG Münster CR 1988, 467 ff).

Meines Erachtens kann es vom Ergebnis her betrachtet dahin gestellt bleiben, welche Gewährleistungsbestimmungen sinngemäß zugrundegelegt werden. Die in der Entscheidung vom Bundesgerichtshof vom 03.06.1981 (ZIP 1981, 868) zugrunde-gelegten Grundzüge des Pachtrechts kommen im wesentlichen zu den gleichen Ergebnissen wie eine sinngemäße Anwendung des Werkvertragsrechts. Anders ist es nur bei der Anwendung der Sachmängelvorschriften des Kaufrechts.

Vom Grundprinzip gehen die Gewährleistungsbestimmungen des Werkvertragsrechts wie auch das Pachtrecht von dem Vorrang der Erfüllung aus. Die zeitliche Begrenzung des Mängelbeseitigungsanspruchs bei einer analogen Anwendung des Pachtrechts gerade bei Lizenzen ist üblich und zulässig, da es nur um eine sinngemäße Anwendung geht, die andere Regelungsmöglichkeiten zuläßt, wenn es dem Leistungscharakter entspricht (*Moritz/Tybusseck* Rdnr. 876; *Kilian* CR 1986, 632, *Stumpf/Groß* Rdnr. 763).

Bei der sinngemäßen Anwendung des Pacht-/Miet- oder Werkvertragsrechts ist maßgeblich:

1. die Priorität des Erfüllungsanspruchs;
2. die vertragsgemäße Gebrauchsfähigkeit.

Zum Thema 'gewöhnlicher Gebrauch' wird unter dem Gesichtspunkt 'state of Art' nachfolgend Stellung genommen.

Es wird wohl kaum einen System- oder Projektvertrag geben, in dem nichts über die Funktionalität oder die Leistungsmerkmale der Computersoftware vereinbart ist. Die Grundsätze des Bundesgerichtshof-Urteils 'Mineralwolle' eignen sich daher nur bedingt, da jeder System- oder Projektvertrag aufgrund seines werkvertraglichen

Charakters eine gewisse Reife des Entwicklungsergebnisses als Vertragsziel enthält. Dieses hat der Bundesgerichtshof in seiner Entscheidung vom 03.06.1981 (ZIP 1981, 868) erkannt und daher die Grundsätze des Pachtrechts mit entsprechenden Gewährleistungsregelungen angewandt.

Bei einem Projektvertrag ist der starke werkvertragliche Charakter nicht zu verkennen und bedarf meiner Ansicht nach einer sinngemäßen entsprechenden Anwendung, allerdings unter voller Berücksichtigung des Sondercharakters, insbesondere der 'Nutzungstiefe' der Computersoftware im Einzelfall. Die einschlägige Rechtsliteratur läßt im Hinblick auf die Vielzahl der tatsächlichen Einsatzmöglichkeiten der Computersoftware die rechtliche Einordnung weitgehend offen und bezeichnet den Vertrag daher 'sui generis' (*Stumpf/Groß* Rdnr. 764).

Es gibt hier mehrere Ansätze.

Der Bundesgerichtshof hat in seiner Entscheidung vom 04.11.1987 (CR 1988, 124f) angedeutet, daß je nach vorliegendem Vertragstyp eine gewisse Einheitlichkeit zumindest bei den Gewährleistungsansprüchen vorliegen sollte. Dieser Gesichtspunkt dient sicherlich einer leichteren Rechtsanwendung im Einzelfall.

Eine sinngemäße Anwendung der werkvertraglichen Gewährleistungsansprüche (§§ 633ff BGB) rechtfertigt sich schon aus dem Gedanken, daß DV-Projektverträge nach allgemeiner Verkehrsauffassung irgendwie eine zeitliche Begrenzung haben, ohne daß alle Rechte, wie z.B. die Nutzungsrechte an der Computersoftware oder Pflichten wie z.B. die der Pflege der Computersoftware oder Wartung der Hardware ebenfalls beendet sein müssen (so im Prinzip *Stumpf/Groß* Rdnr. 303ff).

Auch das sehr wichtige Kriterium der Risikoverteilung läßt sich bei einer entsprechenden Anwendung der Gewährleistungsbestimmungen des Werkvertrags berücksichtigen.

Die Problematik, daß es sich zunächst um ein Immaterialgut handelt und nach dem Stand der Technik eine fehlerfreie Software nicht entwickelt werden kann, kann über eine Differenzierung der Begriffe 'Fehler' und 'Mangel' gelöst werden, zumal in der Praxis in der Regel sehr undifferenziert von Mangel und Fehler gesprochen wird. So wird in der Praxis der DV-Projekte davon ausgegangen, daß Software und somit Systemanwendungen, selbst nach umfangreichen Testläufen, nicht fehlerfrei sind. Daher ist es üblich, auftretende Fehler entsprechend dem Grad der Erheblichkeit des Fehlers für die Anwendung nach den bei Vertragsabschluß vereinbarten Kategorien (z.B. "Severity 1,2 und 3") einzuordnen, die jeweils unterschiedliche technische Maßnahmen und somit auch Rechtsfolgen auslösen (*Krückeberg/Spaniol*, 233ff). Die BVB-Überlassung ist in § 10 Nr 7 und 8 diesem Konzept gefolgt und hat den Anspruch auf pauschalierten Schadensersatz von der Unmöglichkeit einer "wirtschaftlichen Nutzung" der Software abhängig gemacht. Nicht jeder Fehler ist somit ein Fehler im Sinne der Gewährleistung (*Müller-Hengstenberg*, BVB-Computersoftware, 94ff,

200f; *Zahrnt* CR 1993, 676, 677; kritisch *Redeker* CR 1993, 193, 194). Mittels dieser Differenzierung ist auch eine bessere Berücksichtigung von erheblichen und unerheblichen Fehlern bei einer sinngemäßen Anwendung des Werkvertrages möglich.

Danach ist zu unterscheiden zwischen 'Störungen', die die vereinbarte Funktionalität also den 'Gebrauchszweck' beeinträchtigen (Fehler) und 'Störungen', die keinen Einfluß auf die vereinbarte Funktionalität haben (Mangel).

Diese Differenzierung entspricht der allgemeinen Lehre der Zweckverfehlung (Fehlen der causa), die mehrfach bei Regelungen im Bürgerlichen Gesetzbuch zugrundegelegt wurde. Die Mängelhaftung kommt nur in Betracht, wenn typische (gewöhnlicher Gebrauch) oder vereinbarte (nach dem Vertrag vereinbarte) Zwecke verfehlt werden (*Westermann* Münchner Komm. § 459 Rdnr. 4, 8, 9). Der Fehlerbegriff im Sinne des Gewährleistungsrechts ist 'nicht rein absolut', sondern von der Zweckbestimmung her zu verstehen (so *Staudinger/Honsell* § 459 Rdnr. 21). Das Gewährleistungsrecht verlangt keine absolut mangelfreie Sache (*Larenz* Bd. II § 49). Demnach können sehr wohl Mängel vorhanden sein, aber diese sind keine Fehler, da eine Zweckverfehlung oder Abweichung von einer vereinbarten Eigenschaft nicht vorliegt.

Für eine Haftung aus der Gewährleistungspflicht ist also nicht maßgeblich, ob überhaupt ein Fehler bzw. Mangel vorliegt, sondern ob die Kaufsache oder das Werk über die Eigenschaften verfügt, die für einen bestimmten Zweck benötigt werden; also der erstrebte 'added value' erreicht wird.

Hieraus ergeben sich folgende Erkenntnisse für einen Mangel bzw. Fehler einer Computersoftware bzw. eines DV-Systems:

aa) Bei Standard-Computerprogrammen werden allgemeine Programmbeschreibungen gegeben, deren Funktionalität in mitgelieferten Testprogrammen dokumentiert werden. Wichtig ist hier anzumerken, daß keine spezifischen Eigenschaften vorliegen, die eine bestimmte Kundenanwendung betrifft; es handelt sich vielmehr um allgemeinere Leistungsmerkmale.

Wie das Oberlandesgericht München, Urteil vom 15.02.1989 (CR 1990, 646, 648), mit Recht feststellt, müssen allerdings dem Vertrag die Programmspezifikationen und die Programmdokumentation mit einer genauen Beschreibung beigefügt werden, damit ein Fehler festgestellt werden kann. Liegen keine genauen Beschreibungen vor, kann sich ein Lieferant nicht darauf berufen, daß bestimmte Funktionen in der Leistungsbeschreibung nicht enthalten sind. Wurde allerdings neben der Lieferung der Programme zusätzlich vereinbart, daß der 'bekannte Geschäftsanfall' von den Programmen bewältigt werden soll, so ist für einen Mangel nicht mehr alleine das Vorhandensein der Programmspezifikationen und Leistungsmerkmale, sondern der 'Gebrauchzweck' maßgeblich, es sei denn, der Anwender hat den Geschäftsanfall nicht ausreichend oder falsch beschrieben (OLG Celle *Zahrnt* , Rechtsprechung Bd. 1,

K/M 13; *Köhler/Fritzsche* in *Lehmann* XIII Rdnr. 89f). Diese Entscheidung zeigt deutlich eine gewisse Risikoverteilung bzw. Verantwortungszuordnung im Rahmen der Gewährleistung auf, die sich dem Gedanken der Risikoverteilung im Lizenzrecht stark nähert (siehe auch *Löwe/Graf von Westphalen/Trinkner* Rdnr. 25).

Eine Schwierigkeit ist, daß (wie bereits in dem Kapitel 'Verantwortlichkeiten' erläutert) bei Vertragsabschluß meistens der Gebrauchszweck in Form einer genauen Leistungsbeschreibung nicht vorliegt, sondern sich erst über eine Lernphase ergibt. *Kupper* (39, 40 und 41) schildert sehr schön diese Detaillierungsphase. Dieser kreative Vorgang zeigt die Nähe zum Lizenzrecht, das gewisse inhaltliche Spiel- bzw. Ausgestaltungsfreiräume dem Unternehmer beläßt.

Der Gebrauchszweck ist aus einer Vielzahl von Kriterien zu ermitteln, so im wesentlichen aus dem fachlichen Feinkonzept, dem Systemkonzept und aus der Dokumenation über Leistungsänderungen, was sich alles in den wesentlichsten Komponenten der Abnahmekriterien wiederfinden sollte, sowie aus den späteren wirtschaftlichen Nutzungsmöglichkeiten, soweit diese im Pflichtenheft beschrieben sind. Gerade bei den späteren wirtschaftlichen Nutzungsmöglichkeiten sind auch die Einsatzmöglichkeiten beim Auftraggeber, die er bei zumutbaren Änderungen seiner Organisation vornehmen kann, zu berücksichtigen; mit anderen Worten, es darf gerade im Hinblick auf die Tatsache des oben beschriebenen Lerneffektes und der relativ offenen Leistungsbeschreibungen bei Vertragsabschluß nicht von einer starren organisatorischen Vorgabe ausgegangen werden. Im Rahmen der starken Mitwirkungspflicht des Auftraggebers kann der Auftragnehmer auch gewisse organsiatorische Änderungen durch den Auftraggeber verlangen, wenn sich dadurch eine größere Effektivität des Einsatzes des Anwendungssystems ergibt.

Sehr wichtig ist dabei das abschließende Systemkonzept, das - wenn auch nur in Form der technischen Realisierung der fachlichen Vorgaben - einen gewissen Endstand der fachlichen Anforderungen und damit des Gebrauchszwecks beinhalten sollte.

Diese Gesichtspunkte hat auch das Oberlandesgericht Stuttgart (CR 1986, 381) im Rahmen der Gewährleistungsansprüche bei der Frage nach dem 'gewöhnlichen Gebrauch von Software' untersucht und festgestellt, daß der 'Wert des Programmes sich nach dessen individueller Leistungsfähigkeit bemißt'; bei der Vielzahl der Variationsmöglichkeiten könne nicht von einem 'gewöhnlichen bzw. standardisierten Inhalt' ausgegangen werden (siehe auch LG Köln CR 1993, 564).

bb) Bei individuell erstellter Software liegt eine genau für einen Kunden bestimmte Funktionaliät vor. Hier gelten die gleichen Gesichtspunkte wie vorstehend dargelegt. Allerdings ist die Funktionalität sehr auf den Einzelfall begrenzt erstellt worden und grenzt daher den Leistungsgegenstand deutlicher ab, was die Feststellung eines Fehlers erleichtert.

cc) Darüberhinaus werden in der Fachliteratur viele Leistungsmerkmale aufgeführt, die sehr auslegungsfähig sind und erfahrungsgemäß in der Praxis in der Regel unzureichend in den Leistungsbeschreibungen definiert sind.

- Zeitverhalten (Antwortzeit, Durchsatz, Verweilzeit),
- Zuverlässigkeit (Stabilität, Ausfallsicherheit),
- Benutzerfreundlichkeit,
- Pflegefreundlichkeit und Ausbaubarkeit,
- Portabilität (Fähigkeit der Software auf verschiedenen Hardwaresystemen zu laufen).

Diese Merkmale eignen sich als Kriterien für einen Fehler (siehe *Lichtenberg*, 37 ff; *Koch/Schnupp*, 224).

3. Die Bedeutung der Qualitätssicherung

Ein neues Thema in der Fachliteratur ist die Frage, ob die Software den Qualitätssicherungsanforderungen der ISO 9001 entspricht und welche Bedeutung diese Normen für die Gewährleistung haben.

Die ISO 9001 sind Empfehlungen bzw. ein Modell für ein Qualitätssicherungssystem bzw. -verfahren, das aber keine Aussage über den Leistungsinhalt und -erfolg trifft; diese sind ausschließlich den vertraglichen Vereinbarungen zuentnehmen. Deshalb ist die ISO 9001 nicht mit einem Leistungsmerkmal im Sinne der Gewährleistung zu verwechseln (*Popp*, 53 f). Eine Norm im Sinne der DIN oder ISO hat nur eine gewisse vertragliche Bedeutung, wenn diese vereinbart wurde (*Korbion/Hochstein*, Rdnr. 354). Diese ist damit Teil der Vertragserfüllung.

Auch schützt die Einhaltung einer Norm alleine nicht vor Gewährleistungsansprüchen, wenn nämlich dennoch ein Mangel vorliegt, der den Wert oder den Gebrauch der Sache mindert (so *Korbion/Hochstein*, Rdnr. 354f; siehe auch *Teichmann*, Gutachten zum 55. Juristentag A55; *Palandt/Thomas*, § 633 Rdnr. 2; BGH BB 1985, 1561; OLG Frankfurt NJW 1983, 456).

Dies bedeutet, daß die Sache auch mangelhaft sein kann, wenn eine Norm eingehalten worden ist. In der Rechtsprechung und Rechtsliteratur (siehe *Graf von Westphalen* mit vielen Literaturhinweisen CR 1993, 65 f) wird die Vereinbarung von Qualitätsstandards als zugesicherte Eigenschaft im Sinne der §§ 459, 635 BGB gewertet; allerdings werden solche Vereinbarungen als Verstoß gegen § 9 Abs. 2 AGB-Gesetz angesehen, weil die Einhaltung der Normen in der Regel keine Eigenschaften darstellen (so auch *Marly* Rdnr. 567; BGH NJW 1981, 1504, 1205; OLG Hamm BB 1987, 363 a.A. wohl *Palandt/Putzo* § 459 Rdnr. 17; *Ernsthaler* NJW 1994, 817f).

Allerdings haben solche Normen bzw. Qualitätssicherungsverfahren (ISO 9001) eine gewisse Bedeutung für die Produkt- und Produzentenhaftung (siehe *Graf von Westphalen* CR 1993, 67f; *Rothe* CR 1993, 310, 313; Ensthaler NJW 1994, 817, 822).

4. Die Bedeutung von 'state of art'

Erörtungswert ist weiterhin im Zusammenhang mit der Gewährleistung, ob ein Programm dem 'state of art', also dem neuesten Stand der Technik entspricht bzw. ob deren Nichtberücksichtigung einen Gewährleistungsmangel darstellt.

Hier gibt es einige interessante Entscheidungen:

a) LG Oldenburg (NJW 1992, 1771) über ein veraltetes Programm:

- Bei einem individuellen Programm gibt es keinen generellen Standard.
- Bei Standard-Programmen: der Kunde muß es so nehmen, wie er es erhält.

b) BGH (CR 1992, 543):

- Wenn kein Pflichtenheft vorhanden ist oder keine konkrete Absprache über das Ergebnis besteht, so schuldet der Lieferant den nach dem Stand der Technik mittleren Fertigungsstandard.

c) LG München (CR 1986, 803):

- Wenn eine Antwortzeit nicht vereinbart ist, hat der Lieferant dennoch eine normale Antwortzeit zu liefern.
  (Beim Programm traten zu lange Wartezeiten auf).

d) OLG Köln (CR 1992, 470):

- Ein fachlich qualifizierter Auftraggeber hat dem Auftragnehmer die erforderlichen Spezifikationen zu liefern, auch wenn dieses nicht ausdrücklich vereinbart ist.

e) OLG Stuttgart (CR 1986, 381):

- Bei einem Programm gibt es keinen allgemeinen 'gewöhnlichen Gebrauch', da die Variationsmöglichkeiten des Einsatzes des Programmes zu vielgestaltig sind; maßgebend kann nur der Einsatz im Einzelfall sein.
  (LG Darmstadt, *Zahrnt* Rechtsprechung Bd. 3, 157)

f) LG Köln (CR 1993, 564):

- Die unterschiedliche 'Reife' von Programmen (d.h. das Vorliegen unterschiedlicher Funktionalität) ist kein Fehler, sondern eine Markt- bzw. Wettbewerbsfrage.

g) OLG Düsseldorf (CR 1993, 429):

- Kein Fehler ist die Lieferung einer DV-Anlage, deren Baujahr teilweise 3 und 4 Jahre alt ist, wenn der Wert des vertraglich vereinbarten Gebrauchs nicht gemindert wird (kein Mangel der Funktions- und Arbeitsweise).

Ein Teil der Rechtsliteratur ist der Meinung, daß es sehr wohl Leistungsstandards gibt (so *Marly* Rdnr. 555; *Redeker* CR 1993, 193,194).

Die Praxis bestätigt allerdings die oben zitierten Entscheidungen, insbesondere die des Oberlandesgerichts Stuttgart, daß es bei System- oder Anwendungslösungen eigentlich keine Standards gibt, da die Entwicklungstechniken sich zu sehr ändern; so kann z.B. die Entwicklung eines Prototypen im Rahmen eines Entwicklungsprojektes nicht als Standard bezeichnet werden (so *Praetorius/Siegel* CR 1991, 496, 497); ein anderes Vorgehensmodell kann im Einzelfall viel angemessener sein (*Köhler/Fritzsche* in *Lehmann* XIII Rdnr. 89f).

Letztlich kommt es also bei der Haftung aus der Gewährleistungspflicht darauf an, ob die Software oder das Anwendungssystem dem vertragsgemäßen Gebrauch entspricht und die Nutzung der Software nicht erheblich gemindert ist. Daher ist es auch sinnvoll, zwischen Fehler und Mangel im Sinne der vertraglich vereinbarten Gebrauchs zu unterscheiden (so *Mehrings* NJW 1986, 1904f und NJW 1988, 2438f; *Köhler/ Fritzsche* in *Lehmann* XIII Rdnr. 90f).

Das Landgericht Freiburg (CR 1988, 382) äußert sich hierzu sehr prägnant, indem es ausführt, daß

> "nur jede erhebliche, negative Abweichung von der Mietsache im Wert bzw. in der Funktionstauglichkeit von dem vertraglich vereinbarten Standard als Mangel zu werten sei; dabei sei nicht die Ursache, sondern die Beeinträchtigung in der Anwendung entscheidend"

5. Der vertraglich vorausgesetzte Gebrauch

Diese Auffassung des Landgerichts Freiburg (CR 1988, 382) vertritt offensichtlich auch der Bundesgerichtshof, Urteil vom 13.07.1988 (CR 1989, 102), indem er hinsichtlich des Einsatzes von Registrierkassen feststellt, daß der Lieferant nur zu der vereinbarten Gebrauchsüberlassung verpflichtet ist.

Die oben bereits zitierte Entscheidung des Landgerichts Oldenburg, Urteil vom 24.4.1991 (NJW 1992, 1771), beschreibt sehr deutlich, worauf es bei der Gewährleistung von Software ankommt:

> "Eine fehlerhafte Sache liegt gemäß § 459 BGB analog vor, wenn ihr tatsächlicher Zustand von demjenigen abweicht, den die Vertragsparteien bei Abschluß des Kaufvertrages gemeinsam vorausgesetzt haben und diese Abweichung den Wert der Sache oder ihre Eignung diese vertraglich vorausgesetzten oder gewöhnlichen Gebrauch nicht unerheblich herabsetzt oder beseitigt.
>
> Die Rüge eines Softwareprogrammes als konzeptionell veraltet oder nicht dem Standard entsprechend ist daher im Rahmen des § 459 BGB unbeachtlich, da ein älteres, aber funktionsfähiges Programm... durchaus mangelfrei sein kann."

Dieser Ansatz wird den technischen Gegebenheiten der Software eher gerecht, da hier nicht auf die Mangelfreiheit der Software, sondern auf die Fehler der Anwendungseignung abgestellt wird. Die Gewährleistungsansprüche können danach nur geltend gemacht werden, wenn erhebliche Abweichungen vom vereinbarten Gebrauch vorliegen. Soweit also die Nutzung der Software nicht erheblich beeinträchtigt ist, kommen die Gewährleistungsansprüche nicht in Betracht (so OLG Frankfurt CR 1993, 217 "Keine Wandlung bei leicht behebbaren Fehlern"). Der Fehlerbegriff umfaßt daher nicht nur die Hardware und Software, sondern alle für den Gebrauch unmittelbar notwendigen Leistungen wie z.B. Handbücher, Objektcodes; ausgenommen sind jedoch alle separaten Einzellieferungen, wie z.B. Lieferung eines zusätzlichen Druckers.

Es ist auch nicht verständlich, warum gelegentlich in der Rechtsliteratur zwischen einem 'Fehlerbegriff im Sinne der Informatik' und dem juristischen Mängelbegriff unterschieden wird (*Marly* Rdnr. 557; *Redeker* CR 1993, 193,195).

Die Zitatstelle von *Bons* (in *Gorny/Kilian*, 35) wird meines Erachtens falsch interpretiert. Die von *Bons* erwähnten Meßobjekte beruhen alle auf Zielvorgaben aus dem Anwendungs-bereich des Auftraggebers; ein Antwortzeitverhalten kann nur gemessen werden, wenn der Anwender Mengengerüst und Umfang der Transaktionen definiert hat. Wie oben ausgeführt, ist der Gebrauchszweck in der Regel schwierig zu ermitteln. Daher müssen eine Vielzahl von Kriterien des fachlichen Feinkonzepts und auch aus dem DV-technischen Feinkonzept als Maßstab zugrundegelegt werden. Diese Kriterien sind zwar 'informationstechnischer' Natur, beschreiben aber letztlich den Gebrauchszweck im Sinne der Gewährleistung.

Die Rechtsprechung hat bisher diese Unterscheidung des technischen und rechtlichen Mängelbegriffs nicht übernommen (so *Mehrings* NJW 1986, 1904f, der eine Identität zwischen der Fehlerdefinition von *Bons* und dem juristischen Fehlerbegriff sieht; und *Köhler/Fritzsche* in *Lehmann* XIII Rdnr. 88).

Im übrigen zeigt die Rechtsprechung sehr deutlich auf, daß sie den Mängelbegriff sehr anwendungsbezogen sieht: So sieht der Bundesgerichtshof (CR 1993, 203, 204) die Lieferung von Hardware, Software sowie die zugehörige Dokumentation (hier der Handbücher) als Hauptleistungspflicht an. Solange - wie im vorliegenden Fall - die Handbücher fehlen, kann nicht von einer 'Gebrauchsfähigkeit' der Hardware und Software ausgegangen werden. Nach der Entscheidung des Bundesgerichtshofs war die Lieferung nicht vollständig, d.h. der Erfüllungsanspruch noch nicht erloschen; die §§ 459 ff BGB fanden somit noch keine Anwendung; auch eine Rügepflicht nach § 377 HGB besteht noch nicht.

Interessant ist hier auch die Entscheidung des Oberlandesgerichts Karlsruhe, Urteil vom 21.02.1991 (CR 1991, 410), die als notwendige Systemteile die Hardware und Betriebssoftware - auch wenn diese nicht ausdrücklich aufgeführt wird - ansieht.

Wichtig sind folgende Grunderkenntnisse, die dem Gedanken einer billigen Risikoverteilung entsprechen:

    a)   Nicht jeder Mangel ist ein Fehler des Programms. (OLG Frankfurt CR 1993, 217; OLG Köln CR 1994, 290).

    b)   Ein Fehler liegt nur vor, wenn der vereinbarte vertragliche Gebrauch nicht erfüllt ist; hierbei kommt es auf alle für den Gebrauch (aus Anwendungssicht) 'notwendigen Systemteile' an (siehe auch OLG Koblenz CR 1988, 463; OLG Karlsruhe CR 1991, 410; BGH CR 1993, 203; OLG Stuttgart, *Zahrnt* Rechtsprechung Bd. 3, 127).

    c)   Die Gewährleistungshaftung setzt voraus, daß ein detailliertes Pflichtenheft vorlag, das Datengerüst und die Kapazitätsanforderungen haben sich nicht geändert. (LG Essen CR 1987, 428; OLG Köln CR 1994, 213).

> d) Sofern der 'vertragliche Gebrauch' nicht hinreichend fest-
> gestellt bzw. aus dem Vertragszweck ermittelt werden
> kann, stellt sich die Frage, wer dieses Risiko zu tragen hat.
> Ein großer Teil der Rechtsliteratur (*Knöpfle* NJW 1987,
> 801,807;*Westermann* Münchner Komm. § 459 Rdnr. 12;
> *Erman/Seiler* § 633 Rdnr. 17) neigt zur Anwendung eines
> 'objektiven-subjektiven Fehlerbegriffs' und fordert zu-
> nächst einmal das Vorhandensein von typischen Eigen-
> schaften, die immer vorhanden sein müssen. *Knöpfle*
> (NJW 1987, 801, 802, 807) merkte hier u.a. an, daß der
> Verkäufer das Sachmängelrisiko nicht tragen kann, wenn
> er die Vorstellung des Käufers über dieZweckeignung
> bzw. Sollbeschaffenheit nicht kannte.
> (siehe *Brandi-Dohrn*, 16ff)

Dieser Ansatz einer Risikozuordnung ist gerade bei DV-Projekten angemessen und billig. Eine hinreichende Festlegung des vertragsgemäßen Gebrauchs einer DV-Software oder eines DV-Systems hängt, wie in diesem Buch ausführlich beschrieben, überwiegend von der korrekten Durchführung der Phasenkonzepte ab, die je nach Art der Phase wechselnd in der Verantwortung des Bestellers bzw. des Unternehmers liegen können. Wenn der Zweck des Einsatzes eines DV-Systems zum Beispiel auf einer falschen oder ungenauen IST-Analyse des Bestellers beruht, dann kann der Unternehmer im Rahmen der Gewährleistung dafür nicht einstehen.

Die Rechtsprechung ist dieser Gedankenrichtung bereits zum Teil gefolgt. Erwähnenswert ist die Entscheidung des Bundesgerichtshofs, Urteil vom 24.09.1991 (CR 1992, 543, 544), die eine Abnahmeverweigerung dann nicht als gerechtfertigt ansieht, wenn der Besteller das von ihm geschuldete Pflichtenheft nicht lieferte und die Software im übrigen dem Stand der Technik bei mittlerem Ausführungsstandard entsprach. Das Oberlanbdesgericht Hamm, Urteil vom 23.11.1988 (CR 1989, 498), ist der Meinung, daß der Käufer sich selbst über die Wirtschaftlichkeit des Einsatzes einer DV-Anlage Gedanken machen müsse und daß die Entscheidung für eine überdimensionierte Anlage in seinem Risikobereich liege und kein Mangel darstelle. Abschließend ist festzuhalten: Wenn der vertragsgemäße Gebrauch unzureichend oder gar nicht beschrieben oder ermittelbar ist, so ist anhand des Phasen- bzw. Vorgehensmodells zu klären, wer diesen Mangel verursacht hat. Der somit festgestellte Verursacher hat diesen Mangel schließlich im Rahmen einer Risikozuordung zu tragen. Die wesentliche Folge wird wohl sein, daß der Besteller sich in dem Falle eines mangelhaften Pflichtenheftes mit einer sehr allgemeinen Gebrauchsdefinition begnügen muß (so wohl im Ergebnis ähnlich *Westermann* Münchner Komm. § 459, Rdnr. 14, der von zumutbaren Bandbreiten bei der Definition der Gebrauchfähigkeit spricht; so insbesondere BGH CR 1992, 543). Ein Teil der Rechtsmeinungen geht sogar soweit, Mängel aus der "Sphäre" des Bestellers, die schon vor Abnahme angelegt waren, entsprechend den Gesichtspunkten des § 645 BGB nicht unter die Gewährleistung fallen zu lassen (*Kohler* NJW 1993, 417, 423; ähnlich *Soergel* Münchner Komm. § 633 Rdnr. 57, 62f; ablehnend *Staudinger/Peters* § 645 Rdnr. 10).

Die BVB-Planung und -Erstellung haben gerade im Hinblick auf diese Thematik auf die Frage der wirtschaftlichen Nutzungsmöglichkeit für den Auftraggeber abgestellt (so wohl *Müller-Hengstenberg* CR 1989, 900).

6. Ausgewählte Entscheidungen zu Fehlern/Mängel bei DV-Leistungen

Welche Mängelarten gibt es ?
Auch hier ist von den bereits oben aufgeführten Fehlerarten bzw. -kriterien auszugehen, die kurz wiederholt werden (*Müller-Hengstenberg*, Seite 76f) :

- Nichterfüllung bestimmter Funktionen,
- Falscherfüllung von Funktionen,
- Schlechterfüllung von Funktionen,
- Nicht gewünschte Funktionen,
- Mangelnde Anwendbarkeit.
(Siehe auch *J. Schneider* D Rdnr. 494ff).

Bons (in *Gorny/Kilian*, 41) nimmt folgende Kategorisierung vor:

- Neue Anforderungen,
- Konzept / fachlicher Entwurfsfehler,
- Programm-Vorgabefehler,
- Programmierungsfehler,
- Dokumentationsfehler,
- externer Anwendungssystemfehler,
- externer Systemfehler,
- Handbuchfehler.

Zu diesen Themenkreisen gibt es mittlerweile eine beträchtliche Rechtsprechung, die auszugsweise nachfolgend aufgeführt wird (*Müller-Hengstenberg*, 78)

a) Nicht-, Falsch- oder Schlechterfüllung von Funktionen

(aa)   BGH (WM Nr. 50 vom 12.12.1981; Seite 1358):
       Produktion von Krankenaufklebern erfolgt nicht wie von den
       Kassen vorgesehen; diese war aber vertraglich vereinbart.
       Mangel des Systems (Hardware, Software)

(bb) OLG Köln (CR 1989, 391):
Ein Programm teilt nicht mit, ob eine Diskette fehlt
oder ein Schreibschutz vorhanden ist; Folge: Ab-
sturz des Systems.
Mangel des Systems.

Zudem war im Werbeprospekt verzeichnet, daß die
Macros vollständige Zeichnungen sind; tatsächlich
hatten diese nur 25% der Maximalgröße.
Mangel des Programms.

(cc) LG Duisburg (CR 1989, 494):
Programmierer hat bei seiner Systemkonzeption zu
beachten, daß ein Überlauf von Daten abgefangen
wird. Mangel des Programms.

(dd) LG Heilbronn (CR 1989,497):
Fehlende Benutzerfreundlichkeit und fehlendePlau-
sibilitätsprüfungen, fehlende Fehlertoleranz und
Fehlertransparenz.
Mängel des Programms.

(ee) BGH (CR 1987, 358):
Der Einbau einer Programmsperre, die der Sicherung von Daten dient, ist kein Mangel; die Standard-
Software war nicht für die speziellen Anforderungen
des Anwenders entwickelt worden; im übrigen war
der nach dem Vertrag vorgesehene Gebrauch weder
aufgehoben noch vermindert. (a.A. OLG München
CR 1990, 646; das OLG verwechselt m.E. die vertragliche Tauglichkeit eines Programmes mit Sicherheit des Auftragnehmers und OLG Celle CR 1994, 217).

(ff) OLG Düsseldorf (CR 1987, 187):
Eine Einschränkung im Komfort (z.B. das Einlesen
und Verändern auf einem anderen System war nicht
möglich). Kein Mangel des Programms.

(gg) OLG Köln (CR 1993, 208):
Der Begriff 'IBM-Kompatibilität' setzt nicht voraus,
daß auf jedem Rechner jedes Programm gefahren
werden kann, das auch auf IBM Rechnern läuft.
(Siehe hierzu OLG Saarbrücken CR 1990, 713, das

in der Zusicherung der Kompatibilität eine zugesicherte Eigenschaft sieht).

(hh)   LG Wiesbaden (CR 1990, 651):
Der Einbau einer Programmsperre, um einen im Verzug befindlichen Schuldner zur Bezahlung zu zwingen, ist ein Mangel.

(ii)   OLG Köln (NJW 1992, 1772):
Falls Daten , die von einer Scanner-Kasse zu einem Host übertragen worden sind, von dem WWS-Programm nicht verarbeitet werden. Kein Mangel liegt zudem vor, wenn die Host-Anwendung nicht Vertragsgegenstand ist.

(b) Zugriffsmängel

(aa)   LG Essen (CR 1987, 428):
Hersteller sicherte zu, daß ein Programm gleichzeitig mit 15 Bildschirmarbeitsplätzen arbeiten kann; tatsächlich konnten nur 10 Arbeitsplätze einen Dialog   führen; die Antwortzeit lag bei 48 Sekunden.
Mangel des Programmsystems: wegen nicht möglicher Funktionalität und zu hoher Anwortzeiten (zumutbar waren laut Gutacher 6 bis 10 Sekunden).

(bb)   LG Bielefeld (jur-PC 1986, 76 f):
Die Ausdruckzeit war bei einer großen Anzahl von Listen zu lang. Der Gutachter kam zu dem Schluß, daß ein 'geschickterer Aufbau der Dateien unter Verwendung mehrerer Indexes' die Laufzeit verringert hätte.
Mangel des Programms.

(cc)   LG München I (CR 1986, 803):
Eine normale Laufzeit der Programmanwendungen ist auch ohne ausdrückliche Vereinbarung geschuldet.

(c) Systemausfallzeiten

(aa)   LG Verden (CR 1986, 26):
Mangel im Rahmen des Üblichen: 15 Fehler.

(bb)   LG Nürnberg (CR 1986, 549):
10% Ausfall pro Jahr hält sich im Rahmen des Üblichen.

(cc) LG Darmstadt (CR 1987,432):
Der Ausfall eines Systems in Folge Netzschwankungen
ist Mangel des Systems.
anders: LG Münster (CR 1987,432)

d) Mangelnde Dokumentation

(aa) OLG Hamm (*Zahrnt* , Rechtsprechung Bd. 1, KM-6):
Wenn eine Bedienung mangels Dokumentation nicht
möglich ist: Mangel des Systems (BGH CR 1993, 203ff
und 422ff).

(bb) OLG Hamm (CR 1990, 714):
Ein schwerverständliches Bedienerhandbuch ist ein
Mangel des Systems (so auch OLG Celle CR 1994, 290).

(cc) OLG München (CR 1990, 646):
Unzureichende Programmdokumentation ist Mangel.

(dd) OLG Hamm (CR 1990, 715):
Eine Programmbeschreibung ist auch dann mangelhaft,
wenn diese zwar der Fachmann, nicht aber der Laie versteht.

(ee) BGH (MDR 1992, 850):
Deliktische Haftung (Produkthaftung), wenn keine ausreichende Bedienungsanleitung für eine Anlage (hier
nicht DV-Anlage) vorliegt.

7. Mangelursachen

Interessant ist, wenn die Ursachen der Mangelhaftung in den obigen Entscheidungen
einmal untersucht werden. So ergibt sich folgendes Bild (siehe *Müller-Hengstenberg*,
79):

a) Mangelnde Planung,
b) Unzureichendes Pflichtenheft,
c) Unzureichendes Lösungskonzept,
d) Unzureichende Projektdurchführung,
e) Unzureichendes Projektmanagement,
f) Unzureichende Organisation/DV-Wissen,
g) Mangelnde Kooperation,
h) Schlechte Beratung.

Bons (in *Gorny/Kilian*, 39) hat den Fehleranfall auf die Phasen einer Software-entwicklung verteilt; danach fallen an

- im Spezifikations- / Entwurfsbereich 60% der Fehler,
- in der Programmierungsphase 10% der Fehler,
- in der Analyse- / Testphase 0 Fehler.

Nach *Lichtenberg* (38):

- Requirements 56 %
- Design   27 %
- Code   7 %
- andere   10 %

Nach *Lichtenberg* scheitern Projekte im wesentlichen, weil

- die Anforderungen falsch/ fehlend/ inadäquat waren: 80 %
- Unklar und mehrdeutig: 22 %

Vergleicht man diese Ergebnisse mit einer Untersuchung des Instituts für Wirtschaftsinformatik in Linz (*Heinrich* CR 1988, 584) über die Ursachen von Projektrisiken, so ergeben sich eine Reihe von essentiellen Schlußfolgerungen für die Frage der Verbesserung von Computersoftware.

Zunächst ein Auszug der Ergebnisse:
Nach den Gründen für die Projektrisiken gefragt, sagten einige Projektexperten aus:

- 35% der Befragten sind der Meinung, daß mangelnde Projektleitung die Ursache der Risiken ist.

- 43% der Befragten meinten, das geringe DV-Wissen sei mitursächlich für die Risiken.

- 54% der Befragten sind der Meinung, daß die Ursache der Risiken die schlechte Zusammenarbeit zwischen allen Beteiligten sei.

Nach diesen Ergebnissen liegt offensichtlich der wesentliche Mangel für DV-Projekte und somit für alle Arten des Einsatzes von DV-Software und -Systemen in dem mangelhaften Vorgehen der Beteiligten; als wesentliche Mängel sind festzuhalten:

> • Mangelnde Planung,
> • Unklare Aufgabenabgrenzung,
> • Mangelnde Qualifikation,
> • Mangelnde Organisation,
> • Mangelndes Projektmanagement.

Diese Mängel können nur durch ein geordnetes Vorgehen nach einem der oben aufgeführten Phasenkonzepte mit einem konsequent handelnden, kontinuierlichen Projektmanagement in kalkulierbarem Rahmen gehalten werden.

8. Schlußbemerkungen

Die Rechtslage über die rechtliche Einordnung der Standard-Computersoftware ist in voller Entwicklung mit einer zunehmenden Tendenz zum Werkvertragsrecht hin. Unter Berücksichtigung des § 9 Abs. 2 Nr. 1 AGB-Gesetz ist daher dringend zu empfehlen, eine klare **Gewährleistungsregelung im Vertrag** zu treffen, die auch die einzelnen Risikobereiche der Vertragspartner klar aufzeigen (z.B. LG Essen CR 1987, 428).

Denn, wie in dem Kapitel "Abnahme" aufgezeigt, sind die Voraussetzungen für den Beginn der Gewährleistung in der Rechtsprechung noch sehr umstritten und daher im Falle einer offenen vertraglichen Regelung sehr unsicher (BGH CR 1993, 203, 204; OLG Köln CR 1991, 154f).

Als Orientierung wird die Gewährleistungsregelung der BVB-DV-Programmüberlassung § 10 empfohlen, die sowohl die technischen als auch die rechtlichen Aspekte berücksichtigt.

Friedrich Graf von Westphalen

VI. Individualvertragliche Haftungsbegrenzungen

Es entspricht dem Haftungssystem des deutschen Rechts, daß die Gewährleistungshaftung des Software-Herstellers bis zur Grenze der **Arglist** ausgeschlossen werden kann. Dies ergibt sich zum einen aus § 476 BGB, sofern der zugrundeliegende Vertrag als Kaufvertrag zu qualifizieren ist; dies folgt aus § 637 BGB, falls es sich um einen Werkvertrag handelt. Gleiches gilt gemäß § 540 BGB, soweit der Vertrag als Mietvertrag zu qualifizieren ist.

Darüber hinaus gilt die allgemeine Grenze der Sittenwidrigkeit gemäß § 138 BGB. Ein **arglistiges Verschweigen** eines Mangels im Sinn der §§ 476, 637, 540 BGB ist selten. Zwar ist keine betrügerische Absicht erforderlich (*Palandt/Putzo*, BGB, 53. Aufl., § 463 Rdnr. 11). Es genügt, daß der Hersteller den Fehler kennt oder mit seinem Vorhandensein rechnet, und daß er dies weiß oder damit rechnet, dem Käufer sei der Fehler unbekannt und dieser werde den Vertrag nicht abschließen, wenn er den Fehler kennen würde (BGH NJW 1977, 1055). Täuscht der Hersteller die Abwesenheit von Fehlern vor, so steht dies dem arglistigen Verschweigen gleich (*Palandt/Putzo*, BGB, 53. Aufl., § 463 Rdnr. 12). Die Darlegungs- und Beweislast für das Vorliegen eines arglistigen Verhaltens liegt stets beim Käufer, Besteller oder Mieter.

Unter dieser Voraussetzungen besteht eine nicht durch Vertrag abdingbare **Schadensersatzpflicht** des Herstellers - gleichgültig, ob er als Verkäufer oder als Hersteller im Rahmen eines DV-Projekts auftritt.

VII. Grenzen bei der Verwendung von AGB Klauseln

1. Die Voraussetzungen gemäß § 1 Abs. 1 AGB-Gesetz

Es ist von außergewöhnlicher Wichtigkeit, sich darüber Klarheit zu verschaffen, daß die für alle Projektverträge erforderliche **Risikobegrenzung** nur dadurch zu erreichen ist, daß eine individualvertragliche Vereinbarung getroffen wird. Es ist praktisch ausgeschlossen, dieses Ziel dadurch zu erreichen, daß AGB-Klauseln verwendet werden. Diese wichtige Aussage bedarf im einzelnen der Begründung; sie setzt zunächst voraus, daß man sich Klarheit über die **gesetzliche Definition** einer AGB-Klausel im Sinn von § 1 Abs. 1 AGB-Gesetz verschafft.

a)   Das Merkmal des Vorformulierens

Vertragsbedingungen im Sinn von § 1 Abs. 1 AGB-Gesetz liegen immer vor, wenn sie Bestandteil eines zwischen dem AGB-Verwender/Hersteller und dem Kunden abzuschließenden Rechtsgeschäfts sind (*Wolf/Horn/Lindacher*, AGBG, 3. Aufl., § 1 Rdnr. 6). Diese Vertragsbedingungen müssen **vorformuliert** sein. Es handelt sich hierbei um ein **formales** *Element* (*Ulmer/Brandner/Hensen*, AGBG, 7. Aufl., § 1 Rdnr. 20). Ein solches Vorformulieren setzt voraus, daß die betreffenden Teile des Vertragsangebots des AGB-Verwenders nicht für den konkreten Vertragsabschluß entworfen worden sind (BGH ZIP 1987, 1439). Vielmehr müssen sie als Grundlage oder als Rahmen für gleichartige Rechtsverhältnisse mit verschiedenen Kunden dienen (*Ulmer/Brandner/Hensen*, AGBG, 7. Aufl., § 1 Rdnr. 21). Dabei kommt es auf die jeweilige *Absicht* des AGB-Verwenders an: Entwirft er einen Vertrag für einen bestimmten Kunden und verfolgt er gleichzeitig die Absicht, diesen Vertragsentwurf - oder Teile hiervon - für andere Kunden später zu verwenden, so liegt von Anfang an ein Vorformulieren einer AGB-Klausel im Sinn von § 1 Abs. 1 AGB-Gesetz vor (*Ulmer/Brandner/Hensen*, AGBG, 7. Aufl., § 1 Rdnr. 22). Dabei kommt es keineswegs auf den gesamten Vertragsentwurf an; vielmehr ist auf **jede einzelne Klausel** abzustellen, z.B. auf die Gewährleistungs- und Haftungsregelung oder auch Zahlungs-bedingungen oder Verzugsklauseln.

Aus § 1 Abs. 1 AGB-Gesetz ergibt sich des weiteren, daß der AGB-Verwender die vorformulierten AGB-Klauseln **stellt**. Ein solches „Stellen" im Sinn von § 1 Abs. 1 AGB-Gesetz ist immer dann zu bejahen, wenn eine Partei die Einbeziehung von AGB-Klauseln in einem Individualvertrag verlangt (BGH WM 1984, 1610; BGH NJW 1985, 2477). Dabei ist es gleichgültig, ob es sich um AGB-Klauselwerke handelt, welche von dem AGB-Verwender selbst entworfen sind oder um solche, die von dritter Seite - etwa Verbandsbedingungen - erarbeitet wurden. Entscheidend ist ausschließlich, daß sich die eine Partei die AGB-Klauseln zunutze macht und damit die **Vertragsgestaltungsfreiheit** für sich reklamiert (*Wolf/ Horn/Lindacher*, AGBG, 3. Aufl., § 1 Rdnr. 27).

Einigen sich jedoch beide Parteien darauf, daß ein bestimmtes standardisiertes Klauselwerk, welches von **dritter Seite** aufgestellt worden ist, verwendet werden soll, so kommt es entscheidend darauf an, ob dieser Wunsch von beiden Parteien - unabhängig voneinander - ausgeht, oder ob gleichwohl die **Initiative** zur Einbeziehung der AGB von einer Partei ausgeht. Entspricht also der Wunsch zur Einbeziehung bestimmter - von dritter Seite aufgestellter - AGB dem übereinstimmenden freien Willen beider Parteien, so sind die Bestimmungen des AGB-Gesetzes nicht anwendbar; es fehlt dann ein „Stellen" im Sinn von § 1 Abs. 1 AGB-Gesetz (*Palandt/Heinrichs*, AGBG, 53. Aufl., § 1 Rdnr. 10; *Ulmer/Brandner/Hensen*, AGBG, 7. Aufl., § 1 Rdnr. 29; *Wolf/Horn/Lindacher*, AGBG, 3. Aufl., § 1 Rdnr. 29). Die Begründung liegt auf der Hand: Das AGB-Gesetz will den Kunden schützen; es setzt voraus, daß zwischen einem AGB-Verwender und seinem Kunden Vertragsbeziehungen gestaltet werden, bei der eine Partei - der AGB-Verwender - die Vertragsgestaltungsfreiheit für sich einseitig in Anspruch nimmt. Dieses **Spannungsverhältnis** zwischen einem AGB-Verwender und seinem Kunden, dem vorformulierte AGB-Klauseln einseitig „gestellt" werden, fehlt eben dann, wenn beide Parteien selbständig und frei darüber befinden, daß von dritter Seite vorformulierte AGB-Klauseln ihre Vertragsbeziehungen beherrschen sollen. Diese Fälle sind selten, da regelmäßig eine Partei ihre Verhandlungsmöglichkeiten kennt und auch ausnutzt (*Wolf/Horn/Lindacher*, AGBG, 3. Aufl., § 1 Rdnr. 29).

Anders ist es selbstverständlich dann, wenn die eine Partei - in ihrer Funktion als AGB-Verwender - AGB-Klauseln in den Vertrag einführt und die andere Partei damit schlicht einverstanden ist. In einem solchen Fall liegt sehr wohl eine Verwendung von AGB-Klauseln im Sinn von § 1 Abs. 1 AGB-Gesetz vor. Das Einverständnis mit der Einbeziehung der AGB ist eben nicht gleichzusetzen mit der selbständigen und freiwilligen Feststellung beider Vertragsteile, daß ein bestimmtes - von dritter Seite vorformuliertes - Klauselwerk in den Vertrag einbezogen werden soll. Deshalb läßt sich die Trennlinie, welche beide Fallkonstellationen voneinander scheidet, am zweckmäßigsten dadurch bezeichnen. Ein „Stellen" im Sinn von § 1 Abs. 1 AGB-Gesetz ist dann nicht gegeben, wenn beide Vertragsparteien *unabhängig* voneinander (*Palandt/Heinrichs* a.a.O.) die Einbeziehung eines AGB-Klauselwerks wünschen, welches von einer dritten Seite - regelmäßig: einem Verband - erarbeitet worden ist.

b)   Das Merkmal der Vielzahl

Das Merkmal von AGB-Klauseln ist auch dadurch charakterisiert, daß im Sinn von § 1 Abs. 1 AGB-Gesetz eine „Vielzahl" verlangt wird. Also: Die einmalige - und damit: notwendigerweise auch erstmalige - Verwendung von Vertragsbedingungen erfüllt für sich allein genommen nicht den Tatbestand „Vielzahl" im Sinn von § 1 Abs. 1 AGB-Gesetz. Etwas anderes gilt freilich dann, wenn - wie bereits angedeutet - der AGB-Verwender die Absicht verfolgt, die für einen Einzelfall vorformulierten AGB-Klauseln - oder Teile dieser Klauseln - für künftige Anwendungsfälle zu benutzen. Die Grenze ist also sehr eng zu ziehen. Es ist im Auge zu behalten, daß der BGH das Merkmal der „Vielzahl" in § 1 Abs. 1 AGB-Gesetz schon dann als erfüllt ansieht, wenn eine **dreimalige** Verwendung tatsächlich vorliegt (BGH WM 1984, 1610).

Diese Erkenntnis ist vor allem deswegen wichtig, weil **Gewährleistungs- und Haftungsbestimmungen** grundsätzlich nicht so phantasievoll ausgestaltet werden können, daß sie stets eine anderslautende Regelung enthalten. Haftungsbegrenzungs- und Haftungsfreizeichnungsklauseln müssen juristisch exakt formuliert werden. Die juristische Prägnanz steht im Vordergrund, so daß gerade diese Klauseln - auch im Rahmen eines Projektvertrages - sehr oft, nahezu regelmäßig den Charakter einer AGB-Klausel im Sinn von § 1 Abs. 1 AGB-Gesetz besitzen. Sie unterliegen damit - verglichen mit einem Individualvertrag - einer sehr **weitreichenden Inhaltskontrolle.** Diese ist in § 9 AGB-Gesetz konkretisiert: Soweit solche Klauseln von den Bestimmungen des

BGB/HGB abweichen, besteht gemäß § 9 Abs. 2 Nr. 1 AGB-Gesetz die von der Rechtsprechung gestützte Tendenz, daß die Klauseln als **unwirksam** zu bezeichnen sind, weil und soweit sie den Vertragspartner - verglichen mit den Bestimmungen des BGB/HGB - unangemessen in seinen Rechten benachteiligen. Das ist ein sehr weites Feld; und die Erfahrung belegt das Resultat: Eine kommerziell sinnvolle Haftungsbegrenzung oder Haftungsfreizeichnung kann in AGB-Klauseln schlechterdings nicht mehr erreicht werden (BGH ZIP 1993, 46; BGH ZIP 1994, 461, 465). DV-Projektverträge, die ungeachtet dieses zentralen Befundes weiterhin AGB-Klauseln verwenden, um die Haftung zu begrenzen oder gar auszuschließen, sind - salopp formuliert - das Papier nicht mehr wehrt, auf dem sie gedruckt sind, weil sie mit an Sicherheit grenzender Wahrscheinlichkeit gemäß § 9 Abs. 2 Nr. 1 AGB-Gesetz unwirksam sind. Doch davon wird noch zu sprechen sein.

2.   Das „Aushandeln" von AGB-Klauseln: Die Individualabrede

Aus § 1 Abs. 2 AGB-Gesetz folgt, daß vorformulierte AGB-Klauseln im Sinn von § 1 Abs. 1 AGB-Gesetz dann als **Individualvertrag** zu qualifizieren sind, sofern die je-weilige - streitbefangene - Klausel gemäß § 1 Abs. 2 AGB-Gesetz „im einzelnen **ausgehandelt**" worden ist.

a)   Der Standpunkt der Rechtsprechung

Die Rechtsprechung zur inhaltlichen Bestimmung des Begriffs des „Aushandelns" im Sinn von § 1 Abs. 2 AGB-Gesetz hat sich inzwischen verfestigt (BGH WM 1984, 1610, 1611 f.; BGH ZIP 1986, 1466, 1467; BGH ZIP 1987, 448, 449; BGH WM 1992, 1995, 1996). Nach ständiger Rechtsprechung des BGH liegt ein „Aushandeln" nur dann vor, wenn der AGB-Verwender den in seinen Geschäftsbedingungen enthaltenen „gesetzesfremden" Kerngehalt, „also die den wesentlichen Inhalt der gesetzlichen Regelung ändernden oder ergänzenden Bestimmungen inhaltlich ernsthaft zur Disposition" gestellt und seinem Kunden „Gestaltungsfreiheit zur Wahrung eigener Interessen" eingeräumt, ihm „zumindest" die „reale Möglichkeit" gewährt hat, „die inhaltliche Ausgestaltung der Vertragsbedingungen beeinflussen zu können" (BGH ZIP 1986, 1466, 1467; BGH ZIP 1987, 448, 449; BGH WM 1992, 1995, 1996). Anders gewendet: Derjenige, der AGB-Klauseln in einem DV-Projektvertrag verwenden will, muß diese vor Abschluß des Vertrages inhaltlich ernsthaft gegenüber dem Vertragspartner zur Disposition stellen und daher auch bereit sein, etwaigen Änderungswünschen zu entsprechen. Dies bedeutet praktisch: Der AGB-Verwender muß selbst die **Bereitschaft** zu erkennen geben, die von ihm vorformulierten Klauseln inhaltlich zur Disposition zu stellen, weil er nur so in der Lage ist, seinem Vertragspartner „Gestaltungsfreiheit zur Wahrung eigener Interessen" (BGH WM 1992, 1995, 1996) einzuräumen. Dieser Zusammenhang wird erklärlich, wenn man sich vor Augen führt, daß der AGB-Verwender einseitig die **Vertragsgestaltungsfreiheit** für sich reklamiert. Ein Vertragspartner hat nur noch die Freiheit sich zu entscheiden, ob er den Vertrag zu den angebotenen Bedingungen abschließen oder ablehnen will. Indessen beruht die Vertragsfreiheit auf zwei Elementen: Der Vertragsgestaltungs- und Vertragsabschlußfreiheit. Für ein „Aushandeln" im Sinn von § 1 Abs. 2 AGB-Gesetz reicht es folglich regelmäßig nicht aus, wenn der AGB-Verwender seinem Kunden lediglich die Freiheit einräumt, den Vertrag zu den angebotenen Bedingungen abzuschließen oder den Vertragsabschluß abzulehnen. Erforderlich ist vielmehr, daß auch der Kunde in der Lage ist, die ihm im Rahmen der Vertragsfreiheit zukommende **Vertragsgestaltungsfreiheit** zu nutzen. Wie die Rechtsprechung des BGH zu erkennen gibt, muß der Kunde hierzu die „reale Möglichkeit" (BGH ZIP 1986, 1466, 1467; BGH WM 1992, 1995, 1996) erhalten.

Dies führt auch dann dazu, daß die Rechtsprechung eine Art **„Regelsatz"** (BGH ZIP 1986, 1466, 1467) aufgestellt hat. Sofern der Kunde keine Änderungen des vorformulierten Textes erreicht hat, ist grundsätzlich davon auszugehen, daß es sich nicht um ein „Aushandeln" im Sinn von § 1 Abs. 2 AGB-Gesetz handelt, sondern daß die Vertragsverhandlungen lediglich dazu führen, daß der Kunde sein **globales Einverständnis** mit den AGB-Klausel klärt (BGH ZIP 1986, 1466, 1467). Diese Erkenntnis beruht auf einer doppelten Begründung: In § 1 Abs. 2 AGB-Gesetz ist nicht von „Verhandeln", sondern - weitergehend - von **„Aushandeln"** die Rede. Ein „Aushandeln" ist jedoch tendenziell sehr viel mehr als ein „Verhandeln". „Verhandeln" bedeutet eine schlichte Tätigkeit, während das „Aushandeln" gleichbedeutend ist mit einem gezielten **Ergebnis**. „Aushandeln" ist also qualitativ mehr als „Verhandeln" (*Palandt/Heinrichs*, AGBG, 53. Aufl., § 1 Rdnr. 18; *Wolf/Horn/Lindacher*, AGBG, 3. Aufl., § 1 Rdnr. 33). Zu berücksichtigen sind in diesem Zusammenhang alle Umstände des Einzelfalls, vor allem auch die intellektuelle Fähigkeit und die berufliche Position des Verhandlungspartners. Auch das Vorhandensein eines Machtgleichgewichts oder eine Machtgefälles ist in diesem Zusammenhang relevant (*Palandt/Heinrichs* a.a.O.), was freilich in der Literatur auch mit guten Gründen abgelehnt wird (Produkthaftungshandbuch/*Graf von Westphalen* § 10 Rdnr. 16). Des weiteren kommt es auf die jeweilige - streitbefangene - **Einzelklausel**, nicht auf den Vertrag an sich an. Für sie ist zu entscheiden, ob sie das Ergebnis eines „Aushandelns" im Sinn von § 1 Abs. 2 AGB-Gesetz ist. Dies folgt daraus, daß § 1 Abs. 2 AGB-Gesetz lediglich **„insoweit"** eine Individualabrede anerkennt, als die einzelne AGB-Klausel zwischen den Parteien „im einzelnen" ausgehandelt worden ist.

b)   Praktische Folgerungen

Daraus ergeben sich für die Praxis weitreichende Schlußfolgerungen. Das „Aushandeln" des Vertragspreises oder der einzelnen Lieferungen/Leistungen ist regelmäßig ungeeignet, die Schlußfolgerung zu begründen, daß der Vertrag insgesamt eine Individualabrede im Sinn von § 1 Abs. 2 AGB-Gesetz darstellt. Entscheidend ist allein, ob die **Vertragsbedingungen** Gegenstand eines „Aushandelns" geworden sind. Die Rechtsprechung verlangt, daß der AGB-Verwender den „gesetzesfremden" Kerngehalt der jeweiligen Vertragsbestimmung „inhaltlich ernsthaft zur Disposition stellt" (BGH

WM 1992, 1995, 1996). Was damit gemeint ist, kann am einfachsten erklärt werden, wenn man sich die Struktur einer Haftungsbegrenzungs- oder Haftungsfreizeichnungsklausel vor Augen führt. Sie ist dadurch charakterisiert, daß der AGB-Verwender - abweichend von den Bestimmungen des BGH/HGB - seine Haftung für irgendeine Vertragsverletzung (Verzug, Unmöglichkeit, Unvermögen, Gewährleistung, Produzentenhaftung gemäß § 823 Abs. 1 BGB) ausschließt oder begrenzt. Weder die Bestimmungen des BGB noch die des HGB enthalten irgendwelche Haftungsbegrenzungs- oder Haftungsfreizeichnungstatbestände. Vielmehr geht der Gesetzgeber davon aus, daß die Vertragspartei, welche eine Vertragsverletzung zu vertreten hat, verpflichtet ist, der anderen Partei den entstandenen Schaden zu ersetzen. Da aber Haftungsbegrenzungs- und Haftungsfeizeichnungsklauseln zugunsten des AGB-Verwenders genau das Gegenteil erreichen wollen, verlangt die Rechtsprechung für ein „Aushandeln" im Sinn von § 1 Abs. 2 AGB-Gesetz, daß die jeweilige Haftungsbegrenzungs- oder Haftungsfreizeichnungsklausel „inhaltlich ernsthaft zur Disposition" gestellt wird (BGH WM 1992, 1995, 1996). Mit einem Wort: Der AGB-Verwender erfüllt grundsätzlich nur dann die Voraussetzungen eines „Aushandelns" im Sinn von § 1 Abs. 2 AGB-Gesetz, wenn er bereit ist, entsprechend den Wünschen seines Vertragspartners die Haftungsbegrenzungs- oder Haftungsfreizeichnungsklausel inhaltlich abzuändern. Rückhaltlos ist daher eine **Individualabrede** im Sinn von § 1 Abs. 2 AGB-Gesetz zu bejahen, wenn eine Haftungsfreizeichnungsklausel gestrichen oder in eine Begrenzungsklausel abgeändert worden ist. Gleiches gilt dann, wenn eine Haftungsbegrenzungsklausel so abgeändert wurde, daß sie jetzt für den Kunden weitergehende Rechte umschreibt. Etwa: Eine summenmäßige Haftungsbegrenzungsklausel von 10% des Vertragspreises wurde auf 15% erhöht.

Die Rechtsprechung geht allerdings auch dann von einem „Aushandeln" im Sinn von § 1 Abs. 2 AGB-Gesetz aus, wenn eine Klausel zwischen den Parteien gründlich erörtert wurde und wenn der Kunde davon überzeugt ist, daß es sich hierbei um eine sachgerechte Lösung handelt (BGH NJW 1991, 1678, 1679). Dies wird man jedoch nur dann - bezogen auf Haftungsbegrenzungs- und Haftungsfreizeichnungsklauseln - als zutreffend bewerten dürfen, wenn die ernsthaft zwischen den Parteien geführte Verhandlung zu dem Ergebnis geführt hat, daß der Vertragsinhalt von beiden Parteien in ihren rechtsgeschäftlichen Gestaltungswillen aufgenommen wurde (*Ulmer/Brandner/ Hensen*, AGBG, 7. Aufl., § 1 Rdnr. 48; *Palandt/Heinrichs*, AGBG, 53. Aufl., § 1 Rdnr. 18). Entscheidend ist nämlich allemal, daß die bloße Kenntnisnahme vom Inhalt der AGB-Klauseln nicht ausreicht, ein „Aushandeln" im Sinn von § 1 Abs. 2 AGB-Gesetz zu begründen. Die eigenverantwortliche Gestaltungsmöglichkeit des Kunden ist deshalb kardinale Voraussetzung (*Wolf/Horn/Lindacher*, AGBG, 3. Aufl., § 1 Rdnr. 35).

Folglich liegt ein „Aushandeln" gemäß § 1 Abs. 2 AGB-Gesetz dann nicht vor, wenn beide Parteien den Vertrag unterzeichnet haben. Dadurch wird lediglich die **Schriftform** gemäß § 127 BGB gewahrt. Die Unterzeichnung eines Vertrages besagt darüber hinaus lediglich, daß die - vorformulierten - Vertragsbestimmungen in den jeweiligen

Individualvertrag einbezogen worden sind. Diese formalen Erwägungen sind jedoch nicht geeignet, die auf die - **inhaltliche** - Vertragsgestaltung zielende Tätigkeit, welche das „Aushan-deln" im Sinn von § 1 Abs. 2 AGB-Gesetz voraussetzt, zu beeinflussen oder gar zu ersetzen. Entgegen einem weit verbreiteten Mißverständnis ist also zu unterstreichen: Wenn ein DV-Projektvertrag von den Parteien im einzelnen - vor allem im Hinblick auf den Preis und den Inhalt der Lieferungen/Leistungen - verhandelt und ausgehandelt worden ist, so ist dies nicht ausreichend, eine Individualabrede gemäß § 1 Abs. 2 AGB-Gesetz zu begründen. Insbesondere: Haftungsbegrenzungs- und Haftungsfreizeichnungsklauseln, welche unverändert die Vertragsverhandlungen überstanden haben, unterliegen grundsätzlich der richterlichen Inhaltskontrolle gemäß § 9 Abs. 2 Nr. 1 AGB-Gesetz. Denn diese für den Kunden stets nachteiligen Klauseln entsprechen regelmäßig nicht den Chancen, die die eigene Vertragsgestaltungsfreiheit des Kunden entsprechend seinem eigenen Interesse ausmacht (*Wolf/ Horn/Lindacher* a.a.O.).

VIII. Fehlschlagen der Mangelbeseitigung

Eine vorsorgende Vertragsgestaltung bei DV-Projektverträgen muß stets den „worst case" im Auge behalten und einer adäquaten Regelung zuführen. Gerade wegen der Komplexität von DV-Projektverträgen wäre ist hirnrissig zu erwarten, daß das „Fehlschlagen" der Erfüllung sowie der Mangelbeseitigung mit der Realität nichts zu tun haben wird.

1.   Individualvertragliche Regelung

Handelt es sich um einen Individualvertrag - gleichgültig, ob dieser von vornherein als solcher konzipiert war oder daß ein inhaltliches „Aushandeln" im Sinn von § 1 Abs. 2 AGB-Gesetz stattgefunden hat -, ist es stets erforderlich, sich vor Augen zu führen: Wenn die Mangelbeseitigung fehlschlägt, so hat der Besteller das Recht, wegen schuldhafter Verletzung der Nachbesserungsverpflichtung **Schadensersatz** zu verlangen (*Palandt/Thomas*, BGB, 53. Aufl., § 637 Rdnr. 2). Dies gilt jedenfalls dann, wenn der Vertrag als Kauf- oder als Werkvertrag einzuordnen ist. Liegt ein Lizenzvertrag vor, auf den Miet- und Pachtrecht anzuwenden ist, so gilt ein selbständiges Minderungsrecht nach § 537 BGB.

Dieser Schadensersatzanspruch des Bestellers kann bis zur Grenze **arglistigen Verschweigens** ausgeschlossen werden (S. 171). Das gleiche gilt gemäß § 540 BGB bei der Miete. Es ist also eine Vertragsgestaltung denkbar, wonach dem Besteller keinerlei Rechte zustehen, sofern die Mangelbeseitigung nicht zum Erfolg führt, sondern „fehlschlägt". Ob dies eine interessengerechte oder gar partnerschaftliche Lösung darstellt, entzieht sich der juristischen Bewertung.

2.   Die Verwendung vorformulierter Klauseln

a)   Der Tatbestand des „Fehlschlagens" der Mangelbeseitigung bei Kauf- oder Werkverträgen

Es ist im Rahmen von Kauf- und Werkverträgen anerkannt, daß der Hersteller eines DV-Projektes berechtigt ist, die aus der Verletzung der Mangelbeseitigungspflicht entstehende Schadensersatzhaftung - auch durch Verwendung vorformulierter Klauseln - wirksam auszuschließen, sofern er dem Besteller bei „Fehlschlagen" der Mangelbeseitigung das Recht einräumt, den Vertrag rückgängig zu machen, d.h. zu wandeln oder Minderung durchzusetzen (BGHZ 48, 264, 267; BGH NJW 1963, 1148; zum Mietrecht S. 182). Der Begriff des „Fehlschlagens" der Mangelbeseitigung ist in § 11 Nr. 10 b AGB-Gesetz enthalten. Indessen gilt diese Bestimmung lediglich für den **nicht-kaufmännischen** Bereich; es ist jedoch allgemein anerkannt, daß § 11 Nr. 10 b AGB-Gesetz im **kaufmännischen** Verkehr gemäß § 9 Abs. 2 Nr. 1 AGB-Gesetz berücksichtigt werden muß (BGH NJW-RR 1986, 52, 53; BGH NJW-RR 1990, 886, 888; BGH ZIP 1991, 1362). Das bedeutet:

b)   Der Begriff des „Fehlschlagens" der Mangelbeseitigung

Von einem „Fehlschlagen" der Mangelbeseitigung ist immer dann zu reden, wenn die Mangelbeseitigung sich als unmöglich erweist oder mißlingt (BGHZ 22, 90, 99; BGH BB 1979, 804). Auch liegt dann ein „Fehlschlagen" der Mangelbeseitigung vor, wenn die Durchführung der Mangelbeseitigung verweigert (BGHZ 22, 90, 99; BGHZ 34, 94, 98) oder - trotz Setzung angemessener Fristen - schuldhaft verzögert wird (BGH a.a.O.; BGH BB 1978, 325). Begriffsnotwendig setzt dies voraus, daß der Besteller dem Hersteller eines DV-Projekts die Gelegenheit zur Mangelbeseitigung innerhalb einer angemessenen Frist gewährt. Welche Frist hier als angemessen zu bezeichnen ist, läßt sich lediglich aufgrund der Umstände des Einzelfalls ermitteln (*Löwe/Graf von Westphalen/Trinkner*, Großkommentar, § 11 Nr. 10 b Rdnr. 9). Bei technisch einfachen Geräten neigt die Literatur zu dem Ergebnis, daß dem Hersteller/Verkäufer nur ein einziger Mangelbeseitigungsversuch zuzubilligen ist (*Wolf/Horn/ Lindacher*, AGBG, 3. Aufl., § 11 Nr. 10 b Rdnr. 21; AGB-Klauselwerke/*Graf von Westphalen*, Mangelbeseitigung, Rdnr. 46). Bei technisch komplizierteren Geräten - insbesondere bei Rundfunk- und Fernsehgeräten sowie bei Kraftfahrzeugen - nimmt die Judikatur jedoch in der Regel **zwei Mangelbeseitigungsversuche** als zulässig an (OLG Düsseldorf, NJW-RR 1991, 1464; OLG Nürnberg, BB 1983, 212; AGB-Klauselwerke/ *Graf von Westphalen*, Mangelbeseitigung, Rdnr. 47 m.w.N.).

Es erscheint nicht vertretbar, diese Rechtsprechungsergebnisse auf Mangelbeseitigungsversuche zu übertragen, welche im Rahmen eines komplexen und komplizierten DV-Projekts geschuldet werden. Es läßt sich indessen schwer sagen, wie viele Mangelbeseitigungsversuche bei einem DV-Projekt in Betracht zu ziehen sind, bevor von einem „Fehlschlagen der Mangelbeseitigung die Rede" ist. Hier kommt es stets auf die besonderen Umstände des Einzelfalls an. Doch wird zu bedenken sein, ob der gleiche Mangel - trotz eines Mangelbeseitigungsversuchs - **erneut** auftritt. Ist dies der Fall, dann kann es durchaus sein, daß bereits bei einem zweiten erfolglosen Mangelbeseitigungsversuch ein „Fehlschlagen" vorliegt (*Wolf/Horn/ Lindacher*, AGBG, 3. Aufl., § 11 Nr. 10 b Rdnr. 22). Zu berücksichtigen ist des weiteren, ob die Mangelbeseitigung dazu führt, daß **andere Fehler** auftreten. Darin könnte ein Indiz dafür liegen, daß der Hersteller des DV-Projekts nicht über die erforderliche *Fachkompetenz* verfügt und deshalb nicht ausreichend zuverlässig ist. Auch unter dieser Voraussetzung kann von einem *Fehlschlagen* der Mangelbeseitigung die Rede sein (*Wolf/Horn/ Lindacher*, AGBG, § 11 Nr. 10 b Rdnr. 20). Doch wird man - gerade bei DV-Projekten - hier auch auf die **Zumutbarkeit** abstellen müssen (AGB-Klauselwerke/*Graf von Westphalen* - Mangelbeseitigung, Rdnr. 46). Je komplizierter die geschuldete Mangelbeseitigung ist, um so mehr muß der Besteller hinnehmen, daß die Gebrauchstauglichkeit des DV-Projekts beeinträchtigt oder gar aufgehoben ist (*Wolf/Horn/Lindacher*, AGBG, § 11 Nr. 10 b Rdnr. 23). Deshalb spielt auch eine entscheidende Rolle, wieviel **Zeit** der Hersteller des DV-Projekts dafür benötigt, geschuldete Mangelbeseitigung durchzuführen, weil der Besteller grundsätzlich nur gehalten ist, eine begrenzte Beschränkung der Gebrauchstauglichkeit des DV-Projekts hinzunehmen. Es beruht auf dem Grundsatz der **Äquivalenz** von Leistung und Gegenleistung: Der Besteller hat einen unabdingbaren Anspruch, für das von ihm zu entrichtende Entgelt eine minderwertige Leistung zu erhalten. Ob also aktuell bei einem DV-Projekt die Voraussetzungen des „Fehlschlagens" einer Mangelbeseitigung im Sinn von § 11 Nr. 10 b AGB-Gesetz vorliegen, bedarf unter Berücksichtigung aller hier apostrophierten Kriterien stets sorgfältiger Prüfung.

Zweckmäßig erscheint es allemal, dem Besteller zu raten, dem Hersteller des DV-Projekts eine Frist mit Ablehnungsandrohung zu setzen, damit dieser die geschuldete Mangelbeseitigung rechtzeitig vornimmt (vgl. OLG Koblenz NJW-RR 1992, 760, 761). Unter Berücksichtigung der technischen Einzelheiten, die im Rahmen einer Mangelbeseitigung bei einem DV-Projektvertrag zu beachten sind, wird man gut daran tun, diese Frist gemeinsam zwischen den Parteien festzulegen. Denn nur so kann vermieden werden, daß der - stets unbefriedigende - Rechtssatz zum Tragen gelangt: Die Setzungen einer unangemessen kurzen Nachfrist führt dazu, daß eine angemessen lange Nachfrist zur Mangelbeseitigung in Gang gesetzt wird (*Thamm*, BB 1982, 2018, 2021).

c)   Die notwendigen Rechtsfolgen

Liegen die Voraussetzungen eines „Fehlschlagens" der Mangelbeseitigung vor, so ist es unausweichlich: Der Besteller hat dann die sich aus § 11 Nr. 10 b AGB-Gesetz ergebenden weitergehenden Rechte, nämlich: Anspruch auf Wandlung oder auf Minderung. Diese Ansprüche müssen - die Vertragsgestaltung muß dies beachten - dem Besteller im Fall des „Fehlschlagens" der Mangelbeseitigung alternativ zur Verfügung stehen (BGH BB 1981, 815, 816; BGH ZIP 1991, 1362; BGH ZIP 1993,

1394). Es reicht also nicht aus, daß dem Besteller lediglich das Minderungsrecht verbleibt, das Wandelungsrecht aber ausgeschlossen wird (BGH BB 1981, 815, 816; BGH ZIP 1993, 1394). Auch ist es mit § 9 Abs. 2 Nr. 2 AGB-Gesetz nicht vereinbar, wenn dem Besteller anstelle des Wandelungsrechts lediglich ein Rücktrittsrecht zugestanden wird (BGH ZIP 1991, 1362). Es ist also ein Gebot der Vertragsgerechtigkeit, daß sich der Besteller beim „Fehlschlagen" der Mangelbeseitigung vom Vertrag lösen darf, weil nur so das von § 9 Abs. 2 Nr. 1 AGB-Gesetz geschützte **Äquivalenzinteresse** von Leistung und Gegenleistung adäquat berücksichtigt ist. Es ist nicht hinzunehmen, daß der Besteller dazu gezwungen wird, ein nicht vertragsgemäß erstelltes DV-Projekt zu akzeptieren, dafür den geschuldeten Vertragspreis zu entrichten und es trotz der Mangelhaftigkeit behalten zu müssen.

Ohne weiteres ist einzuräumen, daß das Wandelungsrecht den Hersteller eines DV-Projekts schwer belastet. Wenn aber vorformulierte AGB-Klauseln zur Gestaltung des Vertrages eingesetzt werden, so ist es im Sinn von § 9 Abs. 2 Nr. 1 AGB-Gesetz **unvermeidbar**, daß dem Besteller für den Fall des „Fehlschlagens der Mangelbeseitigung sowohl das Wandelungs- als auch das Minderungsrecht eingeräumt wird (BGH ZIP 1991, 1362; BGH ZIP 1994, 1394 - Softwarevertrag). Zwischen der Lieferung eines Autos und der Erstellung eines DV-Projekts bestehen hier keinerlei Unterschiede: Die durch § 9 Abs. 2 Nr. 1 AGB-Gesetz geschützte Vertragsgerechtigkeit verlangt in beiden Fällen das gleiche Resultat. Das mag man bedauern; ändern wird man es nicht: Die Bestimmungen des BGB und die des HGB differenzieren eben nicht nach dem Gegenstand der vertraglichen Leistung; sie differenzieren auch nicht nach der Höhe des Preises. Im einen wie im anderen Fall verlangen sie schlicht, daß das **Äquivalenzinteresse** des Bestellers geschützt wird. Es ist daher mit den Wertungskriterien von § 9 Abs. 2 Nr. 1 AGB-Gesetz unvereinbar, daß die Rechte des Bestellers eines DV-Projekts auf Mangelbeseitigung abschließend beschränkt werden, weil dies dazu führt, daß der Besteller „rechtlos" gestellt wird (BGH a.a.O.).

Hinzuzufügen ist freilich, daß theoretisch auch der **Minderungsanspruch** gemäß § 472 BGB dann auf Null herabgesenkt werden kann, wenn das DV-Projekt für die beson-deren Zwecke des Bestellers völlig wertlos ist (*Palandt/ Putzo*, BGB, 53. Aufl., § 472 Rdnr. 9).

3.   Hinweise für die Vertragsgestaltung

Sofern der Hersteller eines DV-Projekts **vorformulierte** Klauseln verwendet, ist es im Sinn von § 9 Abs. 2 Nr. 1 AGB-Gesetz unerläßlich, daß er für den Fall des „Fehlschlagens" der Mangelbeseitigung zugunsten des Bestellers die weitergehenden Rechte von Wandelung oder Minderung vorsieht (BGH ZIP 1991, 1362). Es empfiehlt sich dabei, die Tatbestandsvoraussetzungen des „Fehlschlagens" der Mangelbeseitigung - wie sie von der Rechtsprechung entwickelt worden sind - im einzelnen aufzuführen. Konkret bedeutet dies: Sofern die Mangelbeseitigung unmöglich oder undurchführbar ist oder über angemessene Fristen hinaus schuldhaft verzögert oder gar verweigert wird oder auf sonstige Weise „fehlschlägt", ist dem Besteller das Recht **ausdrücklich** einzuräumen, den Vertrag zu wandeln oder zu mindern. Weitergehende Ansprüche - insbesondere Schadensersatzansprüche - können dann formularmäßig ausgeschlossen werden, sofern die hierfür gemäß § 9 AGB-Gesetz vorgesehene, nachfolgend dargestellten Grenzen der Vertragsgestaltungsfreiheit beachtet werden. Wirksam ist es freilich auch, wenn nicht alle einzelnen Fälle aufgezählt werden. Doch muß dann der allgemeine Hinweis auf ein „Fehlschlagen" der Mangelbeseitigung in den AGB enthalten sein (vgl. *Wolf/ Horn/Lindacher*, AGBG. 3. Aufl., S. 11 Nr. 10 b Rdnr. 33).

4. Mangelbeseitigung - Lizenzvertrag

Gelangt man zu dem Ergebnis, daß der DV-Projektvertrag - unter Berücksichtigung der jeweiligen Umstände des Einzelfalls - als Lizenzvertrag einzuordnen ist, so sind die miet- und pachtrechtlichen Bestimmungen der §§ 535 ff., 581 BGB anzuwenden (vgl. *Palandt/Putzo*, BGB, 52. Aufl., vor § 581 Rdnr. 7). Zur Konsequenz hat dies, daß in diesen Fällen regelmäßig die Bestimmungen der §§ 537, 538 BGB zur Anwendung berufen sind.

a) Der Minderungsanspruch

Aus § 536 BGB folgt, daß der Vermieter verpflichtet ist, die vermietete Sache dem Mieter in einem zu dem vertragsgemäßen Gebrauch geeigneten Zustand zu überlassen und sie während der Mietzeit in diesem Zustand zu erhalten. Die aus § 536 BGB abzuleitende Erhaltungspflicht umfaßt alle Maßnahmen, die erforderlich sind, um dem Mieter während der gesamten Mietzeit den vertragsgemäßen Gebrauch zu ermöglichen (*Palandt/Putzo*, BGB, 53. Aufl., § 536 Rdnr. 7). Mithin umfaßt § 536 BGB sowohl die gesamte Instandsetzung als auch die Instandhaltung. Daraus folgt, daß die lizenzvertragliche Kategorisierung für den Hersteller/Lizenzgeber des DV-Projekts mit erheblichen Nachteilen verbunden ist. Denn im Gegensatz zum Kauf- und Werkvertragsrecht hat das Mietrecht gemäß §§ 535 ff. BGB, 581 BGB keine den §§ 477, 638 BGB nachgebildete Verjährungsfrist.

Dies wird besonders deutlich, wenn man sich die aus § 537 BGB resultierende **Sachmängelhaftung** betrachtet. Hier ist kein Gewährleistungsanspruch, sondern ein Erfüllungsanspruch begründet (*Palandt/Putzo*, BGB, 53. Aufl., § 537 Rdnr. 5). Soweit ein Sachmangel vorliegt, gewährt § 537 Abs. 1 BGB dem Mieter/Lizenznehmer keinen Anspruch, sondern eine rechtsvernichtende Einrede gegenüber dem Anspruch des Vermieters/Lizenzgebers auf Zahlung des jeweiligen Entgelts (*Palandt/Putzo*, BGB, 53. Aufl., § 537 Rdnr. 1). Solange also der Mieter/Lizenznehmer an dem DV-Projektvertrag festhält, hat er bei Vorliegen eines Sachmangels das Recht, die Einrede des nichterfüllten Vertrages gemäß § 320 BGB zu erheben (*Palandt/Putzo*, BGB, 53. Aufl., § 537 Rdnr. 5).

Der Begriff des Fehlers in § 537 Abs. 1 BGB deckt sich im wesentlichen mit dem Begriff des Fehlers, wie er in § 459 Abs. 1 BGB (S. 151 ff) oder in § 633 Abs. 1 BGB (S. 167 ff) umschrieben ist. Erfaßt wird also jegliche für den Mieter/Lizenznehmer nachteilige Abweichung des tatsächlichen Zustands des DV-Projekts vom vertraglich geschuldeten (*Palandt/Putzo*, BGB, 53. Aufl., § 537 Rdnr. 12). Voraussetzung ist freilich, daß die Ursache des Mangels schon bei Beginn des Mietvertrages/ Lizenzvertrages vorhanden gewesen sein muß. Weitere Voraussetzung ist, daß es sich um einen **erheblichen** Mangel im Sinn von § 537 Abs. 1 Satz 2 BGB handelt, daß also die Tauglichkeit zum vertragsgemäßen Gebrauch gemindert ist (vgl. *Palandt/Putzo*, BGB, 53. Aufl., § 537 Rdnr. 13). Soweit § 537 Abs. 2 BGB auf das Vorliegen einer **zugesicherten Eigenschaft** abstellt, gelten die gleichen Erwägungen, wie sie auch für das Kauf- und Werkvertragsrecht entwickelt worden sind (S. 184 ff).

Da der Mieter/Lizenznehmer einen *Erfüllungsanspruch* auf die Gewährung des vertragsgemäßen Gebrauchs hat, ändern sich die vertraglichen Pflichten, sofern ein Fehler vorliegt oder eine zugesicherte Eigenschaft fehlt (BGH NJW-RR 1991, 779). Ohne Rücksicht auf Verschulden des Vermieters/Lizenzgebers ist der Mieter/ Lizenznehmer ganz oder teilweise von der Zahlung des Mietzinses gemäß § 537 BGB befreit. Dies gilt jedoch nur in dem Zeitraum, bis der Mangel beseitigt oder die zugesicherte Eigenschaft wieder hergestellt ist (*Palandt/Putzo*, BGB, 53. Aufl., § 537 Rdnr. 22). Entscheidend ist darüber hinaus, daß die **Mietminderung** gemäß § 537 BGB nicht davon abhängig ist, daß sich der Mieter/Lizenznehmer auf den Mangel beruft. Vielmehr führt bereits das Vorliegen eines Fehlers oder das Fehlen einer zugesicherten Eigenschaft dazu, daß ohne weiteres eine entsprechende Mietminderung gemäß § 537 BGB zugunsten des Mieters/ Lizenznehmers eintritt (*Palandt/Putzo*, BGB. 53. Aufl., § 537 Rdnr. 23). Gleichzeitig wird damit deutlich, daß dem Mieter/ Lizenznehmer der aus § 536 BGB resultierende **Mangelbeseitigungsanspruch** unberührt bleibt. Mietminderung und Mangelbeseitigung stehen also **nebeneinander** (*Palandt/Putzo*, BGB, 53. Aufl., § 537 Rdnr. 24).

b) Die Schadensersatzpflicht des § 538 BGB

Der in § 538 BGB normierte Schadensersatzanspruch ist ein Anspruch wegen Nichterfüllung; er ist kein Gewährleistungsanspruch (*Palandt/Putzo*, BGB, 53. Aufl., § 538 Rdnr. 2). Von praktisch hoher Bedeutung ist, daß der **Schadensersatzanspruch** in § 538 Abs. 1 BGB - erster Fall - auf einer **verschuldensunabhängigen** gesetzlichen *Garantiehaft* des Vermieters/Lizenzgebers beruht (*Palandt/ Putzo*, BGB, 53. Aufl., § 537 Rdnr. 9). Voraussetzung ist lediglich, daß ein Mangel bei Abschluß des Vertrages vorhanden ist. Nicht erforderlich ist, daß der Mangel bereits hervorgetreten oder gar eine schädigende Wirkung entfaltet hat (*Palandt/Putzo* a.a.O.). Dieser Schadensersatzanspruch umfaßt den gesamten Nachteil, der darin besteht, daß der Mieter/ Lizenznehmer die geschuldete Leistung mangelhaft erhält. Es ist also der Minderwert zu ersetzen, einschließlich der Mangelbeseitigungskosten und des entgangenen Gewinns gemäß § 252 BGB (*Palandt/ Putzo*, BGB, 53. Aufl., § 537 Rdnr. 14). Darüber hinaus sind alle **Mangelfolgeschäden** - ohne Rücksicht auf Verschulden des Vermieters/ Lizenzgebers - zu ersetzen, welche durch den Sachmangel verursacht werden und über das reine Erfüllungsinteresse hinausreichen, wie etwa Schäden an anderen Sachen (BGH NJW 1971, 424). Diese verschuldensunabhängige gesetzliche Einstandspflicht des Vermieters/Lizenzgebers ist bei einem DV-Projektvertrag ausgesprochen **nachteilig**. Überdies gilt sie, wie bereits angedeutet, während der gesamten Dauer des Vertrages; sie ist zeitlich nicht durch Gewährleistungsfristen limitiert (OLG Hamm CR 1994, 357 - Softwareentwicklungsvertrag).

Darüber hinaus greift die Schadensersatzhaftung des § 538 Abs. 1 BGB auch für den Fall ein, daß **nach Abschluß des Vertrages** Mängel auftreten, die auf einem Verschulden des Vermieters/Lizenzgebers beruhen (*Palandt/Putzo*, BGB, 53. Aufl., § 538 Rdnr. 11). Schließlich erfaßt § 538 Abs. 1 BGB auch die Alternative, daß der Vermieter/Lizenzgeber mit der Beseitigung eines Mangels in Verzug gerät (*Palandt/ Putzo*, BGB. 53. Aufl., § 538 Rdnr. 12).

c)   Formularmäßige Begrenzung der Haftung - Mangelbeseitigung

Sofern der DV-Projektvertrag wegen seines lizenzvertraglichen Charakters als Mietvertrag gemäß §§ 535 ff., 581 BGB einzuordnen ist (so ausdrücklich OLG Hamm a.a.O.), stellt sich gemäß § 9 Abs. 2 Nr. 1 AGB-Gesetz die Frage, ob der Vermieter/ Lizenzgeber in diesen Fällen berechtigt ist, den aus § 537 BGB resultierenden Minderungsanspruch formularmäßig zu begrenzen. Dies ist deswegen gemäß § 9 Abs. 2 Nr. 1 AGB-Gesetz zu verneinen, weil der Minderungsanspruch des Mieters/ Lizenznehmers Ausdruck des Äquivalenzverhältnisses von Leistung und Gegenleistung ist, welches durch AGB-Klauseln nicht zum Nachteil des Mieters/Lizenznehmers abgeändert werden darf (*Wolf/Horn/Lindacher*, AGBG, 3. Aufl., § 9 M 33). Gleichzeitig ist zu unterstreichen, daß dem Mieter/Lizenznehmer, sobald ein Mangel aufgetreten ist, die Einrede des nichterfüllten Vertrages gemäß § 320 BGB zusteht, welcher ebenfalls durch § 9 Abs. 2 Nr. 1 AGB-Gesetz geschützt ist (im einzelnen AGB-Klauselwerke/*Graf von Westphalen* - Zurückbehaltungsklauseln, Rdnr. 20 ff.).

Soweit ein „Fehlschlagen" der Mangelbeseitigung vorliegt (S. 178 f), gelten freilich nicht die zuvor dargestellten Minderungs- und Wandelungsrechte. Vielmehr ist entscheidend, daß die Einordnung des DV-Projektvertrages als Lizenzvertrag zwangsläufig dazu führt, daß dann dem Mieter/Lizenznehmer das **fristlose Kündigungsrecht** gemäß § 542 BGB verbleibt. Soweit es abbedungen sein sollte, verstößt dies gegen § 9 Abs. 2 Nr. 1 AGB-Gesetz. Denn nur das fristlose Kündigungsrecht führt dazu, daß die Rechtsstellung des Mieters/Lizenznehmers - unter Berücksichtigung des Äquivalenz-gedankens - geschützt bleibt und nicht rechtlos gestellt wird.

Zur Schadensersatzhaftung und den Freizeichnungsmöglichkeiten (S.187 ff).

IX.   Die Schadensersatzhaftung bei Eigenschaftszusicherungen

1.   Gesetzliche Wertung

a)   Im Rahmen eines Kaufvertrages

Eine Zusicherungserklärung führt bei einem DV-Projekt-Vertrag, der **Kaufrecht** unterliegt, gemäß § 459 Abs. 2 BGB nur dann zur Schadensersatzhaftung wegen Nichterfüllung gemäß § 463 Satz 1 BGB, wenn sie Inhalt des Kaufvertrages, mithin **Vertragsbestandteil** geworden ist (*Staudinger/Honsell*, BGB, 12. Aufl., § 459 Rdnr. 60). Dies setzt voraus, daß sich beide Parteien über den Inhalt der Zusicherung einig geworden sind. Dabei muß die Zusicherung die maßgeblichen **Eigenschaften** der Kaufsache so genau beschreiben, daß ihr Inhalt und Umfang - notfalls durch Rückgriff auf die allgemeinen Auslegungskriterien der §§ 133, 157 BGB - festgestellt werden kann (BGHZ 48, 118, 123 f. - TREVIRA; BGHZ 15, 200, 200 f. - Kleber). Wegen der **unterschiedlichen** Rechtsfolgen ist stets streng zwischen einer Beschaffenheitsvereinbarung gemäß § 459 Abs. 1 BGB einerseits und einer Eigenschaftszusicherung gemäß § 459 Abs. 2 BGB zu differenzieren. Der Verkäufer, der eine Beschaffenheit - bezogen auf den gewöhnlichen oder den vertraglich vorausgesetzten Gebrauch der Sache - vereinbart, haftet lediglich gemäß §§ 459 Abs. 1, 462, 480 Abs. 1 BGB auf Wandelung, Minderung oder Nachlieferung. Für etwaige **Mangelfolgeschäden** haftet er nur unter der Voraussetzung, daß ihn insoweit ein **Verschulden** trifft (BGH BB 1980, 1068 - Spanplatten). Demgegenüber haftet der Verkäufer bei Fehlen einer ausdrücklich oder stillschweigend zugesicherten Eigenschaft (BGH BB 1972, 1069 - Fensterlack) gemäß § 463 Satz 1 BGB **ohne Rücksicht auf Verschulden** auf Schadensersatz wegen Nichterfüllung, einschließlich etwa eintretender Mangelfolgeschäden, soweit sich die Zusicherung auch auf diese Schäden/Risiken bezog (BGHZ 50, 200 - Kleber). Die Rechtsprechung des BGH hat deshalb etwa die Bezugnahme auf DIN-Normen stets nur als Warenbeschreibung gemäß § 459 Abs. 1 BGB, nicht jedoch als Eigenschaftszusicherung im Sinn von § 459 Abs. 2 BGB qualifiziert (BGH NJW 1968, 2238, 2240 - Dieselkraftstoff; BGHZ 59, 303, 306 - mangelfreies Wasser; BGH NJW 1974, 1503 - DVGW-Prüfzeichen; BGH NJW 1981, 1501 - Gleichstrom-Nebenschluß-Motor).

Daraus folgt: Die Zusicherung einer Eigenschaft gemäß § 459 Abs. 2 BGB ist stets ein „Mehr" gegenüber einer Beschaffenheitsvereinbarung. Die Zusicherungshaftung ist mithin **doppelstöckig:** Sie schließt zum einen eine Beschaffenheitsvereinbarung ein, zum anderen setzt sie voraus, daß der Verkäufer gegenüber dem Käufer - unter Berücksichtigung aller Umstände des Einzelfalls - die Bereitschaft hat erkennen lassen, für die Folgen einstehen zu wollen, sofern die Kaufsache die zugesicherte Eigenschaft nicht hat (BGHZ 59, 158, 160 - Fensterlack; BGH ZIP 1985, 416, 417 - Silo). Es ist also der Gesichtspunkt der **Garantie- und Haftungsübernahme**, welche eine Beschaffenheitsvereinbarung in den Rang einer **Zusicherungserklärung** hebt:

Der Käufer soll durch die Zusicherungserklärung gegenüber den Risiken und Nachteilen geschützt werden, die aus dem Fehlen einer zugesicherten Eigenschaft resultieren können (Produkthaftungshandbuch/*Graf von Westphalen*, § 2 Rdnrn. 17 ff.).

b)   Im Rahmen eines Werkvertrages

Ist bei einem DV-Projektvertrag (S. 112 f) eine **werkvertragliche** Grundstruktur zu bejahen, so fällt zunächst auf: § 633 Abs. 1 BGB unterscheidet nicht zwischen einer Beschaffenheitsvereinbarung einerseits und einer Eigenschaftszusicherung andererseits. Vielmehr ist der Hersteller verpflichtet, das Werk so herzustellen, daß es nicht mit Fehlern behaftet ist oder daß ihm zugesicherte Eigenschaften fehlen. Deshalb hat der Besteller gemäß § 635 BGB auch nur dann einen **Schadensersatzanspruch** *wegen Nichterfüllung*, wenn der Hersteller die ihm obliegende Mangelbeseitigung - trotz Fristsetzung und Ablehnungsandrohung - nicht ordnungsgemäß durchgeführt hat. Weitere Voraussetzung ist gemäß § 635 BGB, daß der Schaden auf einem Umstand beruht, den der Hersteller zu vertreten, d.h. **verschuldet** hat. Gleichwohl unterscheidet die Rechtsprechung auch im Rahmen eines Werkvertrages zwischen einer Eigenschaftszusicherung einerseits (BGHZ 96, 111, 114 - Wärmedurchlaßwerte) und einer Beschaffenheitsvereinbarung, welche die Mangelhaftigkeit/Mangelfreiheit des zu erstellenden Werks charakterisiert (BGH NJW 1981, 1448 - Bauzeichnung). Beispiele, bei denen die Rechtsprechung das Vorliegen einer Eigenschaftszusicherung bejaht hat, sind weiter oben dargestellt (S. 160 ff); darauf wird verwiesen.

2.   Der Verbotstatbestand von § 11 Nr. 11 AGB-Gesetz

a) Parallelwertung nach § 9 Abs. 2 Nr. 1 AGB-Gesetz

Für den nicht-kaufmännischen Bereich geht der Gesetzgeber davon aus, daß Haftungsfreizeichnungs- oder Haftungsbegrenzungsklauseln gemäß § 11 Nr. 11 AGB-Gesetz *unwirksam* sind, soweit sich diese Klauseln auf Schadensersatzhaftung wegen Eigenschaftszusicherungen gemäß §§ 463, 635 BGB beziehen.

Soweit bei einem DV-Projektvertrag - gleichgültig, ob ausdrücklich oder stillschweigend - bestimmte Eigenschaften **zugesichert** worden sind, ist es dem Hersteller auch im kaufmännischen Verkehr verwehrt, die sich aus den §§ 463, 635 BGB ergebende Schadensersatzhaftung wegen Nichterfüllung durch AGB-Klauseln einzuschränken oder gar auszuschließen (*Ulmer/Brandner/Hensen*, AGBG, 7. Aufl., § 11 Nr. 11 Rdnr. 23; *Wolf/Horn/Lindacher*, AGBG, 3. Aufl., § 11 Nr. 11 Rdnr. 15). Dies ist mit § 9 Abs. 2 Nr. 1 AGB-Gesetz unvereinbar. Folglich sind alle Haftungsbegrenzungs- und Haftungsfreizeichnungsklauseln, soweit sie sich auf die Risiken von Eigenschaftszusicherungen beziehen, gemäß § 9 Abs. 2 Nr. 1 AGB-Gesetz unwirksam. Dabei macht es praktisch keinen Unterschied, ob sich die Zusicherung lediglich auf die Vertragsgemäßheit der jeweiligen Lieferung/Leistung bezog oder ob sie weitergehend auch das Risiko etwaiger **Mangelfolgeschäden** umfaßte (*Ulmer/ Brandner/Hensen*, AGBG, 7. Aufl., § 11 Nr. 11 Rdnm. 22 ff.; differenzierend *Löwe/ Graf von Westphalen/Trinkner*, Großkommentar, § 11 Nr. 11 Rdnm. 32 ff.).

b)   Beratungsverschulden

aa)   An dieser Stelle ist auch auf das besondere Risiko hinzuweisen, das auf einer **fehlerhaften Beratung** folgt (S. 89 f). Gerade bei einem DV-Projekt können in hohem Maße solche **Beratungspflichten** entstehen, wobei es stets auf die Umstände des Einzelfalls ankommt (BGH NJW 1984, 2938). Je komplexer und komplizierter das DV-Projekt, je geringer das Know-how des Bestellers, desto höher sind die Beratungs- und Sorgfaltspflichten (hierzu *Moritz/Tybusseck*, Computersoftware, 2. Aufl., Rdnr. 780 ff.).

Bezieht sich die Beratung auf eine **Eigenschaft** des DV-Projekts, etwa die Kapazität des Rechners und bestimmte Funktionen, dann gehen die **Gewährleistungsregeln** des Kauf- und Werkvertragsrechts als **Sonderregeln** vor. Wird also in diesem Zusammenhang die Beratungspflicht verletzt, so können Schadensersatzansprüche nur daraus abgeleitet werden, daß das DV-Projekt fehlerhaft war oder daß ihm - als Folge der fehlerhaften Beratung - eine zugesicherte Eigenschaft fehlte (*Palandt/ Thomas*, BGB, 53. Aufl., § 633 Rdnr. 21).

Anders ist es aber dann, wenn als Folge der fehlerhaften Beratung das gesamte DV-Projekt für den Besteller ungeeignet war (BGH a.a.O.). Unter dieser Voraussetzung haftet der Hersteller des DV-Projekts - unabhängig von der Gewährleistungshaftung der §§ 459 ff., 633 ff. BGB - auf **Schadensersatz**. Allerdings ist hierbei Voraussetzung, daß ein **Verschulden** vorliegt. Für die Darlegungs- und Beweislast gilt freilich, daß der Hersteller verpflichtet ist, den Nachweis **fehlenden Verschuldens** zu führen.

bb)   Soweit sich eine **Haftungsfreizeichnungs- oder Haftungsbegrenzungs-klausel** auf die Beratungshaftung des Herstellers eines DV-Projekts bezieht, so gelten die all-gemeinen Wirksamkeitsgrenzen, wie sie sich aus § 9 Abs. 2 Nr. 2 AGB-Gesetz ergeben (S. 189 ff).

3.   **Empfehlungen für die Vertragsgestaltung**

Regelmäßig ist davon auszugehen, daß die Haftung wegen Fehlens einer zugesicherten Eigenschaft gemäß §§ 463, 635 BGB auch das Risiko des **entgangenen Gewinns** ein-schließt. Der nach § 252 BGB zu ersetzende entgangene Gewinn gehört nämlich nicht zum „Folgeschaden", sondern ist unmittelbarer Gegenstand der Zusicherungshaftung (BGH BB 1980, 1068 - Spanplatten). Das gleiche gilt für Produktionsausfall oder sonstige kommerziellen Nachteile, welche die unmittelbare Konsequenz der Tatsache sind, daß beim DV-Projekt bestimmte zugesicherte Eigenschaften nicht vorhanden sind. Es liegt auf der Hand, daß dieses Risiko extreme Ausmaße annehmen kann; es ist nicht kalkulierbar. Gerade deshalb ist es bei einem DV-Projektvertrag unerläßlich, daß der Hersteller diese Risiken aufgrund einer **Individualabrede** begrenzt (im einzelnen S. 171).

Darüber hinaus ist es empfehlenswert, beim DV-Projekt-vertrag exakt die Daten und Eigenschaften festzulegen, die Gegenstand einer **Zusicherungshaftung** werden sollen. Es empfiehlt sich also, schon bei Abschluß des Vertrages exakt zu definieren, welche Eigenschaften lediglich technisch beschrieben und welche Eigenschaften - wegen ihrer besonderen Bedeutung für die Interessen des Bestellers - zugesichert werden.

X.   Haftungsfreizeichnung
- vorsätzliche oder grob fahrlässige Vertragsverletzung

1.   Allgemeine Erwägungen

Im **Individualvertrag** ist es ohne weiteres möglich, die Haftung des Schuldners für grob fahrlässige Pflichtverletzungen auszuschließen; lediglich die Haftung für Vorsatz kann ihm nicht im voraus entlassen werden, wie sich aus § 276 Abs. 2 BGB ergibt. Demgegenüber kann jedoch die Haftung für Vorsatz und grobe Fahrlässigkeit ausgeschlossen werden, sofern Pflichtverletzungen nicht dem Schuldner, sondern seinem gesetzlichen Vertreter und den Personen anzulasten ist, deren er sich zur Erfüllung seiner Verbindlichkeit bedient, was im juristischen Sprachgebrauch gemäß § 278 BGB als **Erfüllungsgehilfe** umschrieben wird.

2.   Formularmäßige Grenzen

Formularmäßig stößt jedoch die Haftungsfreizeichnung - bezogen auf den Schuldvorwurf von Vorsatz und grober Fahrlässigkeit - auf die Grenze, welche sich aus dem Verbotstatbestand von § 11 Nr. 7 AGB-Gesetz ergibt. Diese Bestimmung ist allerdings nur im nicht-kaufmännischen Bereich anwendbar. Doch besteht weitestgehend Einvernehmen darüber, daß im **kaufmännischen Bereich** gemäß § 9 Abs. 1 AGB-Gesetz die gleiche Wertung gilt: Soweit also der Schadensersatzanspruch auf einer vorsätzlichen oder groben fahrlässigen Pflichtverletzung beruht, ist es im Sinn von § 9 Abs. 1 AGB-Gesetz als unangemessene Benachteiligung zu qualifizieren, wenn sich der Hersteller eines DV-Projekts - trotz des erheblichen Schuldvorwurfs - von der Schadensersatzhaftung formularmäßig freizeichnet (*Palandt/Heinrichs*, AGBG, 53. Aufl., § 11 Rdnr. 38; *Löwe/Graf von Westphalen/Trinkner*, Großkommentar, § 11 Rdnrn. 39 ff.; *Wolf/Horn/Lindacher*, AGBG, 3. Aufl., § 11 Nr. 7 Rdnr. 48). Soweit Vorsatz oder grobe Fahrlässigkeit **leitenden Angestellten/Mitarbeitern** anzulasten ist, entspricht dies auch der früheren Rechtsprechung des BGH (BGH NJW 1978,

1918). Doch ist eine Differenzierung danach, ob es sich um einen leitenden oder einen nicht leitenden Angestellten/Mitarbeiter handelt, unter Berücksichtigung der allgemeinen Wertungskriterien von § 9 Abs. 1 AGB-Gesetz nicht mehr zutreffend (vgl. BGH ZIP 1991, 1362, 1365). Vielmehr kann die Haftung für Vorsatz und grobe Fahrlässigkeit auch **einfacher Erfüllungsgehilfen** nicht wirksam ausgeschlossen werden, ohne daß dies gemäß § 9 Abs. 1 AGB-Gesetz unwirksam ist (a.M. *Ulmer/ Brandner/Hensen*, AGBG, 7. Aufl., § 11 Nr. 7 Rdnrn. 33f.).

Es ist nicht zu erkennen, aus welchen Gründen beim DV-Projektvertrag hier andere Wertungskriterien gelten sollten. In der Rechtsprechung des BGH ist bislang nichts darüber zu finden, daß der **Objektwert** oder die technische **Komplexität** des Vorhabens - für sich allein genommen - eine Risikoverlagerung zum Nachteil des Bestellers bedingen könnten. Dafür ist zum einen entscheidend, daß die Voraussetzungen **grober Fahrlässigkeit** nur dann vorliegen, wenn die im Verkehr erforderliche Sorgfalt in ganz besonders krasser Weise außer acht gelassen wird, wenn etwas ganz Naheliegendes, etwas jedermann in vergleichbaren Umständen unmittelbar Einleuchtendes nicht beachtet wird (statt aller: *Palandt/Heinrichs*, BGB, 53. Aufl., § 277 Rdnr. 2). Dieser Schuldvorwurf aber wiegt so schwer, daß es unter Berücksichtigung der Gebote von Treu und Glauben unangemessen ist, dem Hersteller eine Haftungsfreizeichnung zu gestatten (*Palandt/Heinrichs*, AGBG, 53. Aufl., § 11 Rdnr. 38). Darüber hinaus fällt ins Gewicht, daß der BGH unter Berücksichtigung von § 9 Abs. 2 Nr. 2 AGB-Gesetz die Figur der „wesentlichen" Vertragspflicht entwickelt hat (S. 189 ff). Soweit aber eine gemäß § 9 Abs. 2 Nr. 2 AGB-Gesetz geschützte „wesentliche" Vertragspflicht aufgrund **einfacher Fahrlässigkeit** verletzt ist, scheitert jegliche Haftungsfreizeichnungsklausel (BGH ZIP 1991, 1362, 1365; BGH ZIP 1994, 461, 465). Bei einem DV-Projektvertrag ist dies regelmäßig gleichbedeutend mit der Verletzung einer **Organisationspflicht**. Diese ist also deckungsgleich mit der Figur der „wesentlichen" Vertragspflicht im Sinn von § 9 Abs. 2 Nr. 2 AGB-Gesetz, weil die Erfüllung der Organisationspflichten Voraussetzung dafür ist, daß der Besteller eine äquivalente Gegenleistung erhält, auf die er im Rahmen des Vertrages Anspruch hat (im einzelnen AGB-Klauselwerke/*Graf von Westphalen* - Freizeichnungsklauseln, Rdnr. 22 ff.). Folglich scheitern bei einem DV-Projektvertrag Haftungsfreizeichnungsklauseln, welche den Bereich von Vorsatz oder grober Fahrlässigkeit - gleichgültig, auf welcher Ebene diese Verschuldensformen vorliegen - erfassen.

3.   Branchenspezifische Haftungsbegrenzungen

Soweit Haftungsbegrenzungsklauseln auf den **vorhersehbaren** Schaden - trotz Vorliegens einer vorsätzlichen oder grob fahrlässigen Pflichtverletzung - bezogen werden, ist dagegen gemäß § 9 Abs. 1 AGB-Gesetz nichts einzuwenden (*Ulmer/ Brandner/Hensen*, AGBG, 7. Aufl., § 11 Nr. 7 Rdnr. 35; *Palandt/Heinrichs*, AGBG, 52. Aufl., § 11 Rdnr. 39; *Löwe/Graf von Westphalen/Trinkner*, Großkommentar, § 11 Nr. 7 Rdnr. 46). Dabei kommt es auf den Schaden an, der dem typischen **Vertragsrisiko** entspricht (BGH ZIP 1993, 46). Diese Haftungsbegrenzungsklauseln dienen deshalb nur dem Zweck, das sogenannte **Exzessrisiko** auszuschalten, also unvorhersehbare, nicht erwartete Konsequenzen nicht in die Schadensersatzhaftung einzubeziehen.

Alle Haftungsbegrenzungsklauseln, welche unterhalb dieser Schwelle liegen, verstoßen gegen § 9 Abs. 1 AGB-Gesetz und sind **unwirksam**. Daraus folgt:

Eine Haftungsbegrenzungsklausel in einem DV-Projektvertrag, die **summenmäßig** - etwa auf DM 500.000,00 oder auf den Vertragspreis - beschränkt ist, kann gemäß § 9 Abs. 1 AGB-Gesetz nicht anerkannt werden. Weder eine beliebige Haftungssumme noch deren Begrenzung auf den Vertragspreis entsprechen dem vorhersehbaren Schaden. Dieser hängt vielmehr von den Umständen des jeweiligen Einzelfalls ab. Diese aber sind generell durch AGB-Klauseln nicht im vorhinein festlegbar. Entscheidend ist darüber hinaus, daß jede Haftungsbegrenzungsklausel eine einseitige Risikoverlagerung zugunsten des AGB-Verwenders bewirkt. Sie weicht von der Risiko- und Haftungsverteilung des BGB/HGB ab und stört damit das jedem Leistungsaustauschverhältnis zugrundeliegende **Äquivalenzprinzip** von Leistung und Gegenleistung (AGB-Klauselwerke/*Graf von Westphalen*, Freizeichnungsklauseln, Rdnr. 84 ff.).

4. Empfehlungen für die Vertragsgestaltung

Hierzu im einzelnen S.199.

XI. Haftungsfreizeichnungsklauseln - einfache Fahrlässigkeit

1. Im Rahmen eines Individualvertrages

Es kann nach dem zuvor Gesagten nicht zweifelhaft sein: Wenn schon individualvertraglich eine Haftungsfreizeichnung im Bereich grober Fahrlässigkeit wirksam ist, so gilt dies erst recht, sofern die Pflichtverletzung lediglich auf **gewöhnlicher Fahrlässigkeit** beruht.

2. Im Rahmen vorformulierter Klauseln

a) Die Rechtsprechung des BGH: Das Konzept der „wesentlichen" Vertragspflichten

Aus dem Verbotstatbestand von § 9 Abs. 2 Nr. 2 AGB-Gesetz hat der BGH mittlerweile in zahlreichen Entscheidungen die Rechtsfigur der „wesentlichen" Pflicht abgeleitet (BGH ZIP 1984, 971 - Textilveredelung; BGH ZIP 1988, 360, 362 - Bundesbank-Scheckinkasso; BGH ZIP 1991, 1054, 160 - Landesbausparkasse; BGH ZIP 1991, 1362, 1365 - VDMA-Bedingungen; BGH ZIP 1993, 46 - technische Beratung; BGH ZIP 1994, 461, 465 - Vertragshändlervertrag). Derartige „wesentliche" Vertragspflichten sind im Sinn eines Leistungsaustauschverhältnisses die jeweiligen Hauptpflichten (*Palandt/Heinrichs*, AGBG, 53. Aufl., § 9 Rdnr. 27; AGB-Klauselwerke/*Graf von Westphalen*, Freizeichnungsklauseln, Rdnr. 28). Diese dürfen durch Freizeichnungen nicht in der Weise eingeschränkt werden, daß dadurch die Erreichung des Vertragszwecks gefährdet wird (BGH ZIP 1984, 971, 973 - Textilveredelung; BGH ZIP 1984, 1098, 1100 - Tankschecksystem; BGH BB 1984, 746 - Lagerhaus). Besteht z.B. eine „wesentliche" Pflicht darin, daß eingelagertes Kühlgut auch ordnungsgemäß gekühlt wird (BGH BB 1984, 746 - Lagerhaus), so kann sich der Einlagerer nicht auf eine - am Lagergeld orientierte - Haftungsbegrenzung mit Erfolg berufen, wenn er eine „wesentliche" Vertragspflicht schuldhaft verletzt hat und das Kühlgut verdorben ist. Ähnlich ist die Rechtslage, wenn Textilien zur Veredelung gegeben werden. Weiß der Veredelungsbetrieb, daß die veredelten Textilien weiter veräußert werden sollen, so kann er sich nicht mit Erfolg darauf berufen, daß seine Haftung auf die Höhe des Entgeltes beschränkt ist (BGH ZIP 1984, 971 - Textilveredelung).

Das Konzept der „wesentlichen" Pflicht umfaßt inzwischen alle Vertragstypen (AGB-Klauselwerke/*Graf von Westphalen*, Freizeichnungsklauseln, Rdnrn. 36 ff.; 40). Erfaßt wird nicht nur die schuldhafte Verletzung einer Hauptpflicht, sondern auch die einer - wesentlichen - **Nebenpflicht** (*Paulusch*, DWiR 1992, 183, 187 f.; AGB-Klauselwerke/*Graf von Westphalen*, Freizeichnungsklauseln, Rdnr. 36 ff.). Es gilt deshalb schlechthin, im Vertrag ist formularmäßig klarzustellen, daß sich etwaige Haftungsfreizeichnungsklauseln nicht auf die Verletzung „wesentlicher" Vertragspflichten beziehen, weil nur so sichergestellt ist, daß der Verbotstatbestand von § 9 Abs. 2 Nr. 2 AGB-Gesetz berücksichtigt wird (BGH ZIP 1991, 1362, 1365 - VDMA-Bedingungen; BGH ZIP 1994, 461, 465 - Vertragshändlervertrag).

b)   Anwendung auf den DV-Projektvertrag

Es ist kein Grund ersichtlich, die festgefügten Ergebnisse der BGH-Judikatur nicht auch auf Pflichtverletzungen im Rahmen eines DV-Projektvertrages **ungekürzt** anzuwenden. Der Verbotstatbestand von § 9 Abs. 2 Nr. 2 AGB-Gesetz differenziert nicht danach, ob der Vertragstyp exakt in den Bestimmungen des BGB geregelt ist oder nicht. Eine Differenzierung danach, ob es sich um ein komplexes oder ein weniger komplexes Leistungsaustauschverhältnis handelt, findet ebenfalls nicht statt. Sowohl die eine wie die andere Sicht würde der gesetzgeberischen Intention widersprechen, die darauf abzielt, **generelle** Normen aufzustellen. Freilich läßt sich nicht im vorhinein mit der gebotenen Eindeutigkeit sagen, welche Pflichtverletzungen im Sinn von § 9 Abs. 2 Nr. 2 AGB-Gesetz als „wesentlich" bewertet werden. Entscheidend kommt es darauf ab, ob die aus der schuldhaften Pflichtverletzung resultierenden Nachteile bei **abstrakt-genereller Betrachtung** derart sind, daß das Äquivalenzverhältnis zwischen Leistung und Gegenleistung empfindlich gestört ist, so daß im Sinn von § 9 Abs. 2 Nr. 2 AGB-Gesetz die „Erreichung des Vertragszwecks" gefährdet ist.

DV-spezifisch läßt sich durchaus argumentieren, daß vor allem die Erfüllung der allgemeinen **Beratungspflicht** für den Besteller eines DV-Projekts über die tatsächliche Eignung des Projekts für die besonderen Bedürfnisse des Bestellers kommerziell und technisch von entscheidender Bedeutung ist (a.M. wohl *Moritz/Tybusseck*, Computersoftware, 2. Aufl., Rdnr. 912). Die Beratung ist wesentlicher Teil der allgemeinen Leistungspflicht, welche ihrerseits in einem **Äquivalenzverhältnis** zur Entgeltzahlung des Bestellers steht. Wird durch die schuldhafte Verletzung der Beratungspflicht die **Erreichung des Vertragszwecks** gemäß § 9 Abs. 2 Nr. 2 AGB-Gesetz gefährdet, so scheitert die Freizeichnungsklausel an § 9 Abs. 2 Nr. 2 AGB-Gesetz. Das aber ist abhängig von den Umständen des Einzelfalls.

Auch stellt sich die Frage, ob Ersatzansprüche wegen **Datenverlust** wirksam in einem DV-Projektvertrag ausgeschlossen werden können (vgl. *Schmidt*, in: *Lehmann*, Rechtsschutz und Verwertung von Computerprogrammen, S. 757). Das hängt entscheidend davon ab, ob die verletzte Pflicht im Sinn von § 9 Abs. 2 Nr. 2 AGB-Gesetz so wesentlich ist, daß die Erreichung des Vertragszwecks gefährdet ist. Bezieht sich die Freizeichnungsklausel auf die Funktionstüchtigkeit einer **Datenbank**, so spricht vieles dafür, bei einem Datenverlust den Verbotstatbestand von § 9 Abs. 2 Nr. 2 AGB-Gesetz eingreifen zu lassen. Doch ist auch zu berücksichtigen, welche Möglichkeiten der Datensicherung der Kunde aktuell hat.

Allemal liegt ein Verstoß gegen § 9 Abs. 2 Nr. 2 AGB-Gesetz vor, wenn die Durchführung des DV-Projektvertrages für den Hersteller **unmöglich** ist (AGB-Klauselwerke/*Graf von Westphalen* - Freizeichnungsklauseln, Rdnr. 106 ff.). Dabei macht es keinen Unterschied, ob das Unvermögen zur Leitung bereits vor Abschluß des DV-Projektvertrages bestand oder ob es nachträglich erst während der Realisierungsphase offenkundig wird. Denn durch das Leistungsversprechen übernimmt der Hersteller eines DV-Projektvertrages die unbedingte, d.h. verschuldensunabhängige Verpflichtung, eine dem Entgelt entsprechende Äquivalenzleistung zu erstellen (vgl. BGH ZIP 1994, 461, 465 - Vertragshändlervertrag: Verzugshaftung als „wesentliche" Vertragspflicht). Vieles spricht daher auch dafür daß bei einem „Fehlschlagen" der Mangelbeseitigung die Rechte des Bestellers nicht wirksam abschließend auf Wandelung oder Minderung beschränkt werden können (S. 177 ff), sondern daß jedenfalls dann **Schadensersatzansprüche** durch den Verbotstatbestand von § 9 Abs. 2 Nr. 2 AGB-Gesetz geschützt werden, soweit der eintretende Schaden als Folge des gescheiterten DV-Projekts für den Besteller beträchtlich ist (BGH BB 1980, 13 - Schiffsmotor). Sofern sich die **Fertigstellung** des DV-Projekts über die vertraglichen Fristen hinaus verzögert, daß die Voraussetzungen des **Verzugs** vorliegen, ist nach Auffassung des BGH ein Haftungsausschluß mit § 9 Abs. 2 Nr. 2 AGB-Gesetz unvereinbar (BGH ZIP 1994, 461, 465 - Vertragshändlervertrag).

c)   Haftungsfreizeichnung - § 9 Abs. 1 AGB-Gesetz

Selbst wenn der Hersteller des DV-Projekts keine „wesentlichen" Pflichten im Sinn von § 9 Abs. 2 Nr. 2 AGB-Gesetz schuldhaft verletzt hat, muß gleichwohl der Verbotstatbestand von § 9 Abs. 1 AGB-Gesetz berücksichtigt werden. Dieser greift immer dann ein, wenn eine Haftungsfreizeichnungsklausel unter Berücksichtigung der gesamten Umstände des Einzelfalls die Gebote von Treu und Glauben verletzt und den Besteller unangemessen benachteiligt hat. In diesem Zusammenhang kommt es entscheidend darauf an, ob der Hersteller des DV-Projekts in der Lage war, **Versicherungsschutz** für etwaige Schadensersatzrisiken einzudecken, um auf diese Weise das Risiko etwaiger **Mangelfolgeschäden** zu erfassen (AGB-Klauselwerke/ *Graf von Westphalen* - Freizeichnungsklausel, Rdnr. 53 ff.). Maßgebend ist nämlich, daß jede schuldhafte Pflichtverletzung mit der Sanktion einer Schadensersatzhaftung belegt wird, so daß jegliche Haftungsfreizeichnungsklausel zum Nachteil des Bestellers von der **gesetzlichen Risikoverteilung** abweicht. Bei der nach § 9 Abs. 1 AGB-Gesetz stets erforderlichen Bilanzierung und Balancierung der jeweiligen Interessen der Vertragsparteien ist deshalb der Umstand entscheidend, daß der Hersteller des DV-Projekts in der Lage ist, **Haftpflicht-Versicherungsdeckung** für die von ihm schuldhaft verursachten Sach- und Personenfolgeschäden zu erhalten. Soweit solcher Deckungsschutz nicht nur möglich, sondern auch üblich und zumutbar ist (vgl. BGH ZIP 1988, 515, 519 - Werftarbeiten I; BGH BB 1992, 1166, 1168 - Fernschreiber), wird man gemäß §9 Abs. 1 AGB-Gesetz zu dem Ergebnis gelangen müssen, daß eine Haftungsfreizeichnungsklausel insoweit **unwirksam** ist (AGB-Klauselwerke/ *Graf von Westphalen* - Freizeichnungsklausel, Rdnr. 54 ff.). Üblichkeit und Zumutbarkeit von Haftpflicht-Versicherungsdeckung ist also ein wesentliches Indiz dafür, gegenläufige Haftungsfreizeichnungsklauseln an § 9 Abs. 1 AGB-Gesetz scheitern zu lassen, weil es schlicht unangemessen ist, den Besteller auf eine Haftungsfreizeichnungsklausel zu verweisen, obwohl der Hersteller des DV-Projekts in der Lage wäre, diese Risiken durch eine Haftpflicht-Versicherung in zumutbarer Weise einzudecken.

Die gleiche Erwägung gilt gemäß § 9 Abs. 1 AGB-Gesetz dann, wenn der Hersteller eines DV-Projekts schuldhaft seine Pflicht verletzt, der daraus resultierende Schaden aber **erheblich** ist (AGB-Klauselwerke/*Graf von Westphalen* - Freizeichnungsklausel, Rdnr. 61). Dies gilt insbesondere dann, wenn der Hersteller des DV-Projekts für die von ihm angebotene Lösung eine **besondere Vertrauensstellung** in Anspruch genommen hat (BGH ZIP 1985, 623, 625 - Klimaanlage; BGH ZIP 1988, 360 - Scheckinkasso: ähnlich). An dieser Stelle verknüpft sich die Vertrauenshaftung mit der Beratungshaftung (S. 185 f).

Im **praktischen Ergebnis** wird man also zu dem Resultat kommen müssen, daß Haftungsfreizeichnungsklauseln bei DV-Projektverträgen lediglich dann nicht an § 9 AGB-Gesetz scheitern, wenn eine nicht wesentliche Pflicht schuldhaft verletzt und der dadurch eingetretene Schaden gering ist. Damit ist der Ausgangsbefund belegt: Formularmäßige Haftungsfreizeichnungsklauseln sind nicht geeignet, die besonderen

oder auch nur die allgemeinen Risiken von DV-Projektverträgen angemessen auszuschließen oder zu begrenzen.

3.   Bei der Qualifizierung eines DV-Projektvertrages als Lizenzvertrag

Soweit ein DV-Projektvertrag lizenzvertraglich zu qualifizieren ist, sind - wie bereits
angedeutet - die mietrechtlichen Bestimmungen gemäß §§ 535 ff., 581 BGB -
zumindest analog - anwendbar. Da § 538 BGB eine Schadensersatzhaftung wegen
Nichterfüllung vorsieht, soweit ein Fehler vorliegt oder eine zugesicherte Eigenschaft
fehlt, stellt sich die Frage, ob der Vermieter/Lizenzgeber berechtigt ist, bei einem DV-
Projektvertrag diese Schadensersatzhaftung formularmäßig abzubedingen, ohne an
§ 9 AGB-Gesetz zu scheitern.

a)   Vorsatz und grobe Fahrlässigkeit - § 11 Nr. 7 AGB-Gesetz

Soweit § 538 BGB eine **verschuldensabhängige** Schadensersatzhaftung begründet,
gelten die gleichen Gesichtspunkte, die zuvor im Rahmen von § 11 Nr. 7 AGB-Gesetz
dargestellt wurden (S. 187 f). Es verstößt also gegen § 9 Abs. 1 AGB-Gesetz, wenn in
einem DV-Projektvertrag die Schadensersatzhaftung ausgeschlossen oder eingeschränkt wird, sofern bei einem Lizenzvertrag die Schadensursache auf Vorsatz oder
grober Fahrlässigkeit beruhte.

b)   Schadensersatzhaftung - § 9 Abs. 2 Nr. 2 AGB-Gesetz

Soweit der Vermieter/Lizenzgeber eines DV-Projekts eine „wesentliche" Vertragspflicht verletzt, gelten die gleichen Haftungsfreizeichnungsgrenzen, die zuvor gemäß
§ 9 Abs. 2 Nr. 2 AGB-Gesetz für Kauf- und Werkverträge entwickelt worden sind (S.
189 f).

c)   Schadensersatzhaftung - Eigenschaftszusicherungen

Obwohl der Verbotstatbestand von § 11 Nr. 11 AGB-Gesetz auf Miet- und Pachtverträge
keine Anwendung findet, entspricht es allgemeiner Auffassung, daß der Vermieter/Li-
zenzgeber nicht berechtigt ist, die Schadensersatzhaftung wegen Nichterfüllung für
den Fall auszuschließen, daß eine ausdrückliche oder stillschweigend zugesicherte
Eigenschaft fehlt (*Wolf/Horn/Lindacher*, AGBG, 3. Aufl., § 11 Nr. 11 Rdnr. 2;
Palandt/Heinrichs, AGBG, 53. Aufl., § 11 Rdnr. 73). Ob man für diese Fälle § 11 Nr.
11 AGB-Gesetz analog heranzieht oder auf § 9 AGB-Gesetz zurückgreift (*Löwe/Graf
von Westphalen/Trinkner*, Großkommentar, 2. Aufl., § 11 Nr. 11 Rdnr. 28) ist in der
Sache gleichgültig. Denn bei einem DV-Projektvertrag sind ohnehin die Ergebnisse
die gleichen, weil § 11 Nr. 11 AGB-Gesetz im kaufmännischen Bereich gemäß § 24
AGB-Gesetz keine unmittelbare Anwendung findet, so daß allemal auf § 9 AGB-
Gesetz zurückzugreifen ist.

d)   Verschuldensunabhängige Schadensersatzhaftung - § 9 AGB-Gesetz

§ 538 Abs. 1 BGB - erste Alternative - bestimmt eine verschuldensunabhängige
Garantiepflicht für den Fall, daß die Mietsache schon bei Beginn des Vertrages einen
Mangel aufwies oder eine zugesicherte Eigenschaft fehlte (S. 184 ff). Die
Rechtsprechung des BGH steht jedoch auf dem Standpunkt, daß es mit § 9 Abs. 2 Nr.
1 AGB-Gesetz vereinbar ist, wenn die Schadensersatzhaftung wegen Nichterfüllung
im Rahmen von § 538 BGB insoweit **ausgeschlossen** wird, als es sich um eine ver-
schuldensunabhängige Einstandspflicht handelt (BGH NJW-RR 1991, 74; BGH
NJW-RR 1993, 519; *Wolf/Horn/Lindacher*, AGBG, 3. Aufl., § 9 M 34).

e)   Zeitliche Begrenzung der Haftung

Es verstößt zwangsläufig gegen § 9 Abs. 2 Nr. 1 AGB-Gesetz, wenn der Vermieter/
Lizenzgeber eines DV-Projektvertrages die mietvertragliche Haftung gemäß §§ 537,
538 BGB auf den Zeitraum beschränkt, der der sechsmonatigen Gewährleistungsfrist
der §§ 477, 638 BGB entspricht. Damit würde zwar der Vermieter/Lizenzgeber eine
Rechtsposition erreichen, wie er sie dann hätte, wenn der DV-Projektvertrag als Kauf-
oder Werkvertrag einzuordnen wäre. Doch weicht eine solche „Gewährleistungsklausel"
in fundamentaler Weise von der miet- und pachtrechtlichen Qualifizierung des DV-
Projektvertrags ab, so daß sie eine unangemessene Benachteiligung des Mieters/
Lizenznehmers zur Konsequenz hätte. Sie wäre daher nach § 9 Abs. 2 Nr. 1 AGB-
Gesetz **unwirksam**. Entscheidend ist und bleibt: Der Miet- und Pachtvertrag ist ein
Dauerschuldverhältnis; die Rechte des Mieters/Lizenznehmers sind keine
Gewährleistungsansprüche (S. 184 ff). Das ist also der **eklatante** Nachteil, wenn man
DV-Projekte lizenzvertraglich einordnet.

**4.   Die Qualifikation des DV-Projektvertrags als eigenständiger Vertrag
          (Vertrag sui generis)**

a)   Vorsatz und grobe Fahrlässigkeit - § 11 Nr. 7 AGB-Gesetz

Selbst wenn man - gleichgültig aus welchen Gründen - den DV-Projektvertrag wegen
seiner Komplexität als Vertrag sui generis qualifizieren würde, der weder Kauf- noch
Werk- oder Mietvertrag ist, würde dies für die Frage nach den Wirksamkeitsgrenzen
von Haftungsfreizeichnungsklauseln unter Berücksichtigung von § 9 AGB-Gesetz
keine praktische Bedeutung haben. Dafür sind folgende Erwägungen maßgebend:

Soweit die Schadensursache auf Vorsatz oder grober Fahrlässigkeit beruht, gilt
ohnehin der Verbotstatbestand von § 11 Nr. 7 AGB-Gesetz, weil der Gesetzgeber in
diesem Zusammenhang lediglich auf den Terminus „Vertragsverletzung" abstellt,
ohne den Vertrag im einzelnen zu spezifizieren. Deshalb besteht auch Einvernehmen
darüber, daß dieser Verbotstatbestand schlechthin für alle Schadensersatzansprüche

aufgrund einer Vertragsverletzung gilt (*Wolf/Horn/Lindacher*, AGBG, 3. Aufl., § 11 Nr. 7 Rdnr. 5). Gemäß § 9 Abs. 1 AGB-Gesetz gilt dieser Verbotstatbestand auch im kaufmännischen Bereich (*Löwe/Graf von W estphalen/Trinkner*, Großkommentar § 11 Nr. 7 Rdnr. 39 ff.).

b)   Eigenschaftszusicherungen - §§ 4, 9 Abs. 2 Nr. 2 AGB-Gesetz

Die Einordnung eines DV-Projektvertrages als Vertrag sui generis läßt die Frage offen, ob es sich hierbei um ein **Dauerschuldverhältnis** oder um ein **einmaliges Leistungsaustauschverhältnis** handelt, wie dies für den Kauf- und Werkvertrag typisch ist. Bejaht man letzteres, wird man bei Fehlen einer ausdrücklich oder stillschweigend zugesicherten Eigenschaft allemal § 9 Abs. 2 Nr. 2 AGB-Gesetz zur Anwendung berufen, weil diese Norm der richterlichen Inhaltskontrolle dem Zweck dient, AGB-Klauseln bei Verträgen zu erfassen, für die eine gesetzliche Regelung fehlt (*Wolf/ Horn/Lindacher*, AGBG, 3. Aufl., § 9 Rdnr. 82). Es ist dann schlicht auf die „Natur des Vertrages" abzustellen: Alle Rechte und Pflichten, die sich aus eben dieser „Natur des Vertrages" ergeben, dürfen formularmäßig nicht zum Nachteil des Bestellers ausgehöhlt oder beschränkt werden.

Genau dieser Fall läge jedoch dann vor, wenn der Hersteller des DV-Projekts ausdrücklich oder stillschweigend eine Eigenschaft zugesichert hat, welche aber im praktischen Ergebnis fehlt. Denn dann würde eine wesentliche Pflicht des DV-Herstellers entfallen und die Rechts des Bestellers wären in unangemessener Weise verkürzt, würde sich der Hersteller des DV-Projekts mit Erfolg darauf berufen können, daß er seine Haftung insoweit formularmäßig freigezeichnet hat. Dieser Gesichtspunkt wird auch noch durch den allgemeinen Grundsatz verstärkt, daß gemäß § 4 AGB-Gesetz stets vom **Vorrang** einer Individualabrede auszugehen ist. Eigenschaftszusicherungen - gleichgültig, ob sie ausdrücklich oder stillschweigend abgegeben worden sind - erfüllen allemal die Voraussetzungen, welche an eine Individualvereinbarung geknüpft werden, weil sie zum einen die besondere Kompetenz des Herstellers des DV-Projekts beleuchten, zum anderen aber auch das **Vertrauen** widerspiegeln, welches der Besteller damit verbindet, daß die ausdrücklich oder stillschweigend zugesicherte Eigenschaft tatsächlich auch vorhanden ist. Deshalb ist auch anerkannt, daß § 4 AGB-Gesetz eine formularmäßige Haftungsfreizeichnung bei Eigenschaftszusicherungen sperrt (*Wolf/Horn/Lindacher*, AGBG, 3. Aufl., § 4 Rdnr. 16).

c)   Wesentliche Vertragspflichten - § 9 Abs. 2 Nr. 2 AGB-Gesetz

Wenn aber der allgemeine Verbotstatbestand von § 9 Abs. 2 Nr. 2 AGB-Gesetz auch dann gilt, wenn der DV-Projektvertrag als Vertrag sui generis qualifiziert wird, so bedeutet dies gleichzeitig, daß der Hersteller nicht berechtigt ist, sich in wirksamer Weise von der Erfüllung der Pflichten freizuzeichnen, welche als „wesentlich" zu qualifizieren sind, weil sie das **Äquivalenzinteresse** des Bestellers im Rahmen des gegenseitigen Vertrages reflektieren . Es gelten mithin die gleichen Erwägungen, die weiter oben im einzelnen dargestellt worden sind (S. 189 f).

d)   Dauerschuldverhältnis - Verjährungsfrist

Gelangt man zu dem Resultat, daß der DV-Projektvertrag wegen der Komplexität als Vertrag sui generis eingeordnet worden muß, so scheitern auch alle an den §§ 477, 638 BGB orientierten kurzen **Gewährleistungsfristen** an § 9 Abs. 2 Nr. 2 AGB-Gesetz, sofern man auch die Auffassung vertritt, daß im DV-Projektvertrag eine Art **Dauerschuldverhältnis** darstellt (S. 195). Denn unter dieser Voraussetzung ist - ähnlich wie bei einem Lizenzvertrag - auf die miet- und pachtrechtlichen Bestimmungen der §§ 535 ff., 581 BGB - jedenfalls analog - zurückzugreifen. Denn diese gesetzlichen Bestimmungen enthalten eine gesetzlich vorgegebene angemessene Risikoverteilung, wie sie für Dauerschuldverhältnis typisch ist (OLG Hamm CR 1994, 357 - Entwicklungsvertrag).

e)   Zwischenergebnis

Aus den bisherigen Darlegungen ist abzuleiten, daß es gar nicht entscheidend darauf ankommt, wie man den DV-Projektvertrag schuldrechtlich einordnet. Denn formularmäßige Haftungsfreizeichnungsklauseln weisen stets die gleichen Grenzmarkierungen gemäß § 9 AGB-Gesetz auf. Der einzige Unterschied ist: Wenn der DV-Projektvertrag auf ein einmaliges Leistungsaustauschverhältnis - wie einem Kauf- und Werkvertrag üblich - gerichtet ist, dann kann der Hersteller des DV-Projekts seine Gewährleistungshaftung gemäß §§ 477, 638 BGB begrenzen. Soweit eine formularmäßige Gewährleistungsfrist diese gesetzlichen Vorgaben respektiert, ist sie mit § 9 Abs. 2 Nr. 1 AGB-Gesetz selbstverständlich vereinbar. Indessen ist eine **Verkürzung** der Gewährleistungshaftung gemäß § 9 Abs. 2 Nr. 1 AGB-Gesetz **unwirksam** (BGH NJW 1984, 1750; AGB-Klauselwerke/*Graf von Westphalen* - Verjährung, Rdnr. 2).

Liegt hingegen wegen der Komplexität des Leistungsaustauschverhältnisses ein **Dauerschuldverhältnis** vor, so scheitert jegliche Begrenzung der miet und pachtrechtlichen Erfüllungshaftung, wie sie in den §§ 536, 537, 538, 581 BGB vorgegeben ist, an § 9 Abs. 2 Nr. 1 AGB-Gesetz und ist unwirksam.

Betont man demgegenüber - trotz des Dauerschuldverhältnisses - die besondere Bedeutung der **Abnahme**, so spricht im Sinn von § 9 Abs. 2 Nr. 1 AGB-Gesetz einiges dafür, daß das dann bedungene werkvertragliche Element dazu führt, daß ein typengemischter Vertrag vorliegt, der auch Werkvertragscharakter besitzt (S. 133 ff). Unter dieser Voraussetzung gilt die Gewährleistungsfrist des § 638 BGB.

5.   Gegenüber dem Risiko der Produzentenhaftung

a)   Im Rahmen von § 1 ProdHaftG

Soweit die Bestimmungen des ProdHaftG zur Anwendung berufen sind (S. 231 ff), ergibt sich bereits aus § 14 ProdHaftG, daß sowohl eine individualvertragliche als auch eine formularmäßige Haftungsbegrenzung oder Haftungsfreizeichnung **nichtig** ist. § 14 ProdHaftG enthält also **zwingendes Recht**. Soweit ein DV-Projektvertrag diesen Zusammenhang nicht berücksichtigt, löst dies die Nichtigkeitssanktion von § 14 ProdHaftG - bezogen auf den Haftungstatbestand gemäß § 1 ProdHaftG - aus.

b)   Gemäß § 823 Abs. 1 BGB

Geht man von der Risikoverteilung aus, welche die Bestimmungen des BGB/HGB im Auge haben, so haftet der Hersteller für alle Personen oder Sachschäden, welche ihm im Rahmen der Produzentenhaftung gemäß § 823 Abs. 1 BGB zuzurechnen sind (S. 201 ff). Gegen diese Risiken kann er sich durch Abschluß einer Haftpflicht-Versicherung ausreichend abdecken. Dies ist ihm auch zuzumuten, soweit bei DV-Projektverträgen der Abschluß einer solchen Versicherung erforderlich und üblich ist.

Wie bereits aufgezeigt (S. 192), liegt in diesem Umstand ein wesentliches Indiz dafür, etwaige Haftungsfreizeichnungsklauseln - und dies gilt auch für die Produzentenhaftung gemäß § 823 Abs. 1 BGB - an § 9 Abs. 1 AGB-Gesetz scheitern zu lassen.

Unabhängig davon ist darauf hinzuweisen, daß die Produzentenhaftung gemäß § 823 Abs. 1 BGB - wie gezeigt (S. 201 ff) - auf der Figur der **Verkehrssicherungspflichten** beruht, die ihrer Struktur nach deliktsrechtliche **Organisationspflichten** sind (AGB-Klauselwerke/*Graf von Westphalen* - Freizeichnungsklauseln, Rdnr. 70). Die schuldhafte Verletzung derartiger Organisationspflichten ist jedoch gleichbedeutend mit der Verletzung einer „wesentlichen" Vertragspflicht im Sinn von § 9 Abs. 2 Nr. 2 AGB-Gesetz, soweit daraus ein Personen oder erheblicher Sachschaden resultiert. Dabei bleibt auch zu berücksichtigen, daß der Schutz der körperlichen Integrität gemäß Art. 2 GG verfassungsrechtlich geschützt ist; insbesondere gehört es nicht zu der vertragstypischen Erwartung des Bestellers eines DV-Projekts, daß er durch einen dem Hersteller zuzurechnenden Fehler einen Körper-, Gesundheits- oder Sachschaden erleidet (*Wolf/Horn/Lindacher*, AGBG, 3. Aufl., § 11 Nr. 7 Rdnr. 52).

XII.   Haftungsbegrenzungsklauseln - einfache Fahrlässigkeit

1.   Im Rahmen eines Individualvertrages

Hier gelten die gleichen Ausführungen, die zuvor dargestellt worden sind (S. 171).

2.   Im Rahmen vorformulierter Klauseln

a)   Die Rechtsprechung des BGH

Jedenfalls im Anwendungsbereich der durch § 9 Abs. 2 Nr. 2 AGB-Gesetz geschützten „wesentlichen" Vertragspflicht ist der Grundsatz **umfassender** Schadensvorsorge (BGH BB 1980, 1011 - Chemisch-Reinigung). Die Haftung darf also nicht unterhalb der Schwelle des typischerweise eintretenden, **vorhersehbaren** Schadens begrenzt werden (BGH ZIP 1993, 46 - technische Beratung). Es macht dabei keinen Unterschied, welcher Schadensersatzanspruch - dogmatisch gewertet - von der jeweiligen Haftungsbegrenzungsklausel erfaßt wird, etwa Unmöglichkeit, Verzug, Schlechterfüllung oder Beratungsverschulden (BGH ZIP 1994, 461, 465 Vertragshändlervertrag: Verzug). Genauso wie es im Rahmen von § 11 Nr. 7 AGBGesetz (S. 188) keine branchentypische Haftungsbegrenzung gibt, gilt auch im Bereich einer schuldhaften Verletzung einer „wesentlichen" Vertragspflicht im Sinn von § 9 Abs. 2 Nr. 2 AGB-Gesetz das gleiche.

b)   Anwendung auf den DV-Projektvertrag

Es ist also auch bei einem DV-Projektvertrag gemäß § 9 Abs. 2 Nr. 2 AGB-Gesetz **unwirksam,** wenn der Hersteller eine Haftung wegen schuldhafter Verletzung einer „wesentlichen" Vertragspflicht im Sinn von § 9 Abs. 2 Nr. 2 AGB-Gesetz auf einen Betrag beschränkt, der nicht dem Risiko entspricht, welches aufgrund der jeweiligen Vertragsverletzung typischerweise eintritt. Lediglich eine Begrenzung auf den vorhersehbaren Schaden ist statthaft (BGH ZIP 1993, 46 - technische Beratung).

Soweit der Hersteller des DV-Projektvertrages seine Schadensersatzhaftung auf bestimmte **Deckungssummen** einer zu seinen Gunsten bestehenden Haftpflicht-Versicherung beschränkt, kommt es zunächst darauf an, ob die Deckungssumme dem typischen Schadensersatzrisiko entspricht. Ist dies nicht der Fall, scheitert die Klausel an § 9 Abs. 2 Nr. 2 AGB-Gesetz oder an § 9 Abs. 1 AGB-Gesetz. Darüber hinaus ist zu berücksichtigen, daß der Deckungsrahmen einer Haftpflicht-Versicherung gemäß § 1 AHB lediglich Personen und Sachschäden erfaßt, nicht aber **primäre Vermögensschäden** (im einzelnen AGB-Klausel-werke/*Graf von Westphalen* - Freizeichnungsklausel, Rdnr. 91 ff.).

Daraus folgt gleichzeitig, daß der Hersteller eines DV-Projekts nicht in der Lage ist, in wirksamer Weise seine Schadensersatzhaftung auf die **Ersatzleistung** der jeweiligen Versicherung abschließend zu begrenzen. Soweit nämlich primäre Vermögensschäden eintreten, scheitert die Klausel bereits an § 9 Abs. 2 Nr. 2 AGB-Gesetz oder an § 9 Abs. 1 AGB-Gesetz, weil Deckungsschutz insoweit nicht besteht. Falls darüber hinaus im konkreten Einzelfall die formularmäßig zugesagten Ersatzleistungen der Versicherung deswegen nicht zur Verfügung stehen, weil - etwa im Rahmen der Maximierungsklauseln - die Ersatzleistungen der Versicherungen bereits in dem Versicherungsjahr erschöpft ist, muß sichergestellt werden, daß der Hersteller des DV-Projekts die **subsidiäre Eigenhaftung** übernimmt (im einzelnen AGB-Klauselwerke/*Graf von Westphalen* - Freizeichnungsklausel, Rdnr. 93). Dieses Erfordernis entspricht dem Grundsatz, daß auch formularmäßige Haftungsbegrenzungsklauseln dem Prinzip umfassender, adäquater Schadensvorsorge entsprechen müssen.

XIII. Empfehlungen für die Vertragsgestaltung

1.   Vorzug der Individualabrede

Die vorstehenden Erwägungen haben insgesamt belegt, daß der Hersteller eines DV-Projekts nicht in der Lage ist, in wirksamer Weise die besonderen oder allgemeinen Ri-siken des Projekts angemessen durch Formularklauseln zu beherrschen. Deshalb muß der Hersteller eines DV-Projekts darauf achten, jedenfalls die **besonderen** Risiken durch **Individualvereinbarungen** abzusichern. Dies kann nur in der Weise geschehen, daß - für jedes einzelne Projekt - mit dem Besteller in allen Einzelheiten eine eindeutige, klare und umfassende Haftungsbegrenzungsklausel **summenmäßig** vereinbart wird. Sie darf unter keinen Umständen einseitig vom Hersteller des DV-Projekts in seiner Funktion als AGB-Verwender vorformuliert oder im Sinn von § 1 Abs. 1 AGB-Gesetz „gestellt" sein (S. 171 ff), weil nämlich dann die Voraussetzungen einer Individualabrede nicht erfüllt sind. Vielmehr ist es geboten, daß im gegenseitigen Geben und Nehmen eine adäquate Haftungsbegrenzung akkordiert wird, welche den Interessen beider Parteien entspricht und von beiden Parteien als sachgerecht und angemessen eingestuft wird.

Bezogen auf das Risiko der Produzentenhaftung gemäß § 823 Abs. 1 BGB sollte diese Haftungsbegrenzung freilich insoweit geöffnet werden, als der Hersteller in der Lage ist, für das Risiko von Personen oder Sachschäden eine **Ersatzleistung** bei seinem Haftpflichtversicherer zu erreichen. Denn es ist nicht einzusehen, daß der Besteller mit diesen Risiken belastet wird, obwohl der Hersteller des DV-Projekts ohne weiteres in der Lage, die ihm zur Verfügung stehende Deckungssumme für Personen und Sachschäden auszuschöpfen und Ersatz gegenüber seinem Versicherer zu reklamieren.

2.   Vertraglich klare und systematisch richtige Klauselgestaltung

Soweit gleichwohl formularmäßige Haftungsfreizeichnungs- oder Haftungsbegrenzungsklauseln in Rede stehen, ist es unerläßlich, diese unter Berücksichtigung der verschiedenen **Anspruchsgrundlagen** detailliert aufzubauen (AGB-Klauselwerke/ *Graf von Westphalen*, Freizeichnungsklauseln, Rdnrn. 2 ff.). So ist es z.B. geboten, zwischen der „Gewährleistung" und der gesetzlichen „Haftung" gemäß § 823 Abs. 1 BGB strikt zu differenzieren (BGH BB 1977, 162 - Schwimmschalter), weil beide Ansprüche unabhängig voneinander bestehen. Folglich ist die systematische Stellung der jeweiligen Haftungsfreizeichnungs- oder Haftungsbegrenzungsklausel von entscheidender Bedeutung (vgl. auch BGH ZIP 1992, 934, 936 Silokipper). Eindeutigkeit ist also geboten. Die einzelnen Freizeichnungsklauseln müssen sich also auf exakt umschriebene Anspruchsgrundlagen beziehen (Verzug, Unmöglichkeit, Schlechterfüllung, Gewährleistung, sonstige Haftungen, Gesamthaftung). Denn die sprachlich gegenständliche Fassung der Klausel ist von Wichtigkeit: Der Ausschluß des Schadensersatzhaftung unter der Rubrik „Beanstandungen" ist keine Freizeichnung für Schadensersatzansprüche aus fehlerhafter Beratung (BGH BB 1977, 516). Des weiteren erfaßt die Klausel unter der Überschrift „Mängelrüge und Gewährleistung" nicht deliktsrechtliche Ansprüche, die gemäß § 823 Abs. 1 BGB geltend gemacht werden (BGH ZIP 1992, 934, 936 Silokipper).

Schließlich kommt es auf die zutreffende **rechtliche Wertung** der in der jeweiligen Haftungsfreizeichnungs oder Haftungsbegrenzungsklausel verwendeten Begriffe an. Die Begrenzung des Schadensersatzanspruchs auf den „unmittelbaren Schaden am Bauwerk" erfaßt nicht die Ansprüche des Bauherrn gegen den Architekten aus § 823 BGB, sofern im Gebäude lagernde Sachen des Bauherrn beschädigt werden (OLG München, BB 1980, 496). Eine Haftungsfreizeichnungsklausel, die auf „mittelbare" und Folgeschäden sich bezieht, umfaßt keineswegs sämtliche mit einem Schadensereignis adäquat kausal verbundenen Folgeschäden, sondern nur solche, die als entferntere Schadensfolge eintreten (BGH NJW-RR 1989, 953, 956). Folglich ist diese Klausel nicht geeignet, Schadensersatzansprüche wegen entgangenen Gewinns wirksam zu erfassen (BGH a.a.O.). Aber selbst wenn alldies genau beachtet ist, bleiben die engen Wirksamkeitsgrenzen von § 9 AGB-Gesetz das zentrale Thema.

3.   Konsequenzen unwirksamer Klauseln

Soweit eine Haftungsfreizeichnungs oder Haftungsbegrenzungsklausel an § 9 AGB-Gesetz scheitert, gilt gemäß § 6 Abs. 2 AGB-Gesetz dispositives Recht. Die entstehende Lücke wird also in der Weise gefüllt, daß die gesetzlichen Haftungstatbestände zum Zuge gelangen.

Abhängig von der Einordnung des Vertragstyps gelten also kauf-, werkvertragliche oder mietvertragliche Haftungstatbestände, soweit nicht die Schadensersatzhaftung auf allgemeine Bestimmungen (Möglichkeit, Verzug, Schlechterfüllung, Falschberatung etc.) gestützt wird.

Auch wenn die rechtliche Einordnung von DV-Projektverträgen - wie aufgezeigt - schwierig ist und in den Einzelheiten keineswegs exakt feststeht, gilt gleichwohl: Es ist dem Hersteller eines DV-Projekts verwehrt, durch **salvatorische Zusätze** zu versuchen, die einzelnen Haftungstatbestände nicht exakt zu formulieren. Dies geschieht z.B. in der Weise, daß eine Haftungsfreizeichnungsklausel wie folgt textiert wird: „Die Haftung ist, soweit gesetzlich zulässig, ausgeschlossen." Denn eine solche Vertragsgestaltung ist gemäß § 9 Abs. 1 AGB-Gesetz **unwirksam** (BGH ZIP 1991, 1362, 1365). Es ist und bleibt also Sache des Herstellers eines DV-Projekts, trotz der tendenziellen Unsicherheit, wie diese Verträge tatsächlich einzuordnen sind, Umfang und Inhalt von Haftungsfreizeichnungs- und Haftungsbegrenzungsklauseln selbständig zu bestimmen.

Indessen entsprechen die hier aufgezeigten Grenzen den festgefügten, gegenwärtig gültigen Ergebnissen der BGH-Judikatur, die freilich - wie kaum anders zu erwarten - nicht DV-spezifisch ergangen ist, sondern allgemeine Kriterien beleuchtet, wie sie bei der richterlichen Inhaltskontrolle von AGB-Klauseln dem Arsenal der BGH-Judikatur entsprechen.

XIV.   Die Produzentenhaftung gemäß § 823 Abs. 1 BGB

1.   Allgemeine Gesichtspunkte

Unter Berücksichtigung der gesetzlichen Grundlagen, welche für eine Produkthaftung für Softwarefehler herangezogen werden können, ist strikt danach zu trennen, ob Ansprüche wegen eines Personen- oder Sachschadens gemäß § 823 BGB (Produzentenhaftung) geltend gemacht werden oder ob diese Ansprüche aus § 1 Produkthaftungsgesetz (ProdHaftG) hergeleitet werden. Die Unterschiede beider Haftungsregime sind beträchtlich; in der Praxis dürfte sich regelmäßig erweisen, daß die Ansprüche aus der Produzentenhaftung gemäß § 823 BGB für den Softwarehersteller risikoreicher sind, obwohl Ansprüche aus der Produkthaftung gemäß § 1 Abs. 1 ProdHaftG **verschuldensunabhängig** ausgestaltet sind.

a)   Der Schutz der Rechtsgüter

Gemäß § 823 Abs. 1 BGB genießt das **menschliche Leben** uneingeschränkten Schutz. Es beginnt mit der Vollendung der Geburt, wie sich aus § 1 BGB ergibt, also: mit dem vollständigen Austritt aus dem Mutterleib. Aber schon die Leibesfrucht ist geschützt (BGH NJW 1972, 1126). Daher liegt ein Eingriff in das Leben vor, wenn die Leibesfrucht z.B. durch Nebeneinwirkungen eines von der Mutter gebrauchten

Arzneimittels oder durch mangelhafte medizinisch-technische Geräte bei der Schwangerschaftsuntersuchung so verletzt wird, daß das Neugeborene stirbt (Produkthaftungshandbuch/ *Foerste* § 21 Rdnr. 1).

Gemäß § 823 Abs. 1 BGB genießt auch die **körperliche Unversehrtheit** eines Menschen Schutz gegenüber äußerlichen Angriffen. Soweit also irgendwelche Verletzungen der körperlichen Integrität eines anderen eintreten, welche auf einen *Fehler* der Software - vor allem im medizinisch-technischen Bereich (*Kort* CR 1990, 171 ff.) zurückzuführen sind, dann sind Ansprüche aus § 823 Abs. 1 BGB begründet. Schließlich genießt auch die **Gesundheit** eines anderen den Schutz des § 823 Abs. 1 BGB. Gesundheit ist das ungestörte physiologische Zusammenspiel der Körperfunktionen im somatischen und psychischen Bereich (Produkthaftungshandbuch/ *Foerste* § 21 Rdnr. 3). Regelmäßig ist es freilich so: Soweit eine Körperverletzung vorliegt, liegt darin auch regelmäßig die Verletzung der Gesundheit (*Palandt/Thomas* BGB, 53. Aufl., § 823 Rdnr. 4).

Darüber hinaus genießt das *Eigentum* den Schutz des § 823 Abs. 1 BGB. Das Eigentum an einer Sache ist vor allem dann verletzt, wenn ihre **Substanz** beeinträchtigt wird (BGH NJW 1989, 707, 708 - Fischfutter). Auch eine spürbare Herabsetzung der Gebrauchseignung verletzt das Eigentum (BGH ZIP 1994, 213 - Gewindeschneidemittel), sofern es sich nicht lediglich - die Abgrenzung ist schwierig - um einen Mangel der Sache handelt (BGH NJW 1983, 812 - Hebebühne; BGH ZIP 1992, 485 - Kondensator; BGH ZIP 1992, 704 - Nockenwellenbefestigung; *Graf von Westphalen*, ZIP 1992, 582 ff.). Schließlich ist auch der eingerichtete und ausgeübte Gewerbebetrieb gemäß § 823 Abs. 1 BGB geschützt. Es handelt sich dabei um einen **besonderen Unternehmensschutz**, den das Deliktsrecht gewährt hat. Zu beachten ist freilich, daß dies ein reiner Auffangtatbestand ist. Soweit eine Eigentumsverletzung vorliegt, geht diese regelmäßig im Sinn von § 823 Abs. 1 BGB vor. Voraussetzung für die Gewährung eines deliktsrechtlichen Unternehmensschutzes ist darüber hinaus, daß es sich um einen unmittelbaren Eingriff in die gewerbliche Tätigkeit des Unternehmers handelt. Es muß sich - streng genommen - um Beeinträchtigungen handeln, die den Betrieb in seinen Grundlagen bedrohen oder gerade den Funktionszusammenhang der Betriebsmittel auf längere Zeit aufheben (BGH NJW 1983, 812, 813 - Hebebühne). Dies ist z.B. dann der Fall, wenn bei Baggerarbeiten das Starkstromkabel eines Elektrizitätswerks zerstört wird (BGH NJW 1959, 479). Gleiches gilt dann, wenn eine Montage-Hebebühne für ein Autohaus geliefert wird, welche als Folge eines Konstruktionsfehlers für eine längere Zeit unbrauchbar ist (BGH NJW 1983, 812 - Hebebühne).

b)   Kein unmittelbarer Schutz des Vermögens

Von besonderer Bedeutung ist im Rahmen von § 823 Abs. 1 BGB, daß das **Vermögen** nicht den Schutz des § 823 Abs. 1 BGB genießt (BGH NJW 1983, 812, 813 - Hebebühne). Primäre Vermögensschäden werden also nicht vom Schutzbereich des § 823

Abs. 1 BGB erfaßt. Dies hat für **Softwarefehler** entscheidende Bedeutung: Die Produzentenhaftung gemäß § 823 Abs. 1 BGB kommt also nur dann zum Zuge, wenn also Folge eines Softwarefehlers ein **Personen- oder Sachschaden** entsteht. Führt hingegen der Softwarefehler lediglich dazu, daß Vermögensschäden eintreten, weil die Software die ihr zugeschriebenen Funktionen nicht besitzt - es entsteht folglich zusätzlicher Arbeitsaufwand oder gar Produktionsausfall -, dann richtet sich der Schutz, den der Geschädigte reklamieren kann, **ausschließlich** nach den Regeln des Vertragsrechts; es gelten dann die einschlägigen Gewährleitungs-bestimmungen (S. 177 ff). Erfüllt also ein DV-Projekt nicht die zugesagten Leistungsdaten, erbringt es insbesondere nicht die zugesagten Funktionen, so kann aus diesem Softwarefehler kein Anspruch aus der Produzentenhaftung gemäß § 823 Abs. 1 BGB abgeleitet werden. Erfüllt hingegen ein DV-Projekt, welches für den **medizinisch-technischen Bereich** vorgesehen ist, nicht die zugesagten Funktionen und führt dies dazu, daß der Arzt eine Fehldiagnose erstellt, so sind - von weiteren Fragen abgesehen - die Voraussetzungen der Produzentenhaftung gemäß § 823 Abs. 1 BGB gegeben, weil hier ein **Körper- oder Gesundheitsschaden** als Konsequenz des Softwarefehlers eintritt.

Soweit ein Personen- oder Sachschaden vorliegt, erfaßt § 823 Abs. 1 BGB auch **Vermögensfolgeschäden**, wie etwa Heilbehandlungs-, Krankenhaus- und Arztkosten. Die gleiche Konsequenz tritt dann ein, wenn als Folge des Softwarefehlers ein **Sachschaden** eingetreten ist. Auch in diesem Fall werden die Vermögensfolgeschäden von § 823 Abs. 1 BGB erfaßt, so insbesondere auch der Anspruch auf Ersatz des entgangenen Gewinns gemäß § 252 BGB. Denn der von § 823 Abs. 1 BGB gestützte Schadensersatzanspruch richtet sich nach den §§ 249 ff. BGB. Danach gilt grundsätzlich: Der Geschädigte hat Anspruch darauf, so gestellt zu werden, wie er stände, wenn die schädigende Handlung gemäß § 823 Abs. 1 BGB nicht eingetreten wäre. Es gilt deshalb der Grundsatz der **Wiedergutmachung** gemäß § 249 Satz 1 BGB. Gemäß § 249 Satz 2 BGB ist der Geschädigte jedoch berechtigt, bei Vorliegen eines Personen- oder Sachschadens den **Geldbetrag** zu fordern, der zur Wiederherstellung erforderlich ist (*Palandt/Heinrichs*, BGB, 53. Aufl., § 249 Rdnr. 3). Nach § 252 BGB umfaßt der zu ersetzende Schaden auch den **entgangenen Gewinn**. Hierunter fallen alle Vermögensteile, die im Zeitpunkt des schädigenden Ereignisses noch nicht zum Vermögen des Verletzten gehörten, die ihm aber ohne dieses Ereignis zugeflossen wären (BGH NJW-RR 1989, 981). Von praktischer Bedeutung ist in diesem Zusammmenhang, daß § 252 Satz 2 BGB eine **Beweiserleichterung** formuliert (*Palandt/Heinrichs*, BGB, 53. Aufl., § 252 Rdnr. 5). Danach braucht der Geschädigte nur Umstände darzulegen, aus denen sich nach dem gewöhnlichen Verlauf der Dinge oder unter Berücksichtigung der besonderen Umstände des Falls die **Wahrscheinlichkeit** ableiten läßt, daß als Folge des schädigenden Ereignisses ein Gewinn eintritt, der verhindert wurde. Dabei sind keine besonders strengen Anforderungen zu stellen; vor allem gilt die sehr weitreichende Beweisregel des § 287 ZPO, welche den Richter zur Schadensschätzung befugt (*Zöller/Stephan*, ZPO, 18. Aufl., § 287 Rdnr. 2).

2. Die Unterscheidung: Mangel - Schaden:
Der Schaden an der hergestellten/gelieferten Sache - Datenverlust

Es ist von ganz außergewöhnlicher Wichtigkeit, daß die Rechtsprechung den Tatbestand einer **Eigentumsverletzung** im Sinn von § 823 Abs. 1 BGB auch dann - freilich: in noch zu beschreibenden Grenzen - bejaht, wenn ein Produktfehler an der gelieferten/hergestellten Sache selbst zu einem **Eigentumsschaden** führt (Produkthaftungshandbuch/*Foerste*, § 21 Rdnrn. 14 ff; *Kullmann*, BB 1985, 409 ff.; *Steffen*, VersR 1988, 977 ff.). Liegt ein **Softwarefehler** vor, so ist das Programm von vornherein fehlerhaft. Dieser Mangel haftet dem „Produkt" schon in dem Zeitpunkt an, in welchem es in den Verkehr gebracht wurde. Bei dieser Konstellation greift § 823 Abs. 1 BGB nicht ein; vielmehr gelten hier ausschließlich die Gewährleistungsregeln (S. 165 ff.; 177 ff). Wenn aber der Softwarefehler - nach dem Inverkehrbringen - sich „ausbreitet" und andere Teile des **Gesamtprodukts** in Mitleidenschaft zieht - hier wird von „weiterfressenden" Schäden gesprochen -, dann genießt ein dadurch hervorgerufener **Sachschaden** den Schutz des § 823 Abs. 1 BGB.

a) Die Linien der Rechtsprechung

Ausgangspunkt für diese - sehr weitreichende - Judikatur war die Schwimmschalter-Entscheidung des BGH (BGH BB 1979, 162; 313 mit Anm. *Graf von Westphalen*). Der zugrundeliegende Sachverhalt illustriert die Problemlage: Es war eine Reinigungs- und Entfettungsanlage geliefert worden. Für deren Funktion war es wichtig, daß die Stromversorgung durch einen **Schwimmschalter** unterbrochen wurde, weil sonst die Gefahr eines Brandes bestand. Als dieser Schalter versagte, entstand ein Feuer. Der Feuerversicherer entschädigte den Käufer und nahm beim Hersteller aus übergegangenem Recht mit der Behauptung Regreß, der Schwimmschalter - er war von einem englischen Zulieferanten geliefert worden - sei fehlerhaft konstruiert oder fabriziert worden. Hier differenzierte der BGH zwischen dem nach § 823 Abs. 1 BGB geschützten Eigentum an der Gesamtanlage, welches von Anfang an mangelfrei war und dem - funktionell abgegrenzten - schadhaften Schwimmschalter, dessen Versagen nach dem Übergang des Eigentums einen Eigentums-Substanzschaden an der Anlage gemäß § 823 Abs. 1 BGB verursachte (BGH, BB 1977, 162 f.). Für den - von vornherein defekten - Schwimmschalter bestand also kein Schutz gemäß § 823 Abs. 1 BGB; hier hatte ja der Käufer von vornherein **minderwertiges, d.h. mangelbehaftetes** Eigentum erworben - mit der Konsequenz, daß insoweit die kaufrechtlichen Gewährleistungsregeln der §§ 459 ff. BGB zum Zuge kamen.

Indessen war die kaufrechtliche Gewährleistungsfrist gemäß § 477 BGB in dem Zeitpunkt abgelaufen, in welchem der Feuerversicherer Regreß gegenüber dem Hersteller der Reinigungsanlage nahm. Diesen Gesichtspunkt ließ der BGH jedoch deswegen nicht gelten, weil Schadensersatzansprüche an der Reinigungsanlage einer **selbständigen Verjährungsfrist** gemäß § 852 BGB unterworfen sind. Diese beträgt drei Jahre, gerechnet ab Eintritt des Schadens und Kenntnis von der Person des

Schädigers. Anders gewendet: Zwischen den auf Ersatz des Schwimmschalters bezogenen, bereits verjährten Gewährleistungsansprüchen gemäß §§ 459 ff. BGB einerseits und den Ansprüchen aus der Produzentenhaftung gemäß § 823 Abs. 1 BGB andererseits besteht **Anspruchskonkurrenz**. Der Geschädigte kann auf den Anspruch zurückgreifen, der für ihn am günstigsten ist. Daraus ist abzuleiten: Die Erwartung des Käufers, eine **mangelfreie Sache** zu nutzen, ist dem Vertrags- und Gewährleistungsrecht vorbehalten; der Schutzbereich des § 823 Abs. 1 BGB zielt darüber hinaus auf Ersatz des Schadens, der sich nicht mit dem **Mangelunwert** des von vornherein mangelhaften Einzelteils deckt.

Dieser Gesichtspunkt wird in der BGH-Judikatur als „Stoffgleichheit" bezeichnet (BGH NJW 1983, 810, 811 - Gaszug; BGH NJW 1977, 2241, 2242 f. - Hinterradfelge). Es gilt hier eine natürlich-wirtschaftliche Betrachtungsweise, wie folgender Fall illustriert: Ein VW-Vertragshändler verkaufte einen VW-Passat, dessen Gaszug von Anfang an nicht funktionierte. Nachdem der Händler einen neuen, von ihm selbst gefertigten Gaszug eingesetzt hatte, verursachte der Käufer einen Auffahrunfall. Er behauptete, der Gaszug habe versagt. Der Wagen wurde repariert und ein Originalgaszug wurde eingebaut. Gleichwohl erlitt der Käufer einen zweiten Auffahrunfall. Diesen führte er ebenfalls darauf zurück, daß der Gaszug versagt habe. Der Käufer nahm nicht den VW-Vertragshändler, sondern unmittelbar die VW-AG in Anspruch und erhielt Recht: Es wurde der Schaden am Pkw, nicht aber der Defekt des Gaszugs ersetzt (BGH NJW 1983, 810, 811 - Gaszug).

Inzwischen gibt es eine Fülle von Entscheidungen, die diese Argumentationsketten weiterentwickelt haben (BGH NJW 1985, 2420 - Kompressor; BGH VersR 1986, 1003 - Dichtungsbahnen; BGH ZIP 1992, 485 - Kondensator; BGH ZIP 1992, 704 - Nockenwellenbefestigung). „Stoffgleichheit" zwischen dem eingetretenen Schaden und dem von Anfang an bestehenden Mangelunwert der Sache liegt nach Auffassung des BGH immer dann vor, wenn bei wirtschaftlicher Betrachtungsweise der Fehler von Anfang die Gesamtsache, für deren Beeinträchtigung Schadensersatz begehrt wird, erfaßt (BGH NJW 1985, 2420 - Kompressor), etwa weil die Sache als Ganzes wegen des Mangels von vornherein nicht oder nur in sehr eingeschränktem Maß zum vorgesehenen Zweck verwendbar war (BGH NJW 1983, 812 - Hebebühne). Gleiches gilt aber auch dann, wenn die Beseitigung des einem Teil der Sache anhaftenden Fehlers technisch nicht möglich ist oder wenn der Mangel nicht in wirtschaftlich vertretbarer Weise behoben werden kann (BGH ZIP 1992, 704, 705 - Nockenwellenbefestigung). Die gleiche Erwägung greift ein, wenn mangelhafte Teile - etwa bei einer Reparatur - nicht von den mangelfreien Teilen der Gesamtsache getrennt werden können, ohne daß die mangelfreien Teile hierdurch in ihrer Substanz geschädigt werden (BGH ZIP 1992, 485 - Kondensator; *Graf von Westphalen*, ZIP 1992, 532 ff.).

b)   Schlußfolgerungen für den DV-Projektvertrag

Für den Hersteller eines **DV-Projekts** folgt hieraus die unmittelbare Erkenntnis: Sofern ein Softwarefehler vorliegt, der nach der Abnahme dazu führt, daß andere - bislang mangelfreie Teile des Gesamtprojekts - beschädigt oder in ihrer Sachsubstanz beeinträchtigt werden, haftet der Hersteller - von weiteren, noch zu vertiefenden Voraussetzungen abgesehen - gemäß § 823 Abs. 1 BGB auf Schadensersatz. Er ist nicht berechtigt, sich auf den Ablauf der Gewährleistungsfristen zu berufen, weil Ansprüche aus der Produzentenhaftung - wie kurz aufgezeigt - gemäß § 852 BGB erst drei Jahre nach Eintritt des Schadens und Kenntnis von der Person des Schädigers verjähren. Dabei stellt sich die entscheidende Frage, ob im Sinn dieser Judikatur auch dann Schadensersatzansprüche gemäß § 823 Abs. 1 BGB gegeben sind, wenn als Folge eines Softwarefehlers die **Funktionstüchtigkeit des Programms** - und damit die Funktionstüchtigkeit des Gesamtprojekts - erheblich beeinträchtigt wird. Dies ist durchaus zu bejahen, wenn sich herausstellt, daß als Folge des (lokal begrenzten) Softwarefehlers weitergehende Fehler oder Mängel an dem Gesamtprogramm eintreten, welche sodann in Form eines „weiterfressenden" Schadens die Funktionstüchtigkeit des Projekts in einem noch größeren Umfang beeinträchtigen als dies aufgrund des (ersten) Softwarefehlers der Fall war, so daß die bestimmungsgemäße Verwendung des DV-Projekts nicht unerheblich beeinträchtigt wird (BGH ZIP 1994, 213 - Gewindeschneidemittel). Denn die fehlende, über den (ersten) Softwarefehler hinausreichende erhebliche Minderung der Gebrauchstauglichkeit des DV-Projekts begründet nicht nur einen weitergehenden, gewährleistungspflichtigen Mangel im Sinn der §§ 459 ff., 633 ff. BGB, sondern stellt - abhängig von den Umständen des Falles - auch eine Beeinträchtigung des im Eigentum verkörperten Nutzungsrechts im Sinn von § 823 Abs. 1 BGB dar. Entscheidungen, welche dieses Ergebnis verläßlich stützen oder widerlegen, fehlen freilich bislang, was der Vollständigkeit halber hinzugefügt werden muß.

c)   Datenverlust

Auch wenn man davon ausgeht, daß ein Datenverlust grundsätzlich lediglich ein Vermögensschaden ist und § 823 Abs. 1 BGB nicht eingreift, so kann doch der Eigentumsschutz des § 823 Abs. 1 BGB jedenfalls dann zum Zuge kommen, wenn der Datenverlust - schuldhaft verursacht - so schwer wiegt, daß die **Funktionstüchtigkeit** der Software oder die des DV-Trägers erheblich beeinträchtigt ist (BGH ZIP 1994, 213 - Gewindeschneidemittel). Denn die Rechtsprechung des BGH anerkennt die Anwendbarkeit von § 823 Abs. 1 BGB auch in den Fällen, in denen keine Verletzung der Sachsubstanz vorliegt.

**3.   Die einzelnen Verkehrssicherungspflichten
im Sinn von § 823 Abs. 1 BGB**

a)   Die Sicherheitserwartung des Verbrauchers

Es ist von hoher Wichtigkeit zu erkennen, daß für die Produktsicherheit in erster Linie die durchschnittliche Erwartung derjenigen Verbraucher Maß gibt, für welche das jeweilige Produkt bestimmt ist. Denn zwischen der nach § 823 Abs. 1 BGB geschützten **Verbrauchererwartung** einerseits und der sich aus § 3 ProdHaftG ergebenden **Sicherheitserwartung** andererseits besteht keinerlei Unterschied mehr, weil die Rechtsprechung inzwischen beide Haftungsfiguren in diesem Punkt deckungsgleich ausgestaltet (BGH NJW 1990, 906 - Pferdebox). Dennoch ist von vornherein klar, daß ein substantieller Unterschied zwischen den Produkten besteht, die für den Gewerbetreibenden, insbesondere für den Fachmann bestimmt (BGH ZIP 1992, 923 - Silokipper) und denen, die für den fachunkundigen Endverbraucher vorgesehen sind. Doch ist die durch § 823 Abs. 1 BGB geschützte Verbrauchererwartung stets und unmittelbar darauf gerichtet, in den durch § 823 Abs. 1 BGB geschützten Rechtsgütern nicht durch einen Produktfehler beeinträchtigt zu werden - unabhängig davon, ob technische oder industrielle Standards bestehen (BGH a.a.O.). Gleichwohl ist das Vorhandensein **technischer Standards** ein ganz wesentliches Kriterium, die Sicherheitserwartung des Verbrauchers zu bestimmen (Produkthaftungshandbuch/ *Foerste*, § 24 Rdnrn. 13 ff.). Entscheidend ist nämlich, daß es auf die **berechtigten** Sicherheitserwartungen des Produktbenutzers ankommt, welche - dies ist insoweit selbstverständlich - durch die Existenz von technischen Standards vorgeprägt werden (Produkthaftungshandbuch/*Graf von Westphalen*, § 62 Rdnrn. 6 ff.).

Die Sicherheitserwartungen des Produktbenutzers werden zum einen durch die allgemeinen **anerkannten Regeln der Technik,** zum anderen durch den **Stand von Wissenschaft und Technik** bestimmt, wie sie im Zeitpunkt des Inverkehrbringens des Produkts bekannt oder erkennbar sind. Dabei ist anerkannt: Die **Untergrenze** der Sicherheitserwartungen sind die gesetzlichen Sicherheitsstandards, etwa die des Gerätesicherheitsgesetzes sowie die allgemein „anerkannten Regeln der Technik" (BGH BB 1970, 1414 - Bremsen). Folglich handelt derjenige im Sinn von § 823 Abs. 1 BGB **pflichtwidrig,** der unter Mißachtung dieser Regeln ein Produkt in den Verkehr bringt, weil er dadurch eine erhöhte Gefahr für den Produktbenutzer schafft (Produkthaftungshandbuch/*Foerste*, § 24 Rdnr. 21). Die **Obergrenze** der Sicherheitsanforderungen wird hingegen durch den „**Stand von Wissenschaft und Technik**" geprägt. Bezeichnet werden damit diejenigen Erkenntnisse, die nach dem letzten, gesicherten Forschungsstand in der Technik bzw. in den Naturwissenschaften dazu führen, Produktfehler rechtzeitig zu erkennen und zu vermeiden (Produkthaftungshandbuch/*Foerste*, § 24 Rdnr. 16). Zu betonen ist freilich in diesem Zusammenhang, es kommt nicht auf den aktuellen Kenntnisstand des einzelnen Produzenten an, der sich am Stand von Wissenschaft und Technik orientiert (Produkthaftungshandbuch/*Graf von Westphalen*, § 60 Rdnr. 80). Vielmehr ist auf den **allgemein verfügbaren** „Stand von Wissenschaft und Technik" abzustellen. Es herrschen also **objektive** Kriterien:

Weder die Größe des Betriebs noch der Aufwand des Unternehmens für Forschung und Entwicklung sind in diesem Zusammenhang als Entschuldigungsgrund bedeutsam (*Kullmann/Pfister*, Produzentenhaftung, Kza. 3602 S. 21).

So gesehen bestehen erhebliche Beobachtungs- und Prüfpflichten, weil der Produzent nur so sicherstellen kann, daß er über den jeweils neusten Stand von „Wissenschaft und Technik" unterrichtet ist, um die daraus abzuleitenden Erkenntnisse umzusetzen und Produktfehler zu vermeiden, um folglich die Sicherheit seines Produkts zu optimieren (BGH ZIP 1994, 213, 216 - Gewindeschneidemittel). Diese Pflichten sind nicht auf den Zeitpunkt beschränkt, in welchem der Hersteller das Produkt in den Verkehr bringt; vielmehr ist er auch - nach Inverkehrbringen des Produkts - weiterhin verpflichtet, die Bewährung seines Produkts auf dem Markt zu beobachten (BGH BB 1970, 1414 - Bremsen) und den Produktbenutzer, soweit erforderlich, zu warnen (BGH BB 1987, 717 - Honda; BGH NJW 1992, 560 - Milupa).

Die sich aus der Produzentenhaftung gemäß § 823 Abs. 1 BGB ergebenden Pflichten sind nicht in dem Zeitpunkt erschöpft und beendet, in welchem die Konstruktion des Produkts abgeschlossen ist. Vielmehr gilt uneingeschränkt die sich daran anschließende **Produktbeobachtungspflicht**. Als **passive** Produktbeobachtungspflicht zielt sie darauf ab, etwaige Beanstandungen, welche ihr bekannt werden, im einzelnen zu untersuchen und darauf auszuwerten, ob und welche Maßnahmen zur Gefahrenabwehr erforderlich sind (BGH ZIP 1994, 213, 216 - Gewindeschneidemittel). Die **aktive** Produktbeobachtungspflicht zielt dann darauf ab, eine Betriebsorganisation aufzubauen, um die erforderlichen Produktdaten über die Bewertung des Produkts auf dem Markt zu beschaffen und auszuwerten (BGH a.a.O.). Mit dieser Ausformung berührt die Produktbeobachtungspflicht die Frage, welche Pflichten der Produzent erfüllen muß, wenn sich - nach Inverkehrbringen des Produkts - herausstellt, daß es wider Erwarten **fehlerhaft** ist („Entwicklungsfehler"). Gleiches gilt dann, wenn sich nach Inverkehrbringen des Produkts erweist, daß das Produkt fehlerhaft oder mißbräuchlich eingesetzt wird, so daß daraus Schäden an den gemäß § 823 Abs. 1 BGB geschützten Rechtsgütern Dritter entstehen (BGH NJW 1992, 560 - Milupa). Mit einem Wort: Der sich ständig fortentwickelnde Sicherheitsstandard - verkörpert im allgemeinen, weltweit verfügbaren „Stand von Wissenschaft und Technik" - wird zum Garant der Sicherheitserwartung des Produktbenutzers.

b)   Konstruktions- und Fabrikationsfehler

Ein Konstruktionsfehler liegt immer dann vor, wenn das Produkt nicht den Sicherheitsstandard erreicht, der nach Lage der Dinge unter Berücksichtigung des Standes von Wissenschaft und Technik geboten ist. Die Pflichten des Produzenten bestimmen sich dabei in erster Linie nach dem jeweiligen **bestimmungsgemäßen** Gebrauch des Produkts: Es ist also der Standard des „vernünftigen" Produktbenutzers, der seinerseits den bestimmungsgemäßen Gebrauch des Produkts - auch gemessen an der Verkehrsanschauung - festlegt (*Kullmann*, VersR 1988, 655, 656; *Schmidt-Salzer*, BB 1972,

1430, 1433 f.). Selbstverständlich ist, daß dabei auch die vom Produzenten herrührenden **Verwendungshinweise** geeignet sein müssen, den bestimmungsgemäßen Einsatzbereich des Produkts festzulegen (Produkthaftungshandbuch/*Foerste*, § 24 Rdnrn. 69 ff.). Doch erschöpft diese Sicht der Dinge nicht den gesamten Bereich der Pflichten des Produzenten. Auch der **bestimmungswidrige** Fehlgebrauch des Produkts kann die Einstandspflicht des Produzenten gemäß § 823 Abs. 1 BGB begründen (BGH NJW 1972, 2217, 2221 - Estil: Instruktionspflicht). Dabei kommt der Produktbeobachtungspflicht hohe Bedeutung zu (BGH NJW 1992, 560 - Milupa): Häufen sich nämlich Fälle, in denen das - an sich fehlerfreie - Produkt als Folge eines Fehlgebrauchs einen Schaden im Sinn von § 823 Abs. 1 BGB verursacht, so ist der Produzent gehalten, in geeigneter Form - etwa Änderung der Herstellung, Anbringen von Sicherheitsvorkehrungen oder Instruktionen - Vorkehrungen gegen derartige Risiken zu treffen (BGH NJW 1992, 560 - Milupa). Nicht ganz so deutlich sind die Konturen, wenn es sich um einen fernliegenden Fehlgebrauch, insbesondere um den **Mißbrauch** eines Produkts handelt, welcher mit der bestimmungsgemäßen Verwendung des Produkts überhaupt nichts zu tun hat (BGH NJW 1981, 2514, 2515 - Sniffing). Wird z.B. ein Kälteschutzmittel, welches im Keller eines Installateurs lagert, von dessen Sohn zum „Sniffing" verwendet, so ist der Hersteller des Kälteschutzmittels hierfür nicht verantwortlich (BGH a.a.O.). Umgekehrt: Erweist sich beim Genuß von gesüßtem Milupa-Tee, daß schwerwiegende Kariesschäden infolge des „Dauernuckelns" bei Kindern eintreten, so ist der Produzent verpflichtet, in geeigneter Weise diesem Fehlgebrauch des Produkts zu begegnen (BGH NJW 1992, 560 - Milupa; BGH ZIP 1994, 374 - Alete).

Fabrikationsfehler beruhen demgegenüber darauf, daß das Produkt infolge eines Mangels im Herstellungsprozeß nicht den Sicherheitsstandard erreicht, der bei ordnungsgemäßer Umsetzung der - fehlerfreien - Konstruktion erreicht worden wäre. Ursächlich sind in erster Linie menschliches oder maschinelles Fehlverhalten (*Steindorff*, AcP 170, 93 ff.). Hiermit ist unmittelbar die Sonderproblematik des „*Ausreißers*" berührt: Unter Berücksichtigung der **verschuldensabhängigen** Schadensersatzhaftung des § 823 Abs. 1 BGB stellt sich deshalb die Frage, ob derartige „Ausreißer" hinzunehmen sind, so daß der Geschädigte den Schaden allein trägt, oder ob der Weg vorzuziehen ist, die **Herstellpflichten** so stark anzuspannen und zu erhöhen, daß im praktischen Ergebnis jeder „Ausreißer" im Sinn von § 823 Abs. 1 BGB „verschuldet" ist (im Ergebnis *Steindorff* a.a.O.). Rechtsdogmatisch wird man nicht daran vorbeisehen dürfen, daß - verschuldensabhängig - gemäß § 276 BGB ein objektiver Sorgfaltsmaßstab gilt. Es kann deshalb nur verlangt werden, daß der Produzent die ihm obliegenden Pflichten im Sinn von § 823 Abs. 1 BGB erfüllt. Nicht kann von ihm verlangt werden, daß er seine Produktion so gestaltet, daß **absolute Sicherheit** gewährleistet ist (*Brüggemeier*, WM 1982, 1294, 1300; *Kullmann/Pfister*, Produzentenhaftung, Kza. 1520 S. 40 b bei Fn. 237; im Ergebnis auf Produkthaftungshandbuch/*Foerste*, § 24, Rdnrn. 126 f.).

Freilich ist demgegenüber zu unterstreichen, daß die Erforderlichkeit umfassender Sicherungsmaßnahmen von der Rechtsprechung immer weiter in den Vordergrund gerückt wird (BGH NJW 1988, 2611 - Limonadenflasche II; BGH ZIP 1993, 440 - Limonadenflasche III). In der Rechtsprechung des BGH hat sich nämlich in diesem Zusammenhang das Stichwort der „Befundsicherung" ausgebreitet. Es bedeutet, daß der Produzent verpflichtet ist, durch ein Kontrollverfahren sicherzustellen, daß die Fehlerfreiheit des Produkts gewährleistet wird, soweit dies technisch möglich ist (BGH ZIP 1993, 440, 441 f. - Limonadenflaschen III). Freilich ist zu betonen, daß der BGH diese Pflicht zur „Befundsicherung" bislang nur auf Mehrweg-Flaschen erstreckt. Doch geht die Tendenz der Judikatur - ausweislich der amtlichen Leitsätze - durchaus weiter: Die Pflicht zur „Befundsicherung" geht über die übliche Warenendkontrolle des Herstellers hinaus und ist immer dann zu erfüllen, wenn ein Produkt erhebliche Gefahren in sich trägt, die in der Herstellung „geradezu angelegt sind und deren Beherrschung einen Schwerpunkt des Produktionsvorgangs darstellt" (BGH ZIP 1993, 440 - Limonadenflasche III).

4.　　Die Anwendung dieser Prinzipien auf Softwarefehler

Erörtert man die Frage, inwieweit diese sich aus § 823 Abs. 1 BGB ableitenden **Haftungsprinzipien** auf Softwarefehler zu übertragen sind, so muß man zunächst vorausschicken, daß bislang keine gesicherten Rechtsprechungsergebnisse hierzu vorliegen. Doch darf dies nicht zu der Meinung verleiten, als seien die Risiken der Produzentenhaftung bei Softwarefehlern vernachlässigenswert. Vielmehr erscheint es geboten, aus den kurz dargelegten allgemeinen Haftungsprinzipien folgende Erwägungen abzuleiten, welche die **Produzentenhaftung** für Softwarefehler gemäß § 823 Abs. 1 BGB konkretisieren.

a)　　Die Unvermeidbarkeit von Softwarefehlern

Es entspricht gängiger Auffassung, daß - sowohl im Rahmen der Mangelgewährleistung als auch im Zusammenhang mit der Produzentenhaftung - unterstrichen wird: Softwarefehler sind **unvermeidbar** (*Meier/Wehlau*, CR 1990, 95, 96; OLG Düsseldorf, CR 1992, 724). Dieser Gesichtspunkt könnte darauf hindeuten, daß Ansprüche aus der Produzentenhaftung gemäß § 823 Abs. 1 BGB insoweit ausscheiden, als der Fehler der Software „unvermeidbar" - mithin: nicht im Sinn von § 276 BGB verschuldet - ist. Doch muß man diese Aussage ganz wesentlich einschränken:

aa)　　Wie das OLG Düsseldorf in der bislang einzig veröffentlichten Entscheidung zu diesem Problemkreis (OLG Düsseldorf, CR 1992, 724 - allerdings: Gewährleistungsrecht) betont, muß bei Lieferung komplexer Systeme durchaus mit „einer gewissen Anfälligkeit für Anlaufschwierigkeiten" gerechnet werden; so gesehen sind „Softwarefehler unvermeidbar". Doch entscheidet bei der Produzentenhaftung nicht die Sicherheitserwartung des Vertragspartners, weil im Rahmen von § 823 Abs. 1

BGB die **Sicherheitserwartung** des Benutzers Maß gibt. So wird man z.B. im Rahmen der **Medizintechnik** davon ausgehen müssen, daß Softwarefehler schlechthin nicht auftreten dürfen, weil die daraus zwangsläufig resultierenden **Rechtsfolgen** - Körper- und Gesundheitsschäden - ein so großes Risiko darstellen, daß der Schutz dieser Rechtsgüter schwerer wiegt als die Nichthaftung des Herstellers der Software, der sich damit verteidigt, der Softwarefehler sei - leider - „unvermeidbar" gewesen (vgl. auch *Engel*, CR 1986, 702, 705 f.; *Kullmann/Pfister*, Produzentenhaftung, Kza. 3603 S. 5; *Lehmann*, NJW 1992, 1721, 1722 f.). Die gleiche Analyse scheint dann begründet, wenn Softwarefehler in einem DV-Projekt auftreten, welches etwa der Verkehrs-steuerung dient (vgl. Produkthaftungshandbuch/*Foerste*, § 24 Rdnr. 122). Letzten Endes ist entscheidend, daß Körper- und Gesundheitsschäden - bedingt durch einen Softwarefehler - nicht hinzunehmen sind. Der Hersteller der Software ist vielmehr verpflichtet, den erforderlichen Programmier- und Kontrollaufwand zu betreiben, um sicherzustellen, daß Fehler der Software nicht dazu führen, die durch § 823 Abs. 1 BGB geschützten hochrangigen Rechtsgüter **Dritter** zu verletzen.

bb)   Die Grenze wird auch hier - entsprechend dem allgemeinen Pflichtenmaßstab - dadurch bezeichnet, daß im Rahmen der Sicherheitserwartung des Produktbenutzers auf den allgemein verfügbaren neuesten „Stand von Wissenschaft und Technik" hingewiesen wird. Dieser Standard ist der Garant der Sicherheitserwartungen des Produktbenutzers/Endverbrauchers. Dies gilt auch bei einem DV-Projekt. Unterhalb dieser Schwelle sind alle als „unvermeidbar" klassifizierten Softwarefehler gleichbedeutend mit einem nach § 823 Abs. 1 BGB sanktionspflichtigen **Organisations- verschulden**. Daran ändert auch grundsätzlich die Tatsache nichts, daß der Besteller **sachkundig** ist. Auch die auf ihn vertraglich abgewälzten Kontroll- und Überwachungs- pflichten sind nicht geeignet, dem hier gezeichneten Bild andere Konturen zu verleihen. Entscheidend ist und bleibt, daß der Rechtsschutz des § 823 Abs. 1 BGB - auch bei einem DV-Projekt - regelmäßig nicht nur dem jeweiligen Vertragspartner/ Besteller zugute kommt, sondern einem beliebigen „**Dritten**" geschuldet wird, also: gegenüber dem jeweiligen Produktbenutzer/Endverbraucher. Jedenfalls bei Körper- und Gesundheitsschäden, die bei der Erstellung der Software nach dem Stand von Wissenschaft und Technik vermeidbar sind, gilt die Haftungssanktion des § 823 Abs. 1 BGB. Auch der Vertragspartner, nicht nur der Produktbenutzer als Dritter wird hierdurch geschützt, es sei denn, der Vertragspartner habe das Risiko eines Körper- und Gesundheitsschadens als Folge eines Softwarefehlers bewußt in Kauf genommen, etwa in Form einer freiwilligen Risikoübernahme.

cc)   Ob gemäß § 823 Abs. 1 BGB eine andere Wertung gilt, wenn als Folge eines als „unvermeidbar" bezeichneten Fehlers der Software lediglich ein **Sachschaden** eintritt, ist zweifelhaft. Handelt es sich z.B. um ein DV-Projekt für die Erstellung einer CAD-gesteuerten Werkmaschine oder um die Software für einen Industrieroboter, so wird man - abhängig von den Umständen des Einzelfalls - nicht von vornherein ausschließen können, daß die **Sicherheitserwartung** des jeweiligen Vertragspartners/

Bestellers Sachschäden in die freiwillige Risikoübernahme einschließen kann. **Anders** ist es allemal, wenn ein **Dritter** - beispielsweise: als Folge eines Fehlers der Software bei einem Industrieroboter - einen Sachschaden erleidet oder wenn die mit Hilfe eines DV-Programms hergestellte Maschine explodiert und die Fabrikhalle abbrennt. In diesen Fällen erscheint es - gemessen an der Sicherheitserwartung des Produktbenutzers/ Verbrauchers - sachgerecht, die Haftung aus § 823 Abs. 1 BGB nicht daran scheitern zu lassen, daß der Softwarefehler als „unvermeidbar" bezeichnet wird, obwohl er nach dem neuesten „Stand von Wissenschaft und Technik" vermeidbar war.

dd)　　Es macht unter Berücksichtigung von § 823 Abs. 1 BGB keinen Unterschied (*Lehmann*, BB 1993, 1603 ff.), ob sich der „Konstruktionsfehler" in der Hardware niederschlägt, weil eine technische Berechnung oder Zeichnung fehlerhaft gefertigt wurde, oder ob ein Softwarefehler für die eingetretene Rechtsgutverletzung ursächlich war. Denn sowohl die Programmierung der Software als auch die technischen Berechnungen eines Ingenieurs sind eine „geistige" Leistung. Daß letztere weniger komplex ist als die andere, berührt den Inhalt der geschuldeten Verkehrssicherungs- pflicht nicht. Denn diese zielt - unter Berücksichtigung der „Standes von Wissenschaft und Technik" - auf die berechtigten Sicherheitserwartungen des Produktbenutzers. Diese aber rechtfertigen grundsätzlich nicht den Befund, daß Softwarefehler - wegen der hohen Komplexität der Software - als „unvermeidbar" qualifiziert und damit aus der Schadensersatzhaftung des § 823 Abs. 1 BGB herausgenommen werden.

b)　　Allgemeine Auswirkungen dieser Einordnung

Damit sind im Grunde genommen die Würfel gefallen: Auch für Fehler der Software haftet der Hersteller, wie jeder andere Produzent auch gemäß § 823 Abs. 1 BGB (vgl. *Engel*, CR 1986, 702 ff.; *Meyer/Wehlau*, CR 1990, 95 ff.; *Bauer*, PHI 1989, 38 ff.; *Hoeren*, PHI 1989, 138 ff.; *Lehmann*, NJW 1992, 1721 ff.; *ders.* BB 1993, 1603, 1605; Produkthaftungshandbuch/*Graf von Westphalen*, § 61 Rdnm. 37 ff.). Dabei macht es keinen Unterschied, ob die Software als Standard-Software oder als Individual- Software einzuordnen ist, weil die sich aus § 823 Abs. 1 BGB ergebenden **Pflichten** unabhängig von dem jeweils hergestellten Produkt sind; sie dienen ausschließlich dem Schutz der **Rechtsgüter** Dritter (vgl. auch *Kullmann/Pfister*, Produzentenhaftung, Kza. 3603 S. 5). Mithin gilt der allgemeine Satz: Derjenige, der für die Software die Verkehrssicherungs- oder Sorgfaltspflicht gemäß § 823 Abs. 1 BGB zu tragen hat, unterfällt auch dem Risiko der Produzentenhaftung als einer allgemeinen Haftungsregel, die dem Schutz der Rechtsgüter Dritter dient (vgl. auch *Taschner/Frietsch*, ProdHaftG und EG-Produkthaftungsrichtlinie, 2. Aufl., S. 230). Ein Sonderrecht für Software ist also nicht anzuerkennen.

Mit der Streitfrage, ob und inwieweit Software ein **Produkt** im Sinn von § 2 ProdHaftG ist, hat die hier unterbreitete Lösung nichts zu tun. Denn das Pflichtenkonzept des § 823 Abs. 1 BGB ist nicht davon abhängig, daß ein „Produkt" den Schaden auslöst (S. 238).

Insbesondere ist es verfehlt zu meinen, die Produzentenhaftung des § 823 Abs. 1 BGB setzte eine industrielle Produktion voraus (so *Moritz/Tybusseck*, Computersoftware, 2. Aufl., Rdnr. 320). Spätestens mit der Entscheidung des BGH in Sachen Hochzeitsessen (BGH ZIP 1992, 410) entspricht diese Sicht nicht mehr der Realität: Wenn nämlich ein kleines Restaurant für die Gesundheitsschäden der Gäste haftet, die durch Salmonellen im Essen verursacht worden sind, dann ist deutlich: Es kommt vor allem im Rahmen des § 823 Abs. 1 BGB auf die Gewährleistung eines zureichenden Rechtsschutzes an. Auch die Erwägung, die Produzentenhaftung des § 823 Abs. 1 BGB beziehe sich auf die Mehrgliedrigkeit von Güteproduktion und Warenabsatz, überzeugt jetzt nicht mehr (so aber noch *Engel*, CR 1986, 702, 705).

Deshalb gelten auch die allgemeinen Fehlerkategorien für die Software (vgl. *Lehmann*, BB 1993, 1603 ff.). So ist dann von einem **Konstruktionsfehler** einer Software zu sprechen, wenn es sich um Fehler handelt, die bei der Erstellung des Programms, bei der Programmierung, der Kompilierung oder der Portierung eines Computerprogramms entstanden sind. Völlig irrelevant ist es dabei, ob dieser Fehler bereits im Quellcode vorhanden war oder nur im Maschinencode liegt (so auch *Lehmann*, NJW 1992, 1721, 1723). **Fabrikationsfehler** einer Software liegen dann vor, wenn es sich z.B. um einen Kopierfehler oder einen Übertragungsfehler handelt, also um einen Fehler, der nicht schon bei der Konzeption oder der Erstellung des Programms gegeben ist (*Lehmann* a.a.O.).

5.   Instruktions- und Produktbeobachtungsfehler

a)   Instruktionsfehler

aa)   Unter einem Instruktionsfehler versteht man die unzureichende Warnung vor gefährlichen Eigenschaften des Produkts. Dem Produzenten wird also vorgeworfen, daß er auf eine Gefahr entweder überhaupt nicht hingewiesen hat oder daß ein Hinweis unklar, unvollständig oder ohne den gebotenen Nachdruck verfaßt war, mithin: die Gefahr bagatellisierte (Produkthaftungshandbuch/*Foerste*, § 24 Rdnr. 161). Zwischen der Konstruktions- und der Instruktionspflicht besteht ein Rangverhältnis: Soweit das Produkt durch eine geänderte, verbesserte Konstruktion - gemessen an der Verbraucher-erwartung - sicherer wird, ist der Produzent verpflichtet, die hierfür erforderlichen konstruktiven Maßnahmen vorzusehen. Er darf sie also nicht mit dem Hinweis darauf unterlassen, daß er auf dieses „Defizit" - im Rahmen seiner Instruktionspflicht - hinweist. So gesehen ist die Instruktionspflicht gegenüber der Konstruktionspflicht nachrangig.

bb)   Stets zielt die Instruktionspflicht darauf ab, den Produktbenutzer vor den Gefahren zu warnen, die ihm bei einem **bestimmungsgemäßen Gebrauch** drohen (BGH NJW 1975, 824 - Haartonikum; BGH NJW 1975, 1827, 1829 - Spannkupplung; BGH   NJW 1981, 2514, 2515 - Sniffing; BGH   ZIP 1994, 374 - Alete). Die

Parameter, welche den bestimmungsgemäßen Gebrauch des Produkts umschreiben, werden durch die **Gebrauchserwartung** des durchschnittlichen Produktbenutzers bestimmt (Produkthaftungshandbuch/*Foerste*, § 24 Rdnrn. 166 f.). Diese können durchaus unterschiedlich sein: Was für den fachkundigen Produktbenutzer evident ist (BGH NJW 1975, 1827, 1829 - Spannkupplung) oder ihm zumindest aufgrund einer Gebrauchsanweisung bekannt sein müßte (BGH ZIP 1992, 932, 934 - Silokipper), braucht naturgemäß dem gewöhnlichen Endverbraucher, dem Herrn „Jedermann", nicht vertraut zu sein: So wird z.B. von einem Kleber erwartet, daß er sich bei flüchtiger Handhabung von den Fingern lösen läßt, ohne daß es dadurch zu Hautverletzungen kommt. Von einem Holzschutzmittel muß man erwarten, daß es - sofern keine anderweitige Instruktion vorliegt - für Menschen innerhalb eines Gebäudes ungefährlich ist. Von einem Motorrad wird man erwarten, daß eine hierfür vorgesehene Lenkerverkleidung nicht dazu führt, daß unbeherrschbare Resonanzen auftreten, die zu tödlichen Stürzen führen (BGH BB 1987, 717 - Honda). In gleicher Weise rechnen Friseure nicht damit, daß bei der Verwendung eines Haartonikums Allergien an ihren Händen auftreten (BGH NJW 1975, 824 - Haartonikum). Fachärzte für Orthopädie brauchen nicht damit zu rechnen, daß bei einer Hüftprothese bislang unbekannte Ermüdungsbrüche eintreten (OLG München, VersR 1980, 1052).

cc)   Der Produzent muß nicht vor jeder Gefahr warnen, die bei bestimmungsgemäßem Gebrauch droht, sondern nur vor den Gefahren, die nicht schon zu dem allgemeinen Erfahrungswissen der jeweiligen Abnehmerkreise zählen (BGH NJW 1975, 1827, 1829 - Spannkupplung; BGH NJW 1987, 372, 374 - Verzinkungsspray; BGH BB 1987, 717 - Honda; BGH ZIP 1992, 38 - Milupa; BGH ZIP 1994, 374, 376f - Alete). Dies bedeutet freilich nicht, daß auch vor fernliegenden Gefahren, insbesondere vor Gefahren gewarnt werden muß, die sich aus einem **Produktmißbrauch** ergeben (BGH NJW 1981, 2514, 2515 - „Sniffing"). Es gibt - und dies ist entscheidend - keine Sicherheitserwartung, wonach schlechthin jeder Schaden aufgrund der Benutzung eines Produkts zu vermeiden und daher haftungsbegründend ist (Produkthaftungshandbuch/*Foerste*, § 24 Rdnr. 184). So kommt es - wie stets - auf die Umstände des Einzelfalls an. Z.B. hat der BGH entschieden, daß bei der Verwendung eines Kurznarkosemittels es nicht ausreicht, wenn der Hersteller darauf hinweist, daß eine „intraarterielle Injektion mit Sicherheit" zu vermeiden ist, wenn als Folge einer solchen Fehlanwendung der Verlust des entsprechenden Gliedmaßes unvermeidlich ist (BGH NJW 1972, 2217 - Estil). Zwar liegt hier ersichtlich eine **bestimmungswidrige** Verwendung des Produkts vor - ein Arzt hatte die Injektion fehlerhaft vorgenommen -, doch hat der BGH gleichwohl die Haftung des Herstellers deswegen bejaht, weil er die Auffassung vertrat, eine Anwendungswarnung sei nicht ausreichend, vielmehr sei sie durch eine **Folgenwarnung** zu ergänzen (*Graf von Westphalen*, Jura 1983, 57, 63). Eine korrekte Warnung hätte also lauten müssen: „Intraarterielle Injektionen mit Sicherheit vermeiden, weil sonst unvermeidlicherweise der Verlust des Gliedmaßes eintritt."

dd)   Die Warnung muß stets so gestaltet sein, daß sie eindeutig und klar die konkrete Gefahr bezeichnet. Der Produktbenutzer muß gleichzeitig darüber aufgeklärt werden, wie er diese Gefahr vermeidet (BGH ZIP 1992, 32 - Milupa; BGH ZIP 1994, 374 - Alete; hierzu auch *Graf von Westphalen*, ZIP 1992, 18 ff.).

b)   Produktbeobachtungsfehler

aa)   Es ist im Rahmen von § 823 Abs. 1 BGB anerkannt, daß der Produzent verpflichtet ist, seine **Schutzpflicht** auch auf den Zeitraum zu erstrecken, in welchem das von ihm hergestellte/vertriebene Produkt bereits in Verkehr gebracht worden ist. Diese **Produktbeobachtungspflicht** dient dem Zweck, die Pflicht des Herstellers zu begründen, systematisch zu prüfen, wie sich sein Produkt in der Praxis bewährt (BGH ZIP 1994, 213, 216 - Gewindeschneidemittel). Ergeben sich dabei Anhaltspunkte für **Risiko- und Gefahrenquellen,** so ist der Produzent verpflichtet, diesen Indizien eigenverantwortlich nachzugehen und die erforderlichen und zumutbaren Maßnahmen zu treffen, um sicherzustellen, daß keine Schäden an den Rechtsgütern Dritter - Leib, Leben, Gesundheit und Eigentum - eintreten (BGH BB 1970, 1414 - Bremsen; BGH NJW 1981, 1603, 1604 - Derosal; BGH NJW 1981, 1606, 1607 - Benomyl; *Schmidt-Salzer*, BB 1981, 1041 ff.; *Graf von Westphalen*, WiR 1972, 67, 78 f.). Diese Beobachtungspflicht beginnt mit dem Inverkehrbringen des Produkts. Sie endet nicht mit Ablauf der Gewährleistungsfrist, sondern dauert solange an, bis sichergestellt ist, daß aus dem hergestellten/vertriebenen Produkt keine Schäden für Rechtsgüter Dritter als Folge eines dem Produzenten zurechenbaren Fehlers des Produkts eintreten. Notwendig ist dafür, alle Mängelrügen, Reklamationen, Unfallmeldungen etc. systematisch zu erfassen und auszuwerten (passive Produktbeobachtung) und eine entsprechende Organisation aufzubauen (aktive Produktbeobachtung: BGH ZIP 1994, 213, 216 - Gewindeschneidemittel). So gesehen hat der Produzent Organisationspflichten zu beachten, die sich nicht allein auf seinen eigenen Herrschaftsbereich beschränken. Vielmehr sind Handelsvertreter, Vertragshändler und sonstige Dritte einzuschalten und vertraglich einzubinden, welche aus eigener Kenntnis Wissen darüber haben, ob die vom Produzenten hergestellten/vertriebenen Produkte sich in der Praxis bewähren (BGH BB 1987, 717 - Honda).

bb)   Die daran anknüpfende **Gefahrenabwendungspflicht** - insbesondere ein Rückruf der fehlerhaften Produkte - bestimmt sich ihrem Inhalt und Umfang nach dem abstrakten Gefährdungspotential, also nach der Möglichkeit oder **Wahrscheinlichkeit** einer Verletzung der in § 823 Abs. 1 BGB geschützten Rechtsgüter Dritter - Leib, Leben, Gesundheit und Eigentum (*Herrmann*, BB 1985, 1801 ff.; *Herrmann/Fingerhut*, BB 1990, 725 ff.). Gefahren für Leib, Leben und Gesundheit erfordern den größten zumutbaren Aufwand; sind jedoch lediglich Sachschäden zu besorgen, so reichen weniger einschneidende Maßnahmen aus (Produkthaftungshandbuch/*Foerste* § 24 Rdnr. 259). Wird diese Pflicht zur Produktbeobachtung - insbesondere zum Rückruf eines fehlerhaften Produkts - pflichtwidrig versäumt, so sind **strafrechtliche**

Konsequenzen unvermeidbar (BGH NJW 1990, 2560 - Erdal-Rex; *Schmidt-Salzer*, PHI 1990, 234 ff.).

cc)   Von Wichtigkeit ist in diesem Zusammenhang, daß sich die Produktbeobachtungspflicht nicht nur auf das eigene Produkt bezieht (BGH BB 1970, 1414 - Bremsen), sondern auch die **Verbindung** des eigenen Produkts mit einem fremden, sofern der Produzent technisch-konstruktive Vorkehrungen dafür getroffen hat, daß eine solche Verbindung - hier: Motorrad/Lenkerverkleidung - vorgenommen wird (BGH BB 1987, 717 - Honda). Auch wenn der Produzent im übrigen Kenntnis davon hat, daß sein Produkt mit anderen Produkten verbunden wird, muß sich die Produktbeobachtungspflicht auf diesen Zusammenhang erstrecken. Gefahrabwendungsmaßnahmen sind daher dann erforderlich, wenn sich herausstellt, daß die Rechtsgüter Dritter im Sinn von § 823 Abs. 1 BGB hierdurch beeinträchtigt werden. Inhaltlich bezieht sich diese Produktbeobachtungspflicht nicht nur auf die Fortentwicklung des „Standes von Wissenschaft und Technik"für das jeweilige Produkt und das ihm eigentümliche Schadenspotential. Vielmehr ist es auch geboten, den **Wettbewerb** zu beobachten (BGH NJW 1990, 906 - Pferdebox). Erweist sich z.B., daß Wettbewerber Pferdeboxen sicherer konstruieren, so liegt in einem Sicherheitsdefizit eine Pflichtverletzung des Herstellers im Sinn von § 823 Abs. 1 BGB, wenn ein Turnierpferd mit dem Huf in einem U-Profil der Wände der Pferdebox hängen bleibt, so daß die Sehne schwer verletzt wird, mit der Konsequenz, daß das Pferd für den Turniersport nicht mehr geeignet ist (BGH a.a.O.).

c)   Erstreckung dieser Rechtsfiguren auf Softwarefehler

Nachdem im Vorstehenden grundsätzlich die Frage bejaht wurde, daß auch der Hersteller einer fehlerhaften Software im Rahmen seiner Konstruktions- und Fabrikationshaftung verpflichtet ist, für Personen- und Sachschäden Schadensersatz gemäß § 823 Abs. 1 BGB zu leisten, liegen die Konsequenzen für die **Instruktionshaftung** sowie für die Produktbeobachtung praktisch auf der Hand: Soweit für die sichere Verwendung einer bestimmten Software - insbesondere auch im Zusammenhang mit einem DV-Projekt - **Bedienungshandbücher** erforderlich sind, besteht nicht der mindeste Zweifel daran, daß das gesamte Arsenal der aus § 823 Abs. 1 BGB abgeleiteten Instruktionspflichten auch vom Hersteller der Software zu respektieren ist. Ausnahmen von den allgemeine Regeln sind nicht zuzulassen. Folglich ist der Hersteller der Software verpflichtet, vor den Gefahren zu warnen, die bei der bestimmungsgemäßen Verwendung der Software auftreten können (Produkthaftungshandbuch/ *Foerste* § 24 Rdnr. 182 ff.). Ferner ist er verpflichtet, vor den Gefahren zu warnen, die sich aus dem **bestimmungswidrigen** aber vorhersehbaren Fehlgebrauch der Software ergeben können (Produkthaftungshandbuch/*Foerste* § 24 Rdnrn. 206 ff.). Indessen kommt es hier - vor allem bei DV-Projekten - entscheidend darauf an, die beiderseitigen Verantwortlichkeiten von Hersteller und Anwender sauber gegeneinander abzugrenzen (S. 23 ff).

Im Rahmen der **Produktbeobachtungspflicht** gelten auch für den Hersteller der Software die gleichen - allgemeinen - Grundsätze.

6.   Das Element des Verschuldens

a)   Deliktsrecht bedeutet Verschuldenshaftung

Nach § 823 Abs. 1 BGB haftet nur derjenige, der eine Rechtsgutverletzung vorsätzlich oder fahrlässig herbeigeführt hat. **Vorsatz** bedeutet in diesem Zusammenhang: Der Produzent eines fehlerhaften Produkts hat den rechtswidrigen Erfolg in Form eines Personen- oder Sachschadens bewußt und gewollt herbeigeführt (*Palandt/Heinrichs*, BGB, 53. Aufl., § 276 Rdnr. 10). Mit anderen Worten: Der Handelnde muß den rechtswidrigen Erfolg vorausgesehen und in seinen Willen aufgenommen haben; nicht erforderlich ist, daß der Erfolg gewünscht oder gar beabsichtigt wurde (*Palandt/ Heinrichs* a.a.O.). Die Fälle, in denen der Vorsatz des Produzenten eine Rolle spielt, sind extrem selten. Zu denken freilich ist an rechtswidrige **Boykottmaßnahmen**.

Fahrlässig handelt nach der Legaldefinition von § 276 Abs. 1 Satz 2 BGB derjenige, der die im Verkehr erforderliche Sorgfalt außer acht läßt. Fahrlässigkeit setzt dabei Voraussehbarkeit und Vermeidbarkeit des rechtswidrigen - pflichtwidrigen - Erfolges voraus (*Palandt/Heinrichs*, BGB, 53. Aufl., § 276 Rdnr. 12). Das Gesetz unterscheidet zwischen zwei Formen der Fahrlässigkeit: **Grobe Fahrlässigkeit** liegt immer dann vor, wenn die im Verkehr erforderliche Sorgfalt in ganz besonders schwerem Maße verletzt worden ist, weil schon einfachste, ganz naheliegende Überlegungen nicht angestellt wurden und das nicht beachtet wurde, was im gegebenen Fall jedem einleuchten mußte (BGH NJW 1980, 886, 888). Von **einfacher** Fahrlässigkeit - auch leichter oder gewöhnlicher Fahrlässigkeit - ist dann zu reden, wenn die besonderen Merkmale der groben Fahrlässigkeit nicht erfüllt sind (*Palandt/Heinrichs*, BGB, 53. Aufl., § 276 Rdnr. 14). Bedeutsam ist in diesem Zusammenhang, daß die einfache Fahrlässigkeit im Sinn von § 276 Abs. 1 Satz 2 BGB an einem **objektiven** Sorgfaltsmaßstab orientiert ist (*MünchKomm./Hanau*, BGB, 3. Aufl., § 276 Rdnr. 78). Es ist also stets die erforderliche, nicht etwa die übliche Sorgfalt geschuldet; eingerissene Unsitten und Nachlässigkeiten entschuldigen nicht, auch nicht das Bestehen einer gewissen „Übung" (*Palandt/Heinrichs*, BGB, 53. Aufl., § 276 Rdnr. 16).

Im Rahmen der Produzentenhaftung gemäß § 823 Abs. 1 BGB ist nunmehr von entscheidender Bedeutung, daß die vom Produzenten geschuldeten **Verkehrs- sicherungs- und Sorgfaltspflichten** bereits an einem objektiven Maßstab orientiert sind. Sie zielen auf den Rechtsgüterschutz Dritter und sind an der allgemeinen Sicherheitserwartung ausgerichtet, daß der Benutzer eines Produkts weder einen Körper- noch einen Sachschaden - als Folge eines dem Produzenten zurechenbaren Produktfehlers - erleidet. Daraus folgt unmittelbar: Das Tatbestandselement des

„Verschuldens" im Sinn von § 823 Abs. 1 BGB hat lediglich ergänzende, untergeordnete Funktionen: Was von dem einzelnen Produzenten in Form von Gewissenhaftigkeit, Umsicht, Spezialisierung, Know-how zu erwarten ist, bestimmt sich nach **objektiv-typisierten Regeln** im Rahmen der Verkehrssicherungspflicht (Produkthaftungs-handbuch/*Foerste*, § 28 Rdnr. 2). Wenn also ein Produzent in zurechenbarer Weise die ihm gemäß § 823 Abs. 1 BGB obliegenden Pflichten - objektiv gesehen - verletzt hat, braucht regelmäßig nicht mehr gesondert geprüft zu werden, ob diese Pflichtverletzung auch im Sinn von § 276 BGB „verschuldet" war. Die Pflichtverletzung gibt bereits Auskunft darüber, daß die jeweilige Handlung/Unterlassung **pflichtwidrig**, d.h. schuldhaft war.

b)   Selbständiges Haftungserfordernis

Anders liegen die Dinge freilich dann, wenn als Folge eines Produktfehlers ein **Kör-per- oder Gesundheitsschaden** eingetreten ist, so daß der Verletzte berechtigt ist, **Schmerzensgeld** gemäß § § 847 Abs. 1 BGB zu reklamieren. Hier kommt es durchaus darauf an, in welchem Umfang der Produzent die ihm obliegenden Pflichten schuldhaft verletzt hat: Je höher das ihm anzulastende Verschulden, um so gravierender ist die Schmerzensgeldsanktion (vgl. *Palandt/Thomas*, BGB, 53. Aufl., § 847 Rdnr. 4).

7.   Der Hersteller der Software als Subunternehmer

In der Praxis ist die Antwort auf die Frage von entscheidender Bedeutung: Haftet derjenige, der ein DV-Projekt als „General Contractor" ausführt, gemäß § 823 Abs.1 BGB auch für die Softwarefehler, die ein von ihm eingeschalteter Subunternehmer zu vertreten hat?

In Fällen dieser Art hat es sich eingebürgert, von einer „horizontalen" sowie von einer „vertikalen" Arbeitsteilung zu sprechen (Produkthaftungshandbuch/*Foerste* § 25 Rdnr. 32 ff.). Eine **„vertikale" Arbeitsteilung** zwischen Endhersteller/Assembler und Zulieferant liegt immer dann vor, wenn der Endhersteller die zur Produktion erforderlichen Produkte nicht selbst besitzt, sondern sie von einem Dritten, etwa Rohstoffe, Zwischenprodukte etc. erwirbt. Anders liegen die Dinge bei der **„hori-zontalen" Arbeitsteilung**: Hier wird ein anderes Unternehmen an der Fabrikation/Konstruktion eines End- oder Teilprodukts beteiligt; die restlichen Arbeiten werden dann von anderen Unternehmen oder vom Endhersteller selbst durchgeführt. Legt man diese Kriterien zugrunde, so dürfte regelmäßig die Einschaltung eines Software-herstellers bei einem DV-Projekt den Fall der „horizontalen" Arbeitsteilung begründen (vgl. auch *Lehmann*, BB 1993, 1603 ff.).

a)   Die Haftungsverteilung

aa)   Es besteht nicht der mindeste Zweifel daran, daß der **Zulieferant** seinerseits den Verkehrssicherungspflichten des § 823 Abs. 1 BGB unterworfen ist (BGH NJW

1968, 247, 248 - Schubstrebe; Produkthaftungshandbuch/*Foerste* § 25 Rdnr. 72 ff.).
Deshalb kommt alles entscheidend darauf an, ob der Endhersteller/General Contractor
eines DV-Projekts berechtigt ist, die Haftung für etwaige Fehler und Mängel der
Software auf den Hersteller der Software zu konzentrieren, oder ob ihm darüber hinaus
auch noch - und wenn ja: welche - **Sicherungspflichten** treffen (BGH NJW 1976, 46,
47 - Entsorgung). Umgekehrt: Es steht fest, daß der Endhersteller/General Contractor
nicht für etwaige Fehler des Herstellers der Software stets und unmittelbar
deliktsrechtlich gemäß § 823 Abs. 1 BGB verantwortlich ist. Insbesondere ist zu
unterstreichen, daß § 831 BGB (Haftung des Prinzipals für Fehler der
Verrichtungsgehilfen) insoweit keine Anwendung findet. Dies würde nämlich
voraussetzen, daß der Hersteller der Software in einem **sozialen Abhängigkeitsverhältnis** zum Endhersteller/General Contractor steht, weil nur unter dieser engen
Voraussetzung ein Dritter **Verrichtungsgehilfe** eines Prinzipals ist (Produkthaftungs-
handbuch/*Foerste* § 25 Rdnr. 35).

Konkret geht es also darum, die **jeweiligen Pflichten** des Softwareherstellers sowie
die des Endherstellers/General Contractors eines DV-Projekts deliktsrechtlich gegeneinander abzugrenzen. Dabei ist im Auge zu behalten: Dies Pflichten dienen gemäß
§ 823 Abs. 1 BGB dem Schutz der Rechtsgüter Dritter; sie sollen also sicherstellen,
daß keine Personen- oder Sachschäden (einschließlich etwaiger Vermögensfolgeschäden) eintreten, welche darauf zurückzuführen sind, daß ein Fehler der Software
vorliegt.

bb)   Dabei kommt es *nicht* entscheidend darauf an, wie die vertraglichen Pflichten
zwischen Softwarehersteller einerseits und Endhersteller/General Contractor andererseits verteilt sind (S. 23 ff). Denn damit wird lediglich im Rahmen der vertraglichen
Risikozuordnung sichergestellt, daß die Vertragspflichten erfüllt werden, die das
ordnungsgemäße Funktionieren des DV-Projekts gewährleisten. Geschützt wird also
die **Vertragserwartung** des Bestellers. Demgegenüber geht es bei der **deliktsrechtliche
Pflichtendelegation** darum, im Interesse des Rechtsgüterschutzes **Dritter** sicherzustellen, daß im Ergebnis die erforderlichen Verkehrssicherungspflichten erfüllt werden,
um eine Haftung aus § 823 Abs. 1 BGB zu vermeiden. Gleichwohl sind die
grundsätzlichen Ausführungen (S. 207ff) auch im Rahmen einer Schadensersatzhaftung
gemäß § 823 Abs. 1 BGB von Bedeutung, ohne daß sie freilich den gesamten
Pflichtenrahmen stets zwingend ausschöpfen.

b)   Die Vergabe der gesamten Software-Herstellung

aa)   Wird der Software-Hersteller damit beauftragt, die Software für ein DV-
Projekt zu erstellen, so trifft ihn als Auftragnehmer grundsätzlich die Verpflichtung für
etwaige Fehler der Software wie ein **Hersteller** im Sinn von § 823 Abs. 1 BGB
einzustehen (Produkthaftungshandbuch/*Foerste* § 25 Rdnrn. 37 ff.; 72 ff.). Er ist also
verpflichtet, die Software so herzustellen, daß sie nach dem neuesten Stand von
Wissenschaft und Technik fehlerfrei ist. Der Endhersteller/General Contractor

seinerseits kann seine Haftung für Fehler der Software gegenüber dem geschädigten
Dritten nur beschränken, wenn er selbst folgende **Pflichten** gegenüber dem Hersteller
der Software erfüllt hat:

bb)   Er ist zunächst verpflichtet, den Software-Hersteller sorgfältig auszuwählen;
der Software-Hersteller muß also ausreichende Erfahrung aufweisen. Auch muß
sichergestellt sein, daß der Software-Hersteller in der Lage ist, für die Dauer des
Vertrages **geeignetes Personal** einzusetzen. Vielfach ist in der Praxis zu beobachten,
daß bereits diese Pflicht sträflich vernachlässigt wird: Bestimmt z.B. der Preis die
Auswahl des Softwareherstellers, so kann bereits darin eine dem Endhersteller/
General Contractor gemäß § 823 Abs. 1 BGB zurechenbare Pflichtverletzung liegen
- mit der Konsequenz, daß er selbst gegenüber dem geschädigten Dritten für eben diese
Pflichtverletzung haftet, sofern die Software einen Personen- oder Sachschaden
verursacht.

cc)   Darüber hinaus ist der Endhersteller/General Contractor verpflichtet, den
Software-Hersteller vertraglich so einzubinden, daß der Software-Hersteller exakt die
Spezifikationen des **Pflichtenheftes** (S. 51 ff) erfüllt. Dies setzt voraus, daß die Ver-
tragsgestaltung entsprechend detailliert ist. Sie muß in Art und Umfang den technischen
Anforderungen entsprechen und das jeweilige Verständnis sowie die Erfahrung des
Softwareherstellers reflektieren, damit Mißverständnisse ausgeschlossen sind. Lautet
z.B. die Klausel lediglich dahin: „Für die Einhaltung der Spezifikation des Pflichten-
heftes ist das Softwarehaus in vollem Umfang verantwortlich", so bedeutet dies
keineswegs, daß eine ausreichende vertragliche Einbindung des Softwarehauses im
Sinn von § 823 Abs. 1 BGB vorgenommen ist. Es kann freilich durchaus sein, daß diese
Klausel die Haftung des Endhersteller/General Contractors für etwaige Fehler der
Software im **Innenverhältnis** begrenzt. Doch geht es - wie gezeigt (S. 207 ff) - im
Rahmen von § 823 Abs. 1 BGB darum, daß die geschuldeten **Verkehrssicherungs-
pflichten** gegenüber einem **Dritten** zu erfüllen sind (Produkthaftungshandbuch/
Foerste § 25 Rdnr. 55). In diesem Rahmen ist die vorerwähnte Klausel nur sehr
begrenzt hilfreich.

dd)   Der Endhersteller/General Contractor schuldet - abhängig von den jeweiligen
Umständen des Einzelfalls - auch eine **Kontrolle** der jeweiligen Arbeitsergebnisse.
Hier kommt es natürlich entscheidend darauf an, inwieweit der Endhersteller/General
Contractor überhaupt in der Lage ist, diese Pflichten zu erfüllen: Je spezialisierter der
Software-Hersteller ist, um so weniger wird es dem Endhersteller/General Contractor
überhaupt möglich sein, eine geeignete Kontrolle durchzuführen. Dieser Gesichtspunkt
entlastet ihn jedoch dann nicht, wenn aufgrund der jeweiligen Umstände des Einzelfalls
ein besonderer **Anlaß** besteht, an der Zuverlässigkeit oder an der Richtigkeit der
Arbeitsergebnisse des Softwareherstellers zu zweifeln. Wann dies der Fall ist, läßt sich
nicht generell sagen. Doch muß man im Auge behalten: Es ist schließlich der
Endhersteller/General Contractor, der das DV-Projekt als vertragliche Gesamtleistung
schuldet; er ist es, der im Verhältnis zu seinem Vertragspartner sowie gegenüber

Dritten das „Produkt" in den Verkehr bringt, mithin die Ursache setzt, der für den eingetretenen Personen- oder Sachschaden im Sinn von § 823 Abs. 1 BGB ursächlich ist. Deshalb wird regelmäßig die Erfüllung eines hohen **Pflichtenstandards** geschuldet.

Detaillierte Qualitätssicherungsabsprachen sind daher - gerade im Blick auf die geschuldeten Kontrollen des Softwarehauses - unerläßlich. Sie sind, so sie nachweislich ausreichend spezifiziert sind und auch vom General Contractor/Assembler erfüllt werden, geeignet, die Eigenhaftung des General Contractors/Assemblers gegenüber dem Dritten für etwaige Softwarefehler abzuwenden. Es haftet dann im Außenverhältnis *nur* der Softwarehersteller, falls ein Softwarefehler einen Personen- oder Sachschaden im Sinn von § 823 Abs. 1 BGB verursacht hat.

ee)   Soweit allerdings die Haftung gemäß § 1 ProdHaftG für etwaige **Personenschäden** eingreift, gilt gemäß § 5 ProdHaftG in Verbindung mit § 4 ProdHaftG, daß der General Contractor im Außenverhältnis stets dem geschädigten Dritten gegenüber strikt, d.h. verschuldensunabhängig haftet (S. 242 f).

c)   Die verbleibende Eigenhaftung des General Contractors
         gemäß § 823 Abs. 1 BGB

aa)   Vertraglich ist das Softwarehaus im Rahmen eines DV-Projekts allemal **Erfüllungsgehilfe** des General Contractor, weil und soweit die Leistung des Softwarehauses zur Erfüllung des DV-Projektvertrages erforderlich ist. Dies hat zur Konsequenz, daß der General Contractor für etwaige Pflichtverletzungen des Softwareherstellers gemäß § 278 BGB **strikt**, d.h. ohne Rücksicht auf eigenes Verschulden haftet. Die aus § 278 BGB resultierende Einstandspflicht stützt sich nämlich ausschließlich darauf, daß der General Contractor Hersteller der Software deswegen einschaltet, um gegenüber seinem Vertragspartner, dem Kunden, eine übernommene Vertragspflicht zu erfüllen. Mit anderen Worten: Erfüllungsgehilfe von § 278 BGB ist der Hersteller der Software deswegen, weil er mit Wissen und Wollen des General Contractor eine Pflicht übernimmt, die diesem gegenüber seinem Kunden obliegt, nämlich: die Erstellung des DV-Projekts. Folglich haftet der General Contractor immer für etwaige Pflichtverletzungen des Herstellers der Software, sofern nicht eine Haftungsfreizeichnungsklausel diese Haftung abschneidet (S. 187 ff).

bb)   Demgegenüber haftet der General Contractor eines DV-Projekts im Rahmen der Produzentenhaftung **nicht** für die Pflichtverletzung des Herstellers der Software, sondern immer und nur für **eigene** Pflichtverletzungen, welche ihm im Rahmen von § 823 Abs. 1 BGB zuzurechnen sind. Daraus folgt für die Praxis eine wesentliche Erkenntnis: Ist ein Personen- oder Sachschaden wegen eines Fehlers der Software eingetreten, so kann der geschädigte Dritte grundsätzlich nur Schadensersatzansprüche gemäß § 823 Abs. 1 BGB gegenüber dem Hersteller der Software geltend machen. Will er darüber hinaus auch den General Contractor im Rahmen eines DV-Projekts für eben diesen Personen- oder Sachschaden nach § 823 Abs. 1 BGB zur Verantwortung ziehen, so setzt dies voraus, daß er den Nachweis erbringt, der General Contractor hat eine ihm obliegende Auswahl-, Einbindungs- oder Kontrollpflicht verletzt hat (S. .218 ff). Gelingt dem Geschädigten dieser Nachweis, so haften der Hersteller der Software sowie der General Contractor des DV-Projekts **gesamtschuldnerisch** gemäß §§ 830, 840 BGB für den entstandenen Personen- oder Sachschaden. Da jedoch der Hersteller der Software sowie der General Contractor die jeweilige Fehlerursache - regelmäßig: Konstruktionsfehler des Softwareherstellers, Kontrollfehler des General Contractors - unabhängig voneinander gesetzt haben, spricht man von einer **Nebenschuldnerschaft** im Sinn der §§ 830, 840 BGB. Insbesondere gilt in diesem Zusammenhang § 830 Abs. 1 Satz 2 BGB, sofern sich nicht ermitteln läßt, ob der jeweilige Personen- oder Sachschaden durch eine Pflichtverletzung des Herstellers der Software oder des Endhersteller/General Contractor verursacht worden ist (*Palandt/Thomas*, BGB, 53. Aufl., § 830 Rdnrn. 6 ff.). Abhängig von den Umständen des Einzelfalls kann sich dann entweder der Hersteller der Software oder der General Contractor dadurch **entlasten**, daß er den Beweis führt, daß sein Verhalten den Schaden nicht verursacht haben kann (*Palandt/Thomas* § 830 Rdnr. 12). Gelingt jedoch dieser Nachweis dem einen oder dem anderen nicht, so bleibt es im Außenverhältnis zum geschädigten Dritten dabei, daß ihm gegenüber beide **gesamtschuldnerisch** auf Ersatz des entstandenen Schadens uneingeschränkt haften.

cc)   Soweit freilich eine Haftung nach den Bedingungen des ProdHaftG für Körperschäden eingreift, gelten noch darzustellende Besonderheiten (S. 242 f).

dd)   In diesem Zusammenhang haben - wie bereits kurz angesprochen - **Qualitäts-sicherungsvereinbarungen** ihre wesentliche Schutzfunktion (*Hollmann* CR 1992, 13 ff.; *Kreifels*, ZIP 1990, 489 ff.; *Lehmann*, BB 1990, 1849 ff.; *Migge*, VersR 1992, 665 ff.; *Zirkel*, NJW 1990, 345 ff.; *Graf von Westphalen*, CR 1990, 567 ff.). Soweit die *Auswahl* des Herstellers der Software nicht im Sinn von § 823 Abs. 1 BGB zu beanstanden ist, zielen Qualitätssicherungsvereinbarungen darauf ab, im einzelnen festzulegen, welche Pflichten der Hersteller der Software im Detail schuldet; auch werden die vom General Contractor durchzuführenden Kontrollpflichten exakt umschrieben. Freilich bleibt zu unterstreichen: Ist bei der Abfassung oder der aktuellen Durchführung von Qualitätssicherungsvereinbarungen im Einzelfall nicht die erforderliche Sorgfalt beachtet worden, so liegt darin regelmäßig ein dem General Contractor zurechenbares **Eigenverschulden**, welches im Sinn von § 823 Abs. 1 BGB haftungsbegründend ist. Denn es ist Sache des General Contractors eines DV-Projekts sicherzustellen, daß die von ihm beabsichtigte **Pflichtendelegation** vertraglich so ausgestaltet und ordnungsgemäß erfüllt wird, daß die Rechtsgüter Dritter im Sinn von § 823 Abs. 1 BGB nicht mehr geschädigt werden, als nach den Umständen des Einzelfalls unvermeidbar. So gesehen sind Qualitätssicherungsvereinbarungen - auch unter Berücksichtigung des Standards von ISO 9000 ff - hilfreich; aber sie sind keine unbedingte Absicherung gegen die Haftung im Einzelfall, auch wenn sie sorgfältig erfüllt werden.

8. Beweisfragen

a) Die generelle Struktur des § 823 Abs. 1 BGB

Der Anspruchsteller ist grundsätzlich verpflichtet, die für die Begründung seines Anspruchs erforderlichen Tatsachen darzulegen und diese auch - soweit sie nicht feststehen - zu beweisen. Wendet man dieses Grundsatz auf § 823 Abs. 1 BGB an, so folgt daraus: Es ist Sache des Geschädigten, Tatsachen darzulegen und notfalls zu beweisen, aus denen sich folgende Tatbestandselemente im Sinn von § 823 Abs. 1 BGB ableiten lassen:

- Pflichtverletzung;
- die Einzelheiten eines Personen- oder Sachschadens;
- Kausalität zwischen Pflichtverletzung und eingetretenem Personen- oder Sachschaden sowie
- Verschulden.

Über das Ergebnis der Beweisaufnahme entscheidet das Gericht nach seiner freien „Überzeugung", wie sich aus § 286 ZPO ergibt. Damit ist gemeint: Der Richter darf sich nicht mit einer überwiegenden Wahrscheinlichkeit begnügen, sondern - wie der BGH formuliert - erst „mit einem für das praktische Leben brauchbaren Grad von Gewißheit, der den Zweifeln Schweigen gebietet, ohne sie völlig auszuschließen" (BGH NJW 1970, 946, 948; BGH NJW 1973, 1924, 1925). Die richterliche Erkenntnis muß also den Grad einer **persönlichen Gewißheit** erreicht haben, bevor eine Tatsache als „bewiesen" angesehen werden kann (BGH NJW 1970, 946, 948; *Zöller/Stephan*, ZPO, 18. Aufl., § 286 Rdnr. 13). Ist der einer Partei obliegende Hauptbeweis erschüttert, widerlegt oder nicht zur Überzeugung des Gerichts erbracht, so ist der Prozeß nach den Regeln der *Beweislast* zu entscheiden.

Was heißt das? Grundsätzlich trägt der Anspruchsteller auch die Beweislast für alle die Tatsachen, welche geeignet sind, den von ihm geltend gemachten Anspruch zu begründen. Der Beklagte trägt die Beweislast für alle anspruchsvernichtenden Tatsachen und Rechtsbehauptungen, einschließlich etwaiger Einreden oder Einwendungen (*Zöller/Stephan*, ZPO, 18. Aufl., vor § 284 Rdnr. 17). „Beweislast" meint also im Ergebnis, daß die Partei den **Nachteil** trägt, daß die von ihr darzulegenden und zu beweisenden Umstände letzten Endes nicht zur Überzeugung des Gerichts bewiesen werden. Mit anderen Worten: Wenn es dem Geschädigten in einem **Prozeß** nicht gelingt, die gemäß § 823 Abs. 1 BGB zu beweisenden Tatsachen - Pflichtverletzung, Personen- und Sachschaden, Kausalität und Verschulden - nachzuweisen, so trägt der Geschädigte die Beweislast - mit der Konsequenz, daß seine Klage deswegen **abgewiesen** wird, weil es ihm nicht gelungen ist, die von ihm darzulegenden und zu beweisenden Tatsachen zur Überzeugung des Gerichts im Sinn von § 286 ZPO nachzuweisen.

Doch bei einem **Produkthaftungsprozeß** gelten die nachfolgenden **Besonderheiten**:

b)   Die Beweislastumkehr

aa)   Die zuvor im Rahmen von § 823 Abs. 1 BGB dargestellten Tatsachen, welche von **Geschädigten** - nach allgemeinen Regeln - zu beweisen sind, unterliegen im Rahmen eines **Produkthaftpflichtprozesses** gewissen **Sonderregeln**, welche von der Rechtsprechung entwickelt worden sind. Markanter Ausgangspunkt für diese Entwicklung ist die Hühnerpest-Entscheidung des BGH vom 26.11.1968 (BGH NJW 1969, 269). Der Sachverhalt ist kurz folgender: Die Klägerin betrieb eine Hühnerfarm; sie hatte ihre Hühner von einem Tierarzt gegen Hühnerpest impfen lassen. Einige Tage später brach jedoch die Hühnerpest aus; über 4.000 Hühner verendeten. Der Tierarzt hatte den Impfstoff bei der beklagten Herstellerin bezogen; dort war er - wie das Gericht festgestellt hatte - mit Bakterien verunreinigt worden, welche die Hühnerpestviren reaktiviert hatten. In der Terminologie des Gerichts lag insoweit eine „Fabrikationsfehler" vor. Der BGH bejahte in diesem Fall den Ersatzanspruch gemäß § 823 Abs. 1 BGB, da die Herstellerin sich nicht von dem Vorwurf, den Produktfehler verschuldet zu haben, **entlasten** konnte. Es heißt in diesem Zusammenhang wörtlich (BGH NJW 1969, 269 f.):

> „Allzuoft wird der Betriebsinhaber die Möglichkeit dartun, daß der Fehler des Produkts auch auf eine Weise verursacht worden sein kann, die den Schluß auf sein Verschulden nicht zuläßt - ein Nachweis, der zumeist wiederum auf Vorgänge im Betriebe des Schädigers beruht, daher vom Geschädigten schwer zu widerlegen ist. Infolgedessen kann der Hersteller dann, wenn es um Schäden geht, die aus dem Gefahrenbereich seines Betriebes erwachsen sind, noch nicht dadurch als entlastet angesehen werden, daß er Möglichkeiten aufzeigt, nach denen der Fehler des Produkts auch ohne ein in seinem Organisationsbereich liegendes Verschulden entstanden sein kann. Dies gebieten in den Fällen der Produzentenhaftung die schutzbedürftigen Interessen des Geschädigten - gleich, ob Endabnehmer, Benutzer oder Dritter; andererseits erlauben es die schutzwürdigen Interessen des Produzenten, von ihm den Nachweis seiner Schuldlosigkeit zu verlangen."

Sodann ist zu lesen:

> „Diese Beweisregel greift freilich erst ein, wenn der Geschädigte nachgewiesen hat, daß sein Schaden im Organisations- und Gefahrenbereich des Herstellers, und zwar durch einen objektiven Mangel oder Zustand der Verkehrswidrigkeit ausgelöst worden ist. Dieser Beweis wird vom Geschädigten sogar dann verlangt, wenn er den Schädiger wegen Verletzung vertraglicher oder vorvertraglicher Schutz- und Nebenpflichten in Anspruch nimmt. Nichts anderes gilt, wenn er den Produzenten wegen Verletzung der Verkehrssicherungspflicht in Anspruch nimmt. Hat er aber diesen Beweis geführt, so

ist der Produzent „näher daran", den Sachverhalt aufzuklären und die Folgen der Beweislosigkeit zu tragen. Er überblickt die Produktionssphäre, bestimmt und organisiert den Herstellungsprozeß und die Auslieferungskontrolle der fertigen Produkte."

bb)   Damit ist eine auf den Bereich des **Verschuldens** bezogene Umkehr der Beweislast erreicht. Diese setzt jedoch - wie immer wieder zu betonen ist - voraus, daß dem Geschädigten bereits der Nachweis gelungen ist, daß ein **Produktfehler** vorliegt, den der Hersteller innerhalb seines Herrschafts- und Organisationsbereich gesetzt hat (BGH NJW 1969, 269, 274 - Hühnerpest; BGH BB 1970, 1414, 1415 - Bremsen).

Für die Praxis ist damit klar: Der Nachweis eines **Produktfehlers** - mithin: einer objektiven Verletzung der Verkehrssicherungspflichten im Sinn von § 823 Abs. 1 BGB - ist unabdingbare Voraussetzung dafür, daß ein Anspruch aus der Produzentenhaftung gemäß § 823 Abs. 1 BGB gegenüber dem Hersteller einer Software erfolgreich geltend gemacht werden kann.

cc)   Freilich gelten in diesem Zusammenhang auch die allgemeinen, durch das Prozeßrecht typisierten **Beweiserleichterungen** in Form des Anscheins- oder Indizienbeweises (Produkthaftungshandbuch/*Foerste*, § 30 Rdnrn. 24 ff.).

Unter einem **Anscheinsbeweis** versteht man folgendes: Er setzt einen unstreitigen oder bewiesenen Sachverhalt voraus, der infolge seiner Häufigkeit gleicher Ereignisse nach der Lebenserfahrung auch *gleiche Folgen* auslöst (*Diederichsen*, VersR 1966, 211 ff; *Zöller/Stephan*, ZPO, 18. Aufl., § 286 Rdnr. 16). Falls also andere Schadensursachen als ein Produktfehler mit hoher Wahrscheinlichkeit auszuschließen sind, anerkennt die Rechtsprechung vielfach einen für Produktfehler „typischen" Geschehensablauf, sofern sich nicht die **ernsthafte Möglichkeit** eines atypischen Geschehensablaufs ergibt (BGH NJW 1985, 47). Freilich genügt die schlichte Behauptung, es läge ein atypischer Ablauf vor, nicht, den Anscheinsbeweis zu erschüttern. Vielmehr kommt es entscheidend darauf an, daß ein atypischer Ablauf im konkreten Einzelfall ernsthaft in Betracht gezogen werden muß (BGH NJW 1978, 2032).

Von einem **Indizienbeweis** ist dann die Rede, wenn kein allgemeiner Erfahrungssatz vorliegt, der auf einen Produktfehler hinweist, wenn aber aus anderen - regelmäßig: mehreren - Beweisanzeichen des Einzelfalls abgeleitet werden kann, daß ein Produktfehler vorliegt (BGH BB 1970, 1414, 1415 - Bremsen). Liegen z.B. Anhaltspunkte dafür vor, daß ein Autounfall entweder auf fehlerhaft konstruierte Bremsen oder auf ein fahrerisches Fehlverhalten zurückzuführen sein kann, so ist es - jedenfalls bei unterschiedlichen Ergebnissen von Sachverständigengutachten - nach der Auffassung des BGH vertretbar, von einem Indizienbeweis auszugehen - mit der Folge, daß es dann Sache des beklagten Automobilherstellers ist, den Nachweis dafür zu erbringen, daß die Unfallursache nicht auf ein Versagen der von ihm neu konstruierten Bremsen zurückzuführen ist (hierzu auch *Graf von Westphalen*, BB 1971, 152 ff.).

dd)   Kommt es im Rahmen eines DV-Projekts zu einem Personen- oder Sachschaden im Sinn von § 823 Abs. 1 BGB, so wird man regelmäßig zurückhaltend sein müssen, die Voraussetzungen eines Anscheinsbeweises als wahrscheinlich zu bezeichnen. Denn DV-Projekte sind regelmäßig dadurch charakterisiert, daß sie nicht standardisiert, sondern auf die besonderen Wünsche des Bestellers ausgerichtet sind. Damit fehlt es regelmäßig an dem typisierten Geschehensablauf als der zentralen Voraussetzung eines Anscheinsbeweises. Für einen Indizienbeweis ist diese Argumentation freilich nicht unbedingt gültig. Hier kommt alles - wie stets - auf die besonderen Umstände des Einzelfalls an. Jedenfalls ist der Hersteller der Software gut beraten, für eine **umfassende Dokumentation** Sorge zu tragen, um in der Lage zu sein, etwaige Haftungsansprüche gemäß § 823 Abs. 1 BGB abzuwehren - vorausgesetzt, aus eben dieser Dokumentation ergibt sich, daß der Softwarehersteller alles Erforderliche und ihm Zumutbare getan hat, damit die von ihm entwickelte und in den Verkehr gebrachte Software keinen Produktfehler enthält. Auch hier haben umfassende Qualitätssicherungsvereinbarungen - etwa nach ISO 9000 ff. - ihre Berechtigung und ihren Wert. Aus ihrer nachgewiesenen Beachtung kann sich nämlich ergeben, daß der eingetretene Schaden dem Softwarehersteller und auch dem General Contractor eines DV-Projekts nicht zuzurechnen ist, sondern vom Geschädigten selbst oder einem Dritten - etwa im Rahmen und aufgrund eines Wartungs- oder Pflegevertrages - verursacht worden sein muß.

ee)   Die besondere Bedeutung umfassender **Qualitätssicherungsvereinbarungen** nach ISO 9000 ff. gilt insbesondere unter Berücksichtigung der beiden Limonadenflaschen-Urteile des BGH (BGH NJW 1988, 2611 - Limonadenflasche II; BGH ZIP 1993, 440 - Limonadenflasche III). In beiden Fällen war eine Limonadenflasche - es handelte sich um eine **Mehrwegflasche** - explosionsartig geborsten; teils schwere Körperverletzungen waren die Folge. Die Kläger behaupteten in diesen Verfahren, die verwendete Mehrwegflasche hätte bereits früher einen feinen Riß oder einen vergleichbaren Fehler aufgewiesen; insbesondere wurde geltend gemacht, der Hersteller habe seine Pflicht zur ausreichenden Vorsorge verletzt, weil er bereits vorgeschädigte Mehrwegflaschen wieder mit Mineralwasser gefüllt und in den Verkehr gebracht hätte. Nachdem die erste Entscheidung des BGH (BGH NJW 1988, 2611 - Limonadenflasche II) in der Literatur teils heftige Kritik erfahren hatte (*Foerste* VersR 1988, 958 ff.; *Schmidt-Salzer* PHI 1988, 146, 149 ff.), ist nunmehr von entscheidender Bedeutung, daß der BGH in seinem Urteil vom 8.12.1992 (BGH ZIP 1993, 440 - Limonadenflasche III) diese Kritik zurückgewiesen hat.

Maßgebende Argumentation des BGH ist: **Ausnahmsweise** tritt eine Umkehr der Beweislast - bezogen auf die Verletzungen der durch § 823 Abs. 1 BGB geschützten Verkehrssicherungspflicht - zugunsten des Geschädigten ein, wenn den Hersteller zum Schutz des Verbrauchers, „zur Vermeidung sonst drohender schwerer Gefahren eine besondere Pflicht" trifft, „sich über das Freisein seines Produkts von Mängeln, die typischerweise aus dem Herstellerbereich stammen, zuverlässig zu vergewissern und in diesem Rahmen den „Status" des Produkts vor der Inverkehrgabe zu überprüfen und den Befund zu sichern" (BGH ZIP 1993, 440, 441 - Limonadenflasche III). Nach Auffassung des BGH muß also ein **Kontrollverfahren** erarbeitet und durchgeführt werden, durch das der Zustand „einer jeden Flasche ermittelt und gewährleistet wird, daß - soweit technisch möglich - alle nicht einwandfreien Flaschen von der Wiederverwendung ausgeschlossen werden" (BGH ZIP 1993, 440, 441 f.). Freilich ist für den BGH von entscheidender Bedeutung, daß hier - bezogen auf die dem Hersteller anzulastende Pflichtverletzung - Tatsachen in Rede stehen, die dem Geschädigten als einem Außenstehenden generell versperrt sind. Der Geschädigte besitzt keine näheren Kenntnisse von den wesentlichen Tatsachen, weil sich diese im Betrieb des Herstellers abspielen. Daraus folgert der BGH: Es ist Sache des beklagten Herstellers, die von ihm getroffenen Kontrollmaßnahmen zur Befunderhebung (der Limonadenflaschen) so darzulegen, daß der sachverständig beratene Geschädigte in der Lage ist, die Überprüfungsvorgänge technisch nachzuvollziehen.

Der Geschädigte kann sich zunächst darauf beschränken, die Funktionstüchtigkeit der Kontrollsysteme des Herstellers in Abrede zu stellen (BGH ZIP 1993, 440 - Limonaden-flasche III). Es ist dann Sache des Herstellers, eine ins einzelne gehende Erläuterung aller Kontrollmaßnahmen und Kontrollvorrichtungen dem Gericht darzulegen, so daß dann der Geschädigte in der Lage ist, hierzu - sachverständig beraten - kritisch Stellung zu nehmen (BGH a.a.O.).

ff)   Die ganz entscheidende Frage ist, ob diese Leitlinien der BGH-Judikatur auch auf eine Pflichtverletzung des **Softwareherstellers** anzuwenden sind. Die besseren Argumente sprechen dafür: Die Herstellung der Software ist für einen außenstehenden Dritten ein nicht einsichtiger, regelmäßiger höchst komplexer und komplizierter Vorgang. Wird Software in Bereichen eingesetzt, in denen **Körperschäden** drohen - wie etwa im medizinisch-technischen Bereich -, so enthält jede Software erhebliche Risiken für Dritte, die in ihrem Herstellungsprozeß geradezu angelegt sind und vom Softwarehersteller - regelmäßig: durch Kontrollen - beherrscht werden müssen (vgl. BGH ZIP 1993, 440 - Limonadenflasche III). Demgegenüber fällt nicht ins Gewicht, daß der Softwarehersteller regelmäßig nicht verpflichtet ist, die Befunde zu sichern, weil er insbesondere seine Produkte nicht mehrfach - wie Mehrwegflaschen - in den Verkehr bringt. Würde man nämlich auf diesen Gesichtspunkt abheben, so wäre die dargestellte BGH-Judikatur ausschließlich - fallspezifisch - auf die Hersteller von Mehrwegflaschen begrenzt. Genau dies aber ist mit den allgemeinen **Kriterien** der durch die Produzentenhaftung im Sinn von § 823 Abs. 1 BGB bewirkten Beweiserleichterungen nicht vereinbar. So gesehen stehen die die „Befundsicherung" umfassenden **Dokumentations- und Kontrollpflichten des Herstellers** im Vordergrund, sofern das Software-Produkt geeignet ist, erhebliche Risiken für die Rechtsgüter Dritter - insbesondere für Leib, Leben und Gesundheit - zu verursachen.

gg)   Erst wenn diese Beweisregeln im Einzelfall beachtet sind und dem Hersteller eine **Pflichtverletzung** - objektiv betrachtet - nachgewiesen ist, gilt die **Umkehr der Beweislast** - bezogen auf das Tatbestandselement des **Verschuldens**. Der beklagte Softwarehersteller oder der General Contractor eines DV-Projekts muß also dann *nachweisen*, daß er alles Erforderliche und Zumutbare getan hat, so daß die aktuelle Pflichtverletzung ihm nicht als Pflichtverletzung anzulasten ist. Das wird regelmäßig nicht gelingen. Denn der Maßstab ist hoch. Es gilt der Standard, wie er nach dem „neuesten" Stand von Wissenschaft und Technik verfügbar ist.

Erfüllt der General Contractor etwa die Qualitätsanforderungen der ISO 9000 ff, so ist dies - wie bereits gesagt — dann keine ausreichende Verteidigung für ein **Nichtverschulden**, falls ein höherer Standard - gemessen am neuesten Standard von Wissenschaft und Technik - technisch möglich ist. Die ISO 9000 ff verbürgt nur die **Fähigkeit** zur Qualität, nicht aber die Enthaftung im Einzelfall, falls die Erhaltung ein qualitativ höherer Sicherheitsstandard nach den Erkenntnissen der Wissenschaft tatsächlich möglich ist.

Daß der hierfür erforderliche **Aufwand** sehr hoch sein kann, daß auch die Grenzen der Zumutbarkeit hier erreicht werden können, sei eingeräumt. Aber der Rechtsgüterschutz Dritter vor **Körper-** oder Gesundheitsschäden rangiert höher. Und das Argument von der angeblichen oder tatsächlichen „Unvermeidbarkeit" von Softwarefehlern ist für die durch § 823 Abs. 1 BGB geschützte **Verbrauchererwartung** unerheblich (S. 210f.).

So gesehen bezieht sich die Umkehr der Beweislast auf die Fehlerkategorien des **Konstruktions-, Fabrikations- und Instruktionsfehlers.** Sie ist unabhängig davon, ob der Hersteller eine industriell organisiertes Unternehmen oder ein **Kleinbetrieb** ist (BGH ZIP 1992, 410 - Hochzeitsessen). Soweit der Hersteller zur **Produktbeobachtung** verpflichtet ist (S. 215 f), gelten diese Grundsätze freilich nur eingeschränkt: Hat der Hersteller ein Produkt in den Verkehr gebracht, welches nach dem - damaligen - Stand von Wissenschaft und Technik fehlerfrei war, so ist es Sache des **Geschädigten** den Nachweis zu führen, daß der Hersteller - gemessen an dem sich fortentwickelnden Stand von Wissenschaft und Technik - seine Pflicht zur Produktbeobachtung verletzt hat (BGH NJW 1981, 1603, 1605 f. - Derosal; BGH NJW 1981, 1606, 1608 - Benomyl). Daraus folgt: Die **Beweislast** für die Pflichtverletzung der Produktbeobachtungspflicht liegt - bezogen auf den Zeitpunkt des Inverkehrbringens des Produkts - beim beklagten Hersteller, weil damit Umstände bezeichnet sind, die in seiner Herrschafts- und Organisationssphäre liegen und dem Geschädigten regelmäßig versperrt sind. Soweit jedoch das Produkt - bezogen auf diesen Zeitpunkt - fehlerfrei ist, ist es dann Sache des **Geschädigten**, den Nachweis zu führen, daß der Hersteller seiner Produktbeobachtungspflicht nicht entsprochen hat (a.M. Produkthaftungshandbuch/*Foerste* § 30 Rdnr. 80).

hh)   Im **Ergebnis** ist also zusammenzufassen: Wenn es dem Geschädigten - regelmäßig: aufgrund eines Sachverständigengutachtens - gelingt, den Nachweis dafür zu erbringen, daß der Hersteller der Software einen **Produktfehler** verursacht hat, spricht - jedenfalls bei Vorliegen eines **Körper- oder Gesundheitsschadens** - vieles dafür, daß dann der Softwarehersteller seinerseits verpflichtet ist, die von ihm durchgeführten **Kontrollmaßnahmen** im einzelnen so darzulegen, daß ein sachverständiger Dritter in der Lage ist, festzustellen, ob der Hersteller der Software seine ihm gemäß § 823 Abs. 1 obliegenden Verkehrssicherungspflichten - objektiv betrachtet - eingehalten oder verletzt hat. So gesehen trägt der Softwarehersteller für die Erfüllung der ihm obliegenden Pflichten die **Beweislast**.

Unabhängig hiervon ist der Geschädigte verpflichtet, den Nachweis des von ihm reklamierten Personen- oder Sachschadens im Sinn von § 823 Abs. 1 BGB zu führen. Auch ist er verpflichtet, den insoweit geforderten Nachweis der **Kausalität** zwischen Pflichtverletzung und eingetretenem Schaden zu führen. Allerdings gelten auch für den Nachweis der Kausalität die allgemeinen Regeln der Beweiserleichterung, insbesondere der Indizienbeweis (Produkthaftungshandbuch/*Foerste* § 30 Rdnrn. 84 ff.). Man kann also abschließend sagen, daß die Rechtsprechung die Tendenz verfolgt, die Darlegungs- und Beweislast im Zusammenhang mit Ansprüche aus der Produzentenhaftung gemäß § 823 Abs. 1 BGB nach Gefahrenbereich zu verteilen: Soweit eine bestimmte Tatsache im Herrschafts- und Organisationsbereich des Schädigers ihre Ursache hat, ist er darlegungs- und beweispflichtig; gleiches gilt mit umgekehrten Vorzeichen für den Geschädigten. Doch ist - jedenfalls nach den gegenwärtigem Stand der Judikatur - vor einer solchen Verallgemeinerung noch zu warnen, weil sie geeignet ist, die notwendige Berücksichtigung der Einzelfallumstände zu ignorieren.

c)   Die persönliche Haftung des Projektverantwortlichen

aa)   Es ist von praktisch hoher Bedeutung, daß der BGH die Grundsätze der Produzentenhaftung gemäß § 823 Abs. 1 BGB - insbesondere auch die **Beweisver-teilung** - nicht nur auf das beklagte Unternehmen bezieht, sondern auch auf diejenigen Personen erstreckt (BGH NJW 1975, 1827 - Spannkupplung), welche - bezogen auf den jeweiligen Herstellprozeß - die **Organisationskompetenz** hatten (BGH ZIP 1992, 410 - Hochzeitsessen). Der vom BGH entschiedene Fall illustriert das Problem: In einer Gaststätte fand ein Hochzeitsessen statt; daran nahmen 54 Personen teil. Als Folge einer Salmonellenvergiftung erkrankte ein Teil der Gäste; schuld daran war ein als Nachtisch gereichter Pudding: Die Ehefrau des Gastwirts war - genauso wie deren Tochter - Salmonellenausscheider. In dies Entscheidung erstreckte der BGH die Grundsätze der Beweislastumkehr - bezogen auf das Element des Verschuldens (BGH NJW 1969, 269 - Hühnerpest) - auch auf die Gaststätte als einen gewerblichen Kleinbetrieb (BGH ZIP 1992, 410 - Hochzeitsessen). Darüber hinaus wandte der BGH aber auch die gleichen Grundsätze auf den **Repräsentanten** des Unternehmens an, was hier jedoch - bezogen auf die Frau des Gastwirts als Köchin - verneint wurde. Zwar hatte sie den Pudding zubereitet, war aber nicht „Produzentin" der verdorbenen Nachspeise (BGH ZIP 1992, 410, 413 - Hochzeitsessen). Demgegenüber ist ein Betriebsleiter Repräsentant des Unternehmens (BGH NJW 1975, 1827 - Spannkupplung).

bb)   Diese Grundsätze wird man auch auf den **Leiter eines DV-Projekts** erstrecken dürfen, weil er - wegen seiner Funktion als „Projektmanager" - nach außen wie nach innen den Softwarehersteller „repräsentiert". Mithin ist er **persönlich** für etwaige Produktschäden im Sinn von § 823 Abs. 1 BGB verantwortlich und entsprechend den dargestellten Grundsätzen **beweisbelastet** (S. 223 ff).

Er trägt aber auch das **Insolvenzrisiko**: Erweist es sich nämlich, daß die **Haftpflichtversicherung** des Softwareherstellers nicht ausreicht, den eingetretenen Schaden zu decken und fällt das Unternehmen wegen des Schadensfalls in Konkurs, so hat der Geschädigte die Möglichkeit, weitergehende Schadensersatzansprüche gemäß § 823 Abs. 1 BGB bei dem **Projektleiter** persönlich geltend zu machen. Er ist dann gehalten, alle Beweisanforderungen zu erfüllen, die zuvor im einzelnen - bezogen auf den Software-Hersteller - entwickelt worden sind.

Die gleichen Grundsätze gelten für das gesamte Management sowie auch für den Beauftragten für die **Qualitätssicherung** nach ISO 9000 ff.

Das damit aufgezeigte **persönliche Haftungsrisiko** ist jedenfalls dann sehr erheblich, wenn der Software-Hersteller nicht über einen **ausreichenden Deckungsschutz** im Rahmen seiner Haftpflichtversicherung verfügt. Was hier als angemessen und erforderlich anzusehen ist, läßt sich nicht generell sagen. Doch gilt der allgemeine Satz: Es ist regelmäßig weniger dramatisch, eine tendenziell zu hohe Deckungssumme zu kontrahieren als im **Katastrophenfall** festzustellen, daß die Deckungssumme wesentlich zu niedrig ist. Für einen einzelnen Personenschaden sollte mindestens ein Betrag zwischen DM 3 bis 5 Mio./Schadensereignis zur Verfügung stehen; denn diese Summe kann ohne weiteres dann als Schadensersatz gefordert werden, sofern **Unterhaltspflichtige** gemäß §§ 844, 845 BGB gegenüber dem Software-Hersteller bzw. gegenüber dem Projektleiter etc. Schadensersatzansprüche wegen entgangenen Unterhalts geltend machen. So gesehen haben Manager, Projektleiter und Beauftragter für die Qualitätssicherung ein vitales Interesse daran, vom Unternehmen/Arbeitgeber zu erfahren, wie hoch die Ersatzleistung der Versicherung im Einzelfall ist, weil sie - bezogen auf ihre persönliche Haftung - nur bis zu eben dieser Höhe in die Versicherung eingeschlossen sind.

9.   Zusammenfassung

Daß Software - insbesondere im Zusammenhang mit der Erstellung eines DV-Projekts - primär eine geistige Leistung darstellt, ist für das aus § 823 Abs. 1 BGB entwickelte

Konzept der **Verkehrssicherungspflicht** irrelevant (*Lehmann*, BB 1993, 1603 ff.). Es geht in diesem Zusammenhang ausschließlich darum, die Verkehrssicherungspflichten - gemessen an dem neusten Stand von Wissenschaft und Technik - festzuschreiben, weil der Schutz der Rechtsgüter Dritter - Leib, Leben, Gesundheit und Eigentum - in Rede steht. Diese Rechtsgüter sollen - soweit technisch möglich - vor Schäden gesichert werden, gleichgültig, ob es sich um Hardware oder um Software handelt (*Lehmann* NJW 1992, 1721 ff.). Verglichen mit den aus § 823 Abs. 1 BGB abgeleiteten - und von der Rechtsprechung stark differenzierten Haftungsregeln - ergeben sich für etwaige Ansprüche aus der Produzentenhaftung wegen eines Softwarefehlers keinerlei nennenswerte Besonderheiten - ausgenommen selbstverständlich: Die Komplexität des technischen Sachverhalts muß von den Parteien - oft schwierig genug -, dem Gericht vorgetragen und durch geeignete Sachverständigengutachten unterlegt werden. Diese Besonderheiten sind jedoch allenthalben anzutreffen, etwa bei großen Kaufverträgen, bei Industrieanlagenverträgen, bei technisch komplexen Lizenzvereinbarungen; und sie sind auch bei Produkthaftungsansprüchen gang und gäbe: Es ist und bleibt Sache des Juristen, im Verbund mit kompetenten Technikern den Sachverhalt in allen Einzelheiten so aufzuarbeiten, daß er auch für den Laien nachvollziehbar ist. Wird aber dieses Gebot bei Rechtsstreitigkeiten um DV-Prozesse beachtet, so stehen keine weiteren rechtstechnischen Besonderheiten im Weg: Es ist - in einem Satz gesagt - nicht einzusehen, daß schadensersatzrechtlich ein Unterschied sein soll, ob ein Produktbenutzer oder ein Dritter durch ein technisches Versagen der Bremsen eines Autos geschädigt worden ist oder durch einen fehlerhaft angeschweißten Fahrradrahmen oder deswegen, weil die Software in einem Roboter oder in einem Computertomographen fehlerhaft war. Es ist letzten Endes immer dies: Der Produktbenutzer oder Dritte kann und darf erwarten, daß er bei der Benutzung von Produkten nicht in seinen Rechtsgütern verletzt wird, die der Gesetzgeber gemäß § 823 BGB geschützt hat.

XV.   Die Haftung nach den Bestimmungen des Produkthaftungsgesetzes (ProdHaftG)

1.   Das Prinzip der verschuldensunabhängigen Haftung in § 1 ProdHaftG

Es ist im einzelnen umstritten, ob die Bestimmung von § 1 ProdHaftG als Gefährdungshaftung oder als verschuldensunabhängige Haftung zu qualifizieren ist (*Diederichsen* NJW 1978, 1281, 1289; *Hollmann* DB 1985, 2389; *Taschner* NJW 1986, 611, 612; *Brüggemeier/Reich* WM 1986, 149, 154; *Schlechtriem* VersR 1986, 1033; *Rolland*, Produkthaftungsrecht, § 1 Rdnr. 7; Produkthaftungshandbuch/*Graf von Westphalen* § 59 Rdnr. 2; *Kullmann/Pfister*, Produzentenhaftung, Kza. 3602 S. 7f.; *Schmidt-Salzer*, Produkthaftung, Bd. III/1 Rdnr. 4.075 ff.). Von einer **Gefährdungshaftung** wäre dann zu sprechen, wenn man sich darüber klar wäre: Die Herstellung eines - fehlerhaften - Produktes ist gleichzusetzen mit der Schaffung einer übermäßigen Gefahr, weil Gefährdungshaftung Ausgleich für ein legales Betriebsrisiko ist (*Schmidt-Salzer*, EG-Richtlinien, Art. 1 Rdnr. 8). Der eingetretene Schaden soll wirtschaftlich nicht bei demjenigen verbleiben, der - mehr oder weniger zufällig - von ihm betroffen wird, sondern derjenige ist zur Haftung heranzuziehen, der das Schadensrisiko beherrscht. Auf eine Pflichtverletzung kommt es in diesem Zusammenhang nicht entscheidend an, weil Gefährdungshaftung Schadensabnahme durch Risikoüberwälzung ist (*Deutsch*, VersR 1988, 1197, 1199).

Demgegenüber ist eine **verschuldensunabhängige Haftung** dadurch charakterisiert, daß das Verschuldenselement - Vorsatz und Fahrlässigkeit - fehlt. Gleichwohl beruht eine verschuldensunabhängige Haftung auf einer objektiven Zurechnung (*Deutsch*, VersR 1988, 1197, 1200). Sicherlich: Auch eine Gefährdungshaftung ist - so betrachtet - objektiv zurechenbar. Doch knüpft die objektive Zurechenbarkeit - bezogen auf eine verschuldensunabhängige Haftung - an einem abstrakten, **objektiv-typisierten Sorgfaltsmaßstab an** (*Deutsch*, VersR 1988, 1197). Ausreichend, aber auch erforderlich ist es, daß ein bestimmtes Geschehen oder der Eintritt eines bestimmten Erfolges dem Willen einer bestimmten Person rechtlich zugeordnet werden kann (*Deutsch*, a.a.O.). Geht man von dieser Differenzierung aus, so liegt es auf der Hand: Die Haftung gemäß § 1 ProdHaftG ist eine verschuldensunabhängige Haftung (Produkthaftungshandbuch/*Graf von Westphalen* § 59 Rdnr. 7 ff.).

2.   Der objektivierte Standard von Wissenschaft und Technik

a)   Allgemeine Kriterien

Dieser Zusammenhang wird besonders deutlich, wenn man sich vor Augen führt, daß gemäß § 1 Abs. 2 Nr. 5 ProdHaftG ein **objektivierter** Sorgfaltsmaßstab gilt. Die Ersatzpflicht des Herstellers eines Produktes ist nämlich dann ausgeschlossen, wenn „der Fehler nach dem Stand der Wissenschaft und Technik in dem Zeitpunkt, in dem der Hersteller das Produkt in den Verkehr brachte, nicht erkannt werden konnte". Damit ist klargestellt, daß nach § 1 Abs. 2 Nr. 5 ProdHaftG eine Haftung für **Entwicklungsfehler** nicht eingreift. Der objektiv neueste Stand von Wissenschaft und Technik bestimmt - bezogen auf den Zeitpunkt des Inverkehrbringens des Produkts - die jeweiligen **Sicherheitserwartungen** der Produktbenutzer im Sinn von § 3 Abs. 1 ProdHaftG (Produkthaftungshandbuch/*Graf von Westphalen* § 60 Rdnr. 79 ff.).

Nach dem gewöhnlichen Sprachverständnis ist der Stand der „Technik" gleichbedeutend mit dem allgemein praktizierten Anwendungswissen, welches regelmäßig in entsprechenden **Normen** verkörpert ist. Der Stand der „Wissenschaft" umgreift auch den gesamten Komplex des noch nicht technisch erprobten, noch nicht in der Praxis bewährten Anwendungswissens (*Schmidt-Salzer*, Produkthaftung, Bd. III/1 Rdnr. 4.790 ff.). Der Hersteller eines gefährlichen Produkts ist deshalb nicht berechtigt, sich mit dem allgemeinen Stand der Technik zu begnügen, wenn nach dem verfügbaren Stand der Wissenschaft eine abweichende - sicherere - Herstellungsart möglich und zumutbar ist (BGH NJW 1987, 372 - Verzinkungsspray). Anerkanntermaßen kommt es dabei auf den allgemein verfügbaren Stand von Wissenschaft und Technik im Sinn von § 1 Abs. 2 Nr. 5 ProdHaftG an (*Taschner/ Frietsch*, § 1 ProdHaftG Rdnr. 603).

Soweit ein bestimmter Hersteller eine **Monopolstellung** - etwa aufgrund eines gewerblichen Schutzrechts - besitzt, ist naturgemäß das darin verkörperte Know-how nicht allgemein verfügbar. Ob freilich dann der Hersteller berechtigt ist, ein **substandardisiertes Produkt** auf den Markt zu bringen, ist zweifelhaft und wohl jedenfalls dann zu verneinen, wenn die Sicherheitserwartungen des Produktbenutzers im Sinn von § 3 ProdHaftG darauf zielt, ein sicheres Produkt zu erhalten. Abzustellen ist des weiteren auf den **neuesten** Stand von Wissenschaft und Technik (*Kullmann/ Pfister*, Produzentenhaftung, Kza. 3602 S. 21). Auf die Größe des Betriebs kommt es nicht entscheidend an; auch der Aufwand, den der Hersteller für Forschung und Entwicklung betreibt, ist irrelevant (*Taschner/Frietsch*, § 1 ProdHaftG, Rdnr. 603; Produkthaftungshandbuch/*Graf von Westphalen*, § 60 Rdnr. 89).

Es ist weiter unerheblich, wie der Stand von Wissenschaft und Technik im Zeitpunkt des **Schadenseintritts** beschaffen ist, weil § 1 Abs. 2 Nr. 5 ProdHaftG diesen Zeitpunkt nicht im Auge hat. Dies bedeutet konkret: Etwaige Änderungen des Standes von Wissenschaft und Technik, die zwischen dem Inverkehrbringen des Produkts und dem Schadenseintritt liegen, begründen nach § 1 ProdHaftG **keine Verantwortlichkeit** des Herstellers (Produkthaftungshandbuch/*Graf von Westphalen* § 61 Rdnr. 90). Vielmehr richtet sich die dann jeweils eingreifende **Produktbeobachtungspflicht** nach den allgemeinen Kriterien von § 823 Abs. 1 BGB; sie schließt Warnungen, möglicherweise sogar einen **Rückruf** des - dann fehlerhaft - Produkts ein (Produkthaftungshandbuch/*Foerste* § 39 Rdnrn. 1 ff.).

b)   Der „Ausreißer"

Fragt man also nach dem Unterschied zwischen der verschuldensabhängigen Produzentenhaftung gemäß § 823 Abs. 1 BGB und der verschuldensunabhängigen Produkthaftpflicht gemäß § 1 Abs. 1 ProdHaftG, so ergibt sich folgendes:

aa)   Wie gezeigt (S. 207 ff), beruht die Entwicklung der Produzentenhaftung gemäß § 823 Abs. 1 BGB auf der Erwägung, die vom Hersteller zu erfüllenden **Organisations- und Verkehrssicherungspflichten** so anzuspannen, daß sie am „neuesten" Stand von Wissenschaft und Technik gemessen werden. Rechtfertigender Gesichtspunkt ist die Sicherheitserwartung des Verbrauchers, die durch den Rechtsgüterschutz des § 823 Abs. 1 BGB geprägt wird. So gesehen besteht gegenüber der Produkthaftung gemäß § 1 Abs. 1 ProdHaftG **Parallelität**: Der objektiv-typisierte Sorgfaltsmaßstab, wie er für § 1 Abs. 1 ProdHaftG charakteristisch ist, wird ebenfalls gemäß § 1 Abs. 2 Nr. 5 ProdHaftG durch den jeweiligen - neuesten - Stand von

Wissenschaft und Technik umschrieben, wie er im Zeitpunkt des Inverkehrbringens des Produkts Gültigkeit besitzt.

Damit reduziert sich eine etwaige Differenzierung zwischen der Produzentenhaftung gemäß § 823 Abs. 1 BGB und der Produkthaftung gemäß § 1 Abs. 1 ProdHaftG auf den Umstand, daß als Folge eines personellen Fehlverhaltens ein „Ausreißer" vorliegen kann. Im Rahmen der verschuldensabhängigen Produzentenhaftung gemäß § 823 Abs. 1 BGB ist ein solcher „Ausreißer" ein nicht verschuldetes Schadensereignis, so daß den Hersteller keine Haftung trifft. Doch ist diese Betrachtung lediglich im Grundsatz zutreffend. Im praktischen Ergebnis ist - und dies ist von entscheidender Bedeutung - in der BGH-Judikatur kein einziger Fall in den letzten 20 Jahren entschieden worden, in welchem die Haftung des Herstellers deswegen verneint wurde, weil ein - unverschuldeter - „Ausreißer" vorlag. Dies hängt unmittelbar damit zusammen, daß die Organisations- und Verkehrssicherungspflichten - sowohl im sachlich-organisatorischen als auch im personellen Bereich - so sehr erhöht werden, daß ein „Ausreißer" als Pflichtendefizit erscheint (*Steindorff*, AcP 170, 93, 110; a.M. Produkthaftungshandbuch/*Foerste*, § 24 Rdnr. 126). So wird z.B. verlangt, daß die Fabrikationsanlagen dem Stand von Wissenschaft und Technik entsprechen müssen (Produkthaftungshandbuch/*Foerste*, § 24 Rdnr. 134 f.). Des weiteren wird verlangt, daß der Einsatz von CAM und CIM - vor allem im sicherheitsrelevanten Bereich - sich mehr und mehr zur **Rechtspflicht** verdichtet. Konkret bedeutet dies: Soweit ein Unternehmen sich nicht dieser DV-gestützten Techniken bedient, liegt ein **vorwerfbarer** Organisationsmangel im Sinn von § 823 Abs. 1 BGB vor, nicht aber ein unverschuldeter „Ausreißer", sofern es zu einem Produktschaden kommt. Es fügt sich in dieses Bild, daß eine umfassende **Qualitätskontrolle** gefordert wird. Darin sieht man mit Recht eine Kardinalpflicht: Fertigungsfehler, die im Produktionsprozeß vorkommen, müssen im Rahmen eines effizienten Qualitätssicherungssystems erfaßt werden (Produkthaftungshandbuch/*Foerste*, § 24 Rdnrn. 139 ff.). Einfache Stichproben reichen nicht mehr aus, sofern ein „Ausreißer" dazu führen kann, daß Leib, Leben und Gesundheit Dritter in Mitleidenschaft gezogen werden. Qualitätssicherungssysteme nach dem Standard der ISO 9000 ff. werden damit zum unverzichtbaren Muß; Unternehmen, die diese Standards nicht berücksichtigen, gelten von vornherein als **substandardisiert** - mit der Konsequenz, daß Produkthaftungsfälle allemal im Sinn von § 823 Abs. 1 BGB verschuldet sind.

bb)   Mithin bleibt lediglich der „Ausreißer", der aufgrund eines **personellen Fehlverhaltens** sich ereignet. Hier könnte in der Tat ein Unterschied zur - verschuldensunabhängigen - Produkthaftung im Sinn von § 1 Abs. 1 ProdHaftG gesehen werden. Doch muß man sich gleichwohl vor Augen führen, daß der Hersteller nur dann erfolgreich geltend machen kann, es läge ein „Ausreißer" vor, wenn ein personelles Fehlverhalten trotz aller Organisations- und Verkehrssicherungspflichten sowie der entsprechenden Kontrollen vorlag. Dies hat der BGH - soweit erkennbar: letztmalig - im bekannten Druckfehler-Fall entschieden (BGH JZ 1971, 63 - Druckfehler). In einem medizinischen Rezeptbuch hatte sich ein Druckfehler eingeschlichen; ein

Rezept war fehlerhaft, obwohl der Verlag das Manuskript zweimal dem Autor, einem anerkannten Experten, zur Korrektur überlassen hatte. Hier erklärte der BGH, daß es auch einem Fachverlag zuzumuten sei, für jedes Fachgebiet einen speziellen Redakteur einzustellen, damit etwaige Druckfehler im Rahmen der erforderlichen Eigenkontrollen bemerkt werden, welche einem anerkannten Fachautor unterlaufen sind. Dieser Einwand wäre im Rahmen von § 1 Abs. 1 ProdHaftG nicht mehr zulässig, weil es ja auf ein Verschulden des Verlags nicht mehr ankommen würde. So gesehen geht die Haftung von § 1 Abs. 1 ProdHaftG weiter als die Produzentenhaftung gemäß § 823 Abs. 1 BGB.

c)   Die Unvermeidbarkeit eines Softwarefehlers

Für die Haftung eines Softwareherstellers im Rahmen eines DV-Projekts kann freilich aus dieser Entscheidung nichts abgeleitet werden, weil - wie bereits dargelegt (S. 210f) - die allgemeine **Sicherheitserwartung** von dem jeweils neuesten Stand von Wissenschaft und Technik geprägt wird. Folglich sind nur die Softwarefehler tatsächlich „unvermeidbar", die - gemessen an eben diesem Standard - unvermeidbar sind, was gleichzeitig voraussetzt, daß keine auf **Sicherheit** zielende Verbrauchererwartung vorliegt, wie etwa bei der Verwendung von DV-Programmen in der Medizintechnik.

3.   Das Erfordernis eines Produktfehlers

Das **Kernstück** der verschuldensunabhängigen Produkthaftung bildet § 3 Abs. 1 ProdHaftG. Diese Schlußfolgerung liegt deswegen auf der Hand, weil eine *verschuldensunabhängige* Haftung - vorbehaltlich der Tatbestandselemente von Kausalität und Körper- oder Sachschaden - keine sonstigen Haftungsvoraussetzungen aufweist. Während im Bereich von § 823 Abs. 1 BGB das entscheidende Merkmal darin besteht, die für die Herstellung eines fehlerfreien Produkts erforderlichen *Verkehrssicherungspflichten* - bezogen auf den Rechtsgüterschutz Dritter - zu konkretisieren, geht § 3 Abs. 1 ProdHaftG davon aus, daß es auf die **Sicherheitserwartungen** des Produktbenutzers ankommt: Ein „Produkt" hat eben dann einen „Fehler", wenn es nicht die Sicherheit bietet, „die unter Berücksichtigung aller Umstände ... **berechtigterweise erwartet werden kann"**.

a)   Der Stand der Sicherheitserwartung

Geschützt wird in § 3 Abs. 1 ProdHaftG der Produktbenutzer, darüber hinaus aber auch der unbeteiligte Dritte: Soweit der Kreis der potentiell Betroffenen/Geschädigten nicht von vornherein feststeht, kommt es auf die Sicherheitserwartung der **Allgemeinheit** an (Produkthaftungshandbuch/*Graf von Westphalen* § 62 Rdnr. 6 f.). Diese Sicherheitserwartung zielt notwendigerweise dahin, daß der Benutzer eines Produkts nicht in seinen Rechtsgütern - Leib, Leben und Gesundheit sowie Eigentum - verletzt wird (BGH NJW 1990, 906 - Pferdebox). Es kommt in diesem Zusammenhang allerdings auf die **berechtigten** Sicherheitserwartungen an. Darin liegt eine Selbstverständlichkeit begründet: Wer ein Produkt in den Verkehr bringt, das von jedermann benutzt werden kann und benutzt werden soll, muß anderen Sicherheitserwartungen Rechnung tragen, als derjenige, der ein Produkt für den **Fachmann** herstellt (BGH ZIP 1992, 934 - Silokipper).

Für die Risikobeurteilung von **DV-Projekten** folgt daraus: Es ist auf die jeweiligen Sicherheitserwartungen des durchschnittlichen Produktbenutzers abzustellen. Das, was dem Fachmann bekannt ist, muß dem durchschnittlichen, nicht-fachmännischen Kunden keineswegs vertraut sein (BGH ZIP 1992, 38 - Milupa/Dauernuckeln). Doch wird man z.B. beim Einsatz von Software im medizinisch-technischen Bereich soweit gehen müssen, praktisch **Fehlerfreiheit** verlangen zu müssen, weil jeder Softwarefehler geeignet ist, erhebliche Körper- und Gesundheitsschäden zu verursachen. Gleiches gilt in all den Fällen, in denen die „Sicherheit" Dritter unerläßlich ist, wie z.B. bei der Software für Flugüberwachungssysteme. Andererseits: Daß Rauchen gesundheitsgefährdend ist, gehört zum allgemeinen Kenntnisstand; gleiches gilt für den Genuß von Süßspeisen, welche mit Roheiern hergestellt worden sind, weil diese erfahrungsgemäß Salmonellen enthalten können. Erst recht gilt dies für Hackfleisch, welches roh genossen wird. Andererseits: Falls Produkte, die bestimmte **Wirkungen** herbeiführen sollen, wie etwa Pflanzenschutzmittel, sich als wirkungslos erweisen, so ist die Haftung gemäß § 1 Abs. 1 ProdHaftG eingefordert (BGH NJW 1981, 1603 - Derosal), falls Körper- oder Sachschäden nicht verhindert werden.

b)   Maßgebende Einzelfallumstände
Ob ein Produkt im Sinn von § 3 Abs. 1 ProdHaftG fehlerhaft ist, ist grundsätzlich unter Berücksichtigung aller Umstände des Einzelfalls zu entscheiden. Dabei kommt es gemäß § 3 Abs. 1 lit. a ProdHaftG auf die „**Darbietung des Produkts**" an. Also: Produktbezeichnungen, Produktbeschreibungen, Eigenschaftszusicherungen und alle sonstigen Hinweise, aus denen sich ergibt, welche Funktionsweise dem Produkt eigen ist, unterfallen diesem Begriff (Produkthaftungshandbuch/*Graf von Westphalen* § 62 Rdnr. 41). Gebrauchsanweisungen, Montageanleitungen sowie Instruktionen gehören hierher; auch **Werbeaussagen** bestimmen nachhaltig die Sicherheitserwartungen des Produktbenutzers.

Insbesondere ist im Zusammenhang mit **DV-Projekten** die jeweilige **Anwendungsberatung** zu erwähnen. Auch das Verkaufsgespräch ist eine „Darbietung" im Sinn von § 3 Abs. 1 lit. a ProdHaftG. Und es ist sehr zweifelhaft, ob es - wie Techniker häufig meinen - ein „unverbindliches" Beratungsgespräch überhaupt gibt. Folglich ist auch das Anbieten einer bestimmten „DV-spezifischen Problemlösung" nach § 3 Abs. 1 lit. a ProdHaftG eine **haftungsbegründende** „Darbietung".

Andererseits: Werden in diesem Zusammenhang bestimmte **Warnungen** oder sonstige **Instruktionen** gegeben, so sind diese durchaus geeignet, die nach § 3 Abs. 1 ProdHaftG relevanten **Sicherheitserwartungen** des Produktbenutzers zu beeinflussen.

Entsprechend den allgemeinen Regeln, die zu § 823 Abs. 1 entwickelt worden sind (S. ..) hat es also der Hersteller in der Hand, bestimmte Gefahren offenzulegen, welche beim bestimmungsgemäßen oder beim bestimmungswidrigen, vorhersehbaren Produktgebrauch, einschließlich eines Produktfehlgebrauchs auftreten (BGH NJW 1972, 2217 - Estil). Wo auf eine Gefahr ausdrücklich hingewiesen wird, ist der Produktbenutzer für gewöhnlich nicht mehr berechtigt, Sicherheit zu erwarten (Produkthaftungshandbuch/*Graf von Westphalen* § 62 Rdnr. 50). Doch sind Warnungen und Instruktionen generell nicht geeignet, eine etwaige Fehlkonstruktion des Produkts „ungeschehen" zu machen, sofern die Sicherheitserwartung des durchschnittlichen Produktbenutzers dahin zielt, eine gewisse **Basissicherheit** zu verlangen (*Kullmann/ Pfister*, Produzentenhaftung, Kza. 3604 S. 9).

Von ganz entscheidender Bedeutung - vor allem auch im Zusammenhang mit DV-Projekten - ist die Feststellung, daß es dem Hersteller nicht in die Hand gegeben ist, die berechtigten Sicherheitserwartungen des Produktbenutzers in der Weise zu negieren, daß er sich von der Haftung **freizeichnet** (Produkthaftungshandbuch/*Graf von Westphalen* § 62 Rdnr. 52). Entscheidend ist in diesem Zusammenhang, daß § 14 ProdHaftG ein umfassendes Verbot individualvertraglicher und vorformulierter Haftungsfreizeichnungsklauseln enthält. Die sich aus § 1 ProdHaftG ergebende Haftung für ein fehlerhaftes Produkt kann nicht im vorhinein abbedungen werden. Doch ist die Trennlinie hier nicht immer leicht zu ziehen: Wer auf besondere Gefahren seines Produkts ausdrücklich hinweist, der erklärt gleichzeitig, insoweit keine Haftung zu übernehmen. Dies ist legitim und von § 3 Abs. 1 lit. a ProdHaftG gedeckt. Folglich ist entscheidend, ob die nach § 14 ProdHaftG verbotene Freizeichnung darauf abzielt, etwaige **Sicherheitsdefizite** des Produkts zu kompensieren. Dies ist unzulässig.

c)   Der Gebrauch des Produkts
Der bestimmungsgemäße Gebrauch eines Produkts ist stets ein solcher, mit dem der Hersteller „billigerweise" im Sinn von § 3 Abs. 1 lit. b ProdHaftG rechnen muß (*Taschner/Frietsch* § 3 ProdHaftG Rdnr. 43). Wenn also beim bestimmungsgemäßen Gebrauch eines Produkts ein Personen- oder Sachschaden entsteht, so ist dies stets eine Verletzung der nach § 3 Abs. 1 ProdHaftG geschützten berechtigen Sicherheitserwartungen. Die Haftung folgt auf dem Fuß.

Aber auch der **Fehlgebrauch** des Produkts kann dann dem Hersteller als haftungsbegründender Fehler angelastet werden, wenn es im Sinn von § 3 Abs. 1 lit. b ProdHaftG noch ein Gebrauch ist, mit dem „billigerweise" zu rechnen ist. Nur unter Berücksichtigung aller Umstände des Einzelfalls ist es möglich, die **Scheidelinie** zu finden, von der an die konkrete Verwendung des Produkts - und damit der Produktfehler - nicht mehr dem Hersteller zuzurechnen ist, weil der Produktfehlgebrauch als **„unvernünftig"** eingeordnet werden muß: Die fehlerhafte Injektion eines Kurznarkosemittels in die Arterie und nicht in die Vene ist ein Fehlgebrauch, mit dem man aber „billigerweise" rechnen muß, auch wenn die Injektion stets von einem Fachmann, einem Arzt, vorgenommen wird (BGH NJW 1972, 2217 - Estil). Denn in der Ellenbogenbeuge werden Arterie und Vene leicht verwechselt. Wird jedoch ein Kälteschutzmittel, das im Keller eines Installateurs lagert, von dessen Sohn zum „Sniffing" eingesetzt, dann ist diese Verwendung allemal nicht von § 3 Abs. 1 lit. b ProdHaftG gedeckt (BGH NJW 1981, 2514 - Sniffing).

d)   Die Produktverbesserung

Für die Haftung gemäß § 3 Abs. 1 ProdHaftG ist stets auf den Zeitpunkt des **Inverkehrbringens** des Produkts abzustellen. Doch stellt § 3 Abs. 2 ProdHaftG insoweit eine **Beweisregel** auf, als es dort heißt: „Ein Produkt hat nicht allein deshalb einen Fehler, weil später ein verbessertes Produkt in den Verkehr gebracht wurde". In der Praxis ist es sehr oft so: Wenn ein Produktfehler - insbesondere ein Serienschaden - aufgetreten ist, werden sofort alle Hebel in Bewegung gesetzt, um das Produkt künftig „sicherer" zu machen, sei es, daß konstruktive Verbesserungen angebracht werden, sei es, daß Wareneingangs- oder Warenausgangskontrolle optimiert wird. Diese Umstände können dazu führen, daß dieses „verbesserte" Produkt den Beweis dafür erbringt, daß das früher in den Verkehr gebrachte Produkt im Sinn von § 3 Abs. 1 ProdHaftG **fehlerhaft** ist (Produkthaftungshandbuch/*Graf von Westphalen* § 62 Rdnrn. 67 f.). Notwendig ist dieser Schluß jedoch keineswegs. Das entscheidende Wort in § 3 Abs. 2 ProdHaftG ist der deutliche Hinweis: Nicht „**allein**" deswegen, weil ein verbessertes Produkt in den Verkehr gebracht worden ist, kann daraus der Schluß abgeleitet werden, daß das frühere Produkt fehlerhaft war. Vielmehr bleibt es bei den allgemeinen Regeln: Es muß der Nachweis erbracht werden, daß das schadensstiftende Produkt - im Zeitpunkt des Inverkehrbringens - seinerseits bereits fehlerhaft war (*Kullmann/Pfister*, Produzentenhaftung, Kza. 3604 S. 19). Die für die Produzentenhaftung nach § 823 Abs. 1 BGB entwickelten Regeln gelten auch hier ungekürzt, wie sich auch aus § 1 Abs. 3 ProdHaftG ergibt.

4.   Software als „Produkt" - § 2 ProdHaftG

Es ist nach wie vor umstritten, ob Software als „Produkt" im Sinn von § 2 ProdHaftG einzuordnen ist. Verläßliche Rechtsprechung gibt es noch nicht; die Meinungen in der Literatur gehen weit auseinander. Folgende Gesichtspunkte sind entscheidend:

a)   Software als Sache im Sinn von § 90 BGB

aa)   Es ist von ganz entscheidender Bedeutung, daß der Begriff „Produkt" im Sinn von § 2 ProdHaftG **nicht** entsprechend der deutsch-rechtlichen Terminologie von § 90 BGB qualifiziert werden darf (so aber *Graf von Westphalen*, NJW 1990, 83, 87). Denn § 2 ProdHaftG beruht auf der dem deutschen Gesetzgeber bindenden Vorgabe der EG-Richtlinie zur Angleichung der Rechts- und Verwaltungsvorschriften der Mitgliedstaaten über die Haftung für fehlerhafte Produkte vom 25.7.1985 (ABl. EG vom 7.8.1985 L 210 S. 25 - 50: 85/374 EWG). Aufgrund der zwingenden Vorgaben der EG-Richtlinie war also das nationale Produkthaftungsgesetz zu vereinheitlichen; dies hat der deutsche Gesetzgeber durch den Erlaß des ProdHaftG mit Wirkung vom 1.1.1990 getan (BGBl. I, 2198 ff. - 1989). Soweit die Produkthaftungs-Richtlinie der EG keine autonome Interpretation von Begriffen enthält, sind die jeweiligen Rechtsbegriffe **autonom**, d.h. EG-einheitlich auszufüllen (*Koch*, ZHR 152 (1988) S. 537, 540 ff.; Produkthaftungshandbuch/*Graf von Westphalen*, § 58 Rdnr. 4; *Lehmann*, NJW 1992, 1721, 1723 f.). Nur eine solche Interpretation ist geeignet, die gemäß Artikel 100 EG-Vertrag angestrebte **Rechtsvereinheitlichung** zu erreichen.

bb)   Berücksichtigt man diese Ausgangsposition, so fällt entscheidend ins Gewicht, daß die **überwiegende** Auffassung in der Literatur dahin geht, sowohl Individual- als auch Standard-Software als „Produkt" im Sinn von § 2 ProdHaftG zu qualifizieren (*Lehmann*, NJW 1992, 1721, 1724; ders. BB 1993, 1603, 1605; *Taschner/Frietsch*, Produkthaftungsgesetz, Art. 6 Rdnr. 28; Produkthaftungshandbuch/*Graf von Westphalen*, § 61 Rdnr. 43). Doch wird in diesem Zusammenhang zwischen Standard-Software und Individual-Software durchaus differenziert.

cc)   Bei **Standard-Software** wird als entscheidend angesehen, daß sie deswegen ein „Produkt" im Sinn von § 2 ProdHaftG ist, weil und soweit sie auf einem Datenträger geliefert wird (*Engel*, CR 1986, 704, 707; *Hoeren*, CR 1988, 908, 911; *Bauer*, PHI 1989, 98, 100; *Meier/Wehlau*, CR 1990, 95, 99; Produkthaftungshandbuch/*Graf von Westphalen*, § 61 Rdnr. 42; *Kullmann/Pfister*, Produzentenhaftung, Kza. 3603 S. 5). Dabei ist im Auge zu behalten, daß Software ohne die Verkörperung des Programms auf einem Datenträger nicht möglich ist. Erst dadurch, daß Software-Hersteller ihre Programme auf Datenträger materialisieren und in dieser Form in den Handel geben, ist der Markt für Standard-Software entstanden (*Hoeren*, PHI 1989, 138, 139; a.M. *Bauer*, PHI 1989, 98, 100 ff.).

Diese Sicht der Dinge entspricht auch den Ergebnissen der feststehenden BGH-Judikatur. Die Lieferung von Standard-Software, einschließlich der erforderlichen Betriebs-Software wird grundsätzlich als Kaufvertrag gemäß §§ 433 ff. BGB qualifiziert, so daß im Fall der Gewährleistung die Bestimmungen der §§ 459 ff. BGB jedenfalls *analog* Anwendung finden (BGH WM 1987, 1492; BGH WM 1989, 1890, 1892; BGH WM 1990, 510, 512; BGH ZIP 1993, 1394, 1396 - ständige Rechtsprechung). Taschner, einer der Väter der Produkthaftungs-Richtlinie hat sogar die „Verkehrs-auffassung" dafür herangezogen, daß Software eine bewegliche Sache im Sinn von § 2 ProdHaftG sei (*Taschner/Frietsch*, § 2 ProdHaftG Rdnr. 22; vgl. auch *Lehmann*, NJW 1992, 1721, 1724).

dd)   Soweit **Individual-Software** in Rede steht, gilt in der Sache nichts anders (*Lehmann*, a.a.O.; Produkthaftungshandbuch/*Graf von Westphalen*, § 61. Rdnr. 43; a.M. wohl *Kullmann/Pfister*, Produzentenhaftung, Kza. 3603 S. 5). Sicherlich ist einzuräumen, daß reine Dienstleistungen/Werkleistungen - soweit sie nicht verkörpert sind - nicht als Produkt im Sinn von § 2 ProdHaftG einzuordnen sind. Doch ist auch Individualsoftware entweder auf Disketten oder auf Mikro-Chips gespeichert. Dies reicht aus, sie als „Produkt" im Sinn von § 2 ProdHaftG einzuordnen (Produkthaftungs-handbuch/*Graf von Westphalen* § 68 Rdnr. 43). So gesehen kommt es - entgegen der Wertung von § 90 BGB - nicht auf die Körperlichkeit, wohl aber die **Materialisierung** der Individual-Software an (*Meier/Wehlau*, CR 1990, 95, 98).

ee)   Soweit DV-Software **in einem Produkt integriert** ist, etwa in einem Robo-ter oder in einer Maschine, besteht nicht der mindeste Zweifel daran, daß es sich um ein **Produkt** gemäß § 2 ProdHaftG handelt (*Bauer*, PHI 1989, 98, 89 f.) Auch für die Integration der Software auf Mikrochips gilt das gleiche (*Kullmann/Pfister*, a.a.O.). Nichts anderes gilt für die Integration von Software in einer Datenbank.

ff)   Soweit Daten im Wege des On-Line fernübertragen werden, liegt die Parallelität zur **Elektrizität** im Sinn von § 2 ProdHaftG so nahe, daß auch diese Form der Datenübertragung als „Produkt" gemäß § 2 ProdHaftG qualifiziert werden muß (Produkthaftungshandbuch/*Graf von Westphalen* Rdnr. 44; *Bauer*, PHI 1989, 98, 101). Von Wichtigkeit ist hierbei auch, daß die Gefahrenpotentiale unverändert hoch sind; weder die Speicherung noch die Übertragung der Daten begründet oder ändert das Risiko (*Meier/Wehlau*, CR 1990, 95, 99). Während geistige Leistungen, etwa in einem Buch verkörpert, nur für den menschlichen Geist gefährlich werden können, ist dies bei Software, soweit Funktionen in Sachen von ihr abhängen, gerade nicht der Fall (*Kullmann/Pfister*, a.a.O.). Ihr **Schadenspotential** greift unabhängig davon ein, ob Standard- oder Individualsoftware vorliegt (so mit Recht *Bauer*, PHI 1989, 88, 99). Deshalb überzeugt es auch nicht, daß Software nur deswegen aus dem Anwendungs-bereich des § 2 ProdHaftG ausgeklammert werden soll, weil der immaterielle Wert, das Know-how im Vordergrund steht (*Moritz/Tybusseck*, Computersoftware, 2. Aufl., Rdnr. 920). Denn es ist nicht einzusehen, daß der Hersteller einer computergesteuerten Maschine für einen Fehler der Software nach § 1 ProdHaftG strikt haftet, ohne in der Lage zu sein, in gleicher Weise gegenüber dem Softwarehersteller als dem Schadens-verursacher Regreß zu nehmen. Selbst wenn man hier einen Regreß nach § 1 ProdHaftG ablehnen würde, wäre die Regreßhaftung allemal nach § 823 Abs. 1 BGB begründet. Denn daß auch hier der Hersteller der Software privilegiert sein sollte, ist nicht nachvollziehbar (S. 210 ff).

b)   Schlußfolgerungen
Daraus folgt im Ergebnis, daß auch DV-Projekte gemäß § 1 ProdHaftG in die strikte Haftung einbezogen werden, sofern Personen- oder Sachschäden (hierzu S. 201 f eintreten, weil die Software fehlerhaft ist und nicht die Sicherheit bietet, die man berechtigterweise im Sinn von § 3 ProdHaftG erwarten kann. So gesehen besteht zwischen der Produzentenhaftung gemäß § 823 Abs. 1 BGB und der Produkthaftung gemäß § 1 ProdHaftG **Parallelität**.

**5.   Das Erfordernis eines Personen- oder Sachschadens
         gemäß § 1 Abs. 1 ProdHaftG**

Gegenüber der weitreichenden Haftung, wie sie im deutschen Recht aus § 823 Abs.
1 BGB entwickelt worden ist, ergeben sich gemäß § 1 Abs. 1 ProdHaftG gewisse
Einschränkungen, welche im Rahmen eines DV-Projekts bedeutsam sind.

a)   Die Begrenzung des Sachschadens - die „andere Sache"

Ein Sachschaden im Sinn von § 1 Abs. 1 ProdHaftG liegt nur dann vor, wenn die
Sachsubstanz zerstört, beschädigt oder beeinträchtigt worden ist (Produkthaftungs-
handbuch/*Graf von Westphalen*, § 59 Rdnr. 25). Es muß jedoch eine **„andere"** Sache
als das fehlerhafte Produkt selbst Objekt des Sachschadens sein. Vor allem aber: Diese
„andere" Sache muß „ihrer Art nach gewöhnlich für den privaten Ge- oder Verbrauch
bestimmt und hierzu von dem Geschädigten hauptsächlich verwendet" worden sein
(Produkthaftungshandbuch /*Graf von Westphalen*, § 60 Rdnrn. 23 ff.). Bei der Erstellung eines DV-Projekts liegen diese Voraussetzungen regelmäßig nicht vor.
Grundsätzlich ist davon auszugehen, daß Fehler eines DV-Projekts sich im gewerblichen
oder industriellen Bereich niederschlagen und dort **Sachschäden** verursachen. Dort
aber greift **ausschließlich** der Rechtsgüterschutz des § 823 Abs. 1 BGB ein; diesem
ist eine Differenzierung nach der jeweiligen Zweckbestimmung der zerstörten oder
beschädigten Sache unbekannt. Deshalb braucht auch die Frage nicht vertieft zu
werden, ob die Funktionsuntüchtigkeit eines Softwareprodukts ein Sachschaden im
Sinn von § 823 Abs. 1 BGB ist (S. 206 f).

b)   Ausgrenzung des „fehlerhaften" Produkts

Es ist im einzelnen äußerst umstritten, wie in § 1 Abs. 1 Satz 2 ProdHaftG das
Tatbestandselement der „anderen Sache" - im Verhältnis zum „fehlerhaften Produkt"
- näher zu bestimmen ist (*Anderle*, Der Haftungsumfang des harmonisierten
Produkthaftungsrechts, S. 130 ff.; *Taschner*, NJW 1986, 611, 616; *Schlechtriem*,
VersR 1986, 1033, 1041; *Sack*, VersR 1988, 439, 443 ff.; *Tiedtke*, PHI 1990, 64, 68;
Frietsch, DB 1990, 29, 33; *Rolland*, Produkthaftungsrecht, § 1 Rdnrn. 76 ff.;
Produkthaftungshandbuch/*Graf von Westphalen*, § 60 Rdnrn. 2 ff.). Es geht letzten
Endes darum, ob das weiter oben (S. 204 ff) dargestellte Problem des „weiterfressenden"
Schadens im Sinn von § 823 Abs. 1 BGB auch im Rahmen von § 1 Abs. 1 Satz 2
ProdHaftG Geltung beansprucht (Produkthaftungshandbuch/*Graf von Westphalen*,
§ 60 Rdnrn. 16 ff.), oder ob es sich hierbei um eine **Sonderfigur** des deutschen Rechts
handelt, welche - auch im Rahmen einer EG-autonomen Interpretation von § 1 Abs.
1 Satz 2 ProdHaftG - keine Bedeutung im Bereich der verschuldensunabhängigen
Produkthaftung gemäß § 1 Abs. 1 ProdHaftG besitzt (*Schmidt-Salzer*, EG-Richtlinie,
Art. 9 Rdnr. 28; *Kullmann/Pfister*, Produzentenhaftung, Kza. 3602 S. 2).

Im Rahmen dieser Untersuchungen braucht die Frage nicht abschließend entschieden zu werden, weil bei DV-Projekten - wie bereits angedeutet - es ohnehin praktisch ausgeschlossen ist, daß das „fehlerhafte Produkt" den privaten Bereich erreicht, so daß dann eine Abgrenzung zwischen der „anderen" (privat genutzten) Sache und dem „fehlerhaften Produkt" erforderlich wäre.

6.   Die Haftung gemäß §§ 4, 5 ProdHaftG

Es ist von weitreichender Bedeutung, daß die Haftung gemäß § 1 Abs. 1 ProdHaftG den General Contractor gemäß § 5 ProdHaftG unmittelbar trifft, weil das von ihm in den Verkehr gebrachte „Produkt" im Sinn von § 3 ProdHaftG **fehlerhaft** ist. Es macht keinen Unterschied, ob ein Einzelteil - etwa die Software - fehlerhaft ist, oder ob die Hardware fehlerhaft ist; der General Contractor, der Soft- und Hardware - als zusammengehörige Produkte - in den Verkehr bringt, haftet dem Geschädigten gegenüber unmittelbar. So gesehen liegt ein substantieller Unterschied zur Produzentenhaft gemäß § 823 Abs. 1 BGB vor. Diese akzeptiert nämlich - wie dargelegt - (S. 218ff) das Prinzip der **Pflichtendelegation**: Es ist dem General Contractor vorbehalten, die von ihm zu erfüllenden Organisations- und Verkehrssicherungspflichten im Sinn von § 823 Abs. 1 BGB soweit auf den Subunternehmer, den Hersteller der Software, abzuwälzen, daß er selbst gegenüber dem geschädigten Dritten nicht haftet. Aus diesem Grund haben **Qualitätssicherungsvereinbarungen** weitreichende praktische Konsequenzen.

Dies gilt indessen nicht im Rahmen von § 5 ProdHaftG, weil hier der General Contractor unmittelbar gegenüber dem geschädigten Dritten haftet. Doch entfalten Qualitätssicherungsvereinbarungen auch hier ihre praktische Bedeutung: Erweist es sich nämlich, daß der General Contractor seine Organisations- und Verkehrssicherungspflichten in geeigneter Weise auf den Hersteller der Software abgewälzt hat und ist der aufgetretene Produktschaden dem Softwarehersteller anzulasten, so haftet dieser im **Innenverhältnis** voll. Er ist verpflichtet, den General Contractor von den Haftungsansprüchen des geschädigten Dritten freizustellen (Produkthaftungshandbuch/ *Graf von Westphalen*, § 64 Rdnr. 19 ff.). Mit einem Wort: Ein Qualitätssicherungssystem, welches an den Standard der ISO 9000 ff. ausgerichtet ist, sichert den Regreß gegenüber dem jeweiligen Schädiger, sofern seine Alleinverantwortung dadurch konkretisiert wird.

7.   Vorteile des deutschen Produkthaftungsrechts gemäß § 823 Abs. 1 BGB

Auch wenn man berücksichtigt, daß § 1 Abs. 1 ProdHaftG eine **verschuldensunabhängige** Haftung für Personen- und Sachschäden begründet, so ist doch - jedenfalls bei DV-Projekten - davon auszugehen, daß die Regelungen der deutschrechtlichen Produzentenhaftung gemäß § 823 Abs. 1 BGB dem Geschädigten günstiger, mithin für den Hersteller von Software **risikoreicher** sind. Zwischen den Bestimmungen des ProdHaftG einerseits und der Produzentenhaftung gemäß § 823 BGB andererseits besteht Gesetzeskonkurrenz. § 15 Abs. 2 ProdHaftG stellt indessen fest, daß die Bestimmungen des ProdHaftG lediglich der EG-rechtlichen nicht zu unterschreitende **Mindeststandard** zugunsten des geschädigten Produktbenutzers ist. Denn: „Eine Haftung aufgrund anderer Vorschriften bleibt unberührt".

Dieser Gesichtspunkt hat praktische Bedeutung in folgenden Fällen, in denen eine Haftung des Softwareherstellers im Rahmen eines DV-Projekts relevant werden kann:

- Die Haftung für **Personenschäden** ist nach den Bestimmungen des BGB nicht limitiert; demgegenüber enthält § 10 Abs. 1 ProdHaftG eine Haftungshöchstsumme von DM 160 Mio.

- Die Haftung für **Sachschäden**, die der industriellen, gewerblichen oder der beruflichen Nutzung dienen, ist von § 1 Abs. 1 Satz 2 ProdHaftG ausgeschlossen.

- Etwaige Schadensersatzansprüche gemäß § 1 ProdHaft **erlöschen**, wie sich aus § 13 ProdHaftG ergibt, innerhalb von zehn Jahren, gerechnet von dem Zeitpunkt, in dem der Hersteller das scha-schadensursächliche Produkt in den Verkehr gebracht hat. Dem-gegenüber gilt gemäß § 852 BGB lediglich eine dreijährige Ver-jährungsfrist, die jedoch maximal - gerechnet ab Schadenseintritt - dreißig Jahre betragen kann.

Diese Zusammenhänge sind deswegen wichtig, weil die Verteilung der **Darlegungs- und Beweislast**, wie sie in § 1 Abs. 4 ProdHaftG niedergelegt ist, identisch ist mit der-jenigen, die sich aus der Rechtsprechung zu § 823 BGB ergibt (S. 224ff.). Denn § 1 Abs.4 ProdHaftG schreibt die generellen Beweisregeln fest, indem es dort heißt, daß der Geschädigte „für den Fehler, den Schaden und den ursächlichen Zusammenhang zwi-schen Fehler und Schaden die Beweislast" trägt.

Anhang

Übersicht über das Phasenkonzept

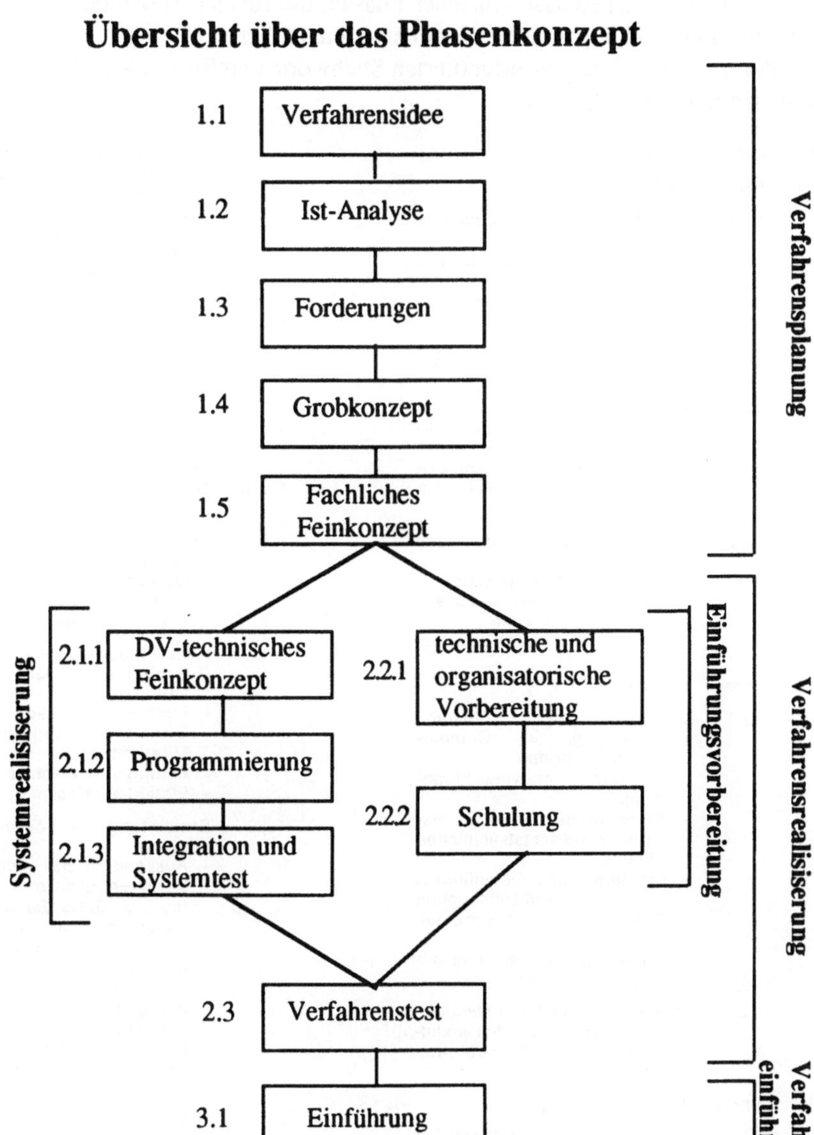

Phasenkonzept

Zwischen- und Endergebnisse einzelner Phasen, die für nachfolgende Phasen von
Bedeutung sind, sind in geeigneter Form zu dokumentieren.
Die zu den einzelnen Themen aufgeführten Stichworte und Beispiele erheben keinen
Anspruch auf Vollständigkeit.

1. Abschnitt: Verfahrensplanung

1.1 Phase: Verfahrensidee

1.1.1 Erstellung der Problembeschreibung
- auslösende Momente für das
Vorhaben
- bereits erkannte Schwachstellen
- Randbedingungen
(finanziell, gesetzlich, personell)

1.1.2 Abgrenzung
- zu bearbeitende /nicht zu bearbeitende Aufgaben
- Einbettung in die organisatorische und technische Umgebung

1.1.3 Festlegung von Zieldefinition
und -bewertung
- geschäftspolitische Ziele
- verfahrenstechnische Ziele
- DV-technische Ziele
- Prioritätenvergabe für die Ziele

1.2 Phase: Ist-Analyse

1.2.1 Durchführung der Ist-Aufnahme
- Festlegung der Untersu-
chungsmethoden
(Konferenz, Interview, Frage-
bogen)
- Erhebung der Organisations-
struktur und der tatsächlichen
Abläufe
- Erhebung des Datenflusses
mit Mengen- und Zeitangaben
- Abschätzung der zukünftigen
Entwicklung
- Erhebung sonstiger relevan-
ter Informationen

1.2.2 Auswertung des Ist-Zustandes
- zusammenhängende Darstellung der unter 1.2.1 gewonnenen Fakten

1.3 Phase: Forderungen

1.3.1 Bewertung des Ist-Zustandes
gemäß 1.1.3
- Prüfung der Notwendigkeit
der Arbeiten
- Ermittlung konventioneller
Rationalisierungsmöglichkei-
ten
- Ermittlung DV-geeigneter Ab-
läufe
- Ermittlung von Engpässen

1.3.2 Erstellung des Forderungkata-
logs
- genaue Formulierung der an
das Verfahren hinsichtlich

seiner Leistungen und Eigenschaften zu stellenden Forderungen auf der Basis der Bewertung des Ist-Zustandes;
die Forderungen sollten sich
nicht an einer möglichen DV-
technischen Realisierung
orientieren
o zulässiger Personalbedarf
o zulässige Bearbeitungszei-
ten
o anzuwendende Methoden
(z.B. Operations Research)
o einzuhaltende Vorschriften
o einzuhaltende Schnittstellen

1.4 Phase: Grobkonzept

1.4.1 Erarbeitung von Lösungsansät-
zen
- konventionelle Ansätze
- DV-gestützte Ansätze
o Batch /Dialog
o zentral /dezentral

1.4.2 Rückwirkungs-Untersuchung
- Einfluß auf Aufbau- und Ab-
lauforganisation
- Einfluß auf Tätigkeitsprofile
- Einfluß auf Motivation der
Mitarbeiter
- Einfluß auf Personalbedarf
- Einfluß auf Kosten

1.4.3 Erarbeitung von Lösungsalternativen
- Aussondern der nicht-reali-
sierbaren Ansätze
(auf der Basis der Rückwirkungs-Untersuchung);
Gründe können sein:
o personell
o technisch
o organisatorisch
o finanziell
- Detaillierung der verbleiben-
den Ansätze zu bewertungs-
fähigen Lösungswegen

1.4.4 Bewertung der Alternativen
- Nutzen-Kosten-Untersu-
chung
- Nutzwert-Analyse
- sonstige Kriterienkataloge

1.4.5 Festlegung des Grobkonzepts
- Auswahl des günstigsten Lö-
sungsweges

1.5 Phase: Fachliches Feinkonzept

1.5.1 Festlegung des Informationsbe-
darfs
- Umfang des Bedarfs
- Zeitpunkt des Bedarfs
- Ort des Bedarfs

-   Abstufung des Bedarfs nach Prioritäten
-   Grob-Beschreibung der Datenerhebungsmaßnahmen
    o Erstdaten
    o Datenpflege

1.5.2 Festlegung der Informationsbasis
-   Strukturierung der Informationsbasis (logisch)
-   Mengengerüste
-   Zusammenhänge/Verknüpfungen zwischen Datenbasen

1.5.3 Festlegung des Informationsflusses
-   Definition von Quellen, Zielen und Verzweigungen
-   Datenschutz-/Datensicherungsmaßnahmen

1.5.4 Festlegung der Verarbeitungsregeln
-   organisatorische Aspekte des Datenflusses (nicht maschinenbezogene Verarbeitungsschritte)
-   Transformationsregeln/Algorithmen
-   Schnittstellen Mensch/Verfahren (Formulare, Bildschirminhalte)

1.5.5 Festlegung sonstiger Eigenschaften
-   Zuverlässigkeit
-   Benutzungsfreundlichkeit
-   Zeitverhalten
-   Pflegefreundlichkeit
-   Übertragbarkeit

1.5.6 Festlegung der Verfahrenstest-Spezifikation
-   Festlegung der Teststrategie
-   Festlegung der am Test beteiligten Bereiche
-   Ermittlung kritischer Stellen im Gesamtverfahren
-   Festlegung von Testfällen einschließlich erwarteter Resultate
    o Standardfälle
    o extreme, aber korrekte Fälle
    o fehlerhafte Fälle

2. Abschnitt: Verfahrensrealisierung

2.1 Teilabschnitt: Systemrealisierung

2.1.1 Phase: DV-technisches Feinkonzept

2.1.1.1 Festlegung der Datenbasis
-   Festlegung von Umfang und Eigenschaften der Datenelemente
-   Festlegung der logischen Datenstruktur

-   Festlegung der physischen Speicher
-   Festlegung der physischen Speicherstruktur

2.1.1.2 Durchführung einer Produkt-Analyse
(soweit nicht bereits bei der Erstellung des Grobkonzepts geschehen)
-   Untersuchung der Eignung eigener/am Markt vorhandener Hardware (Zentraleinheit und Peripherie)
-   Untersuchung eigener/am Markt vorhandener Software (Systeme und Bausteine) auf Verwendungsmöglichkeit

2.1.1.3 Erstellung des Systementwurfs
-   Festlegung zu verwendender vorhandener Komponenten
-   Konzipierung und Beschreibung der statischen und dynamischen Systemstruktur
-   Festlegung systemtechnischer Komponenten zur Wahrung von Funktions-, Daten- und Ablaufsicherheit
-   Festlegung der zu verwendenden Hardware-Konfiguration
-   Festlegung der Einbettung in das Betriebssystem
-   evtl. Simulation des Systems

2.1.1.4 Festlegung des Datenflusses
-   Beschreibung des Verarbeitungsweges der Daten des Systems anhand der Systemstruktur

2.1.1.5 Festlegung der Mensch-Maschine-Schnittstelle
-   Festlegung der dem Benutzer zugänglichen
    o Steuerungs- und Kontrollfunktionen
    o Ein-/Ausgabeformate
    o Lern- und Hilfsmittel
-   Festlegung ggf. erforderlicher Benutzerklassen (Laien, Experten, privilegierte Benutzer)

2.1.1.6 Festlegung von Programmierungs-Richtlinien
-   Festlegung von Richtlinien für
    o Entwurf
    o Codierung
    o Test
    o Dokumentation
    o Qualitätssicherung

2.1.1.7 Erstellung der Programm-Spezifikation
-   Verfeinerung der Systemstruktur des Entwurfs und Festlegung der einzelnen Komponenten des Systems (Programme, Programmbausteine)

       - Beschreibung von Funktion, Struktur, Ein-/Ausgabedaten der einzelnen Komponenten (verbal/tabellarisch/graphisch)

2.1.1.8 Erstellung der Systemtest-Spezifikation
- Festlegung der Teststrategie
- Spezifikation von Testdaten/-programmen
- Festlegung der Hardware-/Software-Konfiguration für den Systemtest
- Festlegung von Erfolgs-/Abschlußkriterien

2.1.1.9 Festlegung von Qualitätssicherungsmaßnahmen
- Festlegung der zur Erzielung der geplanten Qualität notwendigen Maßnahmen
- Festlegung der zur Feststellung der Systemqualität erforderlichen Kontrollen (während und nach Abschluß des Projekts)

2.1.2 Phase: Programmierung

2.1.2.1 Baustein-Codierung
- evtl. Entwicklung der Bausteinlogik und Segmentierung der Bausteine
- Codierung, Kommentierung und Erfassung der Bausteine
- Umwandlung der Bausteine (Assembler, Compiler)
- Beseitigung von Syntax- und Formatfehlern
- Überprüfung des Code auf Vollständigkeit (Schreibtischtest)

2.1.2.2 Baustein-Test
- evtl. Entwicklung einer Testkonzeption
- Erstellung oder Vervollständigung der Testdaten
- Erstellung eines Testrahmens
- Erstellung von Testjobs
- Durchführung der Testläufe und Prüfung der Testergebnisse
- Übergabe der Bausteine an den Systemtest

2.1.3 Phase: Integration und Systemtest

2.1.3.1 Baustein-Integration
- Aufbau/Verwaltung einer Programmbibliothek
- Übernahme der Bausteine

2.1.3.2 Systemtest (auch auf Zielanlage)
- Erstellung oder Vervollständigung der Testdaten
- Erstellung eines Testrahmens
- Erstellung von Testjobs
- Durchführung der Testläufe und Prüfung der Testergebnisse
- Analyse der Fehlerquellen und Veranlassung/Überwachung der Programmkorrekturen
- Schaffung von Interims-Lösungen

2.2 Teilabschnitt: Einführungsvorbereitung

2.2.1 Phase: Technische/organisatorische Vorbereitung
- Erstellung eines Netzplanes
- Festlegung des Einführungszeitpunktes
- Anpassung der Infrastruktur (Organisation, Räume, Energie)
- Beschaffung von Fachpersonal und Management
- Beschaffung erforderlicher Arbeitsmittel (Vordrucke, Datenträger)
- Übernahme und Aktualisierung der Datenbestände
  o Anpassung der vorhandenen DV-lesbaren Daten
  o Ersterfassung von Daten

2.2.2 Phase: Schulung

2.2.2.1 Allgemeine Vorbereitung
- Feststellen des Kenntnisstandes des ausgewählten Fachpersonals für Rechenzentrum und Systempflege
- Lehrstoffplanung mit Systementwickler, Hersteller und Fachabteilungen

2.2.2.2 Einweisung des Rechenzentrums
- Durchführung der Schulung für Rechenzentrums-Mitarbeiter

2.2.2.3 Einweisung in die Systempflege
- Durchführung der Schulung für Systempflege-Mitarbeiter

2.2.2.4 Schulung der Benutzer
- Erstellung von Benutzeranweisungen
- Durchführung der Benutzer-Schulung

2.3 Teilabschnitt: Verfahrenstest

2.3.1 Phase: Verfahrenstest

2.3.1.1 Integration des Programm-Systems in das Verfahren
- Probeinstallation des Programmsystems in der Zielumgebung
- evtl. DV-gestützte Simulation des Verfahrens
- Konsistenztest des Gesamt-Verfahrens

2.3.1.2   Test des Verfahrens in der orga-
          nisatorischen Umgebung
          - Probeeinführung des Verfah-
            rens in die organisatorische
            Umgebung
            (geschlossene/stufenweise
            Einführung)
          - Überprüfung der Schnittstel-
            len zur Umgebung
          - Auswertung negativer und
            positiver Erfahrungen
          - Überprüfung der Einhaltung
            des   Forderungskataloges
            (siehe 1.3)

          - Analyse von Fehlern und Ab-
            weichungen; Veranlassung/
            Überwachung von Korrektu-
            ren

3.   Abschnitt: Verfahrenseinführung

3.1   Phase: Einführung

      3.1.1   Einführungs-Management
              - Autorisierung und Durchfüh-
                rung aller vorbereiteten Maß-
                nahmen
                (siehe Phasen 2.2.1 und 2.2.2)

      3.1.2   Freigabe des Verfahrens

Anhang 2
zu den Besonderen Vertragsbedingungen
für das Erstellen von DV-Programmen
(BVB-Erstellung)

Hinweise zum sachlichen Geltungsbereich (§ 1)

Die BVB-Erstellung gelten nicht für die Planung von DV-gestützten Verfahren (§ 1 Nr. 2). Grundlage für die Abgrenzung der BVB-Erstellung von der Planung von DV-gestützten Verfahren ist das nur diesem Zweck dienende nachfolgende Phasenkonzept. Dieses Phasenkonzept gibt das unter Berücksichtigung der vielen bestehenden Konzepte mit der Herstellerdelegation notwendigerweise herbeizuführende gemeinsame Verständnis wieder, welche Leistungen zur Entwicklung eines DV-Verfahrens der Planung zuzurechnen sind und welche nach den BVB-Erstellung vergeben werden. Unberührt bleiben geltende Regelungen zur Durchführung von DV-Verfahren (z.B. Empfehlungen des Bundesministers des Innern für die Durchführung von DV-Vorhaben vom 7.1.1980, Bundesanzeiger Nr. 8 vom 12.1.1980; Rahmenrichtlinien des Kooperationsausschusses ADV Bund / Länder / Kommunaler Bereich für die Gestaltung von ADV-Verfahren in der öffentlichen Verwaltung).

I. Planung von DV-gestützen Verfahren
   (Verfahrensplanung - 1. Abschnitt)

1. Verfahrensidee - Abschnitt 1.1

2. Ist-Analyse - Abschnitt 1.2   Vorbereitende Arbeiten für
                                    die Erarbeitung des Grob-
3. Forderungen - Abschnitt 1.3   konzeptes

4. Grobkonzept - Abschnitt 1.4

5. Fachliches Feinkonzept - Abschnitt 1.5
   (vgl. Begriffsbestimmung im Anhang 1)

II. BVB-Erstellung
   (Verfahrensrealisierung - 2. Abschnitt und ggf. Verfahrenseinführung - 3. Abschnitt)

1. DV-technisches Feinkonzept - Abschnitt 2.1.1
   (vgl. Begriffsbestimmung im Anhang 1)

2. Programmierung - Abschnitt 2.1.2

3. Herbeiführen der Funktionsfähigkeit, Funktionsprüfung - Abschnitt 2.1.3
   (Integration und Systemtest)

   und soweit vereinbart (vgl. § 1 Nr. 1 Abs. 2, § 16 Nr. 3, § 16 Nr. 4)

4. Unterstützung beim Einsatz des Programms - Abschnitt 2.2
   (Einführungsvorbereitung)

5. Personalausbildung - Abschnitt 2.2.2
   (Schulung)

6. Mitwirkung beim Verfahrenstest - Abschnitt 2.3
   (Verfahrenstest)

7. Mitwirkung bei der Verfahrenseinführung - Abschnitt 3.
   (Verfahrenseinführung)

Zweites Gesetz
zur Änderung des Urheberrechtsgesetzes*)

Vom 9. Juni 1993

Der Bundestag hat das folgende Gesetz beschlossen:

Artikel 1

Das Urheberrechtsgesetz vom 9. September 1965 (BGBl. I S. 1273), zuletzt geändert durch Artikel 2 des Gesetzes vom 7. März 1990 (BGBl. I S. 422), wird wie folgt geändert:

1. § 2 Abs. 1 Nr. 1 wird wie folgt gefaßt:

   „1. Sprachwerke, wie Schriftwerke, Reden und Computerprogramme;".

2. § 53 Abs. 4 Satz 2 wird aufgehoben.

3. Nach § 69 wird folgender Abschnitt eingefügt:

   „Achter Abschnitt

   Besondere Bestimmungen
   für Computerprogramme

   § 69 a
   Gegenstand des Schutzes

   (1) Computerprogramme im Sinne dieses Gesetzes sind Programme in jeder Gestalt, einschließlich des Entwurfsmaterials.

   (2) Der gewährte Schutz gilt für alle Ausdrucksformen eines Computerprogramms. Ideen und Grundsätze, die einem Element eines Computerprogramms zugrunde liegen, einschließlich der den Schnittstellen zugrundeliegenden Ideen und Grundsätze, sind nicht geschützt.

   (3) Computerprogramme werden geschützt, wenn sie individuelle Werke in dem Sinne darstellen, daß sie das Ergebnis der eigenen geistigen Schöpfung ihres Urhebers sind. Zur Bestimmung ihrer Schutzfähigkeit sind keine anderen Kriterien, insbesondere nicht qualitative oder ästhetische, anzuwenden.

   (4) Auf Computerprogramme finden die für Sprachwerke geltenden Bestimmungen Anwendung, soweit in diesem Abschnitt nichts anderes bestimmt ist.

   § 69 b
   Urheber in Arbeits- und Dienstverhältnissen

   (1) Wird ein Computerprogramm von einem Arbeitnehmer in Wahrnehmung seiner Aufgaben oder nach den Anweisungen seines Arbeitgebers geschaffen, so ist ausschließlich der Arbeitgeber zur Ausübung aller vermögensrechtlichen Befugnisse an dem Computerprogramm berechtigt, sofern nichts anderes vereinbart ist.

   (2) Absatz 1 ist auf Dienstverhältnisse entsprechend anzuwenden.

---

   § 69 c
   Zustimmungsbedürftige Handlungen

   Der Rechtsinhaber hat das ausschließliche Recht, folgende Handlungen vorzunehmen oder zu gestatten:

   1. die dauerhafte oder vorübergehende Vervielfältigung, ganz oder teilweise, eines Computerprogramms mit jedem Mittel und in jeder Form. Soweit das Laden, Anzeigen, Ablaufen, Übertragen oder Speichern des Computerprogramms eine Vervielfältigung erfordert, bedürfen diese Handlungen der Zustimmung des Rechtsinhabers;

   2. die Übersetzung, die Bearbeitung, das Arrangement und andere Umarbeitungen eines Computerprogramms sowie die Vervielfältigung der erzielten Ergebnisse. Die Rechte derjenigen, die das Programm bearbeiten, bleiben unberührt;

   3. jede Form der Verbreitung des Originals eines Computerprogramms oder von Vervielfältigungsstücken, einschließlich der Vermietung. Wird ein Vervielfältigungsstück eines Computerprogramms mit Zustimmung des Rechtsinhabers im Gebiet der Europäischen Gemeinschaften im Wege der Veräußerung in Verkehr gebracht, so erschöpft sich das Verbreitungsrecht in bezug auf dieses Vervielfältigungsstück mit Ausnahme des Vermietrechts.

   § 69 d
   Ausnahmen
   von den zustimmungsbedürftigen Handlungen

   (1) Soweit keine besonderen vertraglichen Bestimmungen vorliegen, bedürfen die in § 69 c Nr. 1 und 2 genannten Handlungen nicht der Zustimmung des Rechtsinhabers, wenn sie für eine bestimmungsgemäße Benutzung des Computerprogramms einschließlich der Fehlerberichtigung durch jeden zur Verwendung eines Vervielfältigungsstücks des Programms Berechtigten notwendig sind.

   (2) Die Erstellung einer Sicherungskopie durch eine Person, die zur Benutzung des Programms berechtigt ist, darf nicht vertraglich untersagt werden, wenn sie für die Sicherung künftiger Benutzung erforderlich ist.

   (3) Der zur Verwendung eines Vervielfältigungsstücks eines Programms Berechtigte kann ohne Zustimmung des Rechtsinhabers das Funktionieren dieses Programms beobachten, untersuchen oder testen, um die einem Programmelement zugrundeliegenden Ideen und Grundsätze zu ermitteln, wenn dies durch Handlungen zum Laden, Anzeigen, Ablaufen, Übertragen oder Speichern des Programms geschieht, zu denen er berechtigt ist.

   § 69 e
   Dekompilierung

   (1) Die Zustimmung des Rechtsinhabers ist nicht erforderlich, wenn die Vervielfältigung des Codes oder

die Übersetzung der Codeform im Sinne des § 69c Nr. 1 und 2 unerläßlich ist, um die erforderlichen Informationen zur Herstellung der Interoperabilität eines unabhängig geschaffenen Computerprogramms mit anderen Programmen zu erhalten, sofern folgende Bedingungen erfüllt sind:

1. Die Handlungen werden von dem Lizenznehmer oder von einer anderen zur Verwendung eines Vervielfältigungsstücks des Programms berechtigten Person oder in deren Namen von einer hierzu ermächtigten Person vorgenommen;

2. die für die Herstellung der Interoperabilität notwendigen Informationen sind für die in Nummer 1 genannten Personen noch nicht ohne weiteres zugänglich gemacht;

3. die Handlungen beschränken sich auf die Teile des ursprünglichen Programms, die zur Herstellung der Interoperabilität notwendig sind.

(2) Bei Handlungen nach Absatz 1 gewonnene Informationen dürfen nicht

1. zu anderen Zwecken als zur Herstellung der Interoperabilität des unabhängig geschaffenen Programms verwendet werden,

2. an Dritte weitergegeben werden, es sei denn, daß dies für die Interoperabilität des unabhängig geschaffenen Programms notwendig ist,

3. für die Entwicklung, Herstellung oder Vermarktung eines Programms mit im wesentlichen ähnlicher Ausdrucksform oder für irgendwelche anderen das Urheberrecht verletzenden Handlungen verwendet werden.

(3) Die Absätze 1 und 2 sind so auszulegen, daß ihre Anwendung weder die normale Auswertung des Werkes beeinträchtigt noch die berechtigten Interessen des Rechtsinhabers unzumutbar verletzt.

§ 69f
Rechtsverletzungen

(1) Der Rechtsinhaber kann von dem Eigentümer oder Besitzer verlangen, daß alle rechtswidrig hergestellten, verbreiteten oder zur rechtswidrigen Verbrei-

tung bestimmten Vervielfältigungsstücke vernichtet werden. § 98 Abs. 2 und 3 ist entsprechend anzuwenden.

(2) Absatz 1 ist entsprechend auf Mittel anzuwenden, die allein dazu bestimmt sind, die unerlaubte Beseitigung oder Umgehung technischer Programmschutzmechanismen zu erleichtern.

§ 69g
Anwendung sonstiger Rechtsvorschriften; Vertragsrecht

(1) Die Bestimmungen dieses Abschnitts lassen die Anwendung sonstiger Rechtsvorschriften auf Computerprogramme, insbesondere über den Schutz von Erfindungen, Topographien von Halbleitererzeugnissen, Warenzeichen und den Schutz gegen unlauteren Wettbewerb einschließlich des Schutzes von Geschäfts- und Betriebsgeheimnissen, sowie schuldrechtliche Vereinbarungen unberührt.

(2) Vertragliche Bestimmungen, die in Widerspruch zu § 69d Abs. 2 und 3 und § 69e stehen, sind nichtig."

4. Nach § 137c wird folgender § 137d eingefügt:

„§ 137d
Computerprogramme'

(1) Die Vorschriften des Achten Abschnitts des Ersten ·Teils sind auch auf Computerprogramme anzuwenden, die vor dem 24. Juni 1993 geschaffen worden sind. Jedoch erstreckt sich das ausschließliche Vermietrecht (§ 69c Nr. 3) nicht auf Vervielfältigungsstücke eines Programms, die ein Dritter vor dem 1. Januar 1993 zum Zweck der Vermietung erworben hat.

(2) § 69g Abs. 2 ist auch auf Verträge anzuwenden, die vor dem 24. Juni 1993 abgeschlossen worden sind."

Artikel 2

Dieses Gesetz tritt am Tage nach der Verkündung in Kraft.

Die verfassungsmäßigen Rechte des Bundesrates sind gewahrt.

Das vorstehende Gesetz wird hiermit ausgefertigt und wird im Bundesgesetzblatt verkündet.

Bonn, den 9. Juni 1993

**Der Bundespräsident
Weizsäcker**

**Der Bundeskanzler
Dr. Helmut Kohl**

**Die Bundesministerin der Justiz
S. Leutheusser-Schnarrenberger**